Lass das Gestern nicht dein Heute bestimmen
Transformiere deine Emotionen, akzeptiere deine
Verletzlichkeit und lebe deine wahre Essenz ...
Sylvia Walukiewicz

© 2021 Sylvia Walukiewicz · BeYou-lye.ch
Umschlag, Gestaltung, Projektkoordination · Buchschreiberei.de
Illustrationen von Sandra Berger · Sandra-Berger-Art.de

Veröffentlicht von tredition GmbH, Halenreie 40–44, 22359 Hamburg
Erste Auflage 2021

978-3-347-47703-2 (Paperback)
978-3-347-47709-4 (Hardcover)
978-3-347-47711-7 (E-Book)

Sylvia Walukiewicz ist Psychologin, spirituelle Lehrerin, Schamanin und besitzt die Fähigkeit, energetische Zustände und Emotionen wahrzunehmen. In ihren Einzelsitzungen und Seminaren unterstützt sie Menschen dabei, vergangene Wunden zu heilen und alte emotionale Realitäten in das Leben zu verwandeln, das sie sich aus der Tiefe ihres Herzens wünschen. Darüber hinaus vermittelt sie Methoden, durch die man sich wieder mit seinem wahren Selbst verbinden und somit sein volles Potenzial leben kann.

Inhaltsverzeichnis

Einleitung

Früher dachte ich, den emotionalen Schmerz in mir unterdrücken und ignorieren zu können, ohne jemals die Konsequenzen davon spüren zu müssen. Unangenehme Ereignisse tilgte ich aus meinem Gedächtnis und befreite mich dadurch aus meinem inneren Gefängnis. Stark war das, so glaubte ich, wie ich meine Verletzlichkeit unterdrückte. Niemand sollte mich mehr verletzen können.

Heute weiß ich, dass das der falsche Weg war. In den vergangenen Jahren begriff ich, wie wichtig es ist, die Vergangenheit zu heilen, um das Leben zu erschaffen, das man sich aus der Tiefe seines Herzens wünscht.

Gehen wir einen Schritt zurück und schauen uns an, mit welcher Sicht auf die Welt ich aufgewachsen bin.

Als Kind wurde mir beigebracht, meine verletzliche Seite zu verstecken und andere mit meinen Bedürfnissen nicht zu belasten. Es wurde erwartet, dass ich alles leicht bewältige, mich um jeden kümmere (außer um mich selbst) und darauf achte, welche Emotionen ich ausdrücke. Ich sollte mich an den zu erledigenden Aufgaben orientieren und den Erwartungen anderer entsprechen. Das Schlimmste war, dass diese Überzeugungen von der Gesellschaft gestützt wurden. Im Kindergarten wusste meine Lehrerin nicht adäquat mit den Emotionen der Kinder umzugehen, und während der Schulzeit wurde es noch schlimmer: Man musste »cool« sein, um von seinen Mitschülern gemocht zu werden und wurde ausgelacht, wenn man weinte oder sich ängstlich zeigte. Das Muster setzte sich fort, als ich auf die weiterführende Schule kam und zur Universität ging.

Auch später im Berufsleben vermochte niemand die Strukturen zu durchbrechen; ständig spürte ich eine Erwartungshaltung, wenn auch nur unterschwellig. Ich sollte »funktionieren« und freundlich sein, jeden nach Kräften unterstützen, und wenn jemand traurig war, musste es einen logischen Grund dafür geben, etwa den Tod eines ihm nahestehenden Menschen. Grundlos durfte niemand niedergeschlagen sein – und wenn doch, galt er als schwach oder instabil, Attribute, die kein hohes Ansehen genießen Es scheint, als gäbe es in der Gesellschaft wenig Platz für Emotionen und ein authentisches Selbst. Wir lernen zwar, wie wir Integrale berechnen oder ein Gedicht analysieren können, aber nicht, wie wir mit unseren Emotionen angemessen umgehen sollen.

Daraus folgt, dass viele Menschen Emotionen als etwas Unbekanntes oder Bedrohliches wahrnehmen oder sie für »zu kompliziert« halten, als dass sie sich mit ihnen befassen wollten. Wir reagieren auf Emotionen instinktiv mit »Kampf oder Flucht«, ein Verhalten, das wir normalerweise in einer bedrohlichen Situation zeigen würden. Unsere Emotionen sind ein wichtiger Bestandteil unseres Selbst und wenn wir gegen sie ankämpfen oder vor ihnen fliehen, greifen wir in Wirklichkeit uns selbst an oder laufen vor uns selbst davon.

Wie ist es möglich, sich vollständig und der authentischen Essenz gerecht fühlen? Wie können wir Erfüllung finden und unsere wahre Kraft spüren, wenn wir derart wichtige Teile von uns selbst verleugnen?

Obwohl wir alle nach der Vollständigkeit und Erfülltheit suchen, scheint es, als würden die meisten von uns dieses Ziel nie erreichen. Ein Grund ist das Verleugnen; wir suchen die Erfüllung in der Außenwelt, statt in uns selbst. Jeder von uns *braucht* etwas und möchte geliebt und akzeptiert werden. Da wir nie gelernt haben, uns um uns selbst zu kümmern, wurden wir von äußeren Phänomenen abhängig: Von unserem Partner, von der Anerkennung unserer Kollegen und Freunde, von materiellen Dingen. Wenn wir von der äußeren Welt abhängig sind, lassen wir uns leichter von äußeren Phänomenen manipulieren. All das geschieht, weil wir unsere Verletzlichkeit nicht akzeptieren wollen oder Angst haben, uns ihr zu stellen und uns um sie zu kümmern.

Je mehr uns bewusst wird, dass wir uns um uns selbst kümmern dürfen, unsere emotionalen Wunden heilen und auf diese Weise die Blockaden unserer Vergangenheit transformieren können, desto früher können wir das Leben erschaffen, das wir uns aus tiefstem Herzen wünschen. Akzeptieren wir jeden einzelnen Aspekt von uns selbst, versetzen wir uns selbst in die Lage, die abgelehnten Teile zu heilen und zu integrieren und vollständig zu werden. Die Transformation wird die Verbindung zu deinem wahren Selbst wiederherstellen.

In diesem Buch zeige ich dir, welchen Einfluss unsere Emotionen und Glaubenssätze auf die Gegenwart und Zukunft haben und welcher Ursprung sich in der Vergangenheit finden lässt. Du erfährst, was Verletzlichkeit (wirklich) bedeutet und wie wir mit verschiedenen Aspekten besser umgehen können, um uns zu heilen und vollständig zu werden. Du erhältst praktische Übungen, mit denen du deine emotionalen Wunden transformieren und heilen und dich wieder mehr mit deinen intuitiven Fähigkeiten verbinden kannst.

Alle Erfahrungen und Techniken, die in diesem Buch beschrieben werden, habe ich selbst erlernt oder erschaffen und erfahren und/oder mit meinen Klienten angewendet. Zusätzlich wird es viele Beispiele aus dem wirklichen Leben geben, um die Weisheit, die in diesem Buch beschrieben wird, besser zu veranschaulichen und zu zeigen, wie diese Methoden erfolgreich angewendet wurden. Nutze dieses Buch als Leitfaden, um die emotionalen Blockaden deiner Vergangenheit zu heilen und dich tief mit deiner wahren Essenz zu verbinden. Du kannst dich von den alten Ketten befreien, die aus deiner Kindheit und vielleicht sogar aus früheren Leben stammen. Durch diesen Heilungsprozess wirst du dich selbst mehr und mehr entdecken und deine wahre Essenz durchscheinen lassen.

Denke immer daran: Du bist der Schöpfer deines eigenen Lebens. Folgende drei Dinge helfen dir, in die praktische Ausführung zu kommen:

1. Die *Entscheidung*, dass du es *wirklich* willst.
2. Die *Bereitschaft* und *Ehrlichkeit*, darauf zu schauen, was dir deine Verletzlichkeit und deine Emotionen sagen – sowie die äußere Welt als *Spiegel deiner inneren Welt* anzuerkennen.
3. Die *Methoden*, die für dich am besten sind (jeder ist anders und es ist entscheidend, die für dich passenden Methoden zu finden).

Kapitel 1

Was Verletzlichkeit ist und was die Gesellschaft daraus macht

Zu Beginn möchte ich festhalten, dass ich Verletzlichkeit als etwas sehr Schönes, Berührendes und Emotionales empfinde. Sie erlaubt uns, uns mit unserem wahren Selbst zu verbinden und kann uns zeigen, wie wir uns wirklich fühlen, wenn Emotionen aufkommen. Außerdem strahlen wir auf gewisse Weise Authentizität aus, wenn wir unseren Emotionen, Gefühlen und anderen Wahrnehmungen in unserem Körper, in unserem Geist und in unserer Seele freien Lauf lassen. Das bedeutet nicht, dass wir immer auf das reagieren müssen, was wir fühlen, aber es ist essentiell, die Verletzlichkeit so wahrzunehmen, wie sie ist, ohne sie zu beurteilen, zu verleugnen, zu verdrängen oder zu verstärken. Das Problem dabei ist, dass wir vergessen haben, wie genau man das macht. In der heutigen Gesellschaft ist es gesellschaftlich nicht akzeptiert, zu zeigen, wie wir uns wirklich fühlen. Mit anderen Worten: Gemäß dem, was die Gesellschaft uns glauben machen will, sollten wir immer funktionieren, die auferlegten Aufgaben erledigen und die kulturellen Verhaltensweisen anwenden, ohne sie zu hinterfragen oder gar zu kritisieren. Diese Überzeugungen und Verhaltensweisen haben ihren Ursprung vor vielen Jahrhunderten.

In der Vergangenheit musste jeder in die Grundmuster der Gesellschaft passen, und wenn er (oder sie) das nicht tat, gab es verschiedene Methoden (wie etwa Folter oder Verbannung aus dem Dorf), um diejenigen zu bestrafen, deren Verhalten von dem abwich, was die Gesellschaft erwartete. Eine dieser Erwartungen war über lange Zeit, dass man sich der Masse unterordnete, statt sich authentisch auszudrücken. Die Folge war eine Art Indoktrination über das Gebaren, die eigenen Emotionen nicht zu zeigen, geschweige denn sie zuzulassen. Diese Glaubenssätze sitzen so tief, dass einige von uns sie nicht einmal mehr bewusst wahrnehmen! Es scheint, als kennen wir keine andere Art von Verhalten mehr als die, die uns indoktriniert wurden. So ganz falsch ist das nicht. Wir hatten kaum Gelegenheit, andere Verhaltensweisen zu erleben, da diese Überzeugungen über Generationen hinweg von unseren Eltern an ihre Kinder weitergegeben wurden. Es ist nur verständlich, dass diese Muster und Überzeugungen weitergeführt werden, da wir uns als Kind an die Realität unserer Eltern angepasst haben. Wir orientieren uns an ihnen und unser Verstand ist nicht weit genug entwickelt, um die Erfahrungen, die wir machten, zu hinterfragen. Unter diesen Umständen begannen wir, diese Überzeugungen und Verhaltensweisen zu übernehmen, ohne sie jemals zu hinterfragen, und so wurden sie zu unserer Realität. Wir leben unser Leben nun aus dieser Realität heraus. Zudem kommt die Abhängigkeit, die wir als Kind gegenüber unseren Eltern und unserem sozialen Umfeld hatten. Wir hatten nicht nur physische Bedürfnisse, sondern vor allem auch ein emotionales Bedürfnis danach, geliebt zu werden. Folglich verhielten wir uns auf eine Weise, von der wir glaubten, dass sie zu Zuneigung seitens unserer Eltern führte. Gleichzeitig legten wir Verhalten ab, von dem wir wussten, dass unsere Eltern es nicht schätzten.

Erneut wenden wir die Glaubenssätze und Meinungen anderer an, statt auf uns selbst zu hören und wahrzunehmen, was wir wirklich wollen, um unser authentisches Selbst zu leben. In der Vergangenheit wurde das Zeigen von Emotionen wie Traurigkeit oder Wut von anderen beurteilt oder gar kritisiert, sodass wir uns schuldig und nicht akzeptiert fühlten, wenn wir sie ausdrückten. Mit der Zeit unterdrückten wir sie immer mehr, bis wir an den Punkt kamen, an dem wir uns selbst nicht mehr akzeptierten. Wir lehnten unsere eigene Verletzlichkeit ab, nicht nur, wenn wir sie anderen Menschen gegenüber ausdrückten, sondern auch vor uns selbst. Wir konnten uns nie wirklich frei und unbeschwert fühlen, lebten immer in diesem Käfig, in dem wir bestimmte Dinge nicht tun durften und in dem wir die Angst hatten, nicht nur von anderen, sondern auch von uns selbst beurteilt zu werden. Wie ist es unter diesen Umständen möglich, den Zustand der Erfüllung zu erreichen? Wie können wir den »Fluss des Lebens« spüren, wenn wir ihm aufgrund dieser alten indoktrinierten Muster nicht erlauben, natürlich zu fließen? Wie können wir die Wunden unserer Vergangenheit heilen, wenn wir ihnen weder erlauben, aufzutauchen, noch angenommen und versorgt zu werden?

Verwundbarkeit ist nichts, wovor man sich fürchten müsste. Der Schlüssel liegt darin, die eigene Verletzlichkeit zu akzeptieren und auf die richtige Weise mit ihr umzugehen. Klingt einfach, nicht wahr? Die eigene Verletzlichkeit ist Teil unseres Lebens und hat daher eine große Bedeutung für unsere Lebensqualität. Schaffen wir es, gut mit ihr umzugehen, wird unser Leben leichter und fließender und es wird weniger Angst vor herausfordernden Situationen geben, etwa dann, wenn du dich mit einem geliebten Menschen streitest oder einen Vortrag vor einer Gruppe von Menschen halten willst. Der Grund dafür, dass die Angst in diesen Situationen abnimmt oder sogar verschwindet, ist, dass man seine verletzlichen Anteile akzeptieren kann, wenn man erkennt, wie man sich fühlt. Auf dieser Grundlage kann man sich um die Anteile kümmern, die sich nervös oder unsicher fühlen. Dadurch begibt man sich wiederum in die Lage, die aufkommenden Emotionen vor zum Beispiel dem Vortrag oder dem Streit zu heilen. So bleibt man in einem emotional ausgeglichenen und weiterhin unabhängig von den Emotionen, die aufgrund alter Ängste oder negativer Erfahrungen aus der Vergangenheit aufkommen.

Diese Art von Verhalten erfordert erstens ein Bewusstsein für die eigenen Emotionen, die eigenen emotionalen Reaktionen und den aktuellen emotionalen Zustand. Zweitens ist es notwendig, dass man einen stabilen Kontakt zu sich selbst hat und die eigenen Empfindungen wahrnehmen kann, die durch den eigenen Körper gehen. Dieser letzte Punkt ist sehr wichtig, da es wichtig ist zu wissen, wie auf diese Empfindungen reagiert werden kann, indem man sie versteht, akzeptiert und in angemessener Weise um sie kümmert. Natürlich: Keine dieser genannten Qualitäten kann über Nacht entwickelt werden. Es ist jedoch möglich, sie stetig aufzubauen, Tag für Tag, um sich selbst besser kennenzulernen, einen Zustand größerer emotionaler Ausgeglichenheit zu erreichen und mehr im gegenwärtigen Moment leben zu können, statt Angst vor zukünftigen Ereignissen zu haben oder über vergangene Situationen traurig zu sein. Wenn man sich bewusst ist, was in seinem emotionalen System vor sich geht und gelernt hat, auf sich selbst aufzupassen, ist es viel einfacher, mit jeder Situation umzugehen, auch wenn sie unerwartet eintritt, denn man ist mit allen Teilen von sich selbst verbunden und verfügt dadurch über mehr Stabilität, verfügbare energetische Ressourcen und einen klareren Geist.

Alternativ, wenn man seine eigenen verletzlichen Anteile nicht akzeptieren wollte, würden sie trotzdem den emotionalen Zustand in irgendeiner Weise beeinflussen, wie zum Beispiel in einer Situation, die einige tief gespeicherte herausfordernde Emotionen auslösen würde, und das könnte sogar in Momenten passieren, in denen man keinen Herausforderungen ausgesetzt ist. Das kann passieren, weil wir eine Art von Widerstand in uns erschaffen, wenn wir einige Teile von uns nicht akzeptiert haben: ein Widerstand zwischen unserem »ausführenden« bewussten Verstand und unseren verletzlichen Anteilen, die wir ablehnen. Folglich ist unser innerer emotionaler Zustand nicht ausgeglichen und wir haben weniger mentale und energetische Kapazität, um die Aktivitäten, die wir tun, zu erfüllen.

Zusammenfassend lässt sich sagen, dass ein angemessener Umgang mit seinen verletzlichen Anteilen die Lebensqualität deutlich verbessern kann, da man sich seiner selbst bewusster ist und besser mit sich selbst im Einklang steht, besser auf emotional herausfordernde Situationen (die im Leben unvermeidlich sind) reagieren kann und über größere mentale Ressourcen verfügt. Zusätzlich zu diesen Punkten kann das eigene Leben erfüllter werden, da man die eigene Verletzlichkeit auf eine tiefere Art und Weise wahrnimmt und somit zu einer tieferen Verbindung und einem tieferen Verständnis von sich selbst gelangen kann. Die Alternative dazu ist, die eigenen Emotionen zu unterdrücken, sie zu ignorieren, vor ihnen zu fliehen oder »das Opfer zu spielen«, wenn eine intensive Emotion hochkommt. Leider kommen diese indoktrinierten Verhaltensweisen sehr häufig vor. Wenn wir uns so verhalten, werden wir nie ganz mit uns selbst im Einklang sein und uns auch nicht auf eine tiefe Art und Weise kennen lernen. In Anbetracht der Tatsache, dass jeder Mensch verletzliche Anteile, Emotionen und Gefühle hat, ist es von entscheidender Bedeutung, einen angemessenen Weg zu finden, damit umzugehen. Das Problem ist, dass wir das in der Schule nie gelernt haben, auch wenn es ein so essentielles Thema im Leben ist. Wenn also mehr und mehr Menschen lernen könnten, mit ihren Emotionen umzugehen, würde das eine riesige Veränderung in der Gesellschaft, im Auftreten von Depressionen und anderen damit verbundenen psychischen Problemen und natürlich auch in uns selbst bewirken.

Jeder Mensch ist verletzlich; jeder einzelne Mensch hat diesen weichen, liebevollen und sensiblen inneren Teil, der nur darauf wartet, entdeckt und angenommen zu werden. Diese Entdeckung kann manchmal schmerzhaft sein, besonders weil dieser sanfte Teil so lange unterdrückt, verleugnet oder allein gelassen wurde. Nun stellt sich die Frage: Was genau ist Verletzlichkeit? Ist es nur ein ›großes‹ Stück oder besteht es aus vielen kleinen Stücken, die das Ganze bilden? Natürlich nimmt es jeder etwas anders wahr und es ist nicht meine Absicht, dir meine Wahrnehmung davon aufzudrängen. Ich kann dir jedoch eine Zusammenfassung meiner Erfahrungen geben, die ich während meines eigenen Entwicklungsprozesses und aus den Beobachtungen, die ich während der Arbeit mit meinen Klienten an ihren verletzlichen Anteilen gemacht habe.

Verletzlichkeit: ein Oberbegriff für alle Empfindungen, die du in deinem Körper wahrnehmen kannst

Verletzlichkeit ist der Überbegriff für alle Empfindungen, die du in deinem Körper wahrnehmen kannst, die keine »physische Erklärung« haben. Andererseits gibt es Empfindungen, wie Hunger, Müdigkeit, Hals- oder Bauchschmerzen, die definitiv keine verletzlichen Teile sind. Sie können jedoch als ein Symptom auftauchen, dessen Ursprung in einem verletzlichen Anteil liegt.

Nehmen wir das Beispiel, dass man große Angst hat, seinen Partner zu verlieren, weil man als Kind von einem unserer Elternteile verlassen wurde. Wenn man diese Emotion nicht wirklich akzeptiert und aufgearbeitet hat, hat diese Emotion immer noch einen Einfluss auf das eigene Leben, ob bewusst oder unbewusst. So könnte man regelmäßig die Angst erleben, von seinem Partner verlassen zu werden, jedes Mal, wenn der Partner mit anderen Freunden ausgeht oder sogar, wenn er Meetings auf der Arbeit hat. Bei diesen Gelegenheiten steigt die Wahrscheinlichkeit, jemand anderen kennenzulernen, und das nährt die Angst vor dem Verlassenwerden. Wenn diese Situationen regelmäßig vorkommen, wird man ziemlich oft mit genau dieser Emotion konfrontiert werden. Da das Ausdrücken von »negativer« Emotionen in der Gesellschaft nicht positiv gesehen wird oder kritisiert wird, versucht man, sie nicht zu offensichtlich zu zeigen oder zu verstecken. Bis zu diesem Punkt kann die Wahrnehmung im eigenen Körper eindeutig als Teil der eigenen Verletzlichkeit eingeordnet werden. Wenn man seine Emotionen ständig versteckt oder mit anderen Worten unterdrückt, können sie sehr oft in körperliche Symptome umschlagen, wie zum Beispiel Magenschmerzen, Kopfschmerzen oder Verdauungsprobleme. In einer solchen Situation halte ich es für sehr wichtig, ehrlich zu sich selbst zu sein und sich zu fragen, woher das körperliche Symptom kommt und seinen Ursprung zu finden, um sich in angemessener Weise um die Emotion zu kümmern.

Einer der größten Teile unserer Verletzlichkeit: Emotionen

Dies war also ein Beispiel für einen wichtigen Teil der eigenen Verletzlichkeit: Emotionen, die sich in körperliche Symptome verwandeln. Dies ist nur ein Hauptmerkmal von Emotionen. Es gibt aber noch andere Merkmale, an denen wir sie erkennen können: Emotionen sind in der Regel sehr intensiv und wir können sie normalerweise in unserem Körper spüren, wie zum Beispiel in unserem Magen, unserem Hals oder unserem Herzen. Emotionen haben sehr oft einen Einfluss auf unsere kognitiven Prozesse; sie lassen uns glauben, dass das, was wir fühlen, wahr

ist und die Realität darstellt und zusätzlich erschweren sie
es, klar zu denken und Dinge, Menschen und Situationen auf
eine objektive Art und Weise zu betrachten, die nicht von den
aktuellen Emotionen beeinflusst wird. Wenn wir zum Beispiel
wütend über etwas sind, was auf der Arbeit passiert ist, nehmen
wir oft ›die Wut mit‹ und können wahrscheinlich gereizt sein,
wenn wir nach Hause kommen und deshalb auf eine harsche
Art auf eines unserer Familienmitglieder reagieren, auch wenn
dieses nichts mit der Situation auf der Arbeit zu tun hat.

Alternativ dazu, wenn wir in jemanden verliebt sind und
diese Person uns verletzt, nehmen wir oft den Schmerz mit
und fangen an, die Welt auf eine negativere Art und Weise zu
sehen, weil wir von dieser Emotion beeinflusst werden. Darüber
hinaus werden Emotionen in der Regel durch äußere Umstände
hervorgerufen, durch unsere Bewertung unserer gegenwärtigen
Fähigkeit, mit der Situation umzugehen und durch unsere
alten Indoktrinationen und Glaubenssätze, die den natürlichen
Energiefluss blockieren. Darüber hinaus können gespeicherte
Emotionen aufsteigen, die durch eine Situation hervorgerufen
wurden, die uns an die Vergangenheit erinnert, die wir aber nie
wirklich akzeptiert oder verstanden haben.

Mit anderen Worten: Wenn ein vergangenes Ereignis eine
herausfordernde Emotion hervorgerufen hat, die wiederum
einen dauerhaften negativen Glauben über uns selbst, andere
Menschen oder eine bestimmte Situation geschaffen hat, wird
diese Emotion und Glaube im energetischen System gespeichert,
bis sie tief verstanden und akzeptiert werden.

Andernfalls; wenn wir sie weiterhin unterdrücken, ignorieren
oder vor ihnen fliehen, werden sie uns auch in Zukunft beeinflussen. Fühlen wir uns in einer ähnlichen Situation konfrontiert,
werden dieselben Emotionen und Glaubenssätze aufsteigen und

uns glauben lassen, dass sich die gegenwärtige Situation genauso anfühlt wie in der Vergangenheit, auch wenn sie anders ist und wir die Chance haben, ganz anders zu handeln.

Zum Beispiel waren wir als Kind von unseren Eltern (oder anderen Menschen in unserem sozialen Umfeld) abhängig, um gefüttert zu werden und um emotionale Nähe zu bekommen, die so lebenswichtig für die Entwicklung der Fähigkeit ist, eine Bindung zu jemandem aufzubauen.

Wenn unsere Eltern wütend auf uns waren und uns zur Strafe allein gelassen oder weggesperrt haben, konnten wir viel Traurigkeit, Angst vor dem Verlassenwerden oder sogar Wut empfinden. Als Kind verfügen wir nicht über die notwendigen kognitiven Ressourcen, um die Situation aus einer höheren Perspektive zu verstehen, und deshalb wird unsere Wahrnehmung der Welt von den Emotionen bestimmt, die in jeder Situation vorhanden sind.

Wenn wir also anfangen, Wut, Hilflosigkeit und/oder Traurigkeit zu empfinden, was eine natürliche Reaktion auf solche Umstände ist, würden unsere kognitiven Ressourcen auf diese Emotionen reagieren und eine solche Situation als ›negativ‹ einstufen und wahrscheinlich beschließen, diese Art von Situation zukünftig zu vermeiden. Hinzu kommt, dass wir in der oben beschriebenen Situation erstens nicht wussten, wie wir mit diesen Emotionen umgehen sollten und deshalb von ihnen überwältigt wurden.

Zweitens, wenn wir die verschlossene Tür nicht öffnen konnten oder unsere Eltern für eine Weile verschwunden waren und wir sie nicht finden konnten, wurde der Eindruck, dass wir diese Art von Situation nicht ändern konnten, in unserem Gedächtnis verankert. Später, wenn wir erwachsen sind und unser Partner nach einem heftigen Streit aus der Wohnung stürmt, ist die Wahrscheinlichkeit hoch, dass wir genau die gleichen Emotionen empfinden: Traurigkeit, Hilflosigkeit und/oder Angst vor dem Verlassenwerden, da diese Situation den Umständen in unserer Kindheit ähnelt.

Obendrein werden uns diese Emotionen daran hindern, diese Situation objektiv zu analysieren, um sie zu bewältigen und für uns selbst zu sorgen. Die Realität der Situation aus unserer Kindheit wird emotional, meist in Eins-zu-Eins-Situationen, in der gegenwärtigen Situation wiedererlebt, auch wenn wir viele Möglichkeiten hätten, anders darauf zu reagieren.

Das obige Beispiel ist typisch dafür, wie gespeicherte Emotionen unsere Wahrnehmung der Realität in unserer Gegenwart beeinflussen können. Glücklicherweise gibt es viele Möglichkeiten, wie man in einer solchen Situation reagieren kann. Ab dem dritten Kapitel werden dir konkrete Methoden und Techniken gezeigt, wie du mit solchen Situationen umgehen kannst, denn die Wahrscheinlichkeit, dass dies in unserem Leben passiert, ist hoch.

Kurz gesagt: Emotionen bilden einen wichtigen Teil unserer Verletzlichkeit. Sie werden in der Regel sehr stark wahrgenommen und beeinflussen die Art und Weise, wie wir die äußere Welt und uns selbst sehen. Infolgedessen können sie unser Verhalten in bestimmten Situationen beeinflussen, was es wiederum schwieriger machen kann, in angemessener Weise zu reagieren. Wenn wir jedoch beginnen, unsere Emotionen zu unterdrücken, sie zu ignorieren, vor ihnen zu fliehen oder die »Opferrolle« einzunehmen (worauf wir im nächsten Kapitel näher eingehen werden), wird es noch schlimmer, da eine übermäßige Aktivität entsteht, mit der wir sie unterdrücken oder vor ihnen weglaufen möchten. Oder aber, wir entwickeln eine übermäßige Passivität, indem wir sie einfach ignorieren oder zur Opferrolle übergehen.

Unsere Emotionen haben etwas mit uns selbst zu tun

Das Wichtigste ist zu wissen, dass jede Emotion, die wir in uns tragen, auf irgendeine Weise mit uns selbst zu tun hat. Aus dem vorangegangenen Beispiel und der Erklärung, wie Emotionen entstehen, können wir schließen, dass sie ein Produkt aus mehreren Komponenten ist: aus der äußeren Situation, die die Emotionen auf natürliche Weise hervorruft und aus unserer Einschätzung unserer Fähigkeiten und Möglichkeiten mit der Situation umzugehen. Da es schwierig ist, alle äußeren Umstände zu bearbeiten und zu verändern, empfiehlt es sich, an dem inneren Teil zu arbeiten, den wir beeinflussen können, indem wir unsere Bewertung unserer Fähigkeiten verändern und Methoden erlernen, mit denen wir emotional und praktisch mit herausfordernden Situationen umgehen können.

Bevor wir jedoch beobachten, wie wir mit unseren Emotionen umgehen, ist es von entscheidender Bedeutung zu verstehen, dass es zwei Haupttypen von Ursprüngen gibt, aus denen unsere gegenwärtigen Emotionen kommen.

Die Emotionen, die wir fühlen, können in zwei Hauptkategorien eingeteilt werden: die sogenannten ›alten‹ und die ›neuen‹ Emotionen. Mit ›neuen‹ Emotionen meine ich Emotionen, die du nur in der gegenwärtigen Situation erlebst und die du vorher noch nie erlebt hast, wie etwa die Angst, die man erleben kann, wenn man fast von einem Auto überfahren wird oder das erste Mal, wenn wir uns verlieben.

In einem solchen Moment ist die Emotion, die wir wahrnehmen, in der Regel sehr intensiv: Wir spüren sie deutlich in unserem Körper und sie beeinflusst unsere Art zu denken und unser Verhalten. Sie erfüllt alle Voraussetzungen, um als Emotion eingestuft zu werden. Da wir diese bestimmte Emotion jedoch noch nie zuvor erlebt haben, haben wir keinen Bezugspunkt und so beginnen wir ganz natürlich, sie entweder als ›negative‹ oder als ›positive‹ Emotion zu klassifizieren. Als nächstes assoziieren wir die Situation, die die Emotion hervorgerufen hat, mit der Emotion, die wir erlebt haben und schaffen dadurch ein positiv oder negativ ›erinnertes‹ Referenzerlebnis. Die Assoziation wird gespeichert und in unserem Körper innerhalb des energetischen Systems abgelegt.

Im Gegensatz dazu: Würden wir die Emotion durch unseren Körper fließen lassen, würde sie in kurzer Zeit durch uns hindurchgehen. Wir würden uns um die Emotion kümmern, indem wir auf das hören, was sie uns über uns selbst in Bezug auf diese Situation mitteilen möchte. Wir haben also immer die Wahl, wie wir uns verhalten, wenn eine Emotion in uns aufsteigt: Wir können sie entweder einfach durch uns hindurch-gehen lassen, was am Anfang sehr schwierig ist, besonders bei ›alten‹ Emotionen, oder wir können anfangen, Assoziationen zu erschaffen und/oder uns selbst, andere Menschen und/oder die gegenwärtige Situation für das zu verurteilen, was sie sind.

Eine natürliche menschliche Reaktion unter solchen Umständen ist, dass wir beginnen, jede Situation zu vermeiden, die ›negative‹ Emotionen hervorruft und anfangen, Situationen zu suchen, die ›positive‹ Emotionen hervorrufen. Aus evolutionärer Sicht macht diese Reaktion Sinn, da unsere neuronalen Systeme darauf programmiert sind, sich zu merken, welche Dinge wir vermeiden müssen und wonach wir suchen sollten. Allerdings gibt es viele Nachteile, wenn wir unser wahres Selbst finden wollen, denn wir werden immer von den Auswirkungen vergangener Ereignisse beeinflusst, anstatt im gegenwärtigen Moment zu leben. Dadurch, dass wir uns die Assoziationen zwischen der Situation und der ›klassifizierten‹ Emotion eingeprägt haben, kann unser Verhalten, unser Denkmuster und unser emotionaler Zustand in der Zukunft sogar durch nur ein einziges Ereignis in der Vergangenheit verändert werden. Wenn wir in der Zukunft mit einer Situation konfrontiert werden, die der in der Vergangenheit ähnlich ist, steigen die gespeicherten Emotionen normalerweise auf und beginnen unsere Wahrnehmung der gegenwärtigen Situation so zu beeinflussen, dass wir uns ähnlich verhalten und denken wie in der Vergangenheit. Folglich wird das Ergebnis einer solchen Situation dem Ergebnis in der Vergangenheit ähnlich sein und auf diese Weise sinkt die Wahrscheinlichkeit, eine Veränderung zu erleben. Dies wiederum bestärkt unsere Überzeugung über die Assoziation, die wir mit einer bestimmten Situation in einem vergangenen Ereignis gemacht haben, und infolgedessen wird diese mehr und mehr zu unserer Realität, die wir selbst nur deshalb erschaffen haben, weil wir begannen, die Emotionen, die durch diese eine Situation in der Vergangenheit hervorgerufen wurden, zu assoziieren, zu klassifizieren und/oder zu bewerten.

In dem Moment, in dem wir eine Emotion wieder erleben, kann sie als ›alte‹ Emotion klassifiziert werden, weil ihr Ursprung in einer vergangenen Situation liegt und nicht im gegenwärtigen Moment. Manchmal kann der Ursprung einer Emotion nicht bewusst sein, weil wir entweder den Zusammenhang zwischen einer vergangenen Situation und der gegenwärtigen Reaktion nicht klar sehen. Oder aber, die vergangene Situation war derart traumatisch, dass wir sie bewusst oder unbewusst verdrängt haben. Wir sind nicht bereit, die vergangene Situation anzuschauen und ziehen es vor, sie auszublenden, was zum Glück nicht möglich ist, da sie für unsere emotionale Entwicklung und Reife notwendig ist. Um uns selbst tiefgreifend zu verstehen und eine innere Transformation zu erfahren, ist es jedoch sehr vorteilhaft zu wissen, welche Situationen bestimmte Emotionen hervorrufen und, was noch wichtiger ist, zu wissen, warum wir sie auf eine Art und Weise interpretieren, die zu einer ›negativen‹ Assoziation mit ihnen führte und warum diese Emotionen gespeichert wurden.

Mit Blick auf das, was wir bisher über Emotionen besprochen haben, möchte ich betonen, wie wichtig es ist, sich bewusst zu machen, dass wir jede Emotion selbst erschaffen haben, weil wir Situationen auf eine bestimmte Art und Weise interpretiert haben, je nachdem, wie wir uns selbst in diesem Moment wahrgenommen haben. Wenn wir also zu ihrer Erschaffung und vor allem zu ihrer Speicherung beigetragen haben, haben nur wir die Macht und die Fähigkeit, diesen verletzten Teil von uns wieder in das zu verwandeln, was er vorher war, nämlich in unser wahres Selbst, um unser volles Potenzial zu leben. Das Problem dabei ist, dass die meisten von uns sich nicht um ihre Emotionen kümmern wollen oder nicht einmal verstehen wollen, warum sie da sind. Es ist auch sehr verbreitet, dass viele von uns glauben, dass das, was unsere Emotionen in einem bestimmten Moment in uns hervorrufen, unserer Realität entspricht und wir uns deshalb nicht die Mühe machen, sie genauer zu betrachten. Alternativ ist eine natürliche menschliche Reaktion, die aufkommenden

Emotionen zu ignorieren oder zu unterdrücken, da sie weh tun und wir natürlich nicht gerne Schmerz empfinden, auch wenn es ›nur‹ emotional ist. Andere fangen an, alles zu tun, um vor schmerzhaften Emotionen zu fliehen, während wir alles tun, um sie nicht wahrzunehmen. Einige von uns haben sogar die Situation vergessen, in der bestimmte Emotionen zum ersten Mal aufgetaucht sind und durch unsere Denkmuster und deren Interpretationen, die sie zu gespeicherten Emotionen und folglich zu einem gespeicherten Glauben und/oder indoktrinierten Muster gemacht haben.

Betrachte die folgende wahre Geschichte über ein kleines Kind, das von seinen Eltern nicht wertgeschätzt wurde, und wie dies seine Emotionen beeinflusste und wie es sein weiteres Leben beeinflusste.

Als junges Mädchen wollten ihre Eltern sie dazu drängen, eine gute Schülerin zu sein und fingen erst an, sie zu belohnen und in besonderer Weise zu würdigen, wenn sie in der Schule gute Noten bekam. Hingegen waren sie sauer auf sie, wenn sie schlechte Noten mit nach Hause brachte. Da sie ein kleines Kind war, kannte sie ihren wahren Wert als Mensch noch nicht und wusste nicht, dass sie auch ohne gute Noten liebenswert war. Aus dieser Situation heraus begann sie zu glauben, dass sie nur dann geliebt und akzeptiert werden konnte, wenn sie gute Leistungen erbrachte und gute Noten erhielt. Das Ergebnis war, dass dies zu ihrer Realität wurde und ihre Gedanken und Verhaltensweisen begannen, diesen Glauben unbewusst zu unterstützen. Später, als sie erwachsen und ein junger Mensch geworden war, lebte sie immer noch aus dieser Realität heraus, weil sie nicht wusste, wie es anders sein könnte. Sie begann in einer Firma zu arbeiten und jedes Mal, wenn sie bei der Arbeit gute Leistungen erbrachte, wurde sie akzeptiert und fühlte sich zufrieden. Wenn sie jedoch jemand kritisierte oder ihre Arbeit nicht gut ausfiel, fühlte sie sich abgelehnt, traurig, nicht geliebt und zeitweise sogar wütend auf sich selbst. Sie behandelte sich selbst auf ähnliche Weise, wie ihre Eltern es taten.

Da sie nie gelernt hatte, ihre Verletzlichkeit zu akzeptieren, begann sie, vor ihr zu fliehen, sie abzulehnen und zu unterdrücken. Um den verletzlichen Teil in ihr nicht mehr zu spüren, begann sie noch härter und mit mehr Druck daran zu arbeiten, derartige Situationen in Zukunft zu vermeiden. Alternativ hätte sie sogar anfangen können, Alkohol zu trinken oder Drogen zu nehmen, nur um ihrem verletzlichen Teil zu entkommen, der ihr etwas über sich selbst sagen wollte.

Wie aus der obigen Beschreibung ersichtlich ist, kann der Ursprung schon lange zurückliegen. Das Problem daran ist, dass wir in dem Moment, in dem wir verletzt werden, normalerweise anfangen, anderen die Schuld zu geben, uns selbst zu beschuldigen oder die Situation zu verfluchen. Nach einiger Zeit vergessen wir den wahren Ursprung der Emotion und sie wird zu unserer Realität. Wenn wir weiterhin vor den Emotionen flüchten oder sie unterdrücken, wird es noch schlimmer und wir werden noch mehr in unserer ›erschaffenen Realität‹ feststecken. Das liegt an den verletzlichen Anteilen, die körperliche Reaktionen erzeugen und, was noch problematischer ist, unsere Wahrnehmung der äußeren und inneren Situation austricksen. Da die meisten von uns nicht auf das hören, was uns unsere Emotionen sagen wollen, werden wir nie tiefgreifend verstehen, warum sie präsent sind, und deshalb halten sie den verletzten Teil im Inneren.

Das Leben ist ein Lernprozess

Da jede Lektion so lange wiederholt wird, bis sie gelernt ist, wird es ähnliche Situationen geben, die bestimmte Emotionen hervorrufen, bis sie akzeptiert werden. Der Grund, warum wir immer wieder die gleichen Situationen im Leben anziehen, je nachdem, welche unserer Emotionen wir noch nicht verarbeitet haben, ist das Gesetz der Resonanz (oder auch: das Gesetz der Anziehung).

In den nächsten Kapiteln werden wir darauf genauer eingehen und du wirst einige Ratschläge erhalten, mit denen du von diesem Gesetz profitieren kannst, wenn du es aus einer höheren Perspektive nutzt. Der Prozess, unsere Emotionen tief zu verstehen und zu transformieren, ist lebenswichtig für das Wachstum unseres Bewusstseins und folglich auch für die Entfaltung unseres vollen Potenzials. Es ist unmöglich, emotional frei und zu hundert Prozent im gegenwärtigen Moment zu sein, das Leben zu leben, das wir uns aus tiefstem Herzen wünschen und unser volles Potenzial auszuschöpfen, wenn wir unsere verletzlichen Anteile nicht akzeptieren, verstehen und in ihr wahres Potenzial transformiert haben. Das Problem dabei ist, dass wir von der Gesellschaft gelernt haben, dass wir unsere Emotionen nicht so ausdrücken sollen, wie sie sind, und da einige von uns sogar begonnen haben, unsere Emotionen abzulehnen, selbst wenn wir alleine sind, hat dieser Lernprozess noch einen langen Weg vor sich, bevor überhaupt etwas erreicht werden kann.

Der Zweck der Erfahrungen, die wir während unseres Lebens machen, ist es, einen höheren Bewusstseinszustand zu erreichen. Dies wird durch den Prozess des Sammelns von Erfahrungen durch Situationen erreicht, die Emotionen wie Traurigkeit, Angst, Freude oder Enttäuschung hervorrufen. Wenn wir also eine bestimmte Emotion wahrnehmen, gewinnen wir Wissen darüber, wie es ist, in einem bestimmten emotionalen Zustand zu sein. Wenn wir sie einfach durch unseren Körper ›fließen‹ lassen und sie als das wahrnehmen, was sie ist, würde sie nach ein paar Minuten oder sogar Sekunden ganz natürlich verschwinden.

Das wahrscheinlichste Ergebnis wäre, dass wir immer noch wir selbst sein könnten, ohne irgendeinen Teil von uns unterdrückt oder negativ transformiert zu haben, aber wir wären reicher an der Erfahrung, was wiederum zu einem höheren Bewusstseinszustand führt. Wenn wir jedoch beginnen, uns mit den aufsteigenden Emotionen zu identifizieren, fangen wir an, uns selbst dafür zu beschuldigen, dass wir Emotionen haben oder andere dafür zu beschuldigen, dass sie uns auf eine nicht akzeptable Weise behandelt haben. Daher ist unsere Aufmerksamkeit nicht darauf gerichtet, die Emotion zu erleben und sie so zu nehmen, wie sie ist, sondern auf die Menschen oder die Situation, die die Emotionen verursacht haben und/oder darauf, die Emotion nicht so zu akzeptieren, wie sie ist. Dies hat zur Folge, dass die Emotionen in unserem Körper gespeichert werden.

Anschließend zieht unser energetisches System ähnliche Situationen an, was diese Emotionen in unser Bewusstsein bringt und uns die Chance gibt, sie zu verstehen und in ihre wahre Natur zu transformieren. Das Problem dabei ist, dass der Glaube, unsere verletzliche Seite nicht zeigen und akzeptieren zu dürfen, ebenfalls indoktriniert wurde, weshalb es sehr schwierig ist, klar zu erkennen, welche Teile von uns verstanden und in ihr volles Potenzial transformiert werden könnten. Kurz gesagt, es ist ein Teufelskreis. Der einzige Ausweg daraus ist, dass wir in der Lage sind, uns mehr mit uns selbst zu verbinden und in der Lage sind, unsere Verletzlichkeit zu verstehen und für sie zu sorgen. Wenn wir das nicht tun, werden wir immer auf irgendeine Weise vor unserem wahren Selbst flüchten. Daher können wir uns nicht vollständig fühlen und wir werden uns nie wirklich erfüllt fühlen, da immer ein Teil von uns fehlen wird. Wir fangen an, in der äußeren Welt nach Erfüllung zu suchen, da der Blick nach innen gegen die ›indoktrinierten Glaubenssätze‹ ist.

Auf diese Weise werden wir immer von äußeren Phänomenen abhängig sein, zum Beispiel wie unser Partner uns behandelt, Komplimente von unseren Freunden, ob der Chef mit unserem Job zufrieden ist oder ob wir dieses Auto kaufen oder nicht. Wenn wir so leben, wird unser emotionaler Zustand sehr instabil und ist anfällig für das, was in unserer Umgebung passiert. Da wir alle das Bedürfnis haben, geliebt und akzeptiert zu werden, obwohl wir paradoxerweise nie gelernt haben, uns selbst auf einer tieferen Ebene zu lieben und zu akzeptieren, suchen wir nach Akzeptanz in unserem sozialen Umfeld. Um das zu erhalten, verhalten wir uns so, wie wir wahrnehmen, dass andere wollen, dass wir uns verhalten, oder wir sagen Dinge, um mit ihnen übereinzustimmen, und verweigern so unserem wahren Selbst seinen wahren Ausdruck. Auf diese Weise können wir leicht von anderen Menschen, von Werbung, von Situationen und so weiter manipuliert werden. Metaphorisch gesprochen verhalten wir uns durch unsere aufsteigenden Emotionen wie ein kleines Kind, das bedürftig ist und umsorgt werden möchte. Da wir schon sehr früh in unserem Leben gelernt haben, dass wir von unseren Vorbildern abhängig sind und dass wir die Menschen in unserer Umgebung brauchen, um das zu bekommen, was wir brauchen, ist es sehr häufig, dass wir dieses Verhalten auch als Erwachsene fortsetzen.

Um es anders auszudrücken: Sind keine intensiven Emotionen vorhanden, bleiben wir konzentriert, machen unseren Job und handeln normal, weil der »erwachsene Teil« von uns ›aktiv‹ ist und mit der Situation umgehen kann. Tauchen jedoch Emotionen auf, beginnen sie unsere Wahrnehmung der äußeren Situation und von uns selbst zu täuschen, sodass wir glauben, wieder wie ein bedürftiges Kind zu sein, das von der äußeren Welt abhängig ist. In einem solchen Moment hat unser »erwachsener Teil« das Potential, sich um den »kindlichen Teil« von uns zu kümmern, um ihm das zu geben, was er in diesem speziellen emotionalen

Zustand braucht. Nichtsdestotrotz glauben die meisten von uns weiterhin an die Illusion, die unsere Emotionen erschaffen und beginnen, die tatsächlichen Emotionen oder die äußere Situation zu vermeiden.

Kurz gesagt: Emotionen sind eines der größten Elemente unserer Verletzlichkeit: Sie sind das Produkt einer äußeren Situation, unserer eigenen Wahrnehmung dieser Situation und unserer Einschätzung, mit ihr umgehen zu können. Sie werden in der Regel sehr stark in unserem Körper wahrgenommen und können unsere Wahrnehmung austricksen, so dass wir den Eindruck haben, eine vergangene Situation in der Gegenwart zu durchleben. Dabei ist es essentiell, sie zu verstehen und zu transformieren, damit wir wieder unser wahres Selbst werden und unser volles Potenzial leben können.

Ein zweiter Teil unserer Verletzlichkeit: Unser weicher und sensibler Anteil

Neben den erwähnten Emotionen besteht unsere Verletzlichkeit auch aus einem weichen und sensiblen Teil, der nach meinen Beobachtungen und Erfahrungen mit meinen Klienten und mir selbst auch dann noch vorhanden ist, wenn wir alle unsere Emotionen zurück in unsere wahre Natur transformiert haben. Dieser sensible und weiche Teil ist wirklich ein Teil von uns, so wie er ist, im Gegensatz zu den gespeicherten Emotionen, die wir zurück in unser wahres Selbst transformieren können.

Der verletzliche und sensible Anteil kann als der weiche Teil unseres inneren wahren Selbst beschrieben werden. Jeder hat ihn. Die meisten von uns fürchten sich jedoch davor, ihn anderen und sogar uns selbst zu zeigen. Einerseits ist dieser Teil so unglaublich sensibel und weich, dass einige von uns Angst haben, ihn zu fühlen, geschweige denn, anderen zu erlauben, diesem

Teil nahe zu kommen; auf der anderen Seite liegt in diesem sensiblen Bereich ein großer Teil unseres wahren Potenzials und unserer Stärke. Es klingt paradox, aber dank meiner eigenen tiefen energetischen Transformation und dank der Arbeit mit meinen Klienten kann ich es mit ruhigem Vertrauen bestätigen. Nehmen wir das Beispiel, dass wir all unsere gespeicherten Emotionen zurück in unsere wahre Natur transformiert haben. In diesem Moment werden wir immer noch verletzlich sein, weil der sensible Teil von uns immer da sein wird. Da die meisten Menschen von Natur aus nicht gerne emotional verletzt werden, würden einige wieder anfangen, ihre Emotionen zu unterdrücken. Die Art, in der der verletzliche Teil in einer emotional herausfordernden Situation auftaucht, ist weicher, als wenn Emotionen auftauchen, und er führt normalerweise nicht dazu, eine Handlung auszuführen. Außerdem hat er normalerweise weniger Einfluss auf unsere Wahrnehmung der Situation, als wenn eine Emotion auftaucht. Wenn Emotionen auftreten, können wir uns traurig, wütend und/oder enttäuscht fühlen, was sofort zu einer »Bewertung« der gegenwärtigen Situation in Bezug auf unsere Fähigkeiten führt. Wenn wir also ein größeres Bewusstsein für uns selbst entwickeln, selbstbewusster werden und lernen, achtsamer mit unseren Emotionen umzugehen, hat die aufsteigende Emotion das Potenzial, sich zu verändern. Wenn jedoch unser verletzlicher Teil auftaucht, nehmen wir ihn meist nur als »Verletzlichkeit« wahr, im Vergleich dazu, wenn Emotionen auftauchen und das ganze emotionale Spektrum wahrgenommen werden kann.

Eine gemeinsame Sache, die oft passiert, wenn sich unser verletzlicher Anteil zeigt, ist, dass wir von seiner Tiefe überwältigt sind und uns fragen, was wir mit diesem weichen Teil tun sollen. Dieser Teil unserer Verletzlichkeit ist ein Teil unseres wahren Selbst und da unser wahres Selbst, unsere Seele, unsere reine Essenz, unermesslich ist, ist es schwierig bis unmöglich, sie mit unserem Verstand vollständig zu erfassen. Da die meisten von uns den Eindruck haben, dass wir die Kontrolle über die Dinge haben müssen und dass wir sie verstehen müssen, um in der Lage zu sein, in einer rationalen Art und Weise zu reagieren, beginnen wir, von der Intensität und der Unermesslichkeit unseres sensiblen Teils überwältigt zu werden. Infolgedessen ziehen es die meisten von uns vor, ihn zu unterdrücken, um ihn nicht mehr wahrnehmen zu müssen, und nachdem wir dies einige Male getan haben, »vergessen« wir sogar, dass wir im Besitz eines solchen Teils sind, geschweige denn wie tief er sich anfühlt.

Wenn der sanfte Teil in uns auftaucht, nehmen wir ihn so wahr, wie er ist: Als verletzlicher Teil, der einfach da ist und gefühlt und umsorgt werden will; Probleme entstehen, wenn wir anfangen, uns zu seiner Anerkennung verwehren und ihn unter-drücken oder unsere Aufmerksamkeit auf etwas anderes lenken. Mehr noch, dieser verletzliche Teil ist ein echter Teil unseres wahren Selbst und seine Unermesslichkeit kann überwältigend sein, wenn wir versuchen, ihn mit unserem Verstand vollständig zu verstehen. Doch dieser Teil wird immer da sein, ob wir ihn bewusst wahrnehmen oder nicht, denn er ist unsere Stärke und ein großer Teil unseres Potentials liegt in ihm.

Man mag sich fragen: Wenn es so unermesslich ist und wir es mit unserem rationalen Verstand nicht vollständig erfassen können – wozu haben wir ihn dann? Es geht nicht darum, es mit unserem rationalen Verstand zu verstehen, sondern uns selbst tief zu spüren und Schritt für Schritt mehr Anteile unseres wahren Selbst zu akzeptieren. Da einer der Gründe, warum wir hier auf diesem Planeten sind, darin besteht, zu wachsen, ist es notwendig, dass wir mehr und mehr ein Verständnis dafür entwickeln, was wir wirklich sind und dadurch einen höheren Bewusstseinszustand erreichen. Daher ist es von entscheidender

Bedeutung, dass wir uns selbst von innen heraus kennen und uns so akzeptieren, wie wir sind, unabhängig von den Menschen, mit denen wir interagieren, von der Situation, in der wir uns befinden oder von den äußeren Umständen, in denen wir leben. Wenn wir also anfangen, Teile unseres wahren Selbst abzulehnen, die wir noch nicht verstehen können oder aus Angst, dass andere uns dafür verurteilen könnten, hindern wir uns selbst an unserer Seelenentwicklung und es ist, als ob wir sagen: »Ich will in meinem Leben stagnieren, ich will nicht wachsen!« Selbst wenn wir den Eindruck haben, uns zu entwickeln, indem wir einige Kurse oder Workshops besuchen, neue berufliche Fähigkeiten erlernen oder ein Fitnesstraining absolvieren, ist es eine Tatsache, dass, wenn wir keine Verbindung zu unserem inneren Selbst haben, sich das alles wertlos anfühlen kann. Hattest du schon mal den Eindruck, dass du in deiner äußeren Welt alles hast, was du brauchst, einen guten Job, genug Geld, einen lieben Partner – aber du hast dich trotzdem nicht wirklich zufrieden oder sogar einsam und traurig gefühlt? Einer der Gründe dafür ist, dass du vielleicht nur eine geringe oder gar keine Verbindung zu deinem inneren Selbst hattest und es dir deshalb unmöglich war, reine Freude zu empfinden, die aus deinem inneren Selbst kommt.

Mit anderen Worten: Wenn wir den sanften Anteil abschneiden, weil wir zu der Überzeugung kommen, dass er in der Gesellschaft nicht positiv angesehen wird oder wir den Eindruck haben, dass wir von seiner Tiefe und Unermesslichkeit überwältigt sind, berauben wir uns selbst der Wahrnehmung dessen, was in uns und in unserer äußeren Welt vor sich geht. Metaphorisch gesprochen, wenn wir diesen Teil abschneiden, »schneiden wir uns selbst ab«, um unser Leben tiefgreifend zu erfahren und in vollen Zügen zu leben.

Weshalb wir unseren sensiblen Teil haben

Es gibt also mehrere Gründe, warum wir diesen sensiblen Teil in uns haben: Einer davon ist, unser Leben tiefgründig zu leben und zu spüren und unsere eigene Sensibilität so zu erleben, wie sie ist. Der zweite Grund ist, dass wir, da dieser Teil unermesslich ist und nicht durch rationales Denken verstanden werden kann, ermutigt werden, mehr und mehr unser rationales Denken loszulassen. Dieses möchte die Dinge verstehen und eine Art Kontrolle über sie ausüben. Folglich sollten wir mehr und mehr auf uns selbst vertrauen und uns an unserem wahren inneren Selbst orientieren.

Wenn wir das rationale Denken näher betrachten, können wir feststellen, dass es uns eine Art Sicherheit gibt, weil wir den Eindruck haben, dass wir die Dinge kontrollieren können und den Überblick darüber haben. Wenn wir aber andererseits alle möglichen Variablen in Betracht ziehen, die die gegenwärtige Situation verändern und zu einem unerwarteten Ergebnis führen könnten, gestehen wir ein, dass es eine Illusion ist, über die Kontrolle zu verfügen.

Wenn es uns gelingt, uns mehr und mehr mit diesem sensiblen inneren Teil von uns selbst zu verbinden, den wir mit unserem rationalen Verstand aufgrund seiner unbegrenzten Natur niemals vollständig verstehen können, beginnen wir, das Bedürfnis loszulassen, die Dinge kontrollieren zu wollen. Außerdem fühlen wir mehr innere Sicherheit, anstatt nach äußerer Sicherheit zu suchen, und werden uns mit unserem wahren Selbst verbinden.

Natürlich erscheint es anfangs seltsam und ungewohnt, auf etwas zu vertrauen, was wir noch nicht wirklich kennen, doch mit der Zeit werden wir mutiger, bereitwilliger und fühlen uns wohler, während wir diesen sensiblen Teil entdecken und akzeptieren.

Jedes Mal, wenn wir ein weiteres Stück davon akzeptieren und integrieren, werden wir wahrnehmen, dass sich unser Bewusstsein erweitert und wir uns energetisierter fühlen.

Stell dir vor, was passieren könnte, wenn wir das kontinuierlich tun: Unser Bewusstsein würde sich allmählich erweitern und wir würden mehr von unserer inneren Sensibilität sowie mehr von unserer inneren Kraft spüren. Je mehr von unseren Anteilen in uns integriert sind, desto mehr leben wir aus unserem wahren Selbst und sind deshalb glücklicher, zufriedener und können es so verkörpern, dass andere davon angesteckt werden. Das ist genau das, was mit »Akzeptiere deine Verletzlichkeit und lebe deine wahre Essenz!« gemeint ist: Mehr und mehr die verletzlichen Teile von uns selbst zu akzeptieren, unsere Emotionen wahrzunehmen, sie als das zu verstehen, was sie sind, und sie in ihr wahres Potential zu transformieren. Darüber hinaus mehr und mehr unsere sensiblen Anteile zu integrieren, die immer da sind, und dadurch zunehmend das volle Potential unseres wahren inneren Selbst zu leben. Warum sage ich sensible Teile, anstatt weiterhin sensibler Teil zu sagen? Der Grund ist, dass wir einen riesigen, unermesslichen sensiblen Teil haben, der sich in unendlich viele sensible Teile aufspalten ließe. Wenn wir jedoch einen Teil davon in einer bestimmten Situation wahrnehmen, haben wir die Möglichkeit, nur diesen wahrgenommenen Teil aus so vielen anderen sensiblen Teilen zu integrieren, die bereits integriert wurden oder noch integriert werden müssen.

Wie können wir ihn integrieren?

Der Grund unseres Daseins besteht darin, zu wachsen. Wir wachsen, indem wir unser wahres Selbst finden und uns mit ihm verbinden. Darüber hinaus ist es unsere Aufgabe, uns selbst zu erkennen, unabhängig von den äußeren Umständen, dazu gehören auch die Menschen, mit denen wir interagieren. Wir haben in der Vergangenheit in diesem Leben oder in unseren früheren Leben (um den sensiblen Teil zu verstehen, muss man nicht unbedingt an Reinkarnation glauben, obwohl es helfen kann, einen breiteren Überblick und Verständnis zu geben), Teile von uns selbst, Emotionen sowie unsere sensiblen Teile unterdrückt oder abgelehnt. Dies hat dazu geführt, dass wir allmählich begonnen haben, mehr und mehr wie eine andere Person zu sein, verglichen mit dem, was wir wirklich sind. Wir haben Glaubenssätze aus der Gesellschaft übernommen, wir wurden durch die Dinge, die uns widerfahren sind, verändert. All das hat dazu geführt, dass wir mehr und mehr vergessen haben, wer wir wirklich sind. Das Schlimmste daran ist, dass die meisten von uns glauben, die indoktrinierten Glaubenssätze und Muster seien unser wahres Selbst und wir können nichts tun, um sie zu ändern.

Es ist mein aufrichtiger Wunsch, dass dieses Buch jedem die Hoffnung gibt, dass es möglich ist, unser wahres Selbst wieder zu finden und, egal wie schmerzhaft und herausfordernd unsere Vergangenheit war, jeder kann wieder pure Freude und Glück empfinden. Die sensiblen Anteile vollständig in unser Wesen zu integrieren, um es wieder ganz zu machen, bedeutet, sich selbst tiefer kennenzulernen, uns unseren eigenen sanften Anteil erleben zu lassen, ihm Raum zu geben, in unserem Körper zu ›fließen‹ und ihn einfach zu akzeptieren, wie er ist. Auf diese Weise können wir allmählich beginnen, ihn in unser Wesen zu integrieren und wenn wir beginnen, ihn fließen zu lassen, werden wir weniger Angst vor ihm haben. Die Angst vor unseren sensiblen Teilen stammt aus unserer Vergangenheit (und unseren vergangenen Leben) und hat sich wiederum aufgrund der gängigen Glaubenssätze in der Gesellschaft entwickelt, wie zum Beispiel, dass wir als stark gesehen werden sollten und emotional oder körperlich angegriffen werden können, wenn wir schwach sind und unsere Verletzlichkeit zeigen.

Als Ergebnis haben wir eine Angst und eine Ablehnung unserer eigenen sensiblen Teile entwickelt, weil wir diese Assoziation mit dem Erscheinen unserer sanften Teile und dem daraus resultierenden Eindruck, anfällig für Verletzungen zu sein, übernommen haben. Wenn wir also weiterhin daran glauben und uns entsprechend dieser indoktrinierten Überzeugung verhalten, greifen wir uns buchstäblich selbst an, indem wir unsere sensiblen Teile ablehnen und unterdrücken. Indem wir das tun, schwächen wir uns selbst, indem wir unsere sensiblen Teile abschneiden und folglich weniger Energie und Potential zur Verfügung haben. Ich empfehle dir wärmstens, darüber nachzudenken, dich selbst zu beobachten, dir bewusst zu werden, wie du mit deinen sensiblen Anteilen umgehst, zu reflektieren und die Gründe für dieses Verhalten herauszufinden. Frage dich, ob du dich weiterhin so verhalten willst oder ob du bereit bist, einen anderen Weg einzuschlagen, der dich präsenter und auch sensibler fühlen lässt. Diese Sensibilität zu akzeptieren hilft dir, dich wieder ganz zu fühlen und als Ergebnis wirst du in der Lage sein, die ganze Bandbreite deiner Sensibilität wahrzunehmen und gleichzeitig jeden einzelnen Teil von dir zu akzeptieren, zu schützen und für ihn zu sorgen.

Mit anderen Worten: Die sensiblen Teile können integriert werden, indem wir sie in uns selbst wahrnehmen und dabei präsent sind. Dazu können wir unsere Hände auf die Körperstelle legen, wo wir ihn wahrnehmen und ruhig atmen. Die Herausforderung besteht darin, präsent zu sein, ohne geistig oder emotional zu flüchten und die Haltung der Akzeptanz (statt Ablehnung) aufzubauen. Wenn wir diese neue Art des Umgangs mit unseren sensiblen Anteilen angenommen haben und wir uns in einer Konfliktsituation befinden, dann sind wir in der Lage, die Emotionen wahrzunehmen, die durch uns »fließen« und wir können unsere sensiblen Anteile so wahrnehmen, wie sie sind. Allerdings ist es essentiell, einen klaren Geist zu behalten und uns nicht von unseren verletzlichen Anteilen mitreißen zu lassen. Kurz gesagt, wir sind in der Lage, eine kritische Situation aus unserem Wesen heraus als ein komplettes Ganzes wahrzunehmen und haben daher eine größere Fähigkeit, sie bestmöglich zu bewältigen.

Verletzlichkeit: Emotionen und sensible Anteile

Unsere Verletzlichkeit besteht im Wesentlichen aus unseren Emotionen und unseren sensiblen Teilen. Unsere Wahrnehmung von beiden wird meist von vergangenen indoktrinierten Glaubenssätzen und Denkmustern beeinflusst, so dass sie meist nicht so wahrgenommen werden, wie sie wirklich sind. Emotionen, wie auch die sensiblen Anteile, sind eine Art Botschaft unseres inneren Selbst, die einfach nur gehört, akzeptiert und letztendlich in unser Wesen integriert werden möchte. Emotionen sind mehr wie Empfindungen in unserem Körper, die durch eine Kombination von Faktoren hervorgerufen werden können, einschließlich einer äußeren Situation, unserem aktuellen Zustand und unserer Bewertung dieser Situation. Normalerweise können Emotionen als jeder Ausdruck aus dem gesamten Spektrum ihrer Ausprägung wahrgenommen werden, wie zum Beispiel Traurigkeit, Wut oder Angst. Im Gegensatz dazu werden unsere sensiblen Anteile meist nur als »Verletzlichkeit« wahrgenommen.

Tauchen Emotionen also auf, fühlen wir sie und beginnen darauf zu reagieren, indem wir sie unterdrücken, vor ihnen flüchten oder sie ignorieren. Wir akzeptieren sie nicht wirklich als das, was sie sind. Als Ergebnis behalten wir die negativen Assoziationen zwischen der Situation und unseren Emotionen in uns und speichern sie in unserem Unterbewusstsein ab. Später in unserem Leben haben sie das Potenzial, sich auf unsere Entscheidungen, Verhaltensweisen, Denkmuster und die Art und Weise, wie wir uns selbst und anderen gegenüber Emotionen zeigen, auszuwirken. Hätten wir sie jedoch, als sie zum ersten Mal auftauchten, einfach durch uns hindurchfließen lassen, während wir sie wahrnahmen und die Botschaften, die sie für uns hatten, beobachteten, hätten wir sie nicht in unserem Körper gespeichert und folglich wären sie nicht in der Lage gewesen, unser zukünftiges Leben zu beeinflussen. Wenn also Emotionen aufkommen, steigen sie als Teil unserer Energie in Form von zum Beispiel Traurigkeit, Angst oder Wut auf und wenn wir beginnen, Assoziationen zwischen der »Trigger-Situation« und unserer Emotion herzustellen, sowie sie etwa zu unterdrücken, speichern wir einen Teil unserer Energie in Form dieser Emotion in Verbindung mit ihrer Assoziation. Das Ergebnis ist, dass wir weniger freie Energie zur Verfügung haben und wir beginnen, die Welt durch die »Linse« dieser Emotion zu sehen, weil sie uns, bewusst oder unbewusst, zu beeinflussen beginnt, wenn auch auf subtile Art und Weise. Mehr noch, wir beginnen unser wahres, authentisches Selbst mehr und mehr zu verlieren und werden immer mehr das Ergebnis unserer Vergangenheit. Im Vergleich dazu können die sensiblen Anteile viel sanfter und »meist« nur als ein Gefühl der Verletzlichkeit wahrgenommen werden. Sie können auch durch eine Wechselwirkung einer äußeren Situation und unserer Bewertung dieser hervorgerufen werden, aber auf eine viel subtilere und unbewusstere Weise.

Erstens sind unsere sensiblen Teile in der Regel eine weniger intensive Empfindung als unsere Emotionen, sodass die Botschaft einer Emotion viel deutlicher ist als die der sensiblen Teile. Meistens kann die Botschaft einer Emotion als »Kampf oder Flucht« interpretiert werden, da sie in der Regel recht intensiv ist und der Auslöser dafür meist offensichtlich ist. Im Gegensatz dazu kann die Botschaft unserer sensiblen Anteile als das Bedürfnis interpretiert werden, umsorgt zu werden, geliebt zu werden oder sich einfach nur unserer Verletzlichkeit in einer

»Trigger-Situation« bewusst zu sein. Beides kann auch ohne eine Trigger-Situation entstehen: Manchmal, wenn man einfach nur die Straße entlang geht oder eine Tasse Kaffee trinkt, allein oder mit anderen, kann eine Emotion auftauchen oder unsere sensiblen Teile können die Aufmerksamkeit auf sich ziehen. In einer solchen Situation ist der Ursprung jedoch ein anderer: Die Emotion ist eine gespeicherte Emotion aus der Vergangenheit, die genau in diesem Moment auftaucht. Die sanften Anteile hingegen sind immer da und können entstehen, weil die Zeit reif dafür ist, sich eines bestimmten Bedürfnisses oder eines Teils von uns selbst bewusst zu werden, der verstanden und integriert werden darf. Zweitens ist der Körperbereich, in dem unsere Emotionen wahrgenommen werden, anders als der Bereich, in dem die sensiblen Teile von uns gefühlt werden können. Die sensiblen Teile werden meist in der Gegend um unser Herz wahrgenommen, während Emotionen überall im ganzen Körper wahrgenommen werden können. Es kann in der Gegend um unser Herz sein, in unserem gesamten Bauch, im Hals oder vielleicht sogar in den Beinen und Armen (zum Beispiel, wenn wir nervös sind) und manche Menschen nehmen sie sogar in ihrem Kopf wahr.

Beide der oben genannten Empfindungen können auch in der gleichen Situation wahrgenommen werden, was es schwieriger machen kann, die Botschaft der Emotion von der unserer sensiblen Teile zu unterscheiden. Dies kann zu einer falschen Interpretation dessen führen, was sie uns sagen wollen. Betrachten wir also das folgende Beispiel einer Situation, in der beide Empfindungen wahrgenommen werden können und so interpretiert werden, als hätten sie dieselbe Quelle: Die sensiblen Teile tauchen in unserem Bewusstsein auf, wenn wir zum Beispiel bedürftig sind, uns traurig fühlen und einfach nur unseren Partner brauchen, der uns zuhört und uns umarmt. In diesem Moment kommt das Bedürfnis nach einer Umarmung meist aus den sanften Teilen von uns, während die Emotion der Traurigkeit durch äußere Umstände hervorgerufen werden könnte. Wenn unser Partner nun auf eine schroffe Art und Weise auf uns reagiert, wäre eine häufige Reaktion, den sensiblen Teil, der umarmt werden möchte, »abzuschneiden«, um das unerfüllte Bedürfnis nicht mehr zu spüren und die Wahrnehmung zu haben, weniger verletzlich zu sein. Mehr noch, wenn dies immer wieder passiert, beginnen wir nach einiger Zeit, uns selbst zu verbieten, diesen Wunsch zu haben und wir beginnen zu glauben, dass wir »das nicht brauchen«. Was könnte in dieser Situation mit der Emotion der Traurigkeit passieren? In einem solchen Moment fühlen wir uns wahrscheinlich durch das schroffe Verhalten unseres Partners verletzt und einige von uns würden deshalb an dieser Emotion der Traurigkeit festhalten, wir könnten uns emotional von unserem Partner distanzieren und uns als Opfer wahrnehmen.

Alternativ könnten wir wütend werden, weil wir das Gefühl haben, dass unser Partner für uns hätte da sein sollen, und da er unsere Erwartungen nicht erfüllt hat, haben wir das Recht, auf ihn wütend zu sein und ihm die Schuld dafür zu geben, dass er nicht in der Lage war, zu sehen, was wir brauchen. In beiden beschriebenen Beispielen bleiben wir nicht in uns selbst zentriert und entscheiden uns entweder dafür passiv zu sein (uns selbst als Opfer wahrzunehmen) oder aktiv zu sein (wütend zu sein und jemandem die Schuld zu geben). Es spielt keine Rolle, welchen Weg wir gewählt haben; in beiden Fällen wurde die eigentliche Botschaft unserer sensiblen Anteile vergessen: das Bedürfnis, umsorgt zu werden. Dieses Bedürfnis kann entweder von uns selbst oder von einer anderen Person erfüllt werden. Das beschriebene Beispiel ist ein sehr häufiger Ablauf in unserer heutigen Gesellschaft: da wir weder gelernt haben, mit unseren Emotionen umzugehen, noch gelernt haben, was zu tun ist, um uns um unsere sensiblen Teile zu kümmern, haben wir uns entschieden, sie abzuschneiden, andere dafür zu beschuldigen, dass sie uns Schmerz zufügen oder unser Gefühl des Alleinseins zu verstärken, was dazu führen kann, dass wir uns als Opfer wahrnehmen.

Ein anderer Umgang mit Emotionen und sensiblen Anteilen

Wie anders wäre diese Situation verlaufen, wenn wir gelernt hätten, zwischen den beiden Hauptanteilen unserer Verletzlichkeit, nämlich den Emotionen und den sensiblen Anteilen, zu unterscheiden und mit ihnen umzugehen?

Betrachten wir die gleiche Situation: Wir sind aufgrund äußerer Umstände traurig und beginnen, unseren sensiblen Teil zu spüren, der das Bedürfnis vermittelt, von unserem Partner umsorgt und umarmt zu werden. Leider ist unser Partner wütend, weil er Stress an seinem Arbeitsplatz hatte, und er ist emotional vertieft in seine Wut, sodass er nicht in der Lage ist, uns die Aufmerksamkeit und Zuneigung zu geben, die wir brauchen würden, um uns besser zu fühlen. Zwei mögliche Reaktionen auf diese Situation wurden bereits beschrieben; wird eine davon genutzt, wird die tiefere Botschaft des gegenwärtigen emotionalen Zustands weder verstanden noch transformiert. Tatsächlich wird die »Trennung« zwischen unseren Emotionen, unseren sensiblen Teilen und uns selbst sogar noch verstärkt. Langfristig macht uns das unglücklich, misstrauisch und blockiert den natürlichen Fluss der Empfindungen in unserem Körper. Da die meisten von euch einen anderen Umgang damit finden möchten, um die Energien im Fluss zu halten und unsere verletzlichen Teile transformieren zu können, wird nun eine alternative Reaktion vorgestellt, die in den folgenden Kapiteln genauer besprochen wird. In der oben erwähnten Situation hatten wir das Gefühl, von unserem Partner in einem Moment zurückgewiesen worden zu sein, in dem wir seine emotionale Unterstützung zu schätzen gewusst hätten. Eine natürliche erste Reaktion darauf wäre gewesen, sich emotional verletzt zu fühlen und darauf aufbauend hätten wir uns entweder aktiv verhalten, indem wir zum Beispiel unserem Partner die Schuld gegeben hätten oder passiv, indem wir begonnen hätten, uns als Opfer wahrzunehmen. Um jedoch unseren aufsteigenden emotionalen Schmerz, wie die Traurigkeit, zu transformieren und unsere sensiblen Anteile zu integrieren und zu pflegen, ist es absolut notwendig, zentriert zu bleiben und die Emotionen so wahrzunehmen, wie sie sind, ohne vor ihnen wegzulaufen oder sie zu verstärken.

Wenn wir es also schaffen, zentriert zu bleiben und einfach wahrzunehmen, was in uns vorgeht, ohne zu urteilen und ohne im ersten Moment aktiv etwas zu tun, dann wird ein Teil der aufkommenden Emotionen beziehungsweise des sensiblen Teils bereits transformiert sein. Und zweitens, wenn wir es schaffen, die Botschaft der Emotion und die Botschaft des sensiblen Teils zu verstehen und sie so zu akzeptieren, wie sie sind, wird noch mehr von den aufkommenden Empfindungen zu unserer reinen Energie werden.

Als dritter Schritt ist es wichtig zu verstehen, wie wir uns um uns selbst kümmern können, um unseren emotionalen Schmerz zu heilen. Darüber hinaus ist es hilfreich, zwischen den beiden Teilen unserer Verletzlichkeit zu unterscheiden, um die verschiedenen Botschaften, die sie übermitteln, klarer zu analysieren und zu verstehen und dementsprechend zu wissen, wie wir mit ihnen umgehen und sie transformieren können. Da unsere Emotionen und unsere sensiblen Teile unterschiedliche Ursprünge haben und daher normalerweise eine andere Art von Botschaft vermitteln, müssen sie auf unterschiedliche Weise behandelt werden.

Erstens wird es eine Beschreibung geben, wie man sich mit seinen Emotionen verhalten kann. Zweitens wird beschrieben, wie man seine sensiblen Teile leichter identifizieren kann und wie man ihre Botschaft interpretiert, um sich auf eine hilfreichere Weise um sie zu kümmern. In der zuvor erwähnten Situation könnte es sein, dass die Traurigkeit aus einer Situation auf der Arbeit kam, in der wir abgelehnt wurden und unsere Arbeit nicht gewürdigt wurde. In diesem Fall ist es wichtig zu erkennen, dass unser niedriger Selbstwert durch diese Situation ausgelöst worden sein könnte. Ich sage »ausgelöst«, weil der niedrige Selbstwert schon vorher da war, er war nur durch diese Situation in unser Bewusstsein gekommen.

Das Schwierige ist jedoch nicht der verminderte Selbstwert (denn wenn man ihn akzeptiert, kann er durch verschiedene Methoden verbessert werden), sondern sich selbst einzugestehen, dass der eigene Selbstwert nicht so hoch ist, wie er sein könnte. Wenn wir uns auf einer tieferen Ebene transformieren wollen, dürfen wir zuerst die Empfindungen, die wir wahrnehmen, so akzeptieren und anerkennen, wie sie sind, ohne sie zu bewerten. Jeglicher Widerstand, den wir gegen das haben, was wir fühlen und was in uns vorgeht, ist nutzlos, da Widerstand von Natur aus noch mehr Widerstand erzeugt und dadurch unser energetisches System noch mehr belastet. Dieser innere Konflikt entsteht dadurch, dass wenn wir gegen Teile von uns selbst resistent sind, es so ist, als ob wir einen inneren Kampf führen: Unser bewusster Verstand gegen unsere aufsteigenden Emotionen. Auf diese Weise können wir nie wirklich den wunderbaren Zustand des inneren Friedens erreichen, einfach weil wir ständig einen inneren Kampf in uns selbst erzeugen.

Um auf das beschriebene Beispiel zurückzukommen; wenn wir erkennen, dass wir einen niedrigen Selbstwert haben, was machen wir jetzt? In dieser Situation ist es sehr wichtig zu erkennen, dass unser Selbstwert von uns selbst abhängt. Wie der Begriff »Selbstwert« schon andeutet: Es ist der Wert, den wir uns selbst zugestehen. Wenn er niedrig ist, bedeutet das, dass wir uns selbst nicht wirklich wertschätzen für das, was wir sind und folglich suchen wir Wertschätzung und Anerkennung von anderen. Das wiederum macht uns abhängig von der äußeren Umgebung und außerdem ist unser emotionaler Zustand sehr unbeständig, weil er schwankt, je nachdem, welche Art von Feedback wir von anderen bekommen. Die Methode, Anerkennung von der äußeren Umgebung zu suchen, kann also ziemlich anstrengend sein, vor allem auf lange Sicht. Es gibt jedoch andere Möglichkeiten, einen höheren Selbstwert zu erreichen, ohne von anderen abhängig zu sein. Es ist wichtig zu erkennen, dass wir diese Möglichkeit haben, ihn zu erhöhen, indem wir uns selbst mehr Wert geben. In dem Moment, in dem wir das verstehen, ermächtigen wir uns erstens natürlich selbst, da wir nun wissen, dass wir etwas dafür tun können. Und zweitens können wir aufhören, die Anerkennung von anderen zu suchen. Das macht unser Leben viel einfacher, da wir mehr Verantwortung für uns selbst übernehmen, anstatt darauf zu warten, dass andere unseren Selbstwert steigern. Im nächsten Schritt geht es darum, unseren Selbstwert zu erhöhen, um uns besser zu fühlen, mehr Zugang zu unseren eigenen energetischen Ressourcen zu bekommen, indem wir mehr Teile von uns selbst akzeptieren und wertschätzen, und um unseren emotionalen Zustand weniger abhängig davon zu machen, was andere sagen oder tun. In den folgenden Kapiteln werden einige Methoden und Übungen beschrieben, die dir helfen können, deinen Selbstwert zu steigern und die Traurigkeit zu transformieren, die aufsteigt, wenn wir mit unserem niedrigen Selbstwert konfrontiert werden, der in einigen vergangenen Situationen entstanden ist. Kurz gesagt, die Emotion der Traurigkeit, die in dieser Situation aufsteigt, kann transformiert werden, indem wir ihren Ursprung identifizieren, sie verstehen und uns um sie kümmern.

Sobald wir uns selbst akzeptiert haben, unsere Emotion der Traurigkeit angenommen haben und akzeptiert haben, dass wir dafür verantwortlich sind, sie zu verändern, ist ein großer Schritt in Richtung einer Transformation zu unserem wahren Selbst bereits vollzogen. In einem zweiten Schritt, der sich mit der zugrundeliegenden Ursache der Emotionen und deren Heilung befasst, wird eine tiefere Ebene der Transformation stattfinden.

Weiter geht es mit der Identifikation unserer Wahrnehmung, die wir aufgrund unserer sensiblen Anteile haben. Wie bereits erwähnt, können Emotionen in der Regel sehr stark wahrgenommen werden und sie haben oft einen sehr intensiven Einfluss auf unsere Wahrnehmung der äußeren Umgebung. Im Vergleich dazu werden die sensiblen Teile eher sanft und meist im Bereich unseres Herzens wahrgenommen.

Außerdem würden diese sensiblen Teile niemals eine Absicht haben, wie zum Beispiel jemanden zu schlagen, zu schreien, einer anderen Person die Schuld zu geben oder vor einer Situation »wegzulaufen«.

Diese Teile wollen gehört, akzeptiert und umsorgt werden. Wenn also in der oben erwähnten Situation das Bedürfnis nach einer Umarmung aufsteigt und man einfach nur gehört werden möchte, ist es klar, dass diese Wahrnehmung ihren Ursprung in den sensiblen Teilen hat. Der Moment dieser Erkenntnis ist von entscheidender Bedeutung. Einerseits, um es zu schaffen, zentrierter zu bleiben, anstatt anzufangen, die äußere Welt für unsere unerfüllten Bedürfnisse verantwortlich zu machen und so neue herausfordernde Emotionen zu erzeugen. Und andererseits, um zu erkennen, dass dieser sanfte und sensible Teil da ist und sich zu erlauben, diese Bedürfnisse zu akzeptieren und zu haben, denn sie werden immer da sein, ob wir sie unterdrücken oder nicht. Wenn wir uns das zutiefst bewusst machen und unseren sensiblen Anteilen erlauben, einfach da zu sein, auch wenn es vielleicht weh tut oder sich etwas unangenehm anfühlt, weil die Bedürfnisse nicht sofort erfüllt werden, fangen wir bereits an, uns selbst mehr und mehr zu akzeptieren, da wir es mit einem abnehmenden Maß an Widerstand wahrnehmen.

In der Theorie mag das einfach klingen, aber wenn wir auf unser Leben zurückblicken, vor allem auf die Situationen, in denen wir das Bedürfnis spürten, das von den sensiblen Anteilen kam, werden wir wahrscheinlich erkennen, dass wir uns entschieden haben, diesen Teil zu unterdrücken. Ein mögliches Verhalten, das sehr häufig vorkommt, ist so zu tun, als hätten wir diese Bedürfnisse nicht mehr, unserem Partner die Schuld dafür zu geben, dass unsere Bedürfnisse nicht erfüllt werden oder sogar den Eindruck zu haben, dass wir es nicht wert sind, umarmt und geliebt zu werden.

Es ist wichtig zu erkennen, dass die oben genannten Verhaltens-weisen und die daraus entstehenden Überzeugungen als Emotionen in unserem energetischen System gespeichert werden. Mit anderen Worten: Aufgrund einer falschen Inter-pretation und eines voreingenommenen Umgangs mit den natürlichen Bedürfnissen, die aus einem Teil unserer wahren Essenz stammen, beginnen wir, negative Überzeugungen und herausfordernde Emotionen zu erschaffen. Diese werden eben-falls gespeichert und beeinflussen unsere Wahrnehmung von uns selbst, anderen und der Außenwelt.

Die Emotionen, die wir aufgrund unserer Interpretation unserer gegenwärtigen Fähigkeit in Bezug auf die Herausforderungen der gegenwärtigen Situation erschaffen, bleiben in unserem energetischen Feld bestehen, bis wir erkennen, dass diese Über-zeugungen nicht wirklich wahr sind und in einem zweiten Schritt, bis wir sie in unsere reine Energie transformieren. Aus diesem Grund ist es absolut notwendig, bewusst wahrzunehmen, was in jedem Moment vor sich geht, um sie einfach als das zu nehmen, was sie sind und auf die aufkommenden Botschaften unserer Emotionen und unserer sensiblen Anteile zu hören, anstatt aus einem Moment, in dem wir uns verletzlich fühlen, neue Über-zeugungen zu erschaffen. Wenn wir das schaffen, können wir unsere Emotionen auf die zuvor beschriebene Weise behandeln und die sensiblen Anteile einfach akzeptieren, sie einfach da sein lassen, während wir sie gleichzeitig wahrnehmen und auf ihre Bedürfnisse hören. Während wir das tun, können wir beobachten, dass sie immer ruhiger werden. Darauf aufbauend können wir beginnen, die Bedürfnisse unserer sensiblen Teile zu erfüllen: Wenn wir zum Beispiel das Bedürfnis haben, umarmt zu werden, können wir uns selbst umarmen. Für die meisten Menschen mag das zunächst seltsam klingen, aber erstens, warum sollten wir uns nicht selbst umarmen?

Außerdem, wenn wir uns selbst nicht umarmen wollen, warum sollten andere das dann tun? In dem Moment, in dem wir uns selbst umarmen können, fühlen wir vielleicht einen tiefen inneren Frieden, da wir uns selbst zeigen, dass wir uns so akzeptieren, wie wir sind, selbst in einem Moment, in dem wir uns verletzlich fühlen. Wenn wir es schaffen, uns selbst zu umarmen, und zwar ohne zu denken, dass wir eigentlich lieber von jemand anderem gehalten werden möchten, kann eine tiefe Transformation geschehen und wir werden uns mehr mit uns selbst verbunden fühlen. Wir müssen uns der Tatsache bewusst sein, dass, wenn wir uns selbst umarmen, während wir denken, dass niemand für uns da ist und dass »uns selbst zu umarmen besser ist als nichts«, kann das bedeuten, dass wir uns selbst abwerten. Natürlich gibt es auch andere Bedürfnisse unserer sensiblen Teile. Bei den meisten wird es jedoch darum gehen, uns selbst zu umarmen, uns mehr Selbstliebe zukommen zu lassen, uns das Gefühl zu geben, beschützt zu sein und äußere gesunde Grenzen zu setzen.

Ein weiteres mögliches Bedürfnis könnte sein, mehr Zeit mit uns selbst zu verbringen, um mehr wahrzunehmen, was in uns selbst vorgeht und dem mehr Aufmerksamkeit zu schenken. Indem wir unsere inneren Bedürfnisse regelmäßig erfüllen, bauen wir eine stärkere Verbindung zu unserem inneren Selbst auf, und das kann dazu führen, dass wir weniger Angst vor und in emotional herausfordernden Situationen haben, weniger abhängig von der äußeren Welt sind und eine größere emotionale Stabilität spüren und dadurch stärker werden. Dafür gibt es viele Gründe, nicht zuletzt, weil wir unsere sensiblen Anteile so akzeptieren, wie sie sind, anstatt sie abzulehnen, und uns dadurch mehr mit unserem inneren Potenzial verbinden können. Dadurch werden wir mehr mit uns selbst in Einklang gebracht, sind erfüllter und können unser volles Potenzial ausleben. Wenn wir also mit unserer Verletzlichkeit, sowohl mit den Emotionen als auch mit den sensiblen Anteilen, angemessen umgehen, kann uns Verletz-lichkeit stärker machen und nicht schwächer, wie die meisten Menschen zu denken pflegen.

Dennoch gehen viele Menschen mit ihren verletzlichen Teilen auf eine Art und Weise um, die ihnen am Ende den Eindruck gibt, schwach zu sein. Dies geschieht, weil wir, wie bereits erwähnt, nicht wissen, wie wir mit ihnen umgehen sollen, es in der Gesell-schaft noch nicht gesellschaftsfähig ist, Emotionen auszudrücken oder wir einige Verhaltensweisen von unseren Eltern und der Familie übernommen haben. Jedes Mal, wenn wir eine Emotion oder die sensiblen Anteile ablehnen, werden sie in unserem energetischen System in Form einer energetischen Blockade gespeichert. Mehr noch, mit diesen gespeicherten Anteilen spei-chern wir in der Regel auch negative Assoziationen, sodass wir beginnen, die Welt mit den Augen dieser Assoziationen wahrzu-nehmen und zu betrachten. Darüber hinaus unterdrücken wir zunehmend unser wahres Selbst, da wir einen wichtigen Teil von uns selbst verleugnen: unsere Verletzlichkeit. Einige von uns beginnen gar damit, Situationen zu meiden, die uns mit unseren verletzlichen Anteilen konfrontieren könnten, was wiederum die Aktivitäten einschränkt, die wir tun könnten, die Menschen, mit denen wir interagieren könnten und die Beziehungen, die wir erleben könnten. Darüber hinaus beeinträchtigt das unser mögliches emotionales Spektrum, da es nicht so erlebt wird, wie es ist, sondern eher mit Vorsicht, Angst oder Ablehnung.

Im Laufe unseres Daseins erleben wir viele Situationen, die uns mit unserer Verletzlichkeit konfrontieren. Es ist schwierig, sich vorzustellen, wie viele negative Glaubenssätze und unaus-gedrückte Emotionen die Art und Weise beeinflussen, wie wir denken, unseren emotionalen Zustand und sogar unser Verhalten in der Gegenwart. Wir drücken Teile von uns aus und leben sie, die durch die Auswirkungen anderer Menschen oder Situationen in etwas verwandelt wurden, das wir nicht sind. Wir leben unsere Vergangenheit, den Schmerz aus unserer Vergangenheit, plus all die indoktrinierten Glaubenssätze aus der Vergangenheit, statt im gegenwärtigen Moment zu leben und unser volles Potential zu entfalten. Metaphorisch gesprochen riskieren wir, als ein »wahres, einzigartiges Wesen« geboren zu werden, jedoch als Kopie unserer Gesellschaft, der Glaubenssätze unserer Eltern und der Dinge, die uns in der Vergangenheit widerfahren sind, zu sterben. Zusammenfassend lässt sich sagen, dass Verletzlichkeit hauptsächlich aus zwei Teilen besteht: Emotionale und sensible Teile. Es ist vorteilhaft, zwischen ihnen zu unterscheiden, um sie auf angemessene Weise zu behandeln. Emotionen sind mehr wie Teile unserer Energie, die wieder in ihr volles Potential transformiert werden können, indem wir verstehen, woher sie kommen, die negativen Glaubenssätze und Assoziationen, die mit ihnen verbunden sind, loszulassen und uns um sie kümmern. Die sensiblen Teile sind ein wahrer Teil von uns selbst, der immer da sein wird, auch wenn wir es schaffen, alle unsere Emotionen zurück in uns zu transformieren.

Darüber hinaus kommunizieren sie unsere Bedürfnisse, wie das Bedürfnis, umarmt zu werden oder gehört zu werden, die einfach nur von uns selbst oder von anderen akzeptiert und erfüllt werden wollen. Nicht zuletzt liegt dort ein großer Teil unseres wahren Potenzials und unserer wahren Essenz. Er darf entdeckt und in unser Bewusstsein gebracht werden, damit wir eine größere Kapazität haben, unser volles Potential zu leben. Im nächsten Abschnitt werden unsere Gefühle, ein dritter Teil der Empfindungen, die wir in unserem Körper wahrnehmen, besprochen.

Gefühle: Der dritte Teil der wahrgenommenen Empfindungen in unserem Körper

In der Alltagssprache verwenden wir die beiden Begriffe »Emotionen« und »Gefühle« oft synonym. Dies ist jedoch nicht richtig; tatsächlich können sie so wahrgenommen werden, als wären sie ähnlich, aber der Grund, warum sie auftreten und die Botschaft, die sie übermitteln wollen, sind unterschiedlich. Es ist daher entscheidend, den Unterschied zu verstehen, damit man zwischen ihnen unterscheiden kann und angemessen auf sie reagieren kann. Wie bereits erwähnt, entstehen Emotionen meist durch eine Interaktion der Bewertung unserer Fähigkeiten in Bezug auf den Umgang mit einer äußeren Situation. Außerdem wählen wir ein Modell, in dem es »neue« und »alte« Emotionen gibt. Die neuen nehmen wir zum ersten Mal wahr, während die alten in unserem Körper gespeichert sind und in einer gegenwärtigen Situation auftauchen, weil diese Situation wahrscheinlich derjenigen ähnlich war, die diese Emotionen zum ersten Mal hervorgerufen hat. Hinzu kommt, dass Emotionen in der Regel recht deutlich und ziemlich intensiv wahrgenommen werden und überall in unserem Körper auftauchen können. Ein letzter, aber sehr wichtiger Punkt über Emotionen ist, dass sie als die Emotion gespeichert werden können, wie zum Beispiel Wut oder Traurigkeit.

Die Assoziation, die wir zwischen der Emotion und einer bestimmten Situation »geschaffen« haben, wird normalerweise auch mit der Emotion gespeichert. Es gibt aber noch eine andere grundlegende Art von Empfindungen in unserem Körper, die Gefühle: die Art der Botschaft und vor allem die Art, wie wir sie wahrnehmen können, ist hier anders. Dennoch kann es wirklich schwierig sein, zwischen diesen beiden zu unterscheiden, da sie sich manchmal ähnlich anfühlen. Betrachten wir zunächst die folgenden Sätze, die die Hauptfunktion des Auftauchens von

Gefühlen ausdrücken: »Ich habe das Gefühl, dass dieser Mann mich betrügt, auch wenn er es abstreitet.« Oder: »Sie hat das Gefühl, dass ihr Freund sie anlügt, auch wenn sie nicht erklären kann, warum.« Alternativ dazu: »Ich habe das Gefühl, dass das Meeting morgen ein Desaster wird.« Wie wir in beiden Beispielen beobachten können, hat man auch bei gegensätzlichen Informationen (Satz 1 und 2) oder sogar bei fehlenden Informationen (Satz 3) ein Gefühl, dass man mehr über eine Situation weiß, als man rational erklären kann. Man hat einfach eine Art innere Stimme, die sagt, wie es wirklich ist oder wie es wahrscheinlich sein wird. Eine andere Art von Empfindung in unserem Körper kann als eine Art ›seltsames und unerklärliches‹ Gefühl wahrgenommen werden, zum Beispiel sich mulmig zu fühlen, sich gereizt zu fühlen (Satz 1 und 2) oder sich zu freuen, auch wenn es keinen äußeren Grund gibt, der diese Empfindungen verursacht haben könnte.

Mit anderen Worten, Gefühle können als eine Art Überbegriff für die Eingebungen beschrieben werden, die wir ›plötzlich erhalten‹. Sie können auf unterschiedliche Art und Weise wahrgenommen werden: Zum einen in Form von Informationen, die wir in unser Bewusstsein bekommen, indem wir etwas wissen, und wir müssen aufpassen, dass wir sie nicht mit unseren rationalen Gedanken verwechseln, die wir bewusst erzeugen. Alternativ können sie in Form einer Empfindung wahrgenommen werden, die in unserem Körper erscheint und uns Informationen gibt, die wir nicht rational erklären können und hier müssen wir aufpassen, sie nicht mit unseren Emotionen zu verwechseln. Dies wirft eine wichtige Frage auf: Wenn beide Arten von Gefühlen mit Gedanken beziehungsweise Emotionen verwechselt werden können, wie können wir dann wissen, dass wir in einem bestimmten Moment eine Inspiration erleben und nicht einen unserer eigenen Gedanken oder Emotionen?

Wir haben das Glück, dass es einige Merkmale gibt, die uns helfen können, schnell zu erkennen, ob es sich um ein Gefühl handelt oder nicht. Das erste ist, dass die Inspiration plötzlich und meist ohne jede Erklärung auftritt. Außerdem hält sie oft nur wenige Sekunden an, während Emotionen und sogar Gedanken in der Regel eine »Erklärung« für ihre Existenz haben und normalerweise über einen längeren Zeitraum bestehen bleiben. Außerdem ist es recht schwierig, ein Gefühl zu »greifen« und genau zu »beobachten«, da es eher leise in unserem Bewusstsein beziehungsweise in unserem Körper auftaucht, wohingegen eine Emotion oder einer unserer eigenen Gedanken über einen längeren Zeitraum wahrgenommen werden kann und die meisten von ihnen eindeutig als eine ziemlich intensive Wahrnehmung beschrieben werden können. Kurz gesagt: Gefühle können als die Eingebungen beschrieben werden, die wir dank unserer Intuition erhalten. Unsere Intuition ist die Fähigkeit, Dinge im Voraus wahrzunehmen und zu wissen, ohne überhaupt Informationen über die Dinge zu haben und in der Lage zu sein, komplexe Entscheidungen in Richtung des positivsten Ergebnisses zu treffen, auch wenn es keinen offensichtlichen »besten Weg« gibt, den wir gehen können.

Eine weitere entscheidende Fähigkeit ist es, Menschen einschätzen zu können, zu spüren, ob sie uns wohlgesonnen sind oder ob sie uns schaden würden. Außerdem kann sie uns helfen, intuitiv die richtigen Antworten auf Fragen zu finden, die mit rationalem Denken allein nicht zufriedenstellend beantwortet werden können. Jeder von uns wird mit intuitiven Fähigkeiten geboren. Jeder von uns hat das Potenzial, Entscheidungen aus einer höheren Perspektive zu treffen, und jeder von uns könnte intuitiv mehr Details über andere Menschen und Situationen erfahren, die über das hinausgehen, was man normalerweise durch die fünf Sinne wahrnehmen kann. Dennoch haben die meisten von uns diese erstaunliche Fähigkeit verloren, aufgrund dessen, was die Gesellschaft und unsere Umwelt uns vermittelt haben. Als wir Kinder waren, haben wir viel klarer wahrgenommen und »wussten«, wenn uns eine Person anlog, auch wenn ihr Verhalten darauf hinzudeuten schien, dass es die Wahrheit war. Wir haben uns nicht von den äußeren Umständen verwirren lassen, weil wir mit unserer Intuition verbunden waren und die Botschaften gespürt haben, die sie uns sagte. Hinzu kommt, dass die meisten Kinder tief mit der Natur verbunden sind und einige von ihnen sogar auf eine »geheime Art« mit Tieren sprechen. Wenn wir ein Kind sind, ergibt das Sinn, aber für Erwachsene scheint es, als hätten wir zu viel Phantasie.

Deshalb sagen sie den Kindern oft, dass das »nicht wahr sein« könne. In der Gesellschaft kann etwas Ähnliches in der Schule passieren, in der uns beigebracht wird, dass alles wissenschaftlich erklärt oder messbar sein muss; es besteht eine gefühlte Notwendigkeit einer klaren Quelle in der Geschichte, oder zumindest muss es einen logischen Grund für etwas geben. Wenn wir es nicht schaffen, unsere Antwort aus einer »logischen Quelle« abzuleiten, sei es in einer Prüfung oder im Unterricht, wird sie meist nicht akzeptiert, außer im Kunst-, Sport- oder Musikunterricht. Was sind die Folgen eines solchen Verhaltens? Wann immer unsere intuitiven Gefühle ausgelacht, nicht akzeptiert oder sogar abgelehnt werden, beginnen wir die Integrität unserer intuitiven Wahrnehmungen in Frage zu stellen und beginnen auf unseren rationalen Verstand zu hören. Wenn wir dies ein paar Mal erlebt haben, hören wir auf, unsere intuitiven Eingebungen wahrzunehmen und verhalten uns so, als ob sie gar nicht existieren würden. Wieder einmal finden wir uns in einer Situation wieder, in der wir Teile von uns selbst unterdrücken, aufgrund der Art und Weise, wie die Gesellschaft uns behandelt hat und aufgrund der Werte und Glaubenssätze, die uns unser Umfeld vermittelt hat.

Warum wurde unsere Intuition abgelehnt?

Dies führt uns zu einer größeren Frage: Warum hat die Gesellschaft und wahrscheinlich auch ein großer Teil unserer Umwelt diesen Teil abgelehnt, auch wenn er ein natürlicher Teil von uns ist und viele Vorteile hat? Meiner Meinung nach hat es schon vor vielen Jahrhunderten begonnen. Wenn wir zum Beispiel die Tatsache betrachten, dass es Kaiser, Könige und andere Menschen mit ähnlichen Funktionen gab, die ein Land oder eine Nation regieren wollten. Damit sie es so regieren konnten, dass sie ihre Macht und Kontrolle über die Nation behalten konnten, war es notwendig, die Menschen zu vereinheitlichen. Deshalb wurden Regeln für ein angemessenes Verhalten entwickelt und verschiedene Arten der Bestrafung für diejenigen festgelegt, die ihnen nicht folgten. In diesem Moment können wir sehen, dass die Menschen in ihrem Verhalten und in ihrer Selbstdarstellung eingeschränkt waren. Diese ganze Situation wurde noch schlimmer, als die Macht der Kirche zu steigen begann, zumindest in den Kulturen, in denen das Christentum dominant war: Christen akzeptierten nur ihre Religion, so dass Menschen mit anderen Überzeugungen und Praktiken als »gegen die Kirche« angesehen und dafür gefoltert wurden. Ich persönlich bin weder für noch gegen eine bestimmte Religion, jeder sollte frei darin sein, das zu glauben, woran er glauben möchte – ohne grausame Folter oder überhaupt irgendeine Strafe. Dennoch war es vor vielen Jahrhunderten üblich, Menschen zu verurteilen, abzulehnen oder zu beleidigen, die nicht den Glauben teilten wie man selbst – und auch in Bezug auf die Rasse oder die Zugehörigkeit zu politischen Parteien war das so. Eine besondere Form der Bestrafung für jemanden, der »anders« war, war seine Verbrennung an öffentlichen Orten, um andere potenzielle »Rebellen« zu erschrecken. Die Christen selbst nannten diese Prozedur »Hexenjagd«. Das Traurige daran ist, dass die Opfer ihre intuitiven Fähigkeiten entwickelt hatten und damit nicht in das Schema der »gewöhnlichen« Menschen passten; für diese war Spiritualität etwas Unkontrollierbares und etwas, was sie nicht erklären konnten, sodass sie die »Andersdenkenden« über Jahrhunderte hinweg verfolgten. Noch heute spüren wir eine Vorsicht davor, mit anderen Glaubenssätzen bloß nicht zu sehr anzuecken. Während der damaligen Zeit gab es ebenfalls eine große Ungleichheit zwischen Männern und Frauen: Männer wurden für ihren rationalen Verstand geschätzt, für ihre körperliche Stärke, für die Ziele, die sie im Leben erreichten, für die Kontrolle über ihre Familie, für die schöne Frau, die sie hatten und auch dafür, dass sie ihre Emotionen nicht zeigten und mental stark waren.

Frauen hingegen wurden geringgeschätzt; gesellschaftlich konnte ihr Wert nur steigen, wenn sie einen Mann mit hohem Status heirateten. Außerdem hatten sie (meistens) nicht die Möglichkeit einer sekundären oder gar tertiären Bildung, weil es ihnen nicht erlaubt war, Schulen zu besuchen und weil der einzige Lebenszweck von Frauen darin bestand, Kinder zu erziehen, die Hausarbeit zu machen und für ihre Männer da zu sein. Eine weitere traurige Tatsache ist, dass Frauen weder für ihre intuitiven Fähigkeiten noch für ihre Persönlichkeit geschätzt wurden; stattdessen reduzierte man sie meist auf ihr Äußeres. Später, als die Bedeutung der wissenschaftlichen Forschung wuchs und Frauen endlich eine höhere Bildung genießen konnten, wurden wieder hauptsächlich ihre rationalen und logischen Werte geschätzt, den intuitiven Fähigkeiten, den Emotionen und den inneren Prozessen wurde nicht viel Aufmerksamkeit geschenkt. Ende des 19. Jahrhunderts begann die Psychologie als eigenständiger Bereich der wissenschaftlichen Forschung zu existieren. Endlich wurde nicht nur der äußeren, sondern auch der inneren Welt des Menschen ein Wert beigemessen. Doch in allen Bereichen der Wissenschaft musste das, was erforscht wird, messbar sein und da es schwierig ist, die intuitiven Fähigkeiten in Form der Gefühle, die wir wahrnehmen, zu messen, wurde die Psychologie in der Gesellschaft nicht so hoch bewertet wie andere Bereiche der Wissenschaft. Heutzutage muss in den meisten Unternehmen, Schulen und anderen Institutionen alles rational erklärt werden. Wenn man das bedenkt, ist es leichter zu verstehen, dass unsere Gesellschaft die Entwicklung unserer intuitiven Fähigkeiten nicht unterstützt, obwohl sie ein viel höheres Potential haben als unser rationaler Verstand. Zusammenfassend lässt sich sagen, dass die Ablehnung unserer intuitiven Fähigkeiten durch die Gesellschaft vor vielen Jahrhunderten begann, wobei viele verschiedene Autoritäten dafür verantwortlich sind. Diese alten Indoktrinationen haben auch heute noch ihren Einfluss auf die Gesellschaft, vielleicht nicht so offensichtlich wie zu Zeiten der Hexenverfolgung oder als Kaiser Menschen bestraften, die sie nicht kontrollieren konnten. Aber es gibt immer noch viele Gründe, warum die Gesellschaft die rationalen Indoktrinationen fördert.

Wie können wir unsere Intuition reaktivieren?

Vor diesem Hintergrund stellt sich nun die Frage: Wie können wir unsere intuitiven Fähigkeiten reaktivieren und wieder in der Lage sein, unsere wahren Gefühle zu empfangen, sodass wir das größere Bild sehen können? Und eine weitere entscheidende Frage: Wie können wir das in unserer Gesellschaft anwenden, ohne in der Schule oder am Arbeitsplatz abgelehnt zu werden und wie können wir es zum Wohle von uns selbst und anderen nutzen? Wir dürfen erkennen, dass wir in der Lage sind, mehr Informationen aus der äußeren Welt wahrzunehmen und zu empfangen als das, was unsere fünf Sinne wahrnehmen können. Jeder von uns hat eine Art »sechsten Sinn«, durch den wir mehr »wissen« und »fühlen« können als die Dinge, die wir mit unseren fünf physischen Sinnen deutlich wahrnehmen können. Der nächste Schritt aus diesem Verständnis heraus ist, dass wir anfangen, dieses Potential zu üben: Wir können versuchen, intuitiv wahrzunehmen, wie sich unser Freund oder unser Partner fühlt, ohne mit ihnen gesprochen zu haben. Lass dir von ihnen sagen, wie es ihnen geht und prüfe, welche deiner Wahrnehmungen richtig und welche falsch waren. Waren sie falsch, ist es ratsam, herauszufinden, warum. Was sehr oft passiert, ist, dass unser eigener rationaler Verstand »denkt«, die Antwort zu haben.

Das Problem dabei ist, dass der rationale Verstand normalerweise durch gegenwärtige äußere Einflüsse oder durch einige vergangene Erfahrungen konditioniert ist, die in Wirklichkeit nichts mit der gegenwärtigen Situation zu tun haben. Es kann auch sein, dass unsere eigenen Erwartungen einen Einfluss darauf haben, wie wir die äußere Welt wahrnehmen. Beides hat jedoch keinen Einfluss auf die tatsächlichen intuitiven Fähigkeiten. Eine andere Möglichkeit ist, sich die Frage zu stellen, wie der nächste Tag sein wird und aufzuschreiben, welche Gefühle du dazu hast, welche Bilder du im Kopf hast oder welche Dinge du intuitiv »weißt«. Bei dieser Übung ist es entscheidend, zwischen deinen eigenen Emotionen und deinen intuitiven Gefühlen zu unterscheiden. Wenn du zum Beispiel weißt, dass am nächsten Tag eine schwierige Prüfung vor dir liegt, kann diese Empfindung eher als Emotion eingestuft werden, weil es deine eigene Interpretation der Situation ist, auf die dein Körper reagiert. Wir können jedoch versuchen, diese Situation von einer höheren Ebene aus wahrzunehmen, ohne von der äußeren Welt konditioniert zu sein, wie zum Beispiel die Schwere der Prüfung oder unsere eigene Interpretation unserer Fähigkeit, sie zu bewältigen.

Oder die Menge der Dinge, die wir lernen müssen und die Zeit, die wir dafür brauchen. Ganz wichtig ist es, auf die unterschiedliche Erscheinung von Emotionen und Gefühlen zu achten:

Emotionen werden in der Regel als »ziemlich starke« Empfindungen wahrgenommen und sie beeinflussen meist unsere Denkweise und können daher unsere Einstellung zu bestimmten Situationen stark beeinflussen. Dadurch kann sich die Situation in die Richtung entwickeln, der unsere Emotionen zugewandt sind. Haben wir Angst vor der Prüfung oder den Eindruck, genug vorbereitet zu sein, erhöht das die Wahrscheinlichkeit, in der Prüfung nicht erfolgreich zu sein. In diesem Fall ist es notwendig, sich um unsere Emotionen zu kümmern, damit wir sie transformieren können; wie wir das tun können, wird in den folgenden Kapiteln erklärt. Im Gegensatz zu Emotionen sind Gefühle viel weicher und können als subtiler empfunden werden, daher kann es schwieriger sein, ihre Präsenz anzuerkennen und noch schwieriger, ihre Botschaft zu verstehen. Nichtsdestotrotz haben wir alle diese erstaunliche Fähigkeit, Situationen und Menschen intuitiv zu spüren, sie muss nur durch Übung wiederentdeckt werden.

Im Beispiel der Prüfung könnte ein mögliches Gefühl in dieser Situation sein, dass wir wahrnehmen, dass die Prüfung zwar schwierig sein wird, wir sie aber trotzdem bestehen werden, auch wenn wir es nicht für möglich gehalten haben. Alternativ könnte es sein, dass wir das Gefühl haben, dass wir sie wiederholen müssen. Durch die Wiederholung der Prüfung könnten wir jedoch zu einem tieferen Verständnis des Themas kommen und somit langfristig einen Vorteil bei zukünftigen Prüfungen haben. Es ist wichtig, ehrlich zu uns selbst zu sein, welche Gefühle wir wahrnehmen und mit der Zeit, mit mehr Übung, wird es automatisch kommen, die intuitiven Gefühle werden von alleine kommen, es wird nicht nötig sein, danach zu fragen. In den folgenden Kapiteln wird es weitere Übungen geben, die uns helfen, unsere intuitiven Fähigkeiten zu entwickeln.

Ein weiterer Punkt ist die kontinuierliche Pflege und Transformation unserer eigenen Emotionen und die zunehmende Akzeptanz unserer sensiblen Anteile. Durch die Arbeit mit meinen Klienten und vor allem durch meinen eigenen Entwicklungsprozess habe ich beobachten können, wie stark die drei Hauptteile – Emotionen, sensibler Teil und Gefühle – miteinander verbunden sind. Die tiefere Wahrnehmung, Transformation und Akzeptanz unserer Emotionen und unseres sensiblen Teils, gehen Hand in Hand mit der Entwicklung unserer intuitiven Fähigkeiten. Bildlich gesprochen ist es so, als hinderten uns die Emotionen, um die wir uns nicht kümmern, indem sie eine Art Nebel oder Schleier darstellen und uns daran hindern, in tieferen Kontakt mit unseren intuitiven Fähigkeiten zu kommen. Mehr noch, wenn wir nicht gelernt haben, zwischen Emotionen, unseren sensiblen Teilen und unseren Gefühlen zu unterscheiden, wird es schwierig sein, die Botschaften, die wir erhalten, klar zu interpretieren.

Darüber hinaus hilft uns ein tieferes Verständnis der Mechanismen unserer inneren Prozesse und des Umgangs mit den aufsteigenden Empfindungen, einen höheren Bewusstseinszustand sowie ein tieferes Wissen und sogar Weisheit in Bezug auf unsere Verletzlichkeit zu entwickeln. Anschließend werden wir in der Lage sein, leichter wahrzunehmen, wie andere emotional fühlen, wie sich manche Situationen entwickeln und ob Menschen uns gegenüber aufrichtig sind oder nicht. Man kann es als einen Spiegel beschreiben: Wenn wir tiefer verstehen, was in uns vorgeht, führt das zu einem tieferen Verständnis und einer klareren Wahrnehmung dessen, was in der äußeren Welt vor sich geht. Das ist genau das, was ich in meinem eigenen Entwicklungsprozess und im Transformationsprozess meiner Klienten ständig beobachte. Wenn wir lernen, zu verstehen, zu unterscheiden und auf einer tieferen Ebene genau zu wissen, wie sich bestimmte Emotionen anfühlen und warum sie da sind, haben wir erstens begonnen, einen höheren Bewusstseinszustand zu entwickeln, weil wir sie aus unserem Unterbewusstsein in unser Bewusstsein »übertragen« haben. Zweitens, da wir sie akzeptiert und verstanden haben, können wir andere tiefer verstehen. Einer meiner Klienten war beispielsweise ein 19-jähriger Junge, der eine ziemlich schwierige Kindheit hatte. Seine Eltern stritten sich oft und sie beschlossen sich scheiden zu lassen, als er neun Jahre alt war. Während einiger dieser Diskussionen sagten sie sogar, dass sie nicht wirklich ein gemeinsames Kind haben wollten, da sie wussten, dass dies eher zu Problemen in ihrer Beziehung führen würde.

Von dem Moment an, als er das hörte, begann er sich ausgeschlossen, nicht akzeptiert und nicht geliebt zu fühlen, weder von ihnen noch von irgendjemand anderem, und obendrein begann er sich für die Scheidung seiner Eltern schuldig zu fühlen. Hinzu kam, dass er in der Schule und während der Zeit, die er in einer Kindertagesstätte verbrachte, oft ausgegrenzt worden war. Folglich wünschte er sich, von anderen akzeptiert zu werden und die Emotion der Einsamkeit nicht mehr zu spüren. Um diese Ziele zu erreichen, begann er exzessiv auszugehen und ständig etwas zu unternehmen. Dies führte dazu, dass sein Gehirn ständig im aktiven Modus war, so dass er sich über einen längeren Zeitraum nicht entspannen konnte. Plötzlich fing er an, Panikattacken zu haben, die in jedem Moment des Tages ohne jede rationale Erklärung auftreten konnten. Und es war wegen dieser Attacken, dass er meine Unterstützung suchte, um aus dieser Situation heraus zu kommen. Durch seinen Transformationsprozess verstand er zutiefst, dass er sich selbst so lieben darf, wie er ist, dass er die »negativen« Emotionen, die entstehen können, akzeptieren kann und er verstand, dass seine »alten Emotionen« aus der Vergangenheit immer noch sein gegenwärtiges Leben beeinflussen.

Mehr noch, er verstand seine »alten Emotionen« zutiefst und war in der Lage, sie in ihr volles Potential umzuwandeln, befreite sich von der Schuld an der Scheidung seiner Eltern und er begann, sich um sich selbst zu kümmern, indem er auf das hörte, was er in jedem Moment brauchte. Die Geschichte dieses jungen Mannes mit einer hohen emotionalen Intelligenz und einem zunehmenden Bewusstseinsniveau setzt sich positiv fort, weil er gelernt hat, zwischen den verschiedenen Emotionen zu unterscheiden, mit ihnen umzugehen und sich auf angemessene Weise um sie zu kümmern. Dadurch ist er in der Lage, andere in seiner Umgebung wahrzunehmen, die sich nicht um sich selbst gekümmert haben, kann sie auf einer tieferen Ebene verstehen und sie intuitiv in ihrem eigenen Transformationsprozess unterstützen.

Großer Unterschied zwischen rationalem Verstehen und tiefergehendem Fühlen

Es gibt einen riesigen Unterschied zwischen dem rationalen Verstehen einer Situation, einer Emotion oder eines Verhaltens und dem Fühlen, Transformieren und Verstehen auf einer emotionalen Ebene. Wenn wir unsere Emotionen wahrgenommen haben, unsere sensiblen Anteile tief erlebt und akzeptiert haben, verspüren wir weniger Widerstand gegen diese Empfindungen in uns selbst und in anderen. Auf diese Weise werden wir sanfter, unser Energiefluss in unserem Körper erhöht sich, wir nehmen mehr wahr, was in uns vorgeht und können langsam anfangen, tiefer wahrzunehmen, wie sich andere Menschen innerlich fühlen, auch ohne mit ihnen gesprochen zu haben. Daher ist es von größter Wichtigkeit, dass alle Psychologen, Psychiater und andere Arten von Therapeuten kontinuierlich an sich selbst arbeiten, um ihre eigenen Emotionen zu verstehen und zu transformieren, damit sie ihre Patienten auf einer tieferen Ebene verstehen, sich tiefer in sie einfühlen und weniger ihre eigenen ungelösten Emotionen auf sie projizieren können. Wie bereits erwähnt waren meine Kindheit und Jugend alles andere als einfach, sodass ich eine große Menge an gespeicherten Emotionen zu verarbeiten hatte. Während der Zeit meiner Existenz (in diesem Leben und in meinen vergangenen Leben) hatte ich Emotionen wie Zerstörung, unendliche Traurigkeit und Ängste in verschiedenen Situationen erlebt, wie zum Beispiel verlassen, angegriffen, beurteilt oder auf andere manipulative Weise behandelt zu werden. Ich habe auch viele weitere herausfordernde Emotionen erlebt, Wut, Ablehnung, Niedergeschlagenheit, Ausgrenzung, Einsamkeit, das Gefühl, wertlos zu sein, verurteilt zu werden, Eifersucht, Hass, andere Menschen, die meine Grenzen nicht respektierten, emotionalen und körperlichen Missbrauch und viel mehr. Es gab ein großes Ungleichgewicht in meinem Leben, da ich hauptsächlich negative Emotionen erlebt hatte, während die positiven seltener in meinem Leben vertreten waren.

Wie du dir vorstellen kannst, war es eine unglaubliche Menge an Arbeit, durch all diese Emotionen zu gehen und es brauchte viel Mut und Entschlossenheit, um durch diesen tiefgreifenden und augenöffnenden Prozess durchzuhalten. Da dieser Prozess so schmerzhaft sein kann und die meisten Menschen Angst davor haben, dauert es meist einige Zeit, bis man erkennt, dass es notwendig ist, in sich selbst zu schauen und diese Emotionen zu verarbeiten. Bei mir war es genauso: Mein Entwicklungsprozess wurde durch die Erkenntnis eingeleitet, dass ich zwei Möglichkeiten hatte: Ich musste etwas Drastisches tun, um mein Leben zu verändern, oder ich musste Selbstmord begehen, weil ich die Art und Weise, wie ich in dieser Zeit lebte, beenden musste, da es kein Leben mehr war. Wie auch immer, dank dieses Prozesses des Wahrnehmens, Verstehens, Akzeptierens und Transformierens all dieser Emotionen haben sich meine intuitiven Fähigkeiten dramatisch erhöht und so habe ich gelernt, meine Gefühle über

Situationen, andere Menschen und einige zukünftige Ergebnisse tiefgründig wahrzunehmen. Es ging sogar so weit, dass ich anfing, fast ausschließlich auf meine Gefühle zu hören und meinen Verstand nur noch dazu zu benutzen, die Botschaften, die ich durch meine Gefühle erhielt, in die Praxis umzusetzen.

Eine weitere wichtige Fähigkeit, die ich dank der Transformation meiner Emotionen erlangt habe, ist die klare Unterscheidung zwischen Emotionen und Gefühlen. Durch den kontinuierlichen Prozess des tiefen Wahrnehmens und Verstehens von Emotionen konnte ich erkennen, wie es sich anfühlt, wenn eine Emotion aufsteigt und wie ich Gefühle in meinem energetischen Feld wahrnehme. Diese Unterscheidung treffen zu können ist nützlich für unser tägliches Leben, da die Ursprünge beider Empfindungen unterschiedlich sind und die Botschaft einer Emotion eine andere Bedeutung hat, als die, die Gefühle übermitteln.

Wenn wir uns zum Beispiel darauf vorbereiten, mit ein paar Freunden für ein paar Tage auf einen Roadtrip zu gehen und wir plötzlich ein Gefühl der Angst erleben, gibt es mehrere Möglichkeiten der Interpretation. Identifizieren wir es als eine Emotion, ist es wahrscheinlicher, dass es mit unserer persönlichen Sichtweise dieser Situation verbunden ist, als mit einer Sichtweise aus einer »höheren Perspektive«. Der Ursprung dieser Emotion liegt wahrscheinlich in unserer Vergangenheit, es hat also nicht wirklich etwas damit zu tun, wie der Roadtrip sein könnte oder sein wird. Es sagt uns aber, dass es eine bewusste oder unbewusste Angst davor gibt, diesen Trip zu machen, weil man vielleicht erlebt hat, wie einige enge Freunde oder Verwandte einen Autounfall hatten oder eine ähnliche Erfahrung wie man selbst gemacht hat. Alternativ könnte die Angst auch von der Vorstellung kommen, nicht bereit zu sein, alleine ohne seine Eltern zu reisen.

Es ist notwendig, die Botschaft zu erkennen, da sie für jeden Menschen unterschiedlich ist.

Ich hoffe, dass es nun klar geworden ist, was mit einer subjektiven Interpretation gemeint ist und dass der Ursprung der Emotion, in diesem Fall der Angst, meist in unserer Vergangenheit liegt oder in unserer Einschätzung unserer Fähigkeiten, mit der aktuellen Situation umgehen zu können. Nachdem man also den Grund für die Angst identifiziert hat, kann man beginnen, sie zu akzeptieren, zu integrieren und zu transformieren. Wenn wir aber klar sagen können, dass die Angst ein Gefühl ist, dann ist es etwas ganz anderes. In diesem Fall hat es offensichtlich mit der Situation selbst zu tun, ohne jegliche subjektive Interpretation. In diesem Moment kann man also beginnen, tiefer in die Empfindung hineinzugehen und versuchen wahrzunehmen, warum das Gefühl der Angst aufgetaucht ist: vielleicht ist es eine Botschaft, die besagt, dass man vorsichtiger fahren soll als sonst, oder es könnte sein, dass man vergessen hat, an einen bestimmten wichtigen Punkt zu denken.

Eine andere Möglichkeit ist, dass es vorhersehen könnte, dass auf der geplanten Straße ein Autounfall passieren könnte und man eine andere Straße wählen sollte, auf der man fährt. Wenn es ein Gefühl ist, sollte man die Botschaft aus einer höheren Perspektive interpretieren, um die notwendigen Schritte zu tun, um ein Risiko zu vermeiden und die Situation mit einem klaren Verstand wahrzunehmen oder von einer Gelegenheit zu profitieren, die man sonst übersehen könnte. Zusammenfassend lässt sich sagen, dass es hilfreich ist, zwischen diesen beiden Empfindungen unterscheiden zu können, um die Botschaft daraus möglichst opportunistisch zu interpretieren. Die notwendige Voraussetzung, um diese Fähigkeit zu stärken, besteht darin, die eigenen Emotionen zu verstehen, zu wissen, wie sie sich anfühlen und welche Botschaft sie übermitteln, und ein weiterer notwendiger Schritt ist, sie zu akzeptieren und zu transformieren. Der Akt des Annehmens ist besonders hilfreich, um weniger Widerstand gegen die eigenen Emotionen und die der anderen Menschen zu haben. Das kann dazu führen, dass man schneller und tiefer wahrnimmt, wie man sich fühlt und wie sich andere fühlen, auch ohne rational zu wissen, was die Emotionen verursacht hat. Man wird sensibler und empfänglicher für die eigenen Empfindungen wie auch für die der anderen und kann so besser auf die eigenen intuitiven Fähigkeiten zugreifen, da sie miteinander verbunden sind. Der letzte Punkt der notwendigen Voraussetzungen, die Transformation der eigenen Emotionen, ist besonders hilfreich, wenn man seine Emotionen weiterhin in ihr volles Potential transformieren möchte, denn wenn man regelmäßig übt, sie zu transformieren, wird der eigentliche Transformationsprozess schneller und einfacher.

Zusätzlich, wenn man tief versteht, wie man seine Emotionen transformiert und intuitiv erkennen kann, was sein volles Potential ist, kann man diese Fähigkeit nutzen, um auch anderen dabei zu helfen, indem man die Botschaft der Gefühle wahrnimmt und interpretiert, die wir in Bezug auf diese Person wahrnehmen. In einem zweiten Schritt können wir mit der Person darüber sprechen, was wir wahrgenommen haben und ihr helfen, die Augen für ihr eigenes Potenzial zu öffnen. Wenn die Person hingegen nicht so offen ist, das zu hören, können wir subtilere Wege nutzen, um ihr unbewusstes Wissen über ihr eigenes Potenzial zu aktivieren und es durch diese Aktivierung in ihr Bewusstsein zu bringen. Natürlich steht es jedem frei zu entscheiden, an welchem Punkt in seinem Leben er beginnen möchte, sein Potenzial zu leben. Meiner Meinung nach ist es jedoch lohnenswert, das wirkliche Potenzial in sich selbst und in anderen intuitiv wahrzunehmen, da diese Art, die Welt zu sehen, einem hilft, sich im Leben vorwärts zu bewegen. Darüber hinaus wird man nach einiger Zeit zutiefst erkennen, dass jede einzelne Emotion und jedes alte indoktrinierte Muster verändert werden kann. So wird man anfangen, sich kräftiger und mehr als Schöpfer des eigenen Lebens zu fühlen, da man das Leben, das man sich auf tiefstem Herzen wünscht.

Was ist mit unseren sensiblen Anteilen?

Wie passen unsere sensiblen Anteile in all das hinein? Wie sind sie mit unseren Gefühlen verbunden? Es wurde bereits erwähnt, dass unsere Emotionen, unsere sensiblen Teile und unsere Gefühle miteinander verbunden sind. Wenn wir in der Lage sind, unsere Emotionen und unsere sensiblen Anteile bewusster wahrzunehmen und mit ihnen umzugehen, wirkt sich das positiv darauf aus, wie wir unsere Gefühle erleben und folglich auch auf unsere intuitiven Fähigkeiten.

Die Art und Weise, wie Emotionen und Gefühle miteinander interagieren, wurde bereits erklärt, nun wird beschrieben, wie die sensiblen Teile und die Gefühle miteinander verbunden sind. Unsere sensiblen Teile gehören zu unserem energetischen Feld, unserer Seele. Aufgrund unserer schmerzhaften Erfahrungen, Indoktrinationen aus der Gesellschaft und übernommenen Mustern in diesem oder in unseren vergangenen Leben haben wir sie unterdrückt oder verleugnet. Und wenn wir nicht begonnen haben, unsere sensiblen Anteile Schritt für Schritt zu integrieren, kann das immer noch der Fall sein. Wir haben einen großen Teil unseres energetischen Potenzials, das man als unsere Seele bezeichnen kann, aus unserem Bewusstsein herausgeschnitten und dann in unser Unterbewusstsein »hinuntergeschoben«. Folglich beraubten wir uns der Fähigkeit, diese Teile von uns selbst wahrzunehmen und diesen Teil unserer Lebensenergie zu nutzen. Da diese Teile für unsere Fähigkeit verantwortlich sind, wahrzunehmen, was in uns und in der äußeren Welt auf einer sehr subtilen und sensiblen Ebene vor sich geht, verringern wir durch das Herunterdrücken unsere natürliche Fähigkeit, Dinge jenseits der Begrenzungen unserer fünf physischen Sinne wahrzunehmen. Das ist der erste Grund, warum unsere intuitiven Fähigkeiten mit unseren sensiblen Anteilen verbunden sind: Wenn wir mehr unserer sensiblen Teile akzeptieren und integrieren, erlauben wir uns erstens, mehr von dem wahrzunehmen und zu spüren, was in uns und in der äußeren Welt vor sich geht. Und zweitens, indem wir eine erhöhte Menge unserer Lebensenergie in unserem Bewusstsein haben, können wir mehr von unserem Potential nutzen und mehr innere Empfindungen und eingehende Daten aus der äußeren Welt verarbeiten, was uns in die Lage versetzt, die Botschaften unserer Gefühle klarer zu erleben und zu verstehen.

Ein weiterer Grund ist, dass wir uns selbst tiefer verstehen, wenn wir mehr dieser Anteile in unser Wesen aufnehmen und integrieren. Dies geschieht zum einen durch das Verständnis, was die Bedürfnisse dieser Teile sind, warum wir sie damals abgelehnt hatten und was wir jetzt tun können, um sie zu integrieren. Andererseits durch die tiefere Erfahrung, wie sich unsere sensiblen Teile anfühlen und wie wir sie in unserem Körper wahrnehmen. Dies ist eines der besten »Intuitionstrainings«: Aus einer höheren Perspektive zu beobachten, wie sich die Empfindungen anfühlen und was sie für uns und andere bedeuten. Eine logische Folge davon, uns selbst auf einer tieferen Ebene zu verstehen, ohne die Empfindungen, die sich durch unseren Körper bewegen, zu beurteilen, ist eine tiefere Wahrnehmung und ein besseres Verständnis dessen, was in der äußeren Welt und in der inneren Welt anderer Menschen vor sich geht.

Zusammenfassend lässt sich sagen, dass die Akzeptanz und Integration unserer sensiblen Anteile direkt mit einer Verbesserung unserer intuitiven Fähigkeiten verbunden ist. Je mehr wir sie integrieren, desto mehr energetische Ressourcen stehen uns zur Verfügung. Darüber hinaus werden wir durch ihre Integration allmählich vollständiger und dank dieser Transformationsprozesse sind wir in der Lage, einen höheren Bewusstseinszustand zu erreichen.

Wie können wir das in unserer Gesellschaft anwenden und die Fähigkeit in einer nützlichen Weise gebrauchen?

Unsere Gesellschaft ist darauf konditioniert, das rationale Denken zu benutzen, um alles zu erklären und den Gebrauch unserer intuitiven Fähigkeiten abzulehnen. Es ist sogar so weit gekommen, dass die Informationen, die wir durch unsere Gefühle erhalten haben, als Illusion eingestuft werden. Sie können nicht wahr sein, und selbst wenn etwas passiert, was sich über ein Gefühl ankündigte, wird es als Zufall eingestuft. Es wird alles getan, um den Gebrauch und den Glauben an eine natürliche und notwendige Fähigkeit, die jeder hat, zu unterdrücken. Ich glaube jedoch fest daran, dass diese Fähigkeit in unserer Gesellschaft »wiedererweckt« werden kann und ich hatte das Glück, dieses Phänomen bei meinen Klienten zu beobachten.

Während wir durch alte Emotionen, alte Muster und Glaubenssätze gearbeitet haben, habe ich kontinuierlich Fragen über ihre Emotionen und mögliche Lösungen gestellt, die nur durch die eigene Intuition beantwortet werden konnten. Natürlich habe ich am Anfang, wenn der Klient oder die Klientin keine Antwort wusste oder sich nicht sicher fühlte, unterstützt, indem ich die Fragen mit meiner eigenen Intuition beantwortet habe. Mit der Zeit haben sie einen tiefen Glauben an ihre eigene Intuition entwickelt und begonnen, sie in ihrem Alltag zu nutzen. Das Erstaunliche daran ist, dass es natürlich kam.

In einem nächsten Schritt haben Klienten begonnen, mit ihren Partnern, Familienmitgliedern und engen Freunden darüber zu sprechen und das Wissen dadurch in ihrem Umfeld zu verbreiten. Nichtsdestotrotz ist es wichtig, zuerst den eigenen Glauben an die eigene Intuition aufzubauen, ihn nach und nach zu entwickeln und mehrere positive Erfahrungen gemacht zu haben, die als bestätigende Beispiele dienen. Auf diese Weise ist es nicht nötig, andere Menschen durch Worte zu überzeugen, sondern durch sein Handeln und dadurch, dass man authentisch ist. Das ist viel kraftvoller und effizienter, denn diejenigen, die offen sind, werden auf natürliche Weise angezogen.

Wie können wir die Fähigkeit nutzen? Um den Unterschied zu skizzieren zwischen einem Leben, in dem die Fähigkeit nicht genutzt wird und einem, in dem die Intuition ein integrierter Bestandteil des Alltags ist, erzähle ich eine persönliche Geschichte.

Besonders in meiner eigenen Jugend, bevor ich anfing, die alten Muster, indoktrinierten Glaubenssätze und emotionalen Schmerzen zu transformieren, befand ich mich größtenteils in einem »Überlebensmodus«, da sich meine Eltern nicht wirklich um mich kümmerten und viele andere herausfordernde Dinge in meinem Leben passierten. Zu dieser Zeit war es schwierig für mich, klar wahrzunehmen, was ich fühlte, woher diese Emotionen oder Gefühle kamen und was ihre Botschaft war. Das Ergebnis war, dass mein innerer emotionaler Zustand davon abhängig war, was andere Menschen taten oder zu mir sagten und in welchen Umständen ich mich befand, so dass ich ein Leben in »Opfermentalität« führte, in dem ich den Eindruck hatte, dass ich keine Macht und keine Fähigkeit hatte, es zu ändern.

Im Mai 2012, ein paar Monate nachdem ich meine Therapie begonnen hatte, traf ich zufällig einen indischen Mann auf der Straße, der wusste, dass ich in einem schrecklichen emotionalen

Zustand war und regelmäßig an Selbstmord dachte. Er begann intuitiv meinen energetischen Zustand zu lesen und war in der Lage, viele Dinge über mich wahrzunehmen. Er wusste Dinge wie, dass ich seit mehr als drei Jahren ein tiefes Maß an Leid erfahren hatte, dass ich an diesem Tag auf dem Weg war, meine Schwester im Krankenhaus zu besuchen, dass ich einen Freund hatte, der mich nicht angemessen behandelte, und vieles mehr. Ich war extrem beeindruckt von seiner Art, intuitiv Dinge über meine Lebensumstände und mich wahrzunehmen, ohne jemals mit mir gesprochen zu haben oder mich vorher zu kennen. Mein rationaler Verstand wollte aus dieser Situation fliehen, weil es keine logische Erklärung dafür gab.

Aber glücklicherweise erwies sich meine Intuition an diesem Tag als stärker und sie brachte mich sogar an den Punkt, an dem meine Beine nicht anfingen, wegzulaufen, obwohl ich ihnen bewusst befohlen hatte, das zu tun. Natürlich war ich in diesem Moment total verwirrt und hatte den Eindruck, keine Kontrolle über meinen eigenen Körper zu haben. Doch jetzt, wenn ich auf diesen lebensverändernden Vorfall zurückblicke, bin ich dankbar, dass mein Unterbewusstsein die Kontrolle über meinen Körper übernommen hat und mich dazu gebracht hat, dort stehen zu bleiben.

Nachdem er kurzzeitig intuitiv mein energetisches Feld gelesen hatte, bat er mich, mit ihm zu kommen, weil er seiner Meinung nach wusste, wie er mir aus meiner Misere heraushelfen konnte. Also gingen wir in einen Park und setzten uns auf den Rasen. Er fuhr fort, mein Energiefeld zu lesen und begann mir Fragen zu stellen wie: »Was ist dein größter Wunsch?« oder »Was ist dein größtes Problem?«

Meine Antwort auf die erste Frage war, dass ich einfach nur glücklich sein wollte, die zweite Frage beantwortete ich damit, dass meine Vergangenheit mein größtes Problem war. Er sprach mit ruhiger und fester Stimme weiter und sagte mir, dass ich in meinen vergangenen Vorleben etwas »Schlechtes« getan hätte, weshalb ich nun leiden würde. Außerdem sagte er mir, dass ich jeden Tag meditieren solle, um die negativen Gedanken und Energien Schritt für Schritt aus meinem Körper und Geist zu entfernen. Nach dieser Begegnung begann ich jeden Tag zu meditieren, was am Anfang recht schwierig war, aber mit der Zeit immer leichter wurde. Die Aussage über die Verbindung zwischen meinen früheren Leben und meinem jetzigen hat mich umgehauen: Erstens hatte ich eine Erklärung für das endlose Leiden, das ich seit meiner Kindheit erlebt hatte. Zweitens fühlte ich mich ermächtigt, weil ich verstand, dass ich dafür verantwortlich bin, wie ich mich fühle und für die Dinge, die mir passieren, anstatt den Eindruck zu haben, ein Opfer des Lebens zu sein und der grausamen Welt hilflos ausgeliefert zu sein. Dank dieser Erkenntnis konnte ich die lebensverändernde Schluss-folgerung ziehen, dass, wenn ich in meiner Vergangenheit etwas »Schlechtes« getan hatte und dieses Leiden das Ergebnis davon ist, die »Gleichung« auch umgekehrt gilt: Wann immer ich begann, mein Leben zu ändern und gute Dinge zu tun, wird das auch »gute Dinge« hervorbringen. Niemand, der mich zu dieser Zeit kannte, hätte mir attestiert, ich wäre ein ›schlechter Mensch‹. Mein größtes Problem war jedoch, dass ich nicht das Gefühl hatte, die Macht zu haben, mein Leben zu verändern und mir nicht bewusst war, dass ich mich um meine Emotionen kümmern und sie transformieren musste, um mein Leben in jenes zu verwandeln, das ich mir wünschte. Ich wusste nicht, dass alles, was ich tun musste, um diesen Prozess zu starten, darin bestand, mich selbst zu verändern, oder genauer gesagt, die Einstellung, die ich zu mir selbst hatte, indem ich mich so liebe, wie ich bin und mich um meine Emotionen kümmere, anstatt vor ihnen wegzulaufen.

Ein weiterer entscheidender Punkt war, dass ich einen tiefen Blick auf das werfen musste, was mir in meiner Vergangenheit widerfahren war, um die indoktrinierten Muster und alten Glaubenssätze zu transformieren, die in meinem energetischen System feststeckten und die eigentlich nur darauf warteten, losgelassen zu werden.

Eine weitere Aussage, die er über mich machte und die einen starken Eindruck bei mir hinterließ, war, dass ich sehr spirituell sei und dass ich ein großes Unternehmen haben würde, das sich auf spirituelle Arbeit konzentriert und diese lebensverändernden Methoden anwendet. Und dank der herausfordernden Erfahrungen, die ich in meinem Leben gemacht habe, würde ich in der Lage sein, in Zukunft vielen Menschen zu helfen, ihr Leben zu transformieren. Als ich das hörte, zweifelte mein bewusster Verstand. Doch meine Intuition wusste, dass es wahr war: Er berührte das Kernthema.

Im Juni und Juli 2012 trafen wir uns regelmäßig. Während dieser Treffen meditierten wir gemeinsam, er räucherte meine Wohnung mit Räucherstäbchen aus, um die negativen Energien in mir und meiner Wohnung zu reinigen, führte einige Rituale durch, um mein energetisches System zu reinigen und er gab mir Ratschläge, wie ich mein Leben zum Besseren verändern könnte. Dank ihm fing ich an, mich besser zu fühlen, weil ich erkannte, dass ich die Macht hatte, mein eigenes Elend zu verändern und ich nicht mehr gezwungen war, mein Leben auf diese Weise zu leben. Ich fühlte mich auf gewisse Weise erleuchtet und inspiriert und begann, eine Verbindung zu meiner Seele zu entwickeln.

Im Juni 2012 erzählte ich meiner Psychologin von dieser Begegnung und sie empfahl mir, ein Medium zu konsultieren, das mit meinem verstorbenen Vater Kontakt aufnehmen könnte, da wir noch so viele ungeklärte Dinge zu klären hatten. Als junges Mädchen war ich sehr vernarrt in meinen Vater und wollte immer seine Aufmerksamkeit erregen, indem ich gute Noten erzielte oder etwas Außergewöhnliches leistete. Mein Vater konnte jedoch nie seine Freude über meine Erfolge ausdrücken und kritisierte mich ständig. Erreichte ich zum Beispiel in einem Test in der Schule eine Note von 5.5 (in der Schweiz ist 6 die höchstmögliche Note, also kann 5.5 als sehr gute Note angesehen werden), sagte er nur: »Warum hast du keine 6 bekommen?« Oder, wenn ich es schaffte, eine 6 zu bekommen, war das Einzige, was er tat, zu überprüfen, ob ich die Gesamtpunktzahl erreicht hatte, die man erreichen konnte. Er gab mir immer das Gefühl, dass ich nicht gut genug war, egal was ich tat. Auf der anderen Seite zeigte er mir, dass er mich liebte, in gewisser Weise viel mehr als meine Mutter es tat, deshalb hing ich immer noch sehr an ihm und suchte immer nach seiner Wertschätzung und Rücksichtnahme. Als ich etwa 14 Jahre alt war, fing er an, Drogen zu nehmen. Er trank weiterhin Alkohol, was er schon tat, seit ich etwa fünf oder sechs war.

Sein Gesundheitszustand verschlechterte sich stetig, was zu seinem Tod im Jahr 2011 im Alter von 53 Jahren führte. Einige Wochen vor seinem Tod, als ich ihn ins Krankenhaus brachte, weil er kaum noch atmen konnte, sagte er mir, dass mein Leben wertlos sei und dass ich zu ehrlich und zu fleißig sei. Er fügte hinzu, dass ich seiner Meinung nach mein Leben ändern müsste und anfangen sollte, so zu leben wie er, nämlich Kokain zu verkaufen und zu konsumieren und keinen seriösen Job zu haben. Wie du dir vorstellen kannst, traf diese Aussage tief in mein Herz und rief einen unglaublichen Schmerz hervor. Im November 2011 starb er im Krankenhaus und ich war die erste, die von seinem Tod erfuhr.

In dem Moment, in dem ich die Nachricht über sein Ableben erhielt, stieg eine unendliche Trauer, Wut und Kummer in meinem Bewusstsein auf. Es lag daran, dass ich erkannte, dass es mir nun nicht möglich war, die Wertschätzung und Rücksichtnahme zu erhalten, auf die ich mein ganzes Leben lang von ihm gewartet hatte. Es war einfach vorbei, der Zug war abgefahren. Dieses Ereignis hatte einen enormen Einfluss auf meinen ohnehin schon herausgeforderten emotionalen Zustand, der nicht mehr tragbar war und nichts mehr mit dem gemeinsam hatte, was man ein erfülltes Leben nennen kann.

Zurück also in den Juni 2012, als mir meine Psychologin empfahl, ein Medium zu konsultieren, um eine Verbindung mit der Seele meines Vaters aufzubauen, damit wir die Möglichkeit hätten, alle ungeklärten Angelegenheiten zu klären, sowie alle unausgesprochenen Worte miteinander auszutauschen. Anfang Juli hatte ich einen Termin mit einem sehr bekannten Medium, das seit ihrer Kindheit die geistige Welt bewusst wahrnimmt. Sie begann die Sitzung, indem sie einige Eigenschaften meines Vaters beschrieb, um zu beweisen, dass es wirklich er war, den sie in ihrem energetischen Feld wahrnahm. Da dies meine erste Sitzung war und ich bis dahin kein bewusstes Wissen über diesen mystischen Bereich hatte, war ich ziemlich beeindruckt von der Genauigkeit ihrer Beschreibung über ihn. Überraschenderweise wusste sie sogar Dinge über mich und meinen Vater, die wir unser ganzes Leben lang geheim gehalten hatten. Was mich jedoch am meisten beeindruckte, war, dass sie beschreiben konnte, wie er sich mir gegenüber fühlte: Er fühlte sich schuldig, weil er zu Lebzeiten nicht erkannt hatte, wie sehr er mich verletzt hatte. Erst jetzt konnte er klar erkennen, was er mir angetan hatte.

Außerdem war er am Boden zerstört, dass er für das zerbrochene Zuhause mitverantwortlich war und es tat ihm leid, dass er meine Mutter, meine Schwester und mich nicht für das geschätzt hatte, was wir waren und dadurch verpasst hatte, ein glückliches Familienleben zu genießen. Sie sagte mir auch, dass er mich immer sehr geliebt hatte und dass ich die Person war, der er sich emotional am nächsten fühlte. Während sie das sagte, konnte ich seine Gegenwart und die Liebe, die er für mich empfand, wahrnehmen. Es war so intensiv, dass ich zu weinen begann: heilende Tränen, die endlich losgelassen werden konnten und einen Raum öffneten, in dem bestimmte Emotionen akzeptiert, anerkannt und transformiert wurden. Ein weiterer entscheidender Punkt war, dass er mich immer kritisierte und zurechtwies, weil er neidisch auf meine Leistungen war und darauf, wie ich mein Leben bewältigen konnte. Die tiefere Erklärung für seine Eifersucht und seine Wahrnehmung von mir war, dass er mit dem, was er in seinem Leben erreicht hatte, überhaupt nicht zufrieden war. Deshalb fühlte er, wann immer ich ihm meine wirklich guten Noten zeigte oder ihm von meinen anderen Errungenschaften erzählte, eine negative Emotion, die er auf mich projizierte, anstatt zu verstehen, dass seine Emotion mit seiner eigenen Wahrnehmung von sich und seinem Leben zu tun hatte. Als Ergebnis dieser Projektion hatte er mich ständig kritisiert und war nicht in der Lage gewesen zu zeigen, dass er in Wirklichkeit sehr stolz auf mich war. Doch jetzt, wo er in der geistigen Welt war und die Möglichkeit hatte, auf sein Leben zurückzublicken, erkannte er zutiefst, dass er in der Tiefe seines Herzens immer sehr stolz auf mich war. Doch leider konnte er das zu Lebzeiten nicht ausdrücken, da seine unverarbeiteten Emotionen seinen Verstand vernebelten. In dem Moment, als ich begriff, was sie mir erklärt hatte, brach ich in Tränen aus, denn ich verstand, dass einer meiner tiefsten Wünsche, nämlich von meinem Vater geschätzt, geliebt und rücksichtsvoll behandelt zu werden, in Erfüllung gegangen war. Auch wenn es auf der spirituellen Ebene statt der ursprünglich gewünschten menschlichen Ebene war, dass ich seine Zuneigung und Wertschätzung erhielt, war es extrem heilsam für mich und so konnte ein Teil meiner Trauer transformiert werden.

Nach dieser Sitzung hatte ich einen starken Impuls, Workshops und Seminare über Heilung, Spiritualität und andere mystische Themen zu besuchen. Außerdem begann ich im September 2012, regelmäßige Einzelsitzungen mit sensitiven und medialen Beratern zu haben. Dank dieser Sitzungen konnte ich so viel Wissen empfangen und erlangte ein tiefes Verständnis dafür, dass es absolut notwendig und unverzichtbar ist, an sich selbst zu arbeiten, »alte« Emotionen zu transformieren und sein Leben in die Hand zu nehmen, um das Leben zu erschaffen, das man sich aus der Tiefe seines Herzens wünscht. Das Entscheidende an meinem Heilungsprozess war, dass ich zu der tiefen Überzeugung gelangte, dass ich die Kraft habe, ein neues Leben zu erschaffen.

Ein weiterer wesentlicher Schlüsselfaktor war, dass, während ich mehr und mehr meine Emotionen verstehen konnte und in der Lage war, sie kontinuierlich zu transformieren, sich mehr von meinem wahren Selbst zeigte und sich somit meine intuitiven Fähigkeiten dramatisch verbesserten. Und es ist diese Verbesserung in der Lage zu sein, klar wahrzunehmen, was meine Gefühle mir sagen, die mir so sehr durch den schmerzhaften und herausfordernden Prozess geholfen hat, in mich selbst zu schauen.

Schritt für Schritt begann ich zwischen meinen Emotionen, meinen sensiblen Anteilen und meinen Gefühlen zu unterscheiden, und dank dieser Fähigkeit konnte ich die Situation, die ich durchlebte, aus einer höheren Perspektive betrachten. Dies half mir, zentrierter zu bleiben und die aufsteigenden Emotionen anzuerkennen, zu verstehen und zu transformieren.

Kurz gesagt: Folgen wir unserer Intuition oder sind offen für ihren Input, ziehen wir die richtigen Menschen, Umstände und Situationen an, die uns helfen zu heilen und vorwärtszukommen.

Unsere intuitiven Fähigkeiten und alte indoktrinierte Programme

Aus dieser persönlichen Geschichte über die Zeit vor, während und nach meiner ›dunkelsten Nacht der Seele‹ können wir beobachten, wie das Leben sein kann, ohne sich seiner intuitiven Fähigkeiten bewusst zu sein oder sie zu nutzen, was im Gegensatz zu einem Leben steht, in dem Gefühle präsent sind und genutzt werden, um eine Art höhere Führung zu haben.

Bis zu der Begegnung mit dem Inder im Mai 2012 hatte ich nur im Überlebensmodus gelebt, in dem ich ständig auf das reagierte, was mir passierte, statt als Schöpfer meines eigenen Lebens zu agieren. Dies wurde durch meine begrenzte Sichtweise verursacht und durch den Glauben, dass die Dinge, die in meiner »inneren Welt« passieren, unabhängig von dem sind, was in der äußeren Welt geschieht. Folglich musste ich einige Überlebensstrategien finden, um nicht zu sehr zu leiden und mein Leben irgendwie zu bewältigen. So begann ich, meine Emotionen zu unterdrücken, vor ihnen zu fliehen und einen neuen negativen Glaubenssatz nach dem anderen zu kreieren, wodurch mein rationaler Verstand mehr und mehr von den Dingen, die mir widerfuhren, konditioniert wurde.

Da ich zu dieser Zeit keine Verbindung zu meinen Gefühlen hatte, geschweige denn zu deren Interpretation, erkannte ich nicht, dass ich mich in eine Sackgasse manövrierte. So fühlte ich mich mehr und mehr von der äußeren Welt abgeschnitten, da ich mich von meiner inneren Welt trennte, weil ich glaubte, dass ich weniger leiden würde, wenn ich meine Emotionen unterdrückte. Was tatsächlich nur bei oberflächlicher Betrachtung stimmt: Sobald wir unsere eigenen Emotionen wie Angst oder Traurigkeit unterdrücken, nehmen wir sie zwar eine Zeit lang nicht bewusst wahr, sie werden aber in unserem Körper gespeichert und erzeugen energetische Blockaden. Selten können wir sie die ganze Zeit unterdrücken, denn erstens brauchen wir zum Unterdrücken unsere energetischen Ressourcen und wenn wir nicht genug davon haben, um sie zu unterdrücken, kommt es zu einem emotionalen Ausbruch.

Und zweitens werden wir nach dem Gesetz der Resonanz, das später noch erläutert wird, immer Situationen anziehen, die zu unseren innerlich gespeicherten Emotionen und Glaubenssätzen passen, um sie aufsteigen zu lassen und uns die Chance zu geben, sie zu transformieren. Erst wenn die gespeicherten Emotionen anerkannt und transformiert werden, sind wir »frei« von ihnen und können mehr von unserem energetischen Potential leben.

In meinem Fall war es so, dass ich mehr und mehr Emotionen, die ich nicht akzeptieren wollte, unterdrückte und so die Verbindung zu mir selbst und meinen intuitiven Fähigkeiten immer weiter abschnitt. Es kam zu dem Punkt, an dem mein rationaler, konditionierter Verstand all meine Wahrnehmungen von mir selbst und der äußeren Welt dominierte, ohne jegliche innere Führung und ohne die Möglichkeit, die gegenwärtige Situation aus einer höheren Perspektive wahrzunehmen. Das größte Problem dabei war, dass ich meine Vergangenheit immer wieder durchlebte. Meine gespeicherten Emotionen zogen immer wieder die gleichen Lebenssituationen an, während mein rationaler Verstand sie auf der anderen Seite immer wieder auf dieselbe Weise interpretierte. Unter solchen Bedingungen gab es keine Möglichkeit zur Veränderung, denn die alten »Programme« ließen die »Maschine« laufen, statt einen Reset zu machen und etwas Neues entstehen zu lassen. Wenn du dir die Fragen stellst, »wie oft hast du ähnliche Situationen erlebt und wie oft hast du darauf in genau der gleichen Weise reagiert?«, was wäre deine Antwort? Von dem, was ich bei meinen Klienten beobachtet habe, als sie anfingen, mit mir zu arbeiten, liefen alle kontinuierlich ihre alten, automatischen Programme ab, die durch das, was sie in ihrer Vergangenheit erlebt hatten, konditioniert waren. Es ist wichtig zu erkennen, wo die Ursprünge dieser automatischen Reaktionen liegen und damit zu beginnen, sie zum Besseren zu transformieren.

Bei der Transformation dieser alten indoktrinierten Muster ist es notwendig, diese nicht nur auf einer, sondern auf mehreren Ebenen durchzuführen: auf der mentalen, auf der emotionalen und auf der Verhaltensebene. Es ist entscheidend, eine Emotion wahrzunehmen, um sie loszulassen und zu transformieren, und die Bedeutung des Verständnisses, was diese oder jene Emotion bedeutet, sollte nicht unterschätzt werden. Als Ergebnis der Veränderungen auf der mentalen und emotionalen Ebene kann sich die Verhaltensebene automatisch verändern. Es ist jedoch sehr ratsam, sich bewusst neue Verhaltensmuster zu schaffen, die man in seinem Alltag umsetzen kann. Es wird in den Kapiteln

3 und 4 weitere sehr klare Erklärungen und Methoden geben, wie man diese alten Programme auf mehreren Ebenen transformieren kann. In diesem Kapitel geht es vor allem darum, die drei großen Teile unserer Verletzlichkeit zu verstehen und klar wahrzunehmen: Emotionen, Gefühle und unsere sensiblen Teile. Darüber hinaus wird ein Fokus auf das tiefere Verständnis gelegt, wie sie miteinander interagieren und was die Vorteile sind, wenn man die Fähigkeit hat, zwischen ihnen zu unterscheiden. Nichtsdestotrotz werde ich nun fortfahren, den Unterschied zwischen einem Leben ohne klare Wahrnehmung der eigenen intuitiven Fähigkeiten zu skizzieren und wie es verbessert werden kann, indem man ihnen erlaubt, präsent zu sein.

Also, wenn du dir vorstellst, dass du dich in einer herausfordernden emotionalen Situation befindest, wie zum Beispiel in einem Streit mit deinem Partner darüber, dass er möglicherweise eine Affäre hat (was, wie du dir vorstellen kannst, für die meisten Menschen ein sehr sensibles und heikles Thema ist). Während dieses Streits möchtest du identifizieren, welche deiner Verhaltensweisen und Sichtweisen automatische Programme aus der Vergangenheit sind und welche zu deinem wahren Selbst gehören. Deine Intuition kann dir dabei helfen. Wenn du es nicht gewohnt bist, eine solche Situation aus einer höheren Perspektive zu beobachten und gleichzeitig deine Gefühle sowie die deines Partners wahrzunehmen, kann das ziemlich schwierig sein.

Zum einen, weil die meisten Programme einfach automatisch ablaufen, ohne dass man bewusst darüber nachdenkt, wie man in einem bestimmten Moment reagieren sollte. Mit anderen Worten, man braucht weniger kognitive Ressourcen, um es laufen zu lassen, was die Wahrscheinlichkeit erhöht, dass dieses Programm »benutzt« wird, weil der Mensch von Natur aus meistens den Weg des geringsten Widerstandes wählt.

Zweitens, wenn derart viele Empfindungen in unserem Körper vor sich gehen und dazu noch all die Quellen äußerer Sinnesreize kommen, kann es herausfordernd sein, den Überblick zu behalten und die ganze Situation mit einem klaren Geist anzunehmen. Außerdem kann unser Bewusstsein niemals alles erfassen und darüber hinaus unterscheiden, welche unserer Verhaltens- und Denkmuster indoktriniert sind. Was es noch schwieriger macht, zu erkennen, dass wir die »alten Programme laufen lassen«, sind die aufkommenden Emotionen in diesem Moment. Sie haben meistens die Fähigkeit, unsere Wahrnehmung der äußeren Welt komplett zu verändern. Wenn sie präsent sind, kann es sein, dass wir uns in einer bestimmten Situation befinden und rational wissen, dass wir sie auf eine bestimmte Weise interpretieren sollten. Aufgrund unserer gegenwärtigen Emotionen vermittelt uns unser energetisches System jedoch den Eindruck, dass die »emotionale Realität« wahr ist.

Zum Beispiel wissen wir zutiefst, dass wir unserem Partner vertrauen können und dass er niemals eine Affäre mit jemand anderem anfangen würde. Dennoch ist es schwierig, diesem Glauben zu vertrauen, wenn wir in der Vergangenheit eine ähnliche Situation erlebt haben, in der ein früherer Partner eine Affäre hatte und wir den Schmerz aus diesem früheren Vorfall noch nicht transformiert haben. Daher kommen unsere alten Emotionen aufgrund der Ähnlichkeit mit der vergangenen Situation hoch. Was es noch schlimmer machen kann, ist, dass sie beginnen, energetisch ähnliche emotionale Umstände zu erschaffen, sodass es schwierig wird, zwischen dem zu unterscheiden, was unsere Emotionen uns erzählen (nämlich die »Geschichte unserer Vergangenheit«) und der Wahrheit.

Unsere intuitiven Fähigkeiten helfen uns in emotional herausfordernden Situationen

Unsere Gefühle haben die Fähigkeit, uns ein objektives Bild der äußeren Realität zu geben, ohne von unseren eigenen Emotionen, ihren Assoziationen und Sichtweisen beeinflusst zu werden. Um die Fähigkeit zu erlangen, unsere intuitiven Fähigkeiten in einer solch herausfordernden Situation zu nutzen, bedarf es nicht nur einiger Übung, sondern auch eines fortlaufenden Transformationsprozesses, um sich selbst besser kennenzulernen und in der Lage zu sein, mit mehr innerer Klarheit mit solchen Situationen umzugehen. An dieser Stelle möchte ich betonen, dass auch diejenigen, die kontinuierlich an sich selbst arbeiten, alte indoktrinierte Muster verstehen und transformieren und sich selbst auf einer tiefen Ebene kennenlernen, in solchen Situationen einen emotionalen Einfluss erleben werden. Da Emotionen, sowohl die »neuen« als auch die »alten«, ein wichtiger Teil unseres Lebens als Mensch sind, werden sie immer bis zu einem gewissen Grad präsent sein. Und sogar Menschen, die sich selbst kennen und in der Lage sind, zwischen Emotionen, Gefühlen und sensiblen Anteilen zu unterscheiden und wissen, wie man eine tiefe Transformation durchführt, werden emotionale Situationen erleben, in denen sie Schwierigkeiten haben, zu erkennen, ob die suggerierte Realität wahr ist oder nicht. Der Schlüssel zu ihrem Erfolg ist die kontinuierliche Transformations-Praxis und die zunehmende Entwicklung der eigenen intuitiven Fähigkeiten. Die dadurch entstehende tiefgreifende energetische Veränderung führt zu einer Zentriertheit, wenn man mit sich im Einklang ist, sich selbst und seine Seele besser kennt und mit der Quelle unseres wahren Selbst verbunden ist. Im Gegensatz zu all dem wird ein Mensch, der lediglich die dreidimensionale Welt wahrnimmt und nicht in der Lage ist zu sehen, dass und in welcher Weise die vergangenen Situationen mit dem gegenwärtigen Moment verbunden sind, wahrscheinlich immer wieder seine Vergangenheit durchleben. Denn erstens werden die alten Programme nicht als alte Programme identifiziert werden, sondern als eine Darstellung der Realität. Und zweitens, weil die Person ihre eigene Verletzlichkeit nicht als das akzeptiert, was sie ist.

Wenn man seine Verletzlichkeit nicht akzeptiert und sich nicht um sie kümmert, führt dies zu einer inneren Trennung zwischen ihrem rationalen Verstand und ihrem emotionalen Teil, was wiederum zu einer reduzierten Energie und mentalen Ressourcen führt. Es ist ein kontinuierlicher Prozess, die intuitiven Fähigkeiten mehr und mehr zu entwickeln, um sie in solchen herausfordernden emotionalen Situationen zu nutzen. Meiner Meinung nach und aus meiner Erfahrung heraus ist es ratsam, diesen Prozess auf mehreren Ebenen anzugehen, da Verstand und Herz zusammenarbeiten sollten und beide entscheidend sind, um mehr Klarheit darüber zu erlangen, was in uns und in der äußeren Welt vor sich geht.

Es kann herausfordernd sein, die eigenen intuitiven Fähigkeiten zu nutzen, ist, dass wir eine Art »leeren« Geist haben sollten, um auf sie zu hören und ihre Botschaft wahrzunehmen. Wenn wir zu intensiv über etwas nachdenken, ob unser Geist nun von unseren Emotionen oder von den äußeren Phänomenen geblendet ist, kann es schwierig werden, das, was wir intuitiv wahrnehmen, klar zu erkennen. Wenn du dich also in einem Moment des »emotionalen Chaos« befindest, würde ich dir empfehlen, einen Schritt zurückzutreten, dich zu zentrieren und dich um deine Emotionen zu kümmern. Wenn wir das nicht tun, werden wir auf die gegenwärtige Situation aus unseren alten indoktrinierten Mustern heraus reagieren, anstatt das größere Bild zu sehen und in der Lage zu sein, die Situation aus einer höheren Perspektive zu handhaben. Ich habe diese Technik viele Male mit mir selbst praktiziert und kann ihre Vorteile bestätigen.

Es geht nicht nur um den Prozess des Zurücktretens und der Selbstberuhigung, sondern um die Kombination von Methoden, die zur Transformation und damit zur Erschaffung des gewünschten, neuen Lebens führen. Über die Transformationsmethoden wird in Kapitel 3 und 4 noch ausführlicher gesprochen werden, jedoch möchte ich an dieser Stelle ein wenig mehr darauf eingehen, wie wir die intuitiven Fähigkeiten in einer emotional herausfordernden Situation zu unserem Vorteil nutzen können. Um wahrzunehmen, was unsere Gefühle uns über eine »reale Situation« und über »das Bestmögliche aus einer höheren Perspektive gesehen« sagen, ist es essentiell, dass wir uns auf uns selbst konzentrieren, statt unsere Aufmerksamkeit auf die Außenwelt zu richten. Das Problem dabei ist, dass die meisten Menschen anfangen, sich auf die Menschen oder auf die Situationen zu konzentrieren, die die aufsteigenden Emotionen hervorgerufen haben, anstatt darauf zu achten, was genau innerlich mit uns durch das Verhalten dieser Person oder durch die äußeren Umstände passiert ist.

Auf diese Weise fokussieren wir uns auf die äußere Welt, die nur der Auslöser für die aufsteigenden Emotionen ist. In diesem Moment vergessen wir jedoch unsere innere Welt, in der sich die Empfindungen abspielen. Wie bereits erwähnt, liegt die Quelle unserer Emotionen in uns selbst. Daher hat jede einzelne Emotion mit uns selbst zu tun, äußere Phänomene sind nur Katalysatoren, die sie hervorrufen und in unser Bewusstsein bringen. Mit anderen Worten, wenn wir uns auf das konzentrieren, was in der Außenwelt passiert, konzentrieren wir uns nur auf das, was die Emotion hervorgerufen hat und nicht auf die Wurzel der Emotion.

Ein weiteres häufiges Verhalten ist es, in den Emotionen zu »schwimmen« und sich selbst als Opfer wahrzunehmen. Diese Verhaltensweisen führen nicht zu einer befriedigenden Lösung der Ursache des aktuellen emotionalen Zustands, sondern verursachen tatsächlich *mehr* Schmerz, ob bewusst oder unbewusst. Wenn wir eine der oben genannten Verhaltensweisen anwenden, ist es so, als würden wir den Symptomen der Krankheit Aufmerksamkeit schenken, während wir die Wurzeln der Krankheit ignorieren. In einem solchen Moment verlieren wir eine Menge Zeit und Energie, indem wir auf oberflächliche Dinge achten, die wir in den meisten Situationen nicht beeinflussen können. Zweitens geben wir unsere Macht ab und entscheiden, dass die äußere Welt die Macht über unseren emotionalen Zustand hat und das Einzige, was wir tun können, um diesen Zustand zu ändern, ist, dass wir die äußere Welt ändern müssen.

Sei ehrlich zu dir selbst; wie oft hast du dir gewünscht, dass sich die äußere Situation ändern würde, damit du dich besser fühlst? Es sind genau diese Momente, in denen wir unsere Macht verschenken. Ich betone, dass es nicht falsch ist, sich eine bessere Beziehung oder einen besseren Job zu wünschen, um sich besser zu fühlen. Es ist jedoch nötig, sich darüber im Klaren zu sein, dass wir die Macht haben, unseren emotionalen Zustand zu verändern, ohne auch nur daran zu denken, die äußere Welt zu verändern. In einem zweiten Schritt können wir auf eine Verbesserung der äußeren Situation hinarbeiten, während wir uns in einem emotional ausgeglichenem Zustand befinden. Um diese Klarheit in solch emotional herausfordernden Situationen zu haben, können unsere intuitiven Fähigkeiten helfen, da sie nicht von alten indoktrinierten Mustern beeinflusst sind und wir dank ihnen die laufende Situation aus einer höheren Perspektive wahrnehmen können.

Unsere Gefühle können uns helfen, eine angemessene Reaktion zu finden

Unsere intuitiven Fähigkeiten können uns nicht nur sagen, wie die reale Situation ist und wo der Ursprung unserer Emotionen liegt, sie können uns auch helfen, eine angemessene Reaktion auf die gegebene Situation zu finden. Entsprechend unserer Emotionen würden wir mit einem alten, verinnerlichten Verhaltensmuster reagieren, sodass das Ergebnis der gegenwärtigen Situation wahrscheinlich sehr ähnlich zu einer in der Vergangenheit wäre. Da gespeicherte Emotionen oft mit einer alten Assoziation zwischen der Situation, die sie hervorgerufen hat, und der gegenwärtigen Emotion gespeichert werden, ist die Wahrscheinlichkeit sehr hoch, den gegenwärtigen Moment ähnlich zu interpretieren und zu reagieren, wie in der Vergangenheit.

Als Ergebnis all dieser Faktoren würde sich unsere Vergangenheit immer wieder wiederholen. Dennoch können wir es schaffen, dank des Wachseins und der Verbindung zu unseren Gefühlen, die Situation aus einer höheren Perspektive wahrzunehmen und erkennen, dass dies alte Muster sind und wir über die Macht verfügen, es zu ändern. Das Beeindruckende an diesem Teil ist, dass schon allein durch die Einsicht, dass wir nicht immer so reagieren müssen wie in der Vergangenheit und dass wir die Wahl haben, auf eine vorteilhaftere Weise zu reagieren, eine signifikante Veränderung stattfinden kann. Betrachten wir das Beispiel eines Streits mit deinem Partner. Stell dir vor, dass er dich beschuldigt hat, etwas getan zu haben, was du nicht getan hast. Du versuchst zu erklären und deinen Partner davon zu überzeugen, dass seine Wahrnehmung nicht wahr ist und gibst einige Argumente, die deine Aussage unterstützen. Doch egal wie sehr du dich bemühst, du bist nicht in der Lage, seine Meinung zu ändern.

Am Ende bleibt ihr beide irritiert und du fängst sogar an, deinem Partner die Schuld zu geben, dass er so eine negative Meinung von dir hat und du bist traurig und vielleicht sogar wütend, dass ihr nicht in Harmonie zusammen seid und eine gute Zeit miteinander verbringen könnt.

Die Reaktion, an die du dich gewöhnt hast, ist, eine Flasche Wein zu öffnen und sie ganz alleine zu trinken, damit du deinen emotionalen Schmerz im Alkohol ertränkst. Der Ursprung dieses alten Verhaltensmusters kann in deiner Kindheit liegen, besonders wenn du dieses Verhalten bei deinen Eltern beobachtet hast, als einer von ihnen nicht in der Lage war, sich um seine Emotionen zu kümmern und stattdessen versucht hat, ihnen mit Alkohol beizukommen. Diese Art von Streit, bei dem sich beide Seiten lieblos verhalten haben, ist nicht förderlich für eine harmonische Beziehung – und auch der Umstand, dass Alkohol ins Spiel gekommen ist, kann zur Scheidung deiner Eltern führen.

Es ist nur wahrscheinlich, dass du ihrem Beispiel folgst, weil dein energetisches System dieses Verhaltensmuster als festes Programm gespeichert hat, was zur Folge hat, dass es immer wieder ausgeführt wird, und zwar so lange, bis du erkennst, dass es nicht mehr notwendig ist. Dann könntest du anfangen, nach anderen, vorteilhafteren Lösungen zu suchen. Wenn du in der Lage bist, dich mit deinen intuitiven Fähigkeiten zu verbinden und dich selbst aus einer höheren Perspektive zu beobachten, hast du die Möglichkeit, das Verhalten, das du bisher ausgeführt hast, zu hinterfragen und deine Gefühle zu fragen, welche anderen möglichen Reaktionen du haben könntest. Es könnte sein, dass du deinen besten Freund anrufen kannst, um dich emotional unterstützt zu fühlen oder dass du einfach nur spazieren gehst, um dich besser um deine Emotionen kümmern zu können. Bereits im Moment der Einsicht ebnest du den Weg, um eine Verhaltens- und Energieveränderung zu schaffen.

Der nächste Schritt könnte sein, dass du die vorgeschlagenen Verhaltensweisen in die Praxis umsetzt und spürst, was du gegen die sich ständig wiederholende Art von Verhalten tun könntest. Es gibt immer einen möglichen Weg, ein altes, indoktriniertes Verhaltensmuster zu verändern und ein vorteilhafteres zu erschaffen. Es ist jedoch definitiv notwendig, sich bewusst zu machen, was man tut und aus welchem Grund. Und, wie bereits erwähnt, kann uns unsere Intuition in diesem Transformationsprozess sehr helfen. Unsere intuitiven Fähigkeiten können uns in emotional schwierigen Situationen unterstützen und dabei, wahrzunehmen, was vor sich geht. Sie können uns eine höhere Perspektive auf unseren emotionalen Zustand und auf das dadurch hervorgerufene Verhalten geben und uns dabei unterstützen, neue Verhaltensmuster zu finden, dank derer wir auf ein wünschenswerteres Ergebnis zusteuern können, als wir es in der Vergangenheit hatten. All dies ist möglich, weil die Gefühle weder von unseren Emotionen noch von unseren sensiblen Teilen beeinflusst werden. Doch gerade zu Beginn der Nutzung der intuitiven Fähigkeiten kann es schwierig sein, sich mit unseren wahren Gefühlen zu verbinden, während wir uns in einer herausfordernden Situation befinden. Daher ist ein ständiger Prozess des besseren Kennenlernens, der inneren Transformation unserer Emotionen und unserer sensiblen Anteile und eine regelmäßige Übung im Wahrnehmen und Verstehen der Botschaft unserer Gefühle ratsam.

Können unsere Gefühle unserer Verletzlichkeit zugeordnet werden?

Ein letzter Punkt, den ich hier besprechen möchte, betrifft die Frage, ob unsere Gefühle unserer Verletzlichkeit zugeordnet werden können oder ob sie von ihr getrennt sind. Einerseits sind unsere Gefühle unabhängig von unseren aktuellen Emotionen, unseren sensiblen Anteilen und dem, was in der Außenwelt um uns herum passiert. In dieser Hinsicht sollten sie nicht als »Verletzlichkeit« bezeichnet werden, da sie nicht »verletzbar« sind und nicht von anderen Menschen oder herausfordernden Umständen verletzt werden können. Wenn wir aber auf der anderen Seite anfangen, unsere Emotionen zu unterdrücken und unsere sensiblen Anteile zu verleugnen, hat das einen Einfluss auf unsere intuitiven Fähigkeiten.

In dieser Hinsicht sind sie also stark mit den anderen Empfindungen verbunden, die wir in unserem Körper wahrnehmen können. Darüber hinaus gibt es, wie bereits erwähnt, in der Gesellschaft viele negative Konnotationen mit den intuitiven Fähigkeiten, was dazu führen kann, dass man Angst hat, sie zu nutzen und auszudrücken. Diese Angst, sie wahrzunehmen und auszudrücken, führt wiederum dazu, dass diese Fähigkeiten unterdrückt und abgelehnt werden, aus Angst, von der Gesellschaft kritisiert zu werden.

Es ist immer noch üblich, den Eindruck zu haben, dass man seine Verletzlichkeit nicht zeigen darf, weil man Angst hat, beurteilt, verletzt oder negativ behandelt zu werden. Daher können die eigenen intuitiven Fähigkeiten klar als Teil der eigenen Verletzlichkeit definiert werden, denn aus dieser Sicht betrachtet man sie als etwas, das man vor anderen verstecken sollte, da man von der Außenwelt verletzt werden könnte, wenn man sie zeigt.

Einer der bisher nicht erwähnten Hauptunterschiede zwischen Gefühlen, Emotionen und den sensiblen Anteilen ist, dass sich unsere Emotionen und sensiblen Anteile im Vergleich zu den Gefühlen in eine andere Art von Energie verwandeln können, während unsere Gefühle immer dieselben bleiben werden.

Was bedeutet das?

Emotionen können durch unsere Assoziationen mit der äußeren Situation, durch unsere Gedanken und durch Indoktrinationen aus der Gesellschaft und unserem sozialen Umfeld beeinflusst werden. Wenn wir traurig sind, weil sich unser Partner von uns getrennt hat und ein Freund versucht, uns seine Sichtweise aufzudrängen, dass wir wegen eines angeblich »negativen Verhaltens« wütend auf unseren Partner sein sollten, kann das zu einer Verschiebung von der Emotion der Traurigkeit in die Emotion der Wut führen. Unsere Emotionen werden von unseren Denkmustern und deren Assoziationen beeinflusst, die wir selbst erschaffen. Durch einen tiefen transformativen Prozess können die Emotionen, über die wir uns bewusst sind sowie die gespeicherten Emotionen zurück in zum Beispiel Traurigkeit transformiert werden und dann, in einem zweiten Schritt, in unser wahres Potential.

Ein ähnlicher Prozess kann mit unseren sensiblen Anteilen stattfinden, da sie nur anerkannt, verstanden und integriert werden müssen, um in unser wahres Potenzial transformiert zu werden, was wiederum unser gegenwärtiges energetisches Niveau erhöht. Wie bereits erwähnt, werden wir auch dann verletzlich sein, wenn wir sie integrieren. Allerdings fühlt es sich ganz anders an, wenn sie geheilt sind, deshalb habe ich hier den Begriff Transformation verwendet. Im Vergleich zu diesen beiden Teilen, können unsere Gefühle nicht von einer »Form« in eine andere transformiert werden. Aber sie können allmählich entdeckt und der Umgang mit ihnen gelernt werden. Gefühle können als ›eine Verbindung zu unserem höheren Bewusstseinszustand‹ betrachtet werden, die durch regelmäßige Übungen intensiviert werden kann, um die empfangenen Botschaften klarer wahrnehmen und verstehen zu können und zu wissen, wie man sie in die Praxis umsetzt.

Gefühle sind also ein unveränderlicher Teil unserer Verletzlichkeit und wenn wir es schaffen, unsere Verbindung zu ihnen zu stärken, werden wir stärker. Dies geschieht weil wir in emotional herausfordernden Situationen einen klareren Verstand haben, uns selbst, andere Menschen und Situationen aus einer höheren, unbeeinflussten Perspektive wahrnehmen können und wir mehr mit uns selbst verbunden sind, was uns Kraft gibt und uns mit unserem Potential verbindet.

Zusammengefasst: Unsere Gefühle sind ein Teil unserer Verletzlichkeit, aber nur aufgrund der Sichtweise, dass sie vor der Gesellschaft und dem sozialen Umfeld versteckt werden sollten, aus Angst, dass sie uns möglicherweise verletzen könnten, wenn wir sie anderen zeigen.

Außerdem, weil die Verbindung zu unseren Gefühlen abnimmt, je mehr wir unsere Emotionen und unsere sensiblen Teile unterdrücken und ablehnen. In Wirklichkeit können unsere Gefühle jedoch als unsere Stärke angesehen werden: Wenn wir lernen, angemessen mit ihnen umzugehen, uns erlauben, Gefühle zu haben, auch wenn unser Umfeld nicht von ihrem Nutzen überzeugt ist, und wenn wir beginnen, die Kraft ihrer Botschaften für unser eigenes und das Wohl anderer zu nutzen.

Vertiefungsübungen zu Kapitel 1

Um die Bedeutung dessen, worüber wir in Kapitel 1 gesprochen haben, tiefer zu verstehen, empfehle ich, dir etwas Zeit zu nehmen, um dich selbst zu beobachten, besonders in Bezug darauf, wie du deine eigene Verletzlichkeit wahrnimmst.

Einerseits kann dieses Kapitel dazu beitragen, dass du auf der mentalen Ebene besser verstehst, was Verletzlichkeit ist und was die Gesellschaft daraus macht. Andererseits ist es wichtig, dies emotional zu verarbeiten und diese Selbstbeobachtung und den Entwicklungsprozess in deinen Alltag zu integrieren.

Dazu empfehlen sich die folgenden Übungen:

- Als ersten Schritt, beobachte dich in den nächsten Tagen, wie und in welchen Momenten du den Hauptteil deiner Verletzlichkeit wahrnimmst: deine Emotionen. Gibt es Emotionen, die überwiegen? Nimmst du Unterschiede in der Intensität der Emotionen wahr? Gibt es eine Stelle in deinem Körper, an der du sie häufiger spürst? In welchen Situationen nimmst du bestimmte Emotionen wahr? Gibt es Menschen, die mehr emotionale Reaktionen in dir hervorrufen als andere?

Da Emotionen der Hauptteil unserer Verletzlichkeit sind und in der Regel klar als Emotionen wahrgenommen und identifiziert werden können, empfehle ich, damit zu beginnen, sie wahrzunehmen.

Dann:

- Nimm wahr, ob du in der Lage bist, zwischen der Empfindung einer Emotion und den sensiblen Teilen zu unterscheiden. Nimmst du eine Empfindung wahr, fühle sie zunächst und beobachte sie, gib ihr Raum. Als nächstes fragst du dich, ob es sich um eine Emotion handelt, deren Ursprung in den meisten Fällen in der Vergangenheit liegt. Wenn dies der Fall ist, kannst du dich fragen, woher es kommt, um dich selbst besser zu verstehen. Wenn du es jedoch eher als einen ›bedürftigen und sensiblen Teil‹ von dir selbst wahrnimmst, kann es als ein sensibler Teil eingestuft werden, der einfach nur umarmt werden, seine Bedürfnisse erfüllt haben und akzeptiert und integriert werden möchte.

In dieser ersten Phase geht es nur darum, dich zu beobachten und deine Emotionen und die sensiblen Teile wahrzunehmen, ohne etwas zu verändern. Manchmal kann sich allein durch das Beobachten etwas verändern.

- Nachdem du deine Emotionen und sensiblen Teile für einige Tage beobachtet hast, beginne dich darauf zu fokussieren, wie du mental auf sie reagierst. Was geht in deinem Kopf vor, wenn du Emotionen hast? Wie reagierst du, wenn ein sensibler Teil in dein Bewusstsein aufsteigt? Gibt es einen Unterschied in deinem Denken, wenn du »positive Emotionen« (Freude, Überraschung, Glück; die gesellschaftlich akzeptierten Emotionen) und »negative Emotionen« (Wut, Traurigkeit, Hilflosigkeit; die gesellschaftlich nicht ganz akzeptierten Emotionen) fühlst? Verurteilst du dich selbst dafür, dass du einige Emotionen hast oder dass du den Eindruck hast, verletzlich zu sein, weil deine sensiblen Teile präsent sind? Wenn deine Antwort auf eine dieser Fragen ›ja‹ lautet, dann frage dich: »Warum?« und »Auf welche Weise?«

Um deine intuitiven Fähigkeiten besser wahrzunehmen und kennen zu lernen, kannst du die im ersten Kapitel beschriebenen Übungen ausprobieren.

In den nächsten Kapiteln wird es weitere Übungen geben, die dir helfen, dich tiefer mit deinen Gefühlen zu verbinden und deine intuitiven Fähigkeiten zu entwickeln, damit du sie in deinem Alltag nutzen kannst.

Um dieses erste Kapitel abzuschließen, reflektiere über die Dinge, die du beobachtet hast und ziehe deine Schlüsse, indem du die Dinge aufschreibst, die du über dich wahrgenommen hast. Das verhilft dir zu einem klaren Bild.

Schreibe deine Gedanken nieder und erarbeite eine Schlussfolgerung über deine gegenwärtige Sichtweise von Verletzlichkeit. Wie gehst du mit deinen eigenen, sensiblen Teilen um?

Wenn du das getan hast, gehe weiter zum zweiten Kapitel, das sich mit Verletzlichkeit in Bezug auf indoktrinierte Verhaltensweisen beschäftigt.

Kapitel 2

Indoktrinierte Verhaltensweisen im Umgang mit Verletzlichkeit

Indoktrinierte Verhaltensmuster

Wie wir im vorherigen Kapitel gesehen haben, wurde uns der Glaube daran, dass Verletzlichkeit in der Gesellschaft nicht akzeptiert wird, regelrecht eingeimpft. Da die Menschheit seit vielen Jahrhunderten mit einer solchen Überzeugung lebt, mussten Verhaltensweisen gefunden werden, mit denen man Emotionen begegnen kann, während man gleichzeitig nicht zu sehr aneckt oder auffällt, sondern sich in die »graue Masse« einfügt. Wir taten viel, um unseren tatsächlichen emotionalen Zustand weder zuzugeben noch auszudrücken, nicht nur gegenüber anderen, sondern auch gegenüber uns selbst. Es begann schon in unserer Kindheit: als Kind lernten wir, dass unsere Eltern uns mehr liebten, wenn wir bestimmte Emotionen zeigten und weniger, wenn wir andere ausdrückten. Natürlich basierte dies hauptsächlich auf unserer eigenen Interpretation, aber sie hatte einen großen Einfluss. Aufgrund der Tatsache, dass wir keine Vorstellung davon hatten, wie das Leben ist und wer wir wirklich sind, begannen wir, die Glaubenssätze zu übernehmen, die unsere Eltern uns auferlegten, ob bewusst oder unbewusst.

Folglich begannen wir zu glauben, dass einige Emotionen »negativ« sind und das Ausdrücken dieser dazu führen kann, dass andere uns weniger lieben oder mögen, während das Haben und Ausdrücken positiver Emotionen zu einer größeren Akzeptanz durch andere führt. Welche Emotionen als negativ oder positiv bewertet werden, hängt davon ab, welche Überzeugungen deine Eltern, Großeltern, andere Familienmitglieder, Freunde und Lehrer hatten und natürlich auch von den kulturellen Überzeugungen, die dein Umfeld geschaffen hat, während du aufgewachsen bist. Einige hatten vielleicht die Überzeugung, dass das Ausdrücken bestimmter Emotionen (wie Traurigkeit, Angst, Unsicherheit und so weiter) impliziert, »schwach« zu sein und anderen nicht gezeigt werden sollte. Der Grund dafür war möglicherweise, dass sie die Überzeugung hatten, dass man von anderen leichter angegriffen oder kritisiert werden könnte, wenn man seine schwache Seite zeigt.

Andere wiederum könnten geglaubt haben, dass man nicht zeigen sollte, wie glücklich man mit dem Leben ist und nicht über seine Errungenschaften sprechen sollte, weil dies als arrogant und überheblich hätte gedeutet werden können. Es mag noch weitere Überzeugungen gegeben haben; zum Beispiel war es verboten, über herausfordernde Emotionen zu sprechen, da sie andere belasten und sie denken lassen könnte, dass du nicht in der Lage wärst, dein Leben selbst zu meistern. Kurzum: Es gibt fast so viele verschiedene mögliche Auffassungen darüber, welche Emotionen nicht ausgedrückt werden sollten und nicht akzeptiert werden, wie es Menschen auf dieser Welt gibt. Und das wiederum hängt davon ab, was sie von ihrer Umgebung gelernt haben und mit welchen Mustern sie indoktriniert worden sind. Wir wiederholen alte Muster, die vielleicht notwendig waren, als die Person, von der wir sie übernommen haben, ein Kind war. Da sie aber wahrscheinlich weiterhin nach diesen alten Mustern gelebt hat, ohne sie hinterfragt zu haben, könnte es für sie

schwierig sein, wahrzunehmen, dass es auch andere Verhaltensweisen und Denkweisen gibt.

Da wir früh mit diesen indoktrinierten Mustern konfrontiert
werden und wir nicht den notwendigen höheren Bewusstseinszustand haben, um sie zu hinterfragen und unsere eigenen zu
finden, begannen wir damit, sie zu übernehmen, ohne ihren
Ursprung und ihren Sinn zu hinterfragen. Das Ergebnis ist, dass
wir nicht einmal wissen, wie wir in einem bestimmten Moment
wirklich fühlen, denken oder uns verhalten würden, wenn wir
diese alten Muster nicht hätten; die meisten sind nicht einmal
unsere eigene Schöpfung! Wir sind auch nicht in der Lage, die
Frage zu beantworten: »Wer bin ich?«

Wie du dir vorstellen kannst, lässt sich diese Frage nicht von heute
auf morgen beantworten, es ist ein kontinuierlicher Prozess, in
dem wir Stück für Stück unser wahres Selbst entdecken. Es geht
darum, Schritt für Schritt zu erkennen, welche der Verhaltensweisen, Gefühls- und Denkmuster zu unserem wahren Selbst
gehören und welche von der Gesellschaft, anderen Menschen
oder der Umwelt übernommen wurden. In diesem und in den
folgenden Kapiteln dieses Buches wirst du einen geführten
Prozess einer möglichen Vorgehensweise erhalten, die Anteile,
die nicht zu dir gehören, anzuerkennen, zu verstehen, woher sie
kommen und aus einer höheren Perspektive zu erkennen, warum
diese Muster entstanden sind. Der Schritt, auf einer tieferen
Ebene zu erkennen, welche Gründe zur Bildung dieser Glaubenssätze geführt haben, ist von entscheidender Bedeutung, denn der
Prozess des Verstehens hilft dir bereits, die Muster zu akzeptieren
und folglich wird die Rücktransformation viel leichter sein. Der
Begriff »Retransformation« oder »Transformation« bezeichnet
die Metamorphose von den indoktrinierten Glaubenssätzen und
Mustern zurück in deine eigenen Energien und dein volles Potential als Individuum. Nachdem du die zugrundeliegenden Ursa-

chen verstanden hast, kann die Transformation durchgeführt werden. Zweck dieses Buches ist es, dir einen Weg zu zeigen, mit dem du zu deinem wahren Selbst zurückfinden kannst. Dies geschieht durch Erklärungen, das Teilen von Erfahrungen und Wissen, das Empfehlen konkreter Übungen und das Betonen der Vorteile des Akzeptierens unserer Verletzlichkeit.

Im ersten Kapitel hast du einen Einblick erhalten, wie indoktrinierte Glaubenssätze unser tägliches Leben beeinflussen können, einige Erklärungen, was Verletzlichkeit wirklich ist und ein paar Beispiele, wie wir uns nicht damit verhalten sollten. Das Hauptthema dieses Kapitels ist es, dir einen breiten Überblick über übernommene Verhaltensweisen mit unserer Verletzlichkeit zu geben. Wie zu Beginn dieses Kapitels erwähnt, mussten in der Vergangenheit Methoden gefunden werden, um mit unseren Emotionen umzugehen, die auch heute noch vorherrschen: Erstens, um in die »Masse« zu passen, indem wir die nicht akzeptierten Emotionen nicht ausdrücken. Und zweitens, da einige Emotionen oder emotionale Zustände als Schmerz wahrgenommen werden (zum Beispiel die Traurigkeit, die man empfindet, wenn ein geliebter Mensch stirbt) und niemand natürlich gerne Trauer empfindet, begannen wir Wege zu finden, um nicht zu viel wahrzunehmen oder sogar dieser schmerzhaften Erfahrung zu entkommen. Alle, oder fast alle, dieser Wege führen dazu, dass wir nicht wahrnehmen können, was wir wirklich fühlen, oder was unsere natürliche emotionale Reaktion auf bestimmte Situationen wäre.

Wege, mit Verletzlichkeit umzugehen (aktiv & passiv)

Im Folgenden werde ich Wege aufzeigen, durch die wir weniger emotionalen Schmerz empfinden und mehr »Kontrolle« über unsere Emotionen behalten können, oder wir können sie allgegenwärtig sein lassen, egal wie stark sie sind. Die Entscheidung, weniger von dem gegenwärtigen emotionalen Schmerz wahrzunehmen und die Kontrolle über unsere Emotionen zu behalten, impliziert eine aktive Art und Weise, mit unseren verletzlichen Teilen umzugehen. »Aktiv« zu sein, wird, wie im ersten Kapitel angerissen, als eine männliche Eigenschaft eingestuft, die ich auch gerne als »männliche Energie« bezeichne.

Wie wir wissen, haben Männer und Frauen beides, weibliche und männliche Energie, wir müssen nur entscheiden, in welchem Moment wir welche Art von Energie einsetzen wollen. Da das männliche Verhalten eher auf der Notwendigkeit basiert, etwas zu tun, auf rationalem Denken und auf der Notwendigkeit, einen logischen Grund für das zu finden, was geschieht, ist es oft schwierig, die Emotionen aus dieser Art von Verhalten heraus zu verstehen und wahrzunehmen. Leider wurden viele von mit dem Glaubenssatz indoktriniert, dass alles logisch und verständlich sein müsse und dass es eine rationale Erklärung für alle Dinge gebe. Da Emotionen auf den ersten Blick unlogisch erscheinen können und oft zufällig auftauchen, gibt es kaum eine Chance, ein tiefes, logisches Verständnis für sie zu bekommen, wenn man lediglich den »männlichen Weg« beschreitet. Da einige Menschen jedoch nur diesen Weg gelernt haben, sind sie nicht in der Lage, ihre Emotionen zu akzeptieren. Erstens wegen der Schwierigkeit, sie zu verstehen und zweitens, wegen der Indoktrination und der Abneigung, emotionalen Schmerz zu empfinden.

Die andere Art des Verhaltens in Bezug auf das Wahrnehmen der Emotionen ist, sie allgegenwärtig sein zu lassen und nichts dagegen zu tun. In diesem Fall ist das Verhalten eher passiv und wird als eine Eigenschaft des weiblichen Teils von uns eingestuft. Das weibliche Verhalten basiert eher darauf, zu fühlen, was da ist, es wahrzunehmen und die Emotionen fließen zu lassen. Auf der einen Seite ist das sehr wichtig und kann heilsam sein.

Andererseits kann man durch dieses Verhalten von seinen Emotionen überwältigt werden und es besteht ein hohes Risiko, dass man zu lange in einigen dieser Emotionen feststeckt, ohne eine Lösung zu finden, wie man mit ihnen sein kann oder was man mit ihnen macht. Diese Art von Verhalten wurde einigen von uns auch durch die Gesellschaft und/oder unsere Familienmitglieder indoktriniert. Eines der größten Probleme bei dieser Methode ist, dass sehr oft das »rationale Gehirn« durch intensive Emotionen, die hochkommen, blockiert wird. Das Ergebnis ist, dass wir entweder die Emotionen fühlen, ohne sie zu verstehen, oder wir haben die Möglichkeit, sie rational zu erklären, verlieren aber das Gefühl für sie.

Folglich wird in der Regel entweder die passive oder die aktive Art des Weges genutzt und es ist sehr selten, dass beide zusammen funktionieren, besonders am Anfang. Viele Menschen fühlen ihre Emotionen, tun aber nichts dagegen. Oder sie sind aktiv dabei, indem sie versuchen, sie zu verstehen, aber dann sind sie nicht in der Lage, die echte Emotion zu fühlen. Diese Situation verschlimmert sich, wenn durch den »Nur-Gefühls-Weg« einige negative Glaubenssätze der Gesellschaft oder anderer Menschen verinnerlicht werden können.

Der Grund dafür ist, dass wir in einem Moment, in dem wir zu tief mit unserem emotionalen Teil verbunden sind, besonders wenn wir nicht wirklich wissen, wie wir damit umgehen sollen, anfällig für Indoktrinationen werden und es so leichter ist, sie in unserem Unterbewusstsein »festzuhalten«. Zum Beispiel Glaubenssätze wie: »Du bist so bemitleidenswert, weil du traurig oder verletzt bist«, »Die Person, die diesen Schmerz verursacht hat, sollte sich schämen« oder »Man kann in einer solchen Situation nichts tun, weil das Leben so ist«.

Alternativ könnte man von anderen verurteilt werden, weil man zugelassen hat, dass andere einen verletzen, oder die Umstände, die die Emotionen verursacht haben, werden als schlimmer eingestuft, als sie wirklich sind. Wenn eine Person dies jedes Mal hört, wenn sie sich in einer emotionalen Phase befindet, werden sie miteinander in Verbindung gebracht. Zusammenfassend lässt sich sagen, dass wenn Emotionen hochkommen, es ein automatisches indoktriniertes Denkmuster gibt, das besagt, dass man eine Art »Opfer« ist und keine Macht hat, die Situation zu ändern, oder dass man sich schämen muss, weil man diese negativen Umstände verursacht hat. Es kann zu einem Teufelskreis führen, in dem man ständig von den aufsteigenden Emotionen überwältigt wird und passiv bleibt, da es laut den indoktrinierten Glaubenssätzen keine Lösung für die aktuelle Situation gibt.

Zusammenfassend lässt sich sagen, dass sowohl der aktive als auch der passive Umgang mit Emotionen nicht zu einer tieferen Transformation führen kann, wenn nur einer von beiden genutzt wird.

Im Folgenden werden einige der »negativen« Wege des Umgangs mit unseren verletzlichen Anteilen näher erläutert und ein Überblick mit einigen Beispielen gegeben, um zu verstehen, wie sie in alltäglichen Lebenssituationen angewendet werden.

Später, in den nächsten Kapiteln, wird beschrieben, wie wir die männlichen und weiblichen Wege gemeinsam nutzen können und welche Vorteile es hat, wenn wir sie kombinieren.

Vier Wege, wie wir unsere Emotionen nicht als das wahrnehmen, was sie sind

Der Zweck dieses Überblicks ist erstens, dich wissen zu lassen, dass es mehrere Wege gibt, sich mit deiner Verletzlichkeit »ungünstig« zu verhalten. Das zweite Ziel ist es, dein Verständnis dafür zu verbessern, wie die verschiedenen Wege funktionieren, um dein eigenes Verhalten zu reflektieren und zu erkennen, wo du eine vorteilhaftere Methode anwenden kannst. Und schließlich geht es darum, dir klar zu machen, welche negativen Folgen die verschiedenen Wege auf deinen emotionalen Zustand haben und wie sie dich ständig von deinem wahren Selbst wegführen. Einer der Hauptnachteile der Anwendung einer Methode, die uns nicht erlaubt, unsere Emotionen als das wahrzunehmen, was sie sind, ist, dass wir nie erkennen werden, welche Muster indoktriniert sind und welche unsere wirklichen Reaktionen sind. Das führt dazu, dass wir uns der Möglichkeit entziehen, das Verständnis für uns selbst zu vertiefen und wir verpassen die Chance, uns zu unserem vollen Potential zu transformieren. Die beschriebenen Methoden beziehen sich hauptsächlich auf die Verhaltensmuster eines Teils unserer Verletzlichkeit: unsere Emotionen. In Anbetracht der Tatsache, dass unsere Emotionen einer der größten und intensivsten Teile unserer Verletzlichkeit sind, besonders wenn wir den Prozess beginnen, uns selbst besser kennenzulernen, beziehen sich die meisten Methoden, die von der Gesellschaft geschaffen wurden, um unsere inneren Empfindungen nicht auszudrücken und wahrzunehmen was sie wirklich sind, auf Emotionen.

Trotzdem werden viele von uns manche dieser Methoden auch mit unseren sensiblen Teilen anwenden, da diese ebenfalls sehr intensiv in unserem Körper wahrgenommen werden können und daher als störend, schmerzhaft und inakzeptabel eingestuft werden.

Im Gegensatz dazu werden bei Gefühlen meist andere Methoden eingesetzt, um sie nicht wahrzunehmen, da sie als viel sanftere Empfindungen erlebt werden und eine ganz andere Art von Botschaft zu übermitteln haben.

Durch meinen eigenen Entwicklungsprozess und später durch meine berufliche Erfahrung habe ich viele verschiedene Verhaltensweisen beobachten können, wie andere mit ihren eigenen sensiblen Anteilen und ihren Emotionen sein können.

All diese Verhaltensmuster lassen sich in vier Hauptmethoden zusammenfassen:

- Emotionen zu bekämpfen oder zu unterdrücken
- sie zu ignorieren
- innerlich oder äußerlich vor Emotionen zu fliehen
- sich »tot stellen«, die »Opferrolle einnehmen«.

Diese vorliegende Einteilung wurde vorgenommen, um einen besseren und verständlicheren Überblick über diese Methoden zu geben. Natürlich gibt es viele Möglichkeiten, eine solche Einteilung vorzunehmen. Es hängt von der persönlichen Erfahrung ab, von den Menschen, mit denen man zu tun hat, von der Gesellschaft, in der man lebt, und so weiter. Meiner Erfahrung nach gibt es jedoch diese vier Haupttypen. Es ist wichtig zu wissen, dass es sehr selten ist, dass eine Person nur eine Methode hat, mit Emotionen umzugehen. Es ist eher üblich, dass Menschen eine Kombination von mindestens zwei davon haben. Eine weitere interessante Beobachtung, die ich gemacht habe, ist, dass manche Menschen verschiedene Muster verwenden, je nachdem mit welcher Art von Emotionen sie umgehen müssen, zum Beispiel Wut oder Traurigkeit.

Sie wählen auch unterschiedliche Methoden, je nachdem, mit wem sie interagieren, zum Beispiel mit einem Freund oder mit der Mutter, welchen Lebensbereich es betrifft, etwa Beziehung oder Geschäft, sowie ihren gegenwärtigen emotionalen Zustand und ihre mentale Verfassung. Daher ist es sehr schwierig bis unmöglich, ein Modell zu erstellen, in das jeder hineinpasst, denn jeder verhält sich mit seinen Emotionen auf individuelle Weise. Daher werden wir die vorgestellten Methoden, die eigenen Emotionen und die eigenen sensiblen Teile nicht als das wahrnehmen können, was sie sind, als Beispiel für eine mögliche Klassifizierung.

Die genaue Art und Weise, in der die Methoden durchgeführt werden, kann ganz individuell sein, die Gründe für die Wahl hingegen oft sehr ähnlich. Einer der Hauptgründe ist, dass man nicht mit den real vorhandenen Emotionen konfrontiert werden möchte, da sie Teile unserer Verletzlichkeit symbolisieren, vor deren Wahrnehmung die meisten von uns Angst haben. Dennoch ist der genannte Grund nur der oberflächliche Teil der Erklärung. In den Kapiteln drei und vier werden wir mehr darüber erfahren, warum die meisten von uns Angst davor haben, mit dem konfrontiert zu werden, was hinter den aufkommenden Emotionen und sensiblen Teilen steckt.

Die erste Methode: Mit den Emotionen kämpfen oder sie unterdrücken

Die erste Methode, um vor seinen Emotionen zu »fliehen«, ist, mit ihnen zu »kämpfen« oder sie zu unterdrücken. Das Unterdrücken der Emotionen kann auch als »Herunterdrücken« bezeichnet werden, um sie bewusst nicht zu spüren. Metaphorisch gesprochen fühlt sich ein Teil von dir wütend, traurig, ängstlich oder vielleicht sogar glücklich und möchte dir diesen Zustand mitteilen, aber du entscheidest dich, diesen Teil zu unterdrücken, statt ihm zuzuhören und auf angemessene Weise zu reagieren. Du behandelst einen Teil von dir so, als wäre er wertlos, bedrohlich oder nervig. Dies ist eine der häufigsten Methoden, die wir verwenden, um zu vermeiden, wahrzunehmen, was in uns vorgeht und unsere Aufmerksamkeit auf etwas anderes als die gegenwärtige Emotion zu lenken. Die meisten von uns ziehen es vor, diese Art von Verhalten zu wählen, anstatt auf unsere Emotionen zu schauen, obwohl in Wirklichkeit diese Methode der Emotionsvermeidung mehr körperliches Ungleichgewicht erzeugt, als wenn wir unsere Emotionen einfach durch unseren Körper fließen lassen und sie bewusst wahrnehmen würden.

Abgesehen von dem geschaffenen körperlichen Ungleichgewicht, von dem einige der Symptome eine leichte Blockade unseres rationalen Denkens und ein messbar höheres Maß an Reizbarkeit verursachen können, gibt es weitere negative »Nebenwirkungen« der Unterdrückung unserer Emotionen. Einer der bemerkenswertesten ist das verringerte Energieniveau: Dies geschieht, weil die Energie, die in den unterdrückten Emotionen gespeichert ist, aktuell nicht mehr verfügbar ist. Doch trotz des vorübergehenden Verlustes unserer Lebensenergie und der dadurch entstehenden körperlichen Ungleichgewichte nutzen einige von uns diese Methode weiterhin, um mit ihren Emotionen umzugehen. Warum ist das so? Und, in welchen Situationen verwenden wir diese Methode?

Betrachte das fiktive Szenario, in dem du von deiner Firma gefeuert wurdest. Du hast wirklich gerne für das Unternehmen gearbeitet, hast gar die Hälfte deines Lebens dort verbracht. Der Grund für deinen Rauswurf klingt herzlos: Wirtschaftliche Gründe, die Folge einer Umstrukturierung. Mögliche Reaktionen in einer solchen Situation wären Unverständnis, Wut, Schmerz oder Traurigkeit. Es kann sein, dass du diese Emotionen eine Zeit lang akzeptieren kannst, aber nach einiger Zeit sagst du vielleicht: »Das Leben geht weiter!« und du beginnst, dich nach einem neuen Job umzusehen. Es ist nichts Falsches daran, das zu tun und dich von einem solchen Ereignis nicht runterziehen zu lassen.

Wenn jedoch Emotionen aufgrund einer bestimmten Situation aufkommen, steckt meist etwas dahinter und könnte eine tiefere Botschaft für dich sein. In diesem Fall würde es sich lohnen, herauszufinden, wie du emotional auf die Tatsache reagierst, dass die Firma dich gefeuert hat und welcher Aspekt daran diese Emotionen hat aufkommen lassen. Mit dem Verdrängungsweg machst du einfach weiter und verdrängst die Emotionen, die durch diese Umstände hervorgerufen wurden und beginnst sogar, so zu tun, als wären sie gar nicht erst da gewesen. Anders ausgedrückt: Du verhältst dich so, als ob die Emotionen, die entstanden sind, nur in dieser vergangenen Situation eine Bedeutung hatten, dass sie nur durch dieses Ereignis verursacht wurden und nichts mit dir als Individuum zu tun haben. Es ist, als ob du glaubst, dass das Sprichwort »aus den Augen, aus dem Sinn« auf einen solchen Vorfall angewendet werden könnte, welcher an sich schon eine emotionale Reaktion hervorrufen kann.

Wie bereits im ersten Kapitel beschrieben, haben Emotionen immer etwas mit uns zu tun: mit unserer Einstellung, unserer Veranlagung und unserem aktuellen emotionalen und mentalen Zustand. In den folgenden Kapiteln wird aufgezeigt, wie deine Emotionen die Macht haben, Lebensumstände anzuziehen, und was die tiefere Bedeutung dahinter sein könnte. Wenn du deine Emotionen, die durch jede Situation verursacht werden können, tiefgründig analysierst, anstatt sie zu unterdrücken, würdest du einerseits den »unangenehmen« emotionalen Schmerz spüren. Auf der anderen Seite würdest du so viel mehr über dich selbst erfahren und darüber, welche Art von »Fingerabdrücken«

einige vergangene Ereignisse in deinem Leben verursacht haben könnten. Und dann hättest du die Möglichkeit, sie zu akzeptieren und sie in das zu transformieren, was du wirklich bist, anstatt weiterhin nach diesen alten Programmen zu leben.

Das eigene Herz verschließen, um nicht wieder verletzt zu werden

Abgesehen von dem gegebenen Beispiel der Unterdrückung der eigenen Emotionen im geschäftlichen Bereich, kann etwas Ähnliches sehr oft in Beziehungen passieren: das eigene Herz zu verschließen, um von einer bestimmten Person nicht mehr verletzt zu werden. Das kann zwischen Familienmitgliedern, mit Freunden, aber auch mit Partnern passieren. Zum Beispiel, wenn deine Eltern dich regelmäßig kritisiert haben und du dich dadurch weniger wert gefühlt hast, kann Traurigkeit und Wut ihnen gegenüber aufsteigen.

Dann hast du eines Tages entschieden, dass du diese Emotionen nicht mehr haben willst, also hast du begonnen, sie zu unterdrücken. In der Zeit der Unterdrückung schaffst du eine Distanz zwischen dir und deinen verletzten Teilen. Da die Außenwelt unsere innere Welt spiegelt, besonders in Bezug auf unsere Beziehung zu uns selbst, können wir eine emotionale Distanz zu unseren Eltern wahrnehmen. Doch die Geschichte hört hier nicht auf: Weil wir in der wichtigen Beziehung zu unseren Eltern den Weg der Unterdrückung unserer Emotionen gewählt haben und deshalb mehr Distanz zu uns selbst empfinden, ist es sehr wahrscheinlich, dass wir in zukünftigen Beziehungen die gleiche »Methode« wählen, vor allem in denen, die uns nahestehen, nämlich denen mit einem Partner. Stell dir vor, du bist in einer Beziehung und ziehst mit dem Partner zusammen. Ihr seid beide begeistert von der Idee, zusammenzuleben und euer Leben miteinander zu teilen.

Einige Monate später wirfst du zufällig einen Blick auf das Handy des Partners und siehst Nachrichten von jemandem, den du als potentiellen Rivalen wahrnimmst. Da dein neuronales System diese Situation als Gefahr wahrnimmt, wird dein rationales Gehirn blockiert, denn laut dem »Überlebenssystem« ist eine schnelle Reaktion nötig. Das größte Problem in dieser Situation sind deine unterdrückten Emotionen aus der Kindheit. Da sie nicht verstanden und transformiert wurden, stecken sie immer in deinem energetischen System fest und werden sich, neben anderen Emotionen, in Situationen zeigen, die emotional der Situation ähnlich sind, die sie zum ersten Mal hervorgerufen hat. In dieser Situation ist also dein rationales Gehirn blockiert und »alte Emotionen« wie Wut, Traurigkeit und das Gefühl, wertlos zu sein, kommen hoch. Da du die Welt aus emotionaler Sicht wahrnimmst, so, als wärst du noch ein Kind und hättest keine Macht über deine Emotionen, verhältst du dich impulsiv und reagierst auf die Situation aus deinen gespeicherten Emotionen heraus. Was denkst du, wäre die wahrscheinlichste Reaktion in dieser Situation?

Ein mögliches Ergebnis könnte sein, alle Nachrichten zu lesen und vielleicht sogar die letzte Nachricht zu beantworten, um den Rivalen abzuschrecken, und dann mit deinem Partner so zu tun, als wäre nichts passiert. Alternativ könnte eine andere mögliche Reaktion sein, wütend auf deinen Partner zu werden und vielleicht das Gefühl wahrzunehmen, wertlos und traurig zu sein und einige deiner Emotionen herauszulassen. Da jedoch deine »alten Emotionen«, mit ihrem eigentlichen Ursprung in deiner Kindheit, dieselbe Realität erschaffen, die du zuvor erlebt hast und du nicht in der Lage bist, den wahren Grund für deinen Schmerz bewusst zu identifizieren, werden die wahrgenommenen Empfindungen mit deinem Partner in Verbindung gebracht, weil du glaubst, dass dein Partner die Ursache dafür ist. Folglich ist es sehr wahrscheinlich, dass du ihn für deinen gegenwärtigen emotionalen Zustand verantwortlich machen würdest.

Auf diese Weise beginnst du, dein Herz vor deinem Partner und der Außenwelt zu verschließen und folgst der Idee, dass du dich selbst davor bewahrst, weiter verletzt zu werden. Es mag einige Diskussionen darüber geben oder auch nicht, aber eigentlich ändern sie deine Emotionen gegenüber dieser Situation nicht wirklich, denn es sind die alten, unterdrückten Emotionen aus der Vergangenheit, die wieder reaktiviert wurden. Um sie nicht mehr zu fühlen, wurde die gleiche Methode wie in der Vergangenheit angewendet: Unterdrückung. Infolgedessen könnte es schwieriger, ja sogar unmöglich sein, diesen Zustand der emotionalen Nähe wieder zu erreichen. Wenn das Paar zusammenbleibt, könnte es für jeden sehr schwierig sein, ihre Herzen wieder füreinander zu öffnen, ohne ein tiefes Verständnis für den Prozess zu haben, der hinter der Reaktion stand.

Wenn die Beziehung endet, könnte es eine hohe Wahrscheinlichkeit geben, dass man aufgrund der Auswirkungen solcher
und ähnlicher Situationen in der Vergangenheit Schwierigkeiten
hat, sein Herz wieder für einen neuen Partner zu öffnen.

Alles beschönigen

Eine weitere Verhaltensweise ist, alles zu beschönigen. Das
Leben besteht aus Traurigkeit, Wut, Angst und Unbehagen, aber
auch aus Freude, Glück und dem Gefühl, sich wohl zu fühlen.
Manchmal gibt es Phasen, in denen größere Herausforderungen
auftreten. In diesen Zeiten können die vorherrschenden
Emotionen Traurigkeit, Angst und Unruhe sein. Daneben gibt es
aber auch Phasen, in denen sich die Dinge positiver entwickeln
und wir einen gehobeneren emotionalen Zustand erleben. Es
gibt Momente, in denen in der äußeren Welt alles in Ordnung
zu sein scheint, aber unsere Emotionen im Inneren eher herausfordernd sind. Mit anderen Worten: Es gibt kein vorhersehbares
Muster, wie wir uns in Zukunft fühlen werden und es gibt
noch weniger Garantie, dass jede Emotion immer positiv sein
wird. Während meiner Arbeit mit Menschen und dank meines
eigenen Entwicklungsprozesses konnte ich die Mechanismen
und Gründe für das Beschönigen beobachten und tiefgreifend
verstehen.

Es ist wieder einmal ein Prozess, der durch das vorangegangene
Bestreben, Emotionen in positiv und negativ einzuteilen, beeinflusst wurde. Zusammen mit einigen anderen Überzeugungen
wurde das Verhalten gewählt, die »negativen« zu unterdrücken
und nur die Positiven zu leben. Der Unterschied zwischen dem
zuvor genannten Verhalten ist, dass wir wirklich den Eindruck
haben, dass es keine negativen Emotionen gibt, im Vergleich zu
dem davor, wo wir wissen, dass etwas Herausforderndes passiert
ist, aber wir unterdrücken die Emotionen bewusst. Menschen,

die sich dafür entscheiden, alles zu beschönigen, scheinen immer glücklich zu sein, zumindest auf einer oberflächlichen Ebene. Natürlich ist es auf der einen Seite von Vorteil, herausfordernde Emotionen und Situationen nicht überzubewerten und aus einer Mücke keinen Elefanten zu machen. Andererseits aber, wenn eine Person die Dinge und Emotionen nur oberflächlich betrachtet und versucht, nur einen bestimmten Teil ihres Lebens zu leben, während sie die anderen Teile unterdrückt, werden als Ergebnis dieses Verhaltens immer mehr nicht akzeptierte Emotionen unterdrückt. Folglich werden tagtäglich mehr Emotionen und damit mehr Lebensenergie unter den Deckel gedrückt und der Zugang zu ihnen wird immer schwieriger.

Das Problem dabei ist, dass erstens weniger Lebensenergie zur Verfügung steht und man sich daher müder fühlt und/oder mehr äußere Reize braucht, wie zum Beispiel Reisen, laute Musik, immer beschäftigt sein müssen, Energydrinks, Kaffee, Alkohol und so weiter, um seinen »positiven« Zustand zu erreichen. Dies geschieht, weil man einen großen Teil von sich selbst unterdrückt und somit von seinem Bewusstsein »abschneidet«. Folglich blockieren die gespeicherten Emotionen den Energiefluss im Körper und verschlechtern die tiefe Verbindung zu sich selbst. Eine Folge davon ist, dass weniger innere Freude erzeugt werden kann und man abhängig von äußeren Reizen wird.

Zweitens, wenn sich dieser Prozess fortsetzt und immer mehr Teile »abgeschnitten« werden, sind weniger »Teile von sich selbst« in unserem Bewusstsein und so beginnt man, seine Emotionen oberflächlicher wahrzunehmen und von Tag zu Tag mehr Distanz zu sich selbst zu schaffen. Nach einiger Zeit kann man sich innerlich tot fühlen. Oder, wenn der Unterdrückungsmechanismus für einen Moment aufhört zu funktionieren und alle gespeicherten Emotionen auf einmal hochkommen, kann es zu einem überwältigenden emotionalen Zusammenbruch kommen. Letzterer könnte zumindest als »Weckruf« verstanden werden und du könntest von der Gelegenheit profitieren, die unterdrückten Emotionen zu integrieren.

Wie kommt es zu Wutausbrüchen?

Ein Wutausbruch resultiert aus der Unterdrückung von Emotionen. Wir haben ihnen vorher nicht den nötigen Raum gegeben, nicht die Aufmerksamkeit, die sie gebraucht hätten. Das klassische Beispiel ist eine Person, die stets mit allem einverstanden ist, die anderen gefallen will und immer gerne »ja« sagt. Sie legt viel Wert darauf, was andere von ihr denken. Sie kümmert sich um alles und jeden – nur nicht um sich selbst. Jede aufkommende Emotion wird im ersten Moment ignoriert und aufgrund der fehlenden Bereitschaft, sie genauer zu betrachten, in einem zweiten Schritt unterdrückt. Wenn sich diese Verhaltensmuster fortsetzen und immer mehr Emotionen unterdrückt und im energetischen System gespeichert werden, steigt die innere Spannung. Hinzu kommt ein höherer Energiebedarf: »Verlust« durch den Akt der ständigen Unterdrückung der gespeicherten Emotionen. Eine Folge all dieser Faktoren ist ein erhöhtes Maß an Reizbarkeit verbunden mit einer Abnahme der verfügbaren Lebensenergie.

Wenn es nun jemand schafft, diese Person wirklich wütend zu machen, oder etwas wirklich Verheerendes passiert, gibt es keine energetischen Ressourcen mehr, um die gespeicherten Emotionen zu unterdrücken und damit zu kontrollieren. Ein Wutausbruch ist dann fast unvermeidlich. Ein mögliches Verhalten, das zu einem solchen emotionalen Ausbruch führen kann, ist das zuvor beschriebene Verhalten, sich immer um andere zu kümmern und ständig darauf fokussiert zu sein, was andere brauchen, anstatt auf das zu hören, was man selbst in einem bestimmten Moment braucht.

Je länger man sich auf diese Weise verhält, desto mehr Emotionen werden gespeichert. Infolgedessen sind mehr energetische Ressourcen notwendig, um die gespeicherten Emotionen zu unterdrücken und so steigt die Wahrscheinlichkeit für einen emotionalen Ausbruch. Das größte Problem an einem solchen Verhaltensmuster ist, dass man sich nicht mit der Hauptursache für dieses Verhalten konfrontieren möchte. Man zieht es in der Regel vor, in solchen Lebensumständen weiterzuleben und vielleicht sogar Wege zu finden, wie diese Ausbrüche kontrolliert oder vermieden werden können. In diesem Moment wird das eigene Leben von den Emotionen diktiert, die man vermeiden möchte, anstatt sein volles Potenzial zu leben. Auch wenn der Moment eines Ausbruchs nicht sehr angenehm ist, ist es absolut notwendig, den Emotionen Raum zu geben und die Energie fließen zu lassen, zumindest für diesen Moment. Wenn man alles tut, um es zu vermeiden, werden sich die Emotionen noch mehr im Körper festsetzen und es wird immer weniger Energiefluss geben, was wiederum zu weniger verfügbarer Lebensenergie und sogar zu körperlichen Krankheiten führen kann. Kurzum: Wenn Emotionen aufsteigen wollen, ist es ratsam, sie aufsteigen zu lassen und sich um sie zu kümmern, anstatt sie herunterzudrücken. In den folgenden Kapiteln werden mögliche Wege eines angemessenen Umgangs mit ihnen besprochen.

Eine weitere Erklärung für emotionale Ausbrüche kann in Emotionen liegen, die in der eigenen Kindheit gespeichert wurden und durch Situationen aus der Gegenwart immer wieder ausgelöst werden. Betrachten wir das Beispiel eines kleinen Jungen, der beobachtete, wie sein Vater regelmäßig für einige Monate wegging, um im Ausland zu arbeiten. Während dieser Zeit blieb der kleine Junge bei seiner Mutter und seinen jüngeren Geschwistern und konnte so wahrnehmen, wie seine Mutter den Vater vermisste und sich mit der alleinigen Erziehung der Kinder überfordert fühlte.

In diesem Moment entschied sich der kleine Junge dazu, die Mutter zu unterstützen und unterdrückte seine Bedürfnisse. Tief in sich drin wollte er umsorgt und von beiden Elternteilen gemeinsam erzogen werden; aber das ging nicht. Er empfand viel Wut auf seinen Vater, weil dieser die Familie verlassen hatte, wenn auch für einen Zeitraum von einigen Monaten und aus einem sehr nachvollziehbaren Grund. Der rationale und logische Verstand ist bei einem Kind jedoch noch nicht so weit entwickelt, daher wird seine Realität von der Gefühlswelt geschaffen. Die Emotionen der Wut und Traurigkeit waren in der herausfordernden Lebenssituation des Alleingelassenwerdens sehr dominant; dies hat das innere System als die »ultimative Realität« aufgezeichnet. Da der Junge jedoch in seiner Kindheit nicht in der Lage war, sich um seine Emotionen zu kümmern, hatte er keine andere Wahl als sie zu unterdrücken. Metaphorisch gesprochen, lehnte er einen bedürftigen Teil von sich in einer schwierigen Situation ab, um die Situation zu »managen'« indem er das Verhalten ausführte, das er in diesem Moment als notwendig erachtete.

Wie viele von uns haben das früher getan und wie viele von uns tun das immer noch? Wie oft in unserem Leben haben wir es vorgezogen, einen Teil von uns aufgrund unserer äußeren Lebensumstände abzulehnen, anstatt uns um unsere verletzlichen Teile zu kümmern und eine bestimmte Situation aus der Kraft der Verbundenheit mit uns selbst zu bewältigen? Wenn wir ehrlich sind, werden viele zugeben müssen, dass wir noch immer Teile von uns ablehnen, alte indoktrinierte Muster, die wir von unseren Vorfahren übernommen haben. Diese wiederum übernahmen sie von ihren Vorfahren – und so weiter.

In der Vergangenheit wurde die äußere Welt als »wichtiger« wahrgenommen als unsere innere Welt: Die Menschen passten sich immer dem an, was außerhalb von ihnen geschah, anstatt zu beginnen, ihr Leben proaktiv danach zu gestalten, was sie sich aus der Tiefe ihres Herzens wünschten. Infolgedessen lehnten sie mehr und mehr Teile von sich selbst ab und lebten immer weniger das Leben, das sie wirklich wollten. Eine der Folgen dieses Verhaltens war, dass mit der Zeit eine steigende Menge untransformierter Emotionen gespeichert wurde und die Wahrnehmung der äußeren Welt durch diese unterdrückten Anteile verzerrt wurde.

In diesem Moment begannen die Menschen sich selbst als unfähig, ihre äußeren Lebensumstände zu ändern, wahrzunehmen, oder sie hatten regelmäßige emotionale Ausbrüche und zeigten ein aggressives Verhalten. Das resultierende Verhalten war entweder passiv, indem man sich selbst als hilflos wahrnahm, oder aktiv, aber fast niemand erkannte, dass man einen Blick in sich selbst werfen kann, um die Emotionen zu transformieren und sich wieder mit sich selbst zu verbinden.

Ich möchte nicht sagen, dass die Menschen in den letzten Jahrhunderten ihr Leben nicht gestaltet und verbessert haben. Natürlich hatten sie Wünsche und Bedürfnisse, die sie erfüllen wollten. Das Auffällige an der Art und Weise, wie sie sich ihre Bedürfnisse erfüllten, war jedoch, dass sie immer versuchten, sie zu erfüllen, indem sie etwas in der äußeren Welt erreichten: Ein Haus bauen, etwas kaufen, Land erobern. Die Grundüberzeugung, auf der dieses Verhalten basierte, ist, dass die innere Befriedigung von den äußeren Lebensumständen abhängig ist. Und das wiederum macht uns von der äußeren Welt abhängig, anstatt den Glauben und die tiefe Überzeugung zu haben, dass wir unser eigenes Leben proaktiv gestalten können, indem wir uns um unsere innere Welt kümmern und sie in unser volles Potenzial verwandeln.

Basierend auf diesem Potenzial haben wir mehr Macht, das Leben zu erschaffen, das wir uns wünschen, weil alle unsere Energieressourcen verfügbar sind, anstatt in Form von unterdrückten Emotionen gespeichert zu sein.

Zurück zu der Geschichte des kleinen Jungen. Wie bereits erwähnt, hat er in seiner Kindheit einige seiner Emotionen unterdrückt und gespeichert, die er im Moment ihres Auftauchens nicht transformieren konnte. Später, als Erwachsener, erlebte er ständig Wutausbrüche, die kaum zu kontrollieren waren. Bei der Arbeit drückte er seine Wut eher mit einer schroffen Art gegenüber den Menschen aus, die ihn wütend gemacht hatten, als mit einer erhobenen Stimme. Zu Hause bei seinen Kindern und seiner Partnerin war der Ausdruck der Wut jedoch viel intensiver und seine Kinder lernten bald, dass es für sie besser war, aus der Situation zu flüchten, wenn er wütend war. Zu der Intensität der emotionalen Reaktion kam auch noch die Zeit, die er brauchte, um sich wieder zu beruhigen. Das Schlimmste an all dem war, dass für die folgenden Tage eine spürbare emotionale Mauer zwischen ihm und seinen Familienmitgliedern, die den Ausbruch ausgelöst hatten, bestand, da er sich danach unfähig fühlte, mit ihnen zu sprechen.

Als wir begannen, zusammen zu arbeiten und die Verbindungen zwischen seinen gegenwärtigen Ausbrüchen und seiner Kindheit zu analysieren, wurde sehr deutlich, dass es eine riesige Menge an gespeicherten Emotionen gab, die immer wieder durch Situationen ausgelöst wurden, die der Situation in seiner Kindheit ähnelten, nämlich der Wahrnehmung, abgelehnt zu werden. Als wir die alten Emotionen durcharbeiteten, sie verstanden, akzeptierten und transformierten, nahmen die Wutausbrüche ab. Darüber hinaus mussten wir auch auf der mentalen Ebene arbeiten und bestimmte Assoziationen transformieren, die in seiner Kindheit entstanden sind. Als Kind ist unser rationaler

Verstand noch nicht so weit entwickelt wie als Erwachsener und wir fangen an, Überzeugungen zu bilden, die auf unserem emotionalen Zustand zu dieser Zeit beruhen. Als also sein Vater für einige Monate wegging, um regelmäßig im Ausland zu arbeiten, litt der kleine Junge und vermisste ihn. Als er in diesem unerträglichen emotionalen Zustand allein gelassen wurde, entwickelte er den Gedanken, dass sein Vater ihn nicht genug liebte, um bei ihm und der Familie zu bleiben; er nahm es persönlich. Da diese Überzeugung tief in den unterdrückten Emotionen gespeichert war, wurde sie zu einem Auslöser, der sie aufsteigen ließ. Daher stiegen die gespeicherten Emotionen sehr schnell in Situationen auf, in denen er wahrnahm, dass sich Menschen »gegen ihn persönlich« verhielten. Das größte Problem an dieser Assoziation war, dass er die Dinge oft viel persönlicher nahm, als es die Situationen verlangten, weil so viele Emotionen gespeichert waren und damit auch so viel energetische Last, mit der Überzeugung, dass die Menschen Dinge gegen ihn tun. Als energetische Ladung wird die Menge an Energie bezeichnet, die in Form von Emotionen gespeichert ist. Da unsere Emotionen eine Art von Energie sind, die transformiert, gespeichert oder genutzt werden kann, um eine Aktivität auszuführen, ist es eine Tatsache, dass je mehr Emotionen gespeichert sind, desto größer ist die energetische Ladung, die in ihnen gespeichert ist. Und je größer die energetische Ladung in Form von gespeicherten Emotionen und Überzeugungen ist, desto größer ist der Einfluss, den sie auf unsere Wahrnehmung haben.

Zusammenfassend lässt sich sagen, dass es bei einem emotionalen Ausbruch nicht ratsam ist, zu versuchen, diesen zu kontrollieren, denn die Menge der gespeicherten Emotionen wird immer einen Weg finden, sich ins Bewusstsein zu erheben. Dies wird entweder auf eine »sanfte Art« geschehen, wenn wir ihnen erlauben, in unser Bewusstsein aufzusteigen, oder auf eine unkontrollierte und unangenehme Art, wenn wir versuchen, sie zu unterdrücken. In beiden Szenarien ist es notwendig, die gespeicherten Emotionen zu betrachten und zu transformieren, damit wir die unterdrückten Anteile integrieren können und wieder Zugang zu unserer eigenen Energie haben. Darüber hinaus sollte auch die mentale Ebene in Betracht gezogen werden, da dort einige alte, angewöhnte Überzeugungen gespeichert sein könnten. Und wenn das der Fall ist, ist es wichtig, sie loszulassen, indem wir sie anerkennen, hinterfragen, ob sie wirklich wahr sind oder ob sie nur aus unseren vergangenen Erfahrungen stammen und sie dann in ihre reine Energie umwandeln.

Wie sich Emotionen verhalten und warum es nicht ratsam ist, sie zu unterdrücken

Um unser Verständnis und Bewusstsein darüber zu erhöhen, wie Emotionen im Zusammenhang mit ihrer Unterdrückung funktionieren, wird im Folgenden erklärt, wie sie sich »verhalten«, sowie die Nachteile der Unterdrückungs-Methode.

Verletzlichkeit und Emotionen sind wie kleine Kinder: Sie möchten Aufmerksamkeit und dass ihnen zugehört wird, brauchen jemanden, der sich um sie kümmert. Sie wollen so akzeptiert werden, wie sie sind, um sich gut zu fühlen und ihr volles Potential zu leben. Sie brauchen Zuwendung, wenn sie glücklich und freudig sind, genauso wie wenn sie traurig, wütend oder melancholisch sind. Wenn wir das, was unsere Emotionen in jedem Moment brauchen, mit dem vergleichen, was wir ihnen geben, können wir feststellen, dass es nicht empfehlenswert ist, sie zu unterdrücken. Die meisten Menschen begrüßen lediglich positive Emotionen und schenken ihnen Aufmerksamkeit, wenn sie vorhanden sind, manche suchen sogar nach Aktivitäten, um sie häufiger wahrzunehmen, was völlig normal und menschlich ist. Die Kehrseite dieses Verhaltens ist, dass die negativen Emotionen nicht willkommen sind, wenn sie auftauchen und wir sie nicht wahrnehmen wollen, also unterdrücken wir sie. Die Art und Weise, wie wir unsere Emotionen herunterdrücken, führt einerseits dazu, dass wir sie und den damit verbundenen Schmerz in uns selbst nicht bewusst wahrnehmen können, während wir andererseits, wenn wir die Ansammlung von gespeicherten Emotionen in unserem Körper erhöhen, Vitalität verlieren, was sich gar in körperlichen Krankheiten manifestieren kann.

Darüber hinaus können wir viel von unserer Lebensenergie verlieren: Da Emotionen natürlich in unser Bewusstsein aufsteigen wollen, brauchen wir Energie, um sie ständig zu unterdrücken. Zweitens, da unsere unterdrückten Emotionen auch eine Form von Energie sind, die sich im gegenwärtigen Moment im energetischen Zustand von Ärger, Traurigkeit oder Groll befinden, haben wir keinen Zugang zu dieser Energie für unseren Alltag. Einer der größten Nebeneffekte der oben genannten Nachteile ist, dass wir die aufsteigenden Emotionen nur unterdrücken können, sofern wir genug Energie für sie haben. In einem niedrigeren energetischen Zustand, wie zum Beispiel wenn wir nach der Arbeit müde oder gestresst sind, stehen uns jedoch weniger Ressourcen zur Verfügung, um die Emotionen »herunterzudrücken«. Infolgedessen werden sie die Aufmerksamkeit auf sich ziehen, indem sie in unser Bewusstsein aufsteigen. Das kann auch durch einen scheinbar unprovozierten emotionalen Ausbruch geschehen, was häufig in ungünstigen Momenten geschieht, wie zum Beispiel in einem Meeting oder an anderen öffentlichen Orten. Wir sehen wieder, dass wir das Verhalten von Emotionen mit dem von kleinen Kindern vergleichen können; sie geben nicht so schnell auf und suchen den besten Moment, um gesehen und gehört zu werden und probieren es deshalb in Momenten, in denen wir weniger Energie haben.

Wenn dieser Prozess des ständigen Unterdrückens von immer mehr unserer Emotionen weitergeht, je mehr unsere Energie erstens in Form von Emotionen und zweitens in Form von Energie, die wir brauchen, um sie zu unterdrücken, gespeichert wird, kann das im schlimmsten Fall zu einer Depression führen. Wenn wir uns das Wort Depression anschauen, können wir sehen, dass es den Begriff »drücken« (engl. pressure, to press) in sich trägt, was darauf hindeutet, dass etwas heruntergedrückt wird. Die Unterdrückung von Emotionen wie Wut, Traurigkeit oder Melancholie führt nicht nur zu einer geringeren Amplitude im Ausdruck dieser Emotionen, sondern auch zu einem verminderten Ausdruck von Glück und Freude. Der Grund dafür ist, dass wir, metaphorisch gesprochen, Teile von uns selbst »abschneiden«, weil wir sie nicht akzeptieren und ihnen nicht zuhören wollen und infolgedessen werden wir weniger lebendig, weil uns weniger unserer Energieressourcen zur Verfügung stehen.

Eine weitere Konsequenz dieses Verhaltens ist, dass wir, je mehr wir den emotionalen Teil von uns selbst ablehnen und unsere Emotionen daran hindern, auf natürliche Weise durch unseren Körper zu fließen, höchstwahrscheinlich mehr auf den rationalen Teil unseres Wesens umschalten werden. Da wir rationaler sind, ist es wahrscheinlicher, dass wir Strategien entwickeln, um unsere Emotionen zu rationalisieren und Ausreden zu finden, um sie nicht fließen zu lassen. Wir leben mehr oder sogar nur den »männlichen Teil« von uns und weigern uns, den »weiblichen Teil« zu leben, der für das Wahrnehmen und Fühlen der Emotionen verantwortlich ist. Metaphorisch gesprochen schneiden wir einen großen Teil unserer eigenen Energie ab, einen Teil unseres vollen Potentials.

Abschließend lässt sich sagen, dass diese Art des Umgangs mit unseren verletzlichen Teilen eine Menge Energie kostet. Am

Anfang werden wir diesen Energieverlust nicht sehr deutlich wahrnehmen, aber mit der Zeit wird er uns immer bewusster werden. Außerdem führt dies zu negativen körperlichen Nebenwirkungen, wie Bluthochdruck, Haltungsschäden und Verdauungsproblemen, da die Emotionen im Körper gespeichert werden und somit eine körperliche Reaktion beeinflussen können. All das passiert, nur weil wir unsere verletzliche Seite nicht akzeptieren und nicht verstehen (wollen).

Emotionen ignorieren

Die zweite Methode, die wir anwenden, damit wir nicht wirklich fühlen und wahrnehmen, was in uns vorgeht, ist, unsere Emotionen zu ignorieren, auch wenn sie ganz klar die Aufmerksamkeit auf sich ziehen wollen. Der Hauptunterschied zwischen dem Unterdrücken und dem Ignorieren von Emotionen ist, dass wir sie nicht bewusst spüren, wenn wir sie unterdrücken. Wenn wir sie jedoch »nur« ignorieren, wissen wir, dass sie da sind und wir fühlen sie, aber wir schenken ihnen keine Aufmerksamkeit und kümmern uns auch nicht in angemessener Weise um sie.

Wie bereits erwähnt, wenn wir den »Weg der Unterdrückung« nutzen, werden die Emotionen in der Regel bewusst unterdrückt und werden daher in unserem Körper gespeichert. Außerdem brauchen sie Energie, um unterdrückt zu werden und sie können in Momenten auftauchen, in denen wir müde sind oder uns weniger energetische Ressourcen zur Verfügung stehen. Wenn wir bestimmte Emotionen unterdrücken, ist das Hauptziel, sie nicht bewusst zu fühlen, weil wir nicht wollen, dass sie da sind. Der Grund könnte darin liegen, dass sie von der Gesellschaft oder in unserem Umfeld nicht positiv wahrgenommen werden, wir nicht wissen, was wir mit ihnen anfangen sollen und/oder wir sie als Störung unserer täglichen Aktivitäten wahrnehmen und uns dafür entscheiden, ohne sie zu sein. Im

Gegensatz zum aktiven Unterdrücken von Emotionen und der bewussten Entscheidung, dass wir sie nicht fühlen wollen, steht die »Methode des Ignorierens« unserer gegenwärtigen Emotionen. Verglichen mit dem Weg der Unterdrückung, kann dies als passiver Umgang ihnen gegenüber beschrieben werden. Unseren emotionalen Empfindungen keine Aufmerksamkeit zu schenken passiert normalerweise bei Emotionen wie Traurigkeit, Melancholie, Unzufriedenheit, Frustration und dem Gefühl, von einer Gruppe von Menschen ausgeschlossen zu sein. Es ist sehr selten, Emotionen wie Wut, Groll oder Angst ignorieren zu können, da diese Emotionen normalerweise als dominanter wahrgenommen werden und daher mehr Aufmerksamkeit auf sich ziehen. Kurz gesagt, das passive Verhalten, unsere verletzlichen Anteile zu ignorieren, ist wahrscheinlicher bei Emotionen, die als passiv wahrgenommen werden können und uns herunterziehen, wie zum Beispiel Traurigkeit, als bei Emotionen, die aktiver sind und uns normalerweise zu einer Reaktion anregen, wie etwa Wut.

Menschen, die ihre Emotionen ignorieren, sagen oft Sätze wie »Ich habe mich lange Zeit ziemlich frustriert gefühlt, aber ich habe mich daran gewöhnt, da es zum Normalzustand geworden ist.«

Oder aber, sie sagen: »Das Leben ist hart. Du kannst nichts dagegen tun, außer es zu akzeptieren!«

Ein dritter Spruch, der oft von Menschen gesagt wird, die ihre verletzlichen Anteile nicht akzeptieren wollen, ist: »Du musst stark sein, um zu überleben; du darfst deine Schwachstellen nicht zeigen!«

Diese Art des Denkens kann sich in verschiedenen Bereichen des Lebens zeigen. Wenn zum Beispiel in einer Beziehung schon lange eine große emotionale Distanz besteht, wird die Situation passiv hingenommen, auch wenn zumindest ein Partner bewusst den Wunsch nach mehr Intimität verspürt.

In einer solchen Situation kann man versuchen, Ausreden zu finden wie: »Es ist normal, dass die Nähe nach so langer gemeinsamer Zeit abnimmt", oder «Wir werden alt, deshalb spüren wir weniger Aufregung füreinander und es gibt weniger körperliche Anziehung«. Das Gleiche kann bei der Arbeit passieren, wenn zum Beispiel der Chef zu anspruchs-voll ist, die Arbeitszeiten schrecklich sind oder man vom Team ausgeschlossen wird. »Es ist zu viel Arbeit und ich muss unbezahlte Überstunden machen. Ich bin ständig müde, aber ich muss nur noch zehn Jahre dort arbeiten, bevor ich in Rente gehen kann, also habe ich keine Wahl ...«

All diese Sätze implizieren, dass die Situation passiv akzeptiert wird, wie sie ist, unabhängig davon, was die Person tatsächlich fühlen mag. Es kann auch gezeigt werden, dass die Menschen wissen, dass sie sich in diesen Situationen nicht wohlfühlen, aber sie ignorieren ihr Empfinden einfach, um mit dem Schritt zu halten, was sie als ihre Pflichten des Lebens wahrnehmen. Metaphorisch gesprochen ist das Ignorieren dieser Emotionen, die du wahrnimmst, wie das Ignorieren eines Kindes, das traurig oder frustriert ist. Du weißt, dass es da ist und du weißt, wie es sich anfühlt, aber du machst mit deinen Aktivitäten weiter, als ob alles in Ordnung wäre. Anhand dieses Beispiels kann man davon ausgehen, dass das frustrierte Kind weder unseren emotionalen Zustand noch unsere energetischen Ressourcen noch die Art und Weise, wie wir unsere täglichen Aktivitäten ausführen, beeinflusst, denn auf den ersten Blick sieht es so aus, als ob es etwas ist, das von uns getrennt ist. Wenn wir es jedoch genauer betrachten, erkennen wir, dass das Kind ein sehr wich-tiger Teil von uns ist und wesentlich für unser Wohlbefinden ist.

Folglich, auch wenn wir den Eindruck haben, dass das Ignorieren des frustrierten Kindes uns überhaupt nicht beeinträchtigt, hat es in Wirklichkeit einen großen Einfluss auf uns. Es ist so, als ob ein Teil von uns zum Beispiel frustriert und bedürftig ist und der andere Teil in der Lage ist, alles auf normale Weise zu erledigen. Wenn wir jedoch bedenken, dass erstens ein Teil von uns nicht an dem teilnimmt, was wir tun, und zweitens ein Teil unserer energetischen Ressourcen unbewusst den Teil von uns wahrnimmt, den wir bewusst ignoriert haben: Es steht weniger Energie zur Verfügung und viele unserer kognitiven Ressourcen sind durch die gegenwärtigen Emotionen belegt.

Ein weiterer wichtiger Punkt ist, dass durch das Ignorieren des bedürftigen oder traurigen Teils von uns, der emotional in uns präsent ist, jede Situation in unserem Leben, jede andere Emotion, die wir wahrnehmen, jede Person, auf die wir treffen und jede Aufgabe, die wir ausführen, mit der Emotion behaftet ist, die wir ignorieren. Wir können den Einfluss dieser ignorierten Emotion damit vergleichen, als ob wir immer eine farbige Brille tragen würden, durch die wir die Welt wahrnehmen.

Kurz gesagt: Alles, was wir fühlen, ist nicht frei oder wird von dem verletzlichen Teil eingefangen, der wahrgenommen, verstanden und akzeptiert werden will. Unsere Emotionen und unsere sanften und sensiblen Teile auf diese Weise zu behandeln macht uns schwach, nicht stark – und geht gegen alle Glaubenssätze und Indoktrinationen, die die Menschheit in den letzten Jahrhunderten aufgebaut hat.

Unsere Emotionen zu ignorieren ist wie aufgeben

Unsere Emotionen gibt es aus einem bestimmten Grund: Sie wollen uns etwas über uns selbst sagen, uns verstehen lassen, wie die äußere Situation mit unserer inneren Welt zusammenhängt und sie wollen gesehen und transformiert werden, damit wir wieder unser wahres Selbst werden. Wenn wir jetzt eine Lebenssituation erleben, die uns ständig traurig oder melancholisch macht und wir die aufsteigenden Emotionen ständig ignorieren, ist es so, als würden wir uns selbst ignorieren, weil wir nicht auf das hören, was unsere innere Welt uns zu sagen versucht. Es ist, als hätten wir die Hoffnung aufgegeben, dass es eine Möglichkeit geben könnte, die gegenwärtige, unangenehme Situation zu ändern und so haben wir den Eindruck, dass wir in diesen Lebensumständen »bleiben müssen«. Auch wenn es Lebenssituationen gibt, an denen man zumindest temporär nichts ändern kann, so gibt es zumindest immer die Möglichkeit, sich um unsere Emotionen zu kümmern, um uns daran zu erinnern, dass uns unser Wohlbefinden wichtig ist.

Ignorieren wir, was in uns vorgeht und vermeiden auf das zu hören, was uns unsere Emotionen sagen wollen, ist es, als würden wir aufgeben. Außerdem lassen wir die äußeren Umstände und/oder unsere vergangenen Erfahrungen, die unsere gespeicherten Emotionen hervorgebracht haben, unser Leben führen, anstatt es selbst in die Hand zu nehmen.

Sei ehrlich zu dir selbst: Wie oft hast du Dinge gesagt wie: »So ist das Leben, ich kann es nicht ändern.«, oder »Meine Beziehung ist über die Jahre »schlechter« geworden, ich fühle mich nicht mehr zufrieden, aber es ist normal, dass ich nach einigen Jahren mehr emotionale Distanz und weniger Intimität habe. Ich kann nichts dagegen tun, außer es so zu akzeptieren, wie es ist.« Oder im Arbeitskontext: »Man muss immer verfügbar sein und Überstunden machen, um wertgeschätzt zu werden. Damit fühle ich mich nicht wohl, aber ich muss mich an diese Bedingungen anpassen.« Solche und ähnliche Sätze habe ich vor dem Beginn meiner Transformationsphase gesagt, weil ich damals davon überzeugt war, dass ich keine Kontrolle über die Lebensumstände habe, die ich anziehe, und somit keine Ahnung hatte, dass ich in Wirklichkeit der Schöpfer meines eigenen Lebens bin. Anders ausgedrückt, ich hatte mich dem ergeben, was in meiner äußeren Welt geschah und meine Macht aufgegeben, das Leben zu erschaffen, das ich mir wünschte. Gleichzeitig wusste ich genau, wie ich mich fühlte, was in mir vorging und dass ich absolut unzufrieden mit meinem Leben und mit mir selbst war. Dennoch ignorierte ich all diese Empfindungen und Wahrnehmungen und machte weiter, als wäre nichts geschehen. Heute blicke ich auf diese Zeit zurück und bin in der Lage zu verstehen, welche Faktoren zu diesem kapitulierenden Verhalten geführt hatten und warum ich so viel Zeit damit verbrachte, meinen unzufriedenen inneren Zustand passiv zu beobachten. Dank der Tatsache, dass ich den Prozess des Ignorierens und Aufgebens selbst durchlaufen habe, fällt es mir leichter, empathisch zu sein mit Menschen, die sich in der gleichen Situation befinden. Mehr noch, durch die Tatsache, dass ich es geschafft habe, diese »passive Phase« zu überwinden, ist ein Verständnis aus einer höheren Perspektive erreicht worden und daher kann dies besser und authentischer an die Menschen weitergegeben werden, die durch ähnliche innere Umstände gehen.

Während der Arbeit mit meinen Klienten stellte ich fest, dass viele Menschen das Verhalten zeigen, ihre Emotionen und sensiblen Anteile zu ignorieren und sich ihren äußeren Lebensumständen zu ergeben. Es ist sehr häufig, dass ich ähnliche Sätze wie die oben genannten von den meisten meiner Klienten höre, wenn wir anfangen zusammen zu arbeiten. Viele Menschen kommen zu mir, weil sie unglücklich mit ihrer Beziehung oder mit ihrer Situation auf der Arbeit sind. Allerdings waren sie meist schon mehrere Jahre in diesen unangenehmen Lebensumständen, bevor sie endlich verstanden haben, dass etwas geändert werden muss. Anders ausgedrückt, sie haben sich selbst, sowie ihren tiefen Wunsch nach einem glücklichen und befriedigenden Leben, zumindest in diesem bestimmten Lebensbereich für einige Zeit aufgegeben, bis sie erkannten, dass sie so nicht mehr weitermachen können und den Mut fanden, proaktiv eine Veränderung zu schaffen. Bitte beachte, dass viele Menschen zwar einen oder zwei Bereiche ihres Lebens haben, in denen sie sich zutiefst unzufrieden fühlen, wie zum Beispiel mit ihrer Beziehung, ihrer Gesundheit, ihrem Geld, ihrem Job, die anderen Lebensbereiche sind jedoch oft recht ruhig, ausgeglichen und sogar zufriedenstellend. Die wirkliche Herausforderung ist, wenn mehr als zwei Lebensbereiche unzufrieden werden, und das passiert meist, wenn man sich nicht um sich selbst und/oder sein Leben gekümmert hat. Spätestens dann ist es an der Zeit, die inneren und äußeren Botschaften nicht mehr zu ignorieren und sein Leben selbst in die Hand zu nehmen.

Zusammenfassend lässt sich sagen, dass das Ignorieren der eigenen Emotionen und sensiblen Anteile, vor allem über einen längeren Zeitraum, einem Aufgeben und einer Kapitulation vor den äußeren Lebensumständen gleichkommt, anstatt sich proaktiv um sich selbst zu kümmern und seine unbefriedigten inneren Empfindungen auf eine angemessene Weise zu transformieren.

Der Eindruck, dass wir immer glücklich sein müssen

Eine andere Art von Verhalten, die auf diejenigen zutrifft, die die Methode des Ignorierens der eigenen Emotionen anwenden, ist der Eindruck, dass man die ganze Zeit glücklich sein muss, weil man eine liebevolle Familie hat oder einen gesunden Lebensstil und so weiter, auch wenn man sich traurig, deprimiert oder ängstlich fühlt. Es ist nichts falsch daran, das zu schätzen, was man hat, doch wieder einmal werden die gegenwärtigen Emotionen ignoriert und beiseitegeschoben. Auf diese Weise wird es immer schwieriger, Freude über die positiven Dinge im Leben zu empfinden, da die negativen Emotionen wie Traurigkeit und Wut immer mehr zunehmen und überwiegen, und das nur, weil man sie sozusagen »sammelt«, statt sie zu transformieren. Folglich wird es immer schwieriger, tiefes Glück zu empfinden, da die »Brille« der ignorierten Emotionen den Blick auf die Welt verdunkelt und die Verbindung zu seinem tieferen Selbst behindert. Außerdem wird viel Energie dafür verwendet, die aufkommende Traurigkeit oder Angst ständig auszublenden, um sich auf die Emotionen zu konzentrieren, von denen man denkt, dass man sie haben sollte. Einer der Gründe für dieses Verhalten könnte sein, dass es einem nicht erlaubt war, Traurigkeit oder Angst zu zeigen, weil stattdessen das Zeigen von Dankbarkeit eine gesellschaftlich anerkannte Qualität ist. Wenn man also eine schöne Familie, gute Gesundheit und einen guten Job hat, muss man dankbar und glücklich darüber sein. Wenn nicht, könnte man von anderen eher negativ angesehen werden. Als Folge dieser Indoktrination kann man sich schuldig fühlen, wenn man solche Emotionen hat und sie noch mehr verstecken will. Mögliche Verhaltensweisen in einer solchen Situation könnten sein, dass man nur weint, wenn man allein ist und versucht, mit einem »Pokerface« durch den Tag zu kommen, damit niemand den wahren emotionalen Zustand entdeckt. Auf diese Weise beginnt ein Doppelleben: In einem Teil fühlt man sich traurig, deprimiert oder ängstlich und möchte diesen Teil niemandem zeigen, während man im anderen Teil vorgibt, glücklich und dankbar für die Dinge zu sein, die man in seinem Leben hat. Eine der Folgen eines solchen Verhaltens ist, dass man sich nie ganz oder vollständig fühlt, da es einen riesigen Teil von einem selbst gibt, den man nicht akzeptiert und somit eine riesige emotionale Distanz sowohl in sich selbst als auch zwischen sich und anderen wahrgenommen werden kann. Kurz gesagt, man schafft die emotionale Distanz selbst, weil man, buchstäblich gesprochen, eine Distanz zu seinen Emotionen geschaffen hat. Und wenn es eine Distanz zu den eigenen Emotionen gibt, ist es sehr schwierig, sich wirklich erfüllt und anderen emotional nah zu fühlen.

In einem solchen Fall ist es also erstens sehr wichtig zu erkennen, dass es alte indoktrinierte Muster gibt, die dieses Verhalten verursachen und zweitens die Notwendigkeit zu erkennen, diese zu hinterfragen. Wenn du dir Fragen stellst wie die folgenden: »Darf man nicht traurig oder wütend sein, wenn man eine liebe Familie und/oder einen guten Job hat? Was ist der Grund dafür, dass man sich schuldig fühlt, wenn man seinen Emotionen freien Lauf lässt?«, kann es sein, dass dein Verstand erkennt, dass diese Überzeugungen nicht ›logisch‹ sind. Es kann jedoch sein, dass ein Teil deines emotionalen Systems immer noch glaubt, dass sie wahr sind. Wenn dies der Fall ist, ist die Indoktrination tief verwurzelt und schwieriger zu ändern. Dennoch gibt es effektive Transformations-Methoden, um sich wieder mit den eigenen Emotionen zu verbinden, sie zu akzeptieren und herauszufinden, warum sie da sind. Dabei ist es absolut notwendig, die wertvollen Dinge im Leben zu schätzen. Es ist wichtig, beide Seiten des Lebens zu sehen und beide zu umarmen.

Im Grunde genommen nimmt das Ignorieren der gegenwärtigen Emotionen einen Großteil unserer kognitiven Ressourcen in Anspruch, es führt dazu, dass wir nur einen Teil unserer möglichen Kapazität nutzen und somit nicht in der Lage sind, unser volles Potenzial zu leben. Darüber hinaus wird unsere Wahrnehmung dessen, was in der äußeren Welt und inneren »Welt« geschieht, getrübt, was sich auch auf unsere Denkweise (da der Denkprozess stark vom emotionalen System beeinflusst wird) und infolgedessen auf unsere Entscheidungen auswirkt. Folglich sind wir nie wirklich frei in dem, was wir tun, und sind uns dessen vielleicht nicht einmal bewusst. Außerdem gibt es die ignorierten Emotionen aus einem bestimmten Grund: Sie teilen uns mit, wie ein Teil von uns *wirklich* fühlt, damit wir uns selbst besser verstehen und kennenlernen können.

Zusätzlich haben sie die Absicht, uns anzuregen, uns um sie zu kümmern, damit wir uns ausgeglichener fühlen und diesen Teil integrieren können. Aus diesen Punkten lässt sich schließen, dass wir uns durch das Ignorieren der gegenwärtigen Emotionen des Potenzials berauben, die notwendigen Transformationen durchführen zu können, um mehr unser wahres Selbst zu sein.

Innerlich oder äußerlich vor Emotionen fliehen

Nachdem wir einen passiven Weg beschrieben und nähergebracht haben, wie wir unsere eigenen Emotionen nicht akzeptieren, gehen wir nun zu einem aktiveren Weg über. Die Anwendung dieser Methode verhindert, dass wir unsere Emotionen als das wahrnehmen, was sie sind: die Methode, innerlich und/oder äußerlich vor ihnen zu »fliehen«. Als erstes werde ich beschreiben, was eine äußere/innere Flucht vor den eigenen Emotionen ist und warum so viele von uns das tun. Zweitens wird der Unterschied zwischen der inneren und äußeren »Flucht« erklärt und als dritter Punkt werden die Nachteile dieses Weges aufgezeigt und mit den ersten beiden zuvor beschriebenen Wegen verglichen.

Wie das Wort »Flucht« oder »fliehen« schon andeutet, ist das Hauptverhalten, das wir in Bezug auf die gegenwärtigen Emotionen an den Tag legen, das, was wir tun müssen, um von ihnen wegzukommen. Es gibt verschiedene Verhaltensweisen, die darauf hinweisen können, dass eine Person nach außen hin vor ihren Emotionen flüchtet, wie zum Beispiel zu viel Alkohol zu trinken, zu viel zu arbeiten, immer beschäftigt zu sein oder sich exzessiv sexuell auszuleben. Verhaltensweisen, wie sich selbst und/oder andere bewusst oder auch unbewusst zu beschuldigen, die aktuelle Emotion zu vermeiden und mental eine andere zu erschaffen, wirken als Indikatoren für eine innere Flucht vor den eigenen Emotionen. Anhand dieser Beispiele kann man erkennen, dass man mit dieser Methode aktiv vor seinen eigenen verletzlichen Anteilen in andere äußere Aktivitäten flieht oder sich innerlich auf etwas anderes als die eigentliche innere Emotion ausrichtet.

Wie bereits erwähnt, nutzen Menschen normalerweise mehr als einen dieser Wege; welcher genutzt wird, hängt von verschiedenen Faktoren ab, wie zum Beispiel der Familienstruktur, der Persönlichkeit, der Umgebung, der Art der Emotion, der Situation, in der sich die Person befindet – und so weiter. Manche Menschen halten sich ständig »beschäftigt«, zum Beispiel indem sie sich ihr Leben von der Arbeit diktieren lassen, immer Zeit mit anderen Menschen verbringen müssen (um nicht alleine zu sein) oder exzessiv Sport treiben oder andere Hobbys ausüben. Andere Menschen sind hingegen in der Lage, ihre Emotionen nur unter der Woche oder sogar nur tagsüber »unter Kontrolle« zu halten, was auf die Nutzung des Weges der Verdrängung/Unterdrückung hinweisen würde. Abends nach der Arbeit oder am Wochenende sind sie müde davon, ihre Emotionen zu unterdrücken und haben das Bedürfnis, sie herauszulassen, vielleicht auf eine positive Art und Weise, die darin bestehen könnte, darüber zu sprechen, die Emotionen zu akzeptieren, sich zu entspannen oder sie einfach wahrzunehmen und zu verstehen. Alternativ gibt es Menschen, die versuchen, ihnen zu entkommen, indem sie exzessiv Alkohol trinken, Drogen nehmen oder ein exzessives Verhalten in Bezug auf sexuelle Aktivitäten, sportliche Aktivitäten oder Glücksspiel haben. Diese Beispiele zeigen einmal mehr, dass die inneren Emotionen und sensiblen Anteile immer wieder versuchen, die Chance zu bekommen, wahrgenommen zu werden und ihre Botschaft zu überbringen. Noch einmal, metaphorisch gesprochen, können wir dies mit einem kleinen Kind vergleichen, das unseren inneren emotionalen Zustand repräsentiert, der uns immer wieder sagen will, was los ist, um uns dazu zu bringen, auf angemessene Weise zu reagieren. Auf diese Weise versuchen wir, uns zu beschäftigen, indem wir immer irgendeine Aktivität ausüben, aber da das kleine innere Kind bedürftig und hartnäckig ist, wird es niemals aufgeben. Deshalb, unabhängig davon, was wir tun, um den inneren Emotionen zu entkommen, werden sie so oder so ihren Weg finden. Manchmal ist sogar der Weg, zu viel zu arbeiten oder ein anderes Verhalten exzessiv zu praktizieren, ein Weg, die Emotionen von zum Beispiel Wut oder Frustration auszudrücken. Das Problem an dieser Art des Ausdrucks ist, dass der bedürftige Teil weder verstanden noch akzeptiert wird, man reagiert stattdessen nur aus der Energie heraus, die von den gespeicherten Emotionen kommt. Allerdings wird ein Teil der Energie in eine übertriebene Aktivität gelenkt, so dass sich die aufgestaute innere Spannung, wenn auch nur für einen kurzen Moment, lösen kann und ein momentaner Eindruck von mehr »innerem Frieden« entstehen kann.

Generell sollte jedes übertrieben ausgelebte Verhalten kritisch bewertet werden: Der Grund dafür ist, dass es ein Indikator für eine äußere Flucht vor deinen Emotionen sein könnte. Zum Beispiel ist eine sogenannte ›psychische Krankheit‹, wie eine Sucht (die in der Regel nur ein Symptom eines inneren emotionalen Ungleichgewichts ist), nur eine Art des intensiven Ausdrucks einiger deiner Emotionen, oder eine andere Art einer inneren Bedürftigkeit, vor der man durch ein solches Verhalten flieht. Deshalb würde ich dir empfehlen, die Augen offen zu halten, um dir bewusst zu machen, was du tust und auf welche Weise du es tust, und zu analysieren, ob du es nur tust, weil es angenehm ist oder ob es eine Flucht vor deinen verletzlichen Teilen ist. Bei der Beantwortung dieser Frage ist es von entscheidender Bedeutung, dass du *ehrlich* zu dir selbst bist.

Eine wahre Geschichte über die Anwendung der Methode der Flucht vor den eigenen Emotionen

Um den letzten Punkt zu veranschaulichen, möchte ich dir ein Beispiel geben, das auf einer wahren Begebenheit beruht. Eine Situation in der Kindheit führte zu einem Verhalten, das auf den ersten Blick harmlos erscheint, aber wenn man genauer hinsieht, kann man die wahre Ursache erkennen. Betrachte das Beispiel eines jungen Mädchens, das in ihrer Familiensituation nicht sehr glücklich ist, weil ihre Mutter und ihr Vater sich ständig streiten. Deshalb kümmern sie sich nicht so sehr um sie, wie sie es braucht, und zusätzlich muss sie sich um ihre kleine Schwester kümmern, die viel zarter ist als sie selbst. Das junge Mädchen muss viele Dinge alleine machen, wie zum Beispiel alleine in den Kindergarten gehen oder ihre Schwester in die Kindertagesstätte begleiten. Während der Zeit, als sie in die Grundschule ging, musste sie sogar Alkohol für ihren Vater kaufen, denn er war Alkoholiker und gab ihr extra Taschengeld, wenn sie es für ihn kaufte. Da alles, was sie von ihrem Vater wollte, Anerkennung war, und da sie das Geld brauchte, um Bücher für die Schule zu kaufen, tat sie es. Ein weiterer herausfordernder Aspekt lag in der Launenhaftigkeit ihrer Mutter; ihr emotionaler Zustand konnte sich von einer Sekunde zur anderen ändern. Wenn sie zum Beispiel von der Arbeit nach Hause kam, war sie sehr glücklich und umarmte jeden, der zu Hause war, aber wenn sie sah, dass die Küche nicht perfekt aufgeräumt war, fing sie plötzlich an zu schreien und jeden dafür verantwortlich zu machen. Das kleine Mädchen musste schnell erwachsen werden, zu schnell, um genau zu sein. Sie wollte überleben und die Erwartungen ihrer Umgebung erfüllen. Daneben hatte sie keine emotional stabile Situation zu Hause: Sie wusste nie, ob ihr Vater betrunken war oder ob und wann sich die Stimmung ihrer Mutter ändern würde. Infolgedessen entschied sie sich, ihre verletzlichen Teile zu unterdrücken, um nicht zu sehr zu leiden. Außerdem begann sie, überall in ihrem Leben nach einer Struktur zu suchen: wenn sie ihre Hausaufgaben machte, wenn sie sich mit Freunden traf, wenn sie ihren Stundenplan für die Schule plante, wenn sie trainierte, ihren Hobbys nachging und so weiter. Da sie zudem von den Menschen zu Hause nicht die nötige Aufmerksamkeit und Anerkennung erhielt, begann sie exzessiv für die Schule zu lernen, um die Aufmerksamkeit der Lehrer und ihrer Mitschüler zu erregen. Auf den ersten Blick mag das Verhalten, »überstrukturiert« zu sein und auf diese Weise für die Schule zu lernen, vorteilhaft erscheinen. Es hat jedoch eine Kehrseite: In Momenten, in denen sich die Dinge unerwartet änderten oder sie nicht die erwartete Note erhielt, änderte sich ihr emotionaler Zustand sofort und viele der verletzten Emotionen kamen hoch. Da sie vor ihren verletzlichen Anteilen flüchtete, die durch das Verhalten ihrer Eltern verletzt waren, und da sie Angst hatte, die Kontrolle über die Situation zu verlieren, weil sie keine Struktur hatten, kamen viele Emotionen in den Momenten auf, in denen sie sich genau mit diesen äußeren Situationen konfrontiert sah. Der Grund für deren Auftauchen war, dass sie den wirklichen Schmerz, der durch solche Situationen verursacht wurde, verstehen musste und dass es ihre Aufgabe war, diese Emotionen zu akzeptieren und für sie zu sorgen.

Da sie zu jung war, um es zu verstehen, und weil es niemanden gab, der ihr sagte, wie sie sich anders verhalten könnte, begann sie, eine neue Realität zu erschaffen, die auf den Emotionen aus ihrer Kindheit basierte. Später, als sie eine junge Erwachsene war, führte der kumulative Effekt ihres Verhaltens dazu, dass sie einen Burn Out hatte und in eine Depression verfiel. Die Gründe dafür stammten aus den Situationen zu Hause, die wiederum zu einem übermäßigen Perfektionismus führten: Bedürfnis nach einer übermäßigen Struktur und dem Bedürfnis, für gute Arbeit anerkannt zu werden, und zu der Überzeugung, dass sie alles selbst machen musste, weil ihr niemand helfen würde.

Wie es also im obigen Beispiel deutlich wird, sind die verwendeten Methoden, um den Emotionen zu entkommen, zum einen, sie zu unterdrücken und zum anderen, vor ihnen zu fliehen. Während der Kindheit dieses kleinen Mädchens war es offensichtlich, dass sie einen Weg finden musste, in dieser herausfordernden Umgebung zu »überleben«, und so benutzte sie die Methode der Unterdrückung, um mit dieser Situation umzugehen, damit sie nicht unter dem Druck zusammenbrach. Darüber hinaus benutzte sie auch die Methode der Flucht vor der Emotion, was bedeutete, dass sie nie wirklich verstand, was ihre Emotionen ihr sagen wollten. Daher wählte sie die Flucht vor der Konfrontation mit ihrer Angst, keine Kontrolle zu haben und vor ihrer Traurigkeit, nicht anerkannt und geliebt zu werden für das, was sie war.

In ihrer oben beschriebenen Familiensituation wäre es für sie überwältigend gewesen, sich dem wirklichen Schmerz ihrer Verletzlichkeit zu stellen, also versuchte sie, mit den gegebenen Herausforderungen so gut wie möglich umzugehen. Einerseits waren ihre emotionalen Zustände so variabel wie die ihrer Mutter und da sie ihre Emotionen nicht immer unterdrücken konnte, gab es Zeiten, in denen sie kleinere emotionale Ausbrüche erlebte. Andererseits fing sie an, vor ihren Emotionen nach außen hin zu flüchten, so wie es ihr Vater getan hatte, indem er Alkohol trank. Sie begann exzessiv zu lernen, und als sie 13 Jahre alt war, begann sie auch zu arbeiten. So versuchte sie immer, mit einem vollen Zeitplan beschäftigt zu sein. Außerdem tat sie alles, um so selten wie möglich zu Hause zu sein, und sie konzentrierte sich darauf, so früh wie möglich von dort auszuziehen.

Glücklicherweise war das Mädchen von Natur aus mit einem starken Willen, Entschlossenheit und einer starken geistigen Kapazität ausgestattet, sonst hätte sie zusammenbrechen oder eine geistige oder körperliche Krankheit bekommen können.

Kurz gesagt, wenn wir diese Familiensituation als unveränderbar betrachten, waren die Methoden der Unterdrückung und Flucht absolut notwendig für sie, um zu überleben.

Stell dir vor, wie anders ihre Situation hätte sein können, wenn ihre Eltern sich um ihre Emotionen gekümmert hätten, bevor sie ihre Kinder bekamen. Wäre dies der Fall gewesen, wäre die Kindheit dieses Mädchens und ihrer Schwester ganz anders verlaufen: Ihre Eltern hätten wahrscheinlich offener über ihre Emotionen gesprochen und hätten sich auf eine angemessenere und fürsorglichere Weise um ihre Kinder kümmern und die Mädchen mehr für das anerkennen können, was sie sind. Natürlich hätte es, wie in vielen Familien, vielleicht einen Streit zwischen den Eltern oder zwischen den Eltern und den Kindern gegeben, aber wenn die Eltern in der Lage gewesen wären, besser mit ihren Emotionen umzugehen, hätten sie die Situation viel adäquater lösen können.

Meiner Meinung nach, und aus meiner persönlichen und beruflichen Erfahrung heraus, ist es essentiell zu lernen, wie man sich um seine eigenen Emotionen kümmert: um seiner selbst willen und um der Menschen in unserem sozialen Umfeld willen, besonders derer, die uns emotional näher stehen, wie Familie, enge Freunde und Partner.

Ich verurteile weder die Art und Weise, wie Menschen ihre eigenen Emotionen nicht wahrnehmen, noch die Menschen selbst. Ich möchte lediglich die Wichtigkeit betonen, sich mit seinen Emotionen zu befassen, um diesen Teufelskreis zu durchbrechen, in welchem man von seinen Emotionen gefangen und kontrolliert wird. Darüber hinaus möchte ich dir bewusst machen, dass wir alle einige emotionale Themen haben und wir alle diese oder jene Methode anwenden, um zu versuchen, irgendwie damit umzugehen.

Es ist mein Ziel, Schritt für Schritt einen Weg des Verstehens unserer Emotionen einzuführen und damit Möglichkeiten zu schaffen, uns selbst besser zu verstehen, unsere verletzlichen Anteile besser zu akzeptieren und sie in ihr volles Potential zu transformieren.

Wie in der wahren Geschichte im obigen Beispiel zu sehen, war die Anwendung sowohl der äußeren Fluchtmethode als auch der Unterdrückungsmethode notwendig, um zu überleben, zumal das Mädchen nicht wusste, wie sie ihre Emotionen in einer bestimmten Situation transformieren konnte. Sie musste mit beiden Methoden leben, der der Unterdrückung und der der Flucht, und dadurch hatte sie sich von ihrem wahren Selbst abgeschnitten, von einer tiefen Empfindung wahrer Freude und von ihrem wahren Potential. Das war so, bis sie ihre frühen Zwanziger erreichte, als all ihr exzessives und unterdrücktes Verhalten darin gipfelte, dass sie ein Burn Out hatte. Zu diesem Zeitpunkt in ihrem Leben erkannte sie endlich, dass sie nicht ein Leben für sich selbst lebte, sondern ein Leben, das ihr von anderen auferlegt wurde. Außerdem erkannte sie, dass sie eigentlich gar nicht lebte, sondern nur funktionierte.

Während der Therapie erkannte sie, dass sie vor ihren verletzlichen Anteilen flüchtete, weil sie nicht akzeptieren wollte, was ihr in ihrer Vergangenheit widerfahren war. In den ersten Monaten ihrer Therapie konnte sie nicht länger als zwei Minuten stillsitzen. Der Grund dafür war, dass, wenn sie still saß, all ihre unterdrückten Emotionen hochkamen und das zusätzlich zu all den negativen, depressiven Gedanken, die ihr in den Kopf kamen. Das ist etwas, was ich ständig beobachte und von meinen Klienten höre, wenn wir anfangen, zusammen zu arbeiten. Ein Satz, den ich von so vielen Menschen gehört habe, ist: »Immer, wenn ich in der Stille sitze und nichts tue, kommen all meine Sorgen, negativen Gedanken und Emotionen wie Traurigkeit oder Angst hoch. Deshalb möchte ich lieber beschäftigt sein und immer etwas tun.« Ich sage das jetzt, weil man dieses Phänomen in unserer westlichen Kultur häufig vorfindet. Wir haben den Eindruck, immer voll beschäftigt sein zu müssen, und wir geben den Momenten des einfachen Seins und Genießens kaum Raum.

Einer der Gründe dafür ist, dass manche Menschen vor ihren Emotionen nach außen in andere Aktivitäten wie Arbeit, Kurse oder Hobbys flüchten, weil sie nicht wissen, wie sie damit umgehen sollen.

Hinzu könnte eine Angst kommen, sich mit den verletzlichen Anteilen zu konfrontieren. Der Weg der Flucht nach außen wird in der westlichen Kultur häufiger genutzt als in der östlichen Kultur. In der westlichen Kultur ist der Burn Out beispielsweise ein mögliches Ergebnis einer übermäßigen Außenflucht in zu viel Arbeit.

Wie du vielleicht bemerkt hast, ist eine der häufigsten psychischen Krankheiten in der westlichen Kultur das Ausbrennen – und die Rate nimmt ständig zu. Die in diesem Kapitel vorgestellten Methoden, mit denen Emotionen inadäquat begegnet werden können, ist demnach ein ernstes Thema, dessen Bedeutung nicht unterschätzt werden sollte.

Der Unterschied zwischen der äußeren und der inneren Flucht

Kommen wir zum nächsten Punkt, bei dem ich den Unterschied zwischen der äußeren und der inneren Flucht klären möchte. Wie bereits erwähnt, hat die äußere Flucht mehr mit »äußeren Verhaltensweisen« zu tun, wie zum Beispiel zu viel Alkohol zu trinken, zu viel zu arbeiten oder ständig beschäftigt zu sein. Wenn wir uns über einen längeren Zeitraum ständig so verhalten, verlieren wir mehr und mehr den Kontakt zu unseren wirklichen Emotionen und zu unserer wirklichen inneren Kraft und unserem Potenzial. Der Grund dafür ist, dass unsere Aufmerksamkeit immer auf etwas anderes gerichtet ist als auf unser inneres Selbst. Es gibt eine wissenschaftlich bewiesene »Regel« über den Zusammenhang zwischen der eigenen Aufmerksamkeit und der eigenen Energie: Unsere Energie geht zu dem, worauf wir unsere Aufmerksamkeit richten. Wenn wir also unsere Aufmerksamkeit nur auf die äußere Welt richten, anstatt uns darauf zu konzentrieren, die Balance zwischen innerer und äußerer Welt zu finden, wird unser wahres inneres Selbst weniger Energie haben und wir können spüren, dass wir weniger vital sind. Es fühlt sich buchstäblich so an, als würden das innere Selbst und die Emotionen verkümmern, weil den äußeren Aktivitäten zu viel Bedeutung beigemessen wird.

Was ich oft beobachte, während ich mit Menschen arbeite, ist, dass sie, wenn sie den Weg der äußeren Flucht vor ihren Emotionen nutzen, nach einiger Zeit das Gefühl bekommen, nicht motiviert zu sein, Dinge zu tun, ihr Leben nicht zu genießen und nur noch zu funktionieren und ihre Aufgaben zu erledigen.

Außerdem sind das Indikatoren für eine mögliche Depression, die gar zu einem Burn-Out führen kann.

Die Art und Weise, sich vor seinen Emotionen nach außen zu flüchten, besteht darin, seine Aufmerksamkeit übermäßig auf die äußere Welt zu richten. Der Grund für diese Art von Verhalten ist wiederum die Flucht vor den eigenen Emotionen, weil man sie nicht als das fühlen will/kann, was sie sind.

Es gibt mehrere Gründe für diesen Mangel an Bereitschaft, die eigenen verletzlichen Anteile wirklich wahrzunehmen, wie in Kapitel eins beschrieben wurde. Zum Beispiel die Angst, von der Gesellschaft und/oder der eigenen Familie nicht akzeptiert zu werden, die Angst, die negative Emotion zu fühlen, weil wir von Natur aus nicht gerne »Schmerz« fühlen oder weil wir nicht wissen, wie wir mit unseren eigenen verletzlichen Teilen umgehen sollen.

Die innere Flucht vor unseren Emotionen

Im Gegensatz dazu hat die innere Flucht mehr mit ›inneren Verhaltensweisen‹ zu tun, wie zum Beispiel vor der wirklichen Emotion, die wir in einer bestimmten Situation fühlen würden, zu ›fliehen‹ und sie in Wut zu verwandeln, oder andere dafür zu beschuldigen, diese Emotion in uns verursacht zu haben. Ein weiteres Verhalten, das auf eine innere Flucht hindeutet, ist, sich selbst zu beschuldigen, etwas falsch gemacht zu haben, wenn es in Wirklichkeit die »Schuld« von jemand anderem ist, oder sich selbst zu sehr zu kritisieren und herunterzumachen.

Wenn du dich selbst und dein Umfeld beobachtest, wie viele Menschen praktizieren eine oder mehrere dieser Verhaltensweisen? Verglichen mit der ›äußeren Flucht‹ ist dieser Weg subtiler, hat aber letztlich mehr oder weniger die gleiche Ursache und das gleiche Ergebnis.

Fliehen von einer Emotion in eine andere

Was ist mit »Fliehen« von einer Emotion in eine andere gemeint? Die meisten Menschen tendieren dazu in die Wut »zu fliehen«. Für manche Menschen ist Wut leichter zu ertragen als jede andere Emotion, wie etwa Angst oder die Wahrnehmung, von anderen abgelehnt zu werden. Während meiner Arbeit mit Menschen habe ich oft beobachtet, dass viele von ihnen auf verschiedene Probleme entweder mit Wut oder Verärgerung reagieren, anstatt die wirkliche Emotion dahinter wahrzunehmen, nämlich emotional verletzt zu sein, und, was normalerweise damit einhergeht, Traurigkeit. Natürlich ist Wut auch eine Emotion, aber viele Menschen können Wut oder Verärgerung leichter akzeptieren als Traurigkeit, Schmerz oder Angst. Warum ist das so? Meiner Erfahrung nach liegt es daran, dass, wenn eine Person wütend oder verärgert ist, die Emotion auf eine Situation, eine Person, eine Institution oder auf sich selbst gerichtet ist. Mit anderen Worten, es gibt ein Objekt oder eine Person, auf die man sich fokussieren kann und dadurch kann es einfacher erscheinen zu wissen, wie man damit umgehen kann.

Wenn du wütend auf jemanden bist, kannst du ihn anschreien oder in einer extremen Situation sogar deine Beziehung zu ihm beenden. Alternativ, wenn du dich zum Beispiel über eine Institution, wie eine Versicherung, aufregst, weil einer ihrer Versicherungsvertreter versucht hat, dir eine unpassende Versicherungspolice zu verkaufen, kannst du einfach die Firma wechseln und die Sache ist erledigt.

In manchen Situationen ist es notwendig, eine Beziehung zu beenden oder die Versicherungsgesellschaft zu wechseln, aber was ich klären möchte, ist, warum sich die Menschen in der Regel nur dafür entscheiden, die äußere Situation zu betrachten, um sie zu ändern, anstatt klar herauszufinden, was der tiefere Grund hinter dieser Änderung ist? Außerdem, wie ich bereits erwähnt habe, ziehen es viele Menschen vor, sich auf die Emotion der Wut zu verlagern, anstatt bei ihrem verletzten, verletzlichen Teil zu bleiben.

Ein Grund dafür ist, dass, wenn man die echte Emotion in einem bestimmten Moment wahrnimmt, man mit einigen Teilen von sich selbst konfrontiert wird, bei denen das Zugeben sie zu haben, unangenehm sein könnte. Wie bereits im ersten Kapitel beschrieben gibt es mehrere Gründe, warum man den Eindruck hat, dass man abgelehnt wird, wenn man eine bestimmte Emotion ausdrückt, entweder von anderen oder von sich selbst. Dies geschieht, weil es in dieser Gesellschaft indoktriniert wurde, dass das Ausdrücken bestimmter Emotionen nicht in einem positiven Licht wahrgenommen wird.

Nehmen wir das Beispiel des Beendens einer Beziehung: Um eine Beziehung mit jemandem zu beenden, in den man vorher verliebt war oder immer noch verliebt ist, muss normalerweise etwas wirklich Schmerzhaftes passiert sein. Vielleicht hat einer der Partner den anderen betrogen und so fühlt sich der Partner extrem verletzt und da er das Gefühl hat, dass es kein Vertrauen mehr gibt, beschließt er, die Beziehung zu beenden. Sehr oft ist die erste Reaktion auf solche Informationen Traurigkeit, Schmerz, Enttäuschung und/oder »Nicht-fassen-können«. Dies wären die eigentlichen Emotionen, die tiefer ins Innere führen würden und damit zu einer tieferen Verbindung mit und einem tieferen Verständnis von sich selbst. Dennoch wollen sich die meisten Menschen in der Regel nicht tiefgreifend mit ihren echten Emotionen verbinden. Sie sind sich in der Regel nicht bewusst, dass dies dazu führen kann, sich selbst besser zu verstehen und ihre aufsteigenden Emotionen tief zu transformieren, so dass sie losgelassen werden können und man die Möglichkeit hat, inneren Frieden gegenüber dieser herausfordernden Situation zu finden. Auch wenn die erste emotionale Reaktion aus den echten Emotionen, nämlich Traurigkeit, Schmerz und Enttäuschung besteht, kann sie sich daher sehr schnell ändern.

Nach einer kurzen Zeit, in der die betrogene Person über die »schrecklichen« Handlungen, die ihr Partner ihr angetan hat, nachgedacht hat und daher auf die Situation und die andere Person fokussiert ist, anstatt sich um ihre Emotionen zu kümmern, erscheint die Emotion der Wut und manchmal sogar des Hasses.

Sobald diese Emotionen da sind, verlagert sich der Fokus von der Wahrnehmung dessen, was man fühlt und seinen verletzlichen Anteilen, darauf, wem man die Schuld für dieses Geschehen gibt und was man tun kann, um zu verhindern, dass eine solche Situation in Zukunft auftritt. Irgendwie ist es menschlich, so instinktiv zu reagieren: In der Tat ist es wichtig, auf diese potentielle Gefahr zu achten, damit sie vermieden werden kann.

Dennoch gibt es noch einen anderen, sehr wichtigen Teil dieser herausfordernden Situation, den man verpassen würde, wenn man nur die äußeren Umstände ändern würde: sich selbst besser kennenzulernen, zu verstehen, was hinter dem Schmerz und der Traurigkeit steckt und sich darum zu kümmern. Im obigen Beispiel könnte es sein, dass die betrogene Person ein geringes Selbstwertgefühl oder mangelndes Selbstvertrauen hatte. Dies kann aus dem Verhalten ihrer Eltern resultiert haben. Zu spüren, dass man nicht würdig ist, ist kein angenehmes Gefühl und da es in der Gesellschaft nicht gut angesehen wird, ziehen es die Menschen meist vor, es zu unterdrücken oder innerlich in eine andere Emotion, wie zum Beispiel Wut, zu »fliehen«. In der oben erwähnten Situation ist die betrogene Person mit genau dieser Emotion konfrontiert und hätte die Chance, sie zu verstehen und sich um sie zu kümmern, wenn sie sich dafür entscheidet. Der tiefere Grund dafür, sich darum zu kümmern, ist, dass man dabei die Chance ergreifen kann, herauszufinden, welcher Glaube oder welche Situation diese speziellen Emotionen erschaffen hat, und zweitens könnte man die Emotion transformieren, indem man ihr das gibt, was sie in dem Moment gebraucht hätte, als sie »erschaffen« wurde. Auf diese Weise könnte die Wahrnehmung, nicht würdig zu sein oder ein geringes Selbstvertrauen zu haben, in ein höheres Selbstwertgefühl mit mehr Selbstvertrauen umgewandelt werden.

Was bei dieser Art der Transformation beachtet werden sollte, ist, dass man zuerst die »verletzte« Emotion akzeptieren und wahrnehmen muss, bevor man sie in die gewünschte Emotion transformieren kann, um das Leben zu erschaffen, das man sich wünscht, anstatt nur die alten indoktrinierten Muster aus der Vergangenheit zu wiederholen. Mit anderen Worten, jede »schmerzhafte« Situation ist eine Chance für uns, uns neu zu erfinden und mehr und mehr zu dem zu werden, was wir wirklich sind. Doch sehr oft wird der Weg der inneren Flucht vor dieser *echten* Emotion gewählt, weil wir Angst haben, unsere verletzten, sensiblen Anteile genauer anzuschauen, die in sich selbst angenommen und in ihr eigenes volles Potential transformiert werden wollen.

Wir reagieren lieber aktiv, statt passiv wahrzunehmen

Der zweite Grund ist, dass es einfacher scheint, aktiv auf eine Situation zu reagieren und etwas in der äußeren Welt zu verändern, als unsere Emotionen als das wahrzunehmen, was sie sind und damit meine ich unsere wahren Emotionen, die in einer bestimmten Situation von innen aufsteigen. Viele von uns haben jedoch keine Ahnung, wie sie sich mit ihnen verhalten sollen. Da wir nicht gelernt haben, sie wahrzunehmen und einfach zu fühlen, was da ist, vor allem in uns, ist es schwierig, diese Emotionen und die verletzlichen Teile, die mit uns sprechen, »auszuhalten«. Darüber hinaus haben die meisten von uns gelernt, Emotionen als negativ oder positiv zu bewerten, was impliziert, dass es Emotionen geben muss, die »willkommener« und akzeptierter sind als andere.

Folglich sind wir für einige Emotionen offener, während wir bei anderen eher dazu neigen, sie abzulehnen. Außerdem haben viele Menschen den Eindruck, dass alle unsere Emotionen durch äußere Kräfte verursacht werden. Das wiederum würde bedeuten, dass unser emotionaler Zustand von dem abhängt, was außerhalb von uns passiert und dass wir emotional in dieser Situation gefangen sind. Diesem Glauben zufolge würden alle unsere emotionalen Reaktionen durch andere Menschen, ihr Verhalten in einer bestimmten Situation sowie durch unsere allgemeine Lebenssituation verursacht werden. Wenn dieser Glaube wahr wäre, würde es scheinen, dass wir wie Marionetten sind und andere die Macht haben, zu entscheiden, wie wir uns fühlen sollen. Angesichts dieser Überzeugungen, die uns von der Gesellschaft und unserem Umfeld auferlegt wurden, haben wir den Eindruck, dass wir aktiv etwas tun müssen, um die äußere Situation zu verändern.

Nach diesen Überzeugungen, da wir denken, dass unsere Emotionen nur durch die äußere Welt verursacht werden, sollte sich auch der innere emotionale Zustand ändern, wenn die äußeren Umstände anders sind. Dies ist jedoch nicht immer der Fall. Wir beginnen, die sogenannten »negativen Emotionen« abzulehnen, da wir gelernt haben, dass sie nicht gut sind und dass es in der Gesellschaft nicht positiv wahrgenommen wird, sie offen auszudrücken. Da wir jede negative Emotion, die wir haben, mit der Person oder der Situation assoziieren, die sie verursacht haben, beginnen wir auch diese abzulehnen. Infolgedessen beurteilen wir unseren inneren emotionalen Zustand und geben der anderen Person oder der Situation die Schuld, die ihn verursacht hat.

Im Wesentlichen ziehen wir es vor, die äußere Situation zu verändern, andere für unsere Emotionen zu beschuldigen, unsere gegenwärtigen Emotionen abzulehnen und manchmal sogar uns selbst zu beschuldigen, etwas »falsch« gemacht zu haben, anstatt einfach wahrzunehmen und zu hören, was hinter den gegenwärtigen realen Emotionen steckt.

Der Glaube, emotional von der äußeren Welt abhängig zu sein

Eine der Hauptursachen für die Anwendung dieser Methode, abgesehen davon, dass wir einige unserer Emotionen nicht als das wahrnehmen wollen, was sie sind, ist das indoktrinierte Glaubenssystem, demzufolge wir den Eindruck haben, emotional von der äußeren Welt abhängig zu sein. In Übereinstimmung mit diesem Glauben sind die Emotionen, die wir erleben, zum größten Teil oder sogar vollständig davon abhängig, was uns passiert und wie andere Menschen uns behandeln. Wenn dieser Glaube wahr wäre, würden unsere Emotionen im Gleichgewicht gehalten werden, wenn sich jemand uns gegenüber freundlich verhält, uns akzeptiert und uns mit Respekt behandelt. Wenn uns jedoch jemand auf eine »negative« Art und Weise behandelt – uns belügt, beleidigt oder sogar eine Freundschaft beendet – dann sollten wir uns nach diesem Glauben traurig, verärgert oder wütend fühlen, da unsere Emotionen nur von anderen Menschen oder äußeren Situationen abhängig sind.

In diesem Fall hätte jeder die Macht zu entscheiden, wie wir uns fühlen. Sie hätten die Fähigkeit, unsere verletzlichen Stellen zu verletzen und sie könnten unsere Stimmung innerhalb kürzester

Zeit verändern. Es impliziert auch, dass wir in einer solchen Situation passive »Akteure« sind und dass wir fast keine Möglichkeit haben, uns davor zu schützen, verletzt zu werden. Da es für viele Menschen eine unangenehme Erfahrung ist, sich selbst als unfähig wahrzunehmen, jegliche Auswirkungen auf ihre Emotionen, die durch äußere Phänomene verursacht werden, zu vermeiden, nutzen sie folglich den Weg der Flucht. Das bereits erwähnte Verhalten des »Verschließens des Herzens«, das ich in erster Linie als eine Art der Unterdrückung der eigenen Emotionen einordnen würde, kann auch in Kombination mit dem Fliehen verwendet werden.

Wenn zum Beispiel eine Person von ihrem Partner verletzt wird und sie diesen Schmerz nicht fühlen will, dann kann sie ihn einfach unterdrücken, indem sie »ihr Herz verschließt«. Erstens fühlt sie den Schmerz nicht mehr und zweitens fängt sie vielleicht an, so zu tun, als würde sie den Partner nicht mehr lieben. Allerdings finden die unterdrückten Emotionen in der Regel einen Weg, um »aufzutauchen«. Daher wäre eine zusätzliche Strategie nötig, um zu vermeiden, sie bewusst wahrzunehmen; wie z.B. von ihnen entweder innerlich oder äußerlich zu ›fliehen‹.

Wenn du dies tust und du in der Lage bist, dich selbst und deine Umgebung zu beobachten, stelle dir die folgende Frage und sei mit deiner Antwort ehrlich zu dir selbst: Glaubst du, dass unsere emotionalen Zustände größtenteils oder sogar vollständig davon abhängig sind, was uns im Außen passiert? Zum Beispiel davon, wie andere Menschen uns behandeln oder von den Lebensumständen, in denen wir leben?

Oder hast du den Eindruck, dass unsere inneren emotionalen Zustände eher davon abhängen, wie wir die Welt wahrnehmen, was wiederum durch unser Bewusstsein und die Akzeptanz unserer Verletzlichkeit reguliert werden kann? Kannst du einige der Arten beobachten, wie du vor deinen Emotionen fliehst, oder einige der Verhaltensweisen, mit denen du dein Herz »verschließt«, während du in der Gegenwart anderer bist, um dich nicht von ihnen verletzen zu lassen?

Zum Beispiel versprechen sich Menschen, die nach einer Trennung von ihrem Partner Liebeskummer haben, dass sie ihr Herz in der nächsten Beziehung nie wieder so öffnen werden wie zuvor. Oder wenn Freunde eine Freundschaft wegen eines Streits beenden, fangen sie an, sich emotional zu verschließen, weil sie ihr Herz nicht für eine Person offen halten wollen, die aus ihrer Sicht etwas falsch gemacht hat.

Diese und andere Verhaltensmuster wirken als Indikatoren für den Glauben, dass andere Menschen die Macht haben, unseren emotionalen Zustand zu verändern.

»Woher kommt dieser Glaube?«, magst du dich fragen. Einerseits ist er wieder einmal von der Gesellschaft und von unserer Umwelt indoktriniert worden, was sich daran zeigt, dass viele Menschen diesen Glauben haben und danach handeln. Auf der anderen Seite waren wir als Kind völlig abhängig von der äußeren Welt.

Wir brauchten unsere Eltern unbedingt zum Überleben und so lernten wir, dass es wichtig war, dass sie da waren, damit wir gefüttert und umsorgt wurden. Außerdem war unser Verständnis der Welt in diesem Alter noch nicht sehr weit entwickelt und wir haben hauptsächlich gefühlt, anstatt über etwas nachzudenken oder zu verstehen, was passiert ist.

Wenn wir also eine emotionale Reaktion oder eine herausfordernde Emotion erlebten, wie zum Beispiel Traurigkeit oder Angst, fühlten wir uns von ihnen völlig überwältigt, weil wir nicht wussten, wie wir damit umgehen sollten. Wir hatten nicht die mentale Kapazität zu verstehen, warum wir auf eine solche emotionale Weise reagierten oder warum andere Menschen auf eine bestimmte Weise fühlten. Infolgedessen war unsere emotionale Reaktion meist eine Reaktion auf das, was in der äußeren Welt geschah, weil wir uns selbst nicht gut genug kannten und auch nicht wussten, wie wir diese Situation erklären sollten.

Außerdem wurde in uns der Glaube geboren, dass wir nichts tun könnten, um unseren emotionalen Zustand zu ändern und dass wir darauf warten müssten, dass die Menschen um uns herum etwas tun oder wir müssten warten und hoffen, dass sich diese problematische Situation von selbst ändern würde.

Als Kind hatten wir nicht die Fähigkeit, uns um uns selbst zu kümmern, unsere Emotionen zu verstehen oder sie zu akzeptieren und als Folge davon begannen wir zu glauben, dass wir emotional von anderen abhängig sein müssten. Obwohl dies vielleicht als Kind wahr war, war es nicht so wahr, als wir ein Teenager waren und ist es auch jetzt nicht, wenn wir ein Erwachsener sind.

Da solche Glaubenssätze jedoch tief in uns gespeichert sind, kann ich mir vorstellen, dass einige von uns noch nie die Möglichkeit in Betracht gezogen haben, sich selbst um die eigenen Emotionen zu kümmern, ohne eine der oben genannten Methoden anzuwenden. Daher kann es sehr schwierig sein, die Einstellung, die wir dazu haben, zu ändern.

Natürlich kann es zu leichten oder intensiven emotionalen Reaktionen auf eine Situation kommen, aber die Frage ist: sind wir unseren Emotionen ausgeliefert, ohne die Möglichkeit zu haben, etwas dagegen zu tun? Oder können wir uns selbst treu bleiben, indem wir wahrnehmen, was unsere verletzlichen

Anteile uns sagen, auch wenn wir nicht akzeptieren wollen, was wir fühlen?

Eine andere Frage ist, ob wir unseren emotionalen Zustand positiv beeinflussen können, so dass wir eine emotionale Stabilität erreichen können, die nicht von der äußeren Welt »niedergeschlagen« werden kann und gleichzeitig mit uns selbst verbunden bleiben?

In den folgenden Abschnitten werde ich dir einige mögliche Wege aufzeigen, mit denen du dich um deine Emotionen kümmern und ein tieferes Verständnis dafür entwickeln kannst, aus welchem Grund wir sie haben.

An dieser Stelle schlage ich vor, dass du anfängst, dein eigenes Verhalten hinsichtlich deiner Emotionen zu beobachten und herauszufinden, welche Überzeugungen du über die Verbindung zwischen Emotionen und der äußeren Welt hast.

Als einer der ersten Schritte, um indoktrinierte Glaubenssätze zu verändern, ist es wichtig, dass du anfängst, sie zu hinterfragen, um zu sehen, ob sie wirklich wahr sind oder ob es andere Möglichkeiten gibt, wie man die Welt wahrnehmen kann.

Wenn wir uns jedoch weiterhin so verhalten, wie wir uns immer verhalten haben, wird sich unsere Wahrnehmung der äußeren Welt nicht ändern, genauso wenig wie die Dinge, die uns passieren.

Mit anderen Worten, anstatt das Leben zu erschaffen, das wir uns wünschen, setzen wir nur den Kreislauf der Wiederholung unserer Vergangenheit immer und immer wieder fort. Wir haben die Wahl: wollen wir weiterhin vor uns selbst fliehen oder wollen wir proaktiv unsere Vergangenheit in eine wünschenswerte Zukunft verwandeln?

Nachteile der Methode des Fliehens nach außen und nach innen

Ein Nachteil ist, dass wir durch diese beschriebene Methode die Erfahrung verpassen, tatsächlich die Macht zu haben, unseren emotionalen Zustand unabhängig von anderen Menschen zu verändern. Das Glaubenssystem, emotional von der äußeren Welt abhängig zu sein, wird aufrechterhalten, solange wir nicht anfangen zu erkennen, dass es auch anders sein könnte und in einem zweiten Schritt beginnen, nach dieser neuen Erkenntnis zu handeln. Hinzu kommt, dass wir, wenn wir so sind, anderen ständig die Macht geben, unseren emotionalen Zustand zu beeinflussen. Selbst wenn wir die hervorgerufenen Emotionen nicht bewusst spüren, veranlasst uns das Verhalten anderer dazu, unser Herz zu verschließen oder uns selbst oder anderen die Schuld zu geben. Beide Aktivitäten, das Beschuldigen und das Verschließen unseres Herzens, sind keine sehr angenehmen Verhaltensweisen und, was noch schlimmer ist, sie trennen uns von uns selbst.

Das Ergebnis ist, dass wir weniger in unserer Kraft sind und vor einigen hervorgerufenen Emotionen fliehen, nur weil eine Person uns versehentlich etwas angetan hat. Selbst wenn eine Person etwas mit Absicht getan hat und uns absichtlich verletzen wollte, aus welchem Grund auch immer, hat das ausgeführte Verhalten und die Absicht dahinter mit der Wahrnehmung dieser Person zu tun, nicht mit uns persönlich.

Erinnere dich daran, dass unser Verhalten, die Art des Denkens und unsere Emotionen immer mit uns persönlich zu tun haben und daher auf unseren vergangenen Erfahrungen und vor allem auf unserer Interpretation dieser Erfahrungen aufbauen. Das Verhalten, das jemand uns gegenüber zeigt, hat mit seiner Inter-pretation von uns und seiner gegenwärtigen Situation, seiner

Vergangenheit und seinem aktuellen emotionalen Zustand zu tun. Wir stellen lediglich den Katalysator für dieses Verhalten dar, weil wir einige alte angenehme oder herausfordernde Reaktionen aus der Vergangenheit hervorrufen. Wenn wir also aufgrund eines bestimmten Verhaltens einer anderen Person mit dem Verschließen unseres Herzens reagieren, sind wir es selbst, die die Entscheidung treffen, uns emotional zu verschließen oder vor unseren Emotionen zu fliehen.

Die Menschen um uns herum verhalten sich einfach auf eine Art und Weise, die sich aus ihren vergangenen indoktrinierten Gewohnheiten und Glaubenssätzen ergeben hat, oder mit ihrer Transformation derselben. Der Punkt ist, dass einige von uns den tiefen Glauben haben, dass andere die Macht haben, unseren emotionalen Zustand zu beeinflussen und dass sie entscheiden können, wie wir uns innerlich fühlen. Es ist so tief in uns verwurzelt, dass wir dies nun automatisch tun, so dass es scheint, dass es keine Möglichkeit gibt, eine andere Strategie zu wählen.

Ein weiterer Nachteil, der Hand in Hand mit diesem ersten geht, ist, dass bei einer ständigen »Flucht« vor den eigenen Emotionen immer mehr Emotionen in unserem Körper gespeichert werden und es dadurch immer mehr gibt, vor denen wir weglaufen müssen. Das kann zu einem Teufelskreis werden. Es gibt gespeicherte Emotionen aus der Kindheit, wie etwa geringes Selbstwertgefühl oder Selbstvertrauen, die wir nicht fühlen oder wahrnehmen wollen, also versuchen wir, vor ihnen innerlich oder äußerlich zu fliehen.

Im Laufe des Lebens kommen zu den gespeicherten Emotionen aus der Kindheit ständig neue emotional herausfordernde Situationen hinzu und auch diese werden sich ansammeln. Folglich wird es immer mehr gespeicherte Emotionen geben, vor denen man fliehen muss, was wiederum ein erhöhtes Bedürfnis erzeugt, innerlich oder äußerlich vor ihnen zu fliehen.

Wenn dieser Teufelskreis nicht gestoppt wird und man nicht erkennt, dass es auch andere Lösungen gibt, dann kann es passieren, dass man am Ende ein Burn Out hat und/oder exzessiv Alkohol trinkt. Oder man ist immer so wütend und gibt sich selbst und/oder anderen die Schuld, dass es zu einer schweren körperlichen oder psychischen Erkrankung führen kann. Und das alles nur, weil man ständig vor sich selbst, vor seiner Vergangenheit und vor seiner Verletzlichkeit davonläuft, die einfach geheilt werden möchten.

Ein letzter, aber sehr wichtiger Nachteil ist, dass wir ständig vor unseren Emotionen davonlaufen und somit genau vor den Dingen, die uns etwas über unsere Wahrnehmung dessen sagen wollen, was wir in der Vergangenheit erlebt haben und die immer noch einen Einfluss auf den gegenwärtigen Moment haben. Infolgedessen trennen wir uns immer mehr von uns selbst, weil wir uns weigern, die Teile von uns zu akzeptieren und zu integrieren, die wir brauchen, um wieder ganz zu werden.

Auch werden wir allmählich spüren, dass wir weniger Vitalität haben, da immer mehr unserer Energie in Form von Emotionen gespeichert wird. Aus diesem Grund ist es sehr wahrscheinlich, dass unsere Lebensqualität abnehmen wird, da ein großer Teil unseres Lebens mit den Aktivitäten zum Fliehen vor unseren Emotionen beschäftigt sein wird.

Meine persönliche Geschichte über die Auswirkungen des Unterdrückens und Fliehens vor meinen Emotionen

Wenn wir uns all diese Nachteile des Fliehens vor unseren wirklichen Emotionen anschauen, anstatt sie wahrzunehmen, zu verstehen und zu akzeptieren, welche Gedanken kommen dann auf? Lohnt es sich wirklich, einen so hohen Preis zu zahlen, weniger Energie zu haben, sein Herz zu verschließen und/ oder ständig mit Aktivitäten der »Emotionsflucht« beschäftigt zu sein? Und, was noch wichtiger ist, ziehen wir es vor, unser ganzes Leben auf der Flucht vor unseren verletzlichen Teilen zu leben, nur damit wir den Schmerz nicht spüren und dadurch nie wirklich erfahren, wer wir wirklich sind? Diese und ähnliche Fragen habe ich mir vor einigen Jahren gestellt, als ich einen schwierigen Moment in meinem Leben durchlebte, in dem ich erkannte, dass ich mein Leben nicht weiter so leben konnte, indem ich meine Emotionen und all meine verletzlichen Teile unterdrückte. Da es riesige Mengen an gespeicherten, unterdrückten Emotionen gab, war ein großer Teil meines Lebens nur darauf ausgerichtet, alles zu tun, um äußerlich und innerlich von ihnen zu fliehen.

Eines Tages, nach einem zweistündigen Wutanfall, der durch einen objektiv unverständlichen Grund ausgelöst worden war, wurde mir klar, dass ich dieses »Leben«, das eigentlich kein Leben mehr war, nicht weiterleben konnte und ich beschloss, etwas zu ändern. In meiner Geschichte brauchte ich mehrere Jahre der Verdrängung, der Ignoranz gegenüber der Schwere meines psychischen und emotionalen Zustandes. Außerdem viele Aktivitäten, zu denen ich mich äußerlich hinreißen ließ, wie etwa exzessive Arbeit, exzessiver Sport und Studium, sowie innerlich dazu, mir und anderen die Schuld zu geben und mich über die banalsten Dinge zu ärgern.

Dieser Zustand erreichte seinen Höhepunkt nach dem Tod meines Vaters, mit dem ich viele persönliche Dinge nie hatte klären können. Das Ergebnis war noch mehr Schmerz und Traurigkeit, aber da ich nie gelernt hatte, mit dieser Art von Emotionen umzugehen, verdrängte ich sie wieder, wurde noch wütender über die kleinsten Dinge und arbeitete viel, nur damit ich nicht fühlen musste, welche Emotionen wirklich da waren.

Eine gute Freundin von mir riet mir, zu einem Psychologen zu gehen, weil sie merkte, dass mein Zustand immer schlimmer wurde. Da ich in meiner Kindheit gelernt hatte, dass ich mich nie auf andere Menschen verlassen konnte und alles selbst machen musste, lehnte ich ihren Rat immer ab und erklärte, dass ich schon immer alles selbst gemacht habe, also werde ich das auch selbst machen. Eines Abends wäre ich mit einem ehemaligen Freund verabredet gewesen, um gemeinsam einen Film zu sehen, aber ein paar Stunden vor unserem Date sagte er ab, weil ein Freund ihn zu einem Konzert eingeladen hatte, um eine seiner Lieblingsbands zu sehen.

Ich war so wütend darüber: meine Emotionen überwältigten meinen Körper und meine Wahrnehmung von allem für etwa zwei Stunden. Ich weinte. Ich habe geschrien, schlug auf einige Möbel ... und konnte einfach nicht all die gespeicherten Emotionen stoppen, die nur wegen dieses kleinen, objektiv unbedeutenden Auslösers hochkamen, aber, wie das Sprichwort sagt, »es war der Tropfen, der das Fass zum Überlaufen brachte«.

Noch am selben Abend schrieb ich eine Nachricht an die Psychologin, die mir meine Freundin empfohlen hatte, um einen Termin zu vereinbaren. Ich hatte endlich verstanden, dass ich so nicht mehr leben konnte. Ich stand am Scheideweg: entweder musste sich etwas ändern oder ich musste dieses Leben, das kein

Leben mehr für mich war, beenden. Glücklicherweise begannen sich die Dinge zu ändern und ich begann, meine Emotionen und mich selbst mehr und mehr zu akzeptieren und zu verstehen.

Die Notwendigkeit, an einem Scheideweg zu stehen, um sich mit seinen Emotionen zu konfrontieren

In meiner Arbeit mit Menschen habe ich ähnliche Situationen beobachtet: Viele Klienten mussten an einem »Scheideweg« in ihrem Leben stehen, um zu erkennen, dass sich ihr Leben ändern musste, da sie so nicht mehr weiterleben konnten. Es ist sehr paradox: Einerseits wollen wir keinen emotionalen Schmerz empfinden, fliehen also wir vor ihm und tun alles, um ihn nicht wahrzunehmen, während wir andererseits eine oder gar eine Reihe schmerzhafter Situationen brauchen, um zu erkennen, dass wir unser Leben endlich in die Hand nehmen sollten.

Welche Umstände brauchen Menschen, um zu erkennen, dass sie, indem sie vor ihren Emotionen fliehen, eigentlich vor sich selbst fliehen? Und, wie viel Zeit ihres Lebens wollen sie ihrer Flucht vor ihren verletzlichen Anteilen widmen? Diese Fragen können nur individuell beantwortet werden, denn meiner Meinung nach ist jeder Mensch anders und daher reagiert auch jeder Mensch anders, je nach den Umständen, in denen er lebt. Auch interpretieren sie ihren emotionalen Zustand nach einem Zusammenspiel von dem, was sie gelehrt bekommen haben, mit ihrer eigenen Veranlagung. Wenn wir jedoch unser Bewusstsein schärfen und mehr darauf achten könnten, wie Menschen sich verhalten und mit ihren Emotionen umgehen, könnten wir beginnen einander zu helfen, denn in manchen Fällen brauchen Menschen einfach jemanden, der wahrnehmen kann, wie sie sich wirklich fühlen. Das kann ihnen helfen zu erkennen, dass sich etwas ändern muss und dass wir alle die Fähigkeit haben, das zu erreichen.

Vergleich der Methoden des Unterdrückens und Ignorierens mit der Methode des Fliehens vor den eigenen Emotionen

Kommen wir nun zum Vergleich der ersten beiden Methoden des Verdrängens und Ignorierens mit der Methode des Fliehens vor den eigenen Emotionen. Der aktivste Weg ist die Methode des Fliehens, sei es äußerlich oder innerlich, denn die Anwendung dieser Methode erfordert immer eine Handlung, um den Emotionen zu entkommen. An zweiter Stelle der aktiven Methoden steht das Unterdrücken der Emotionen. Da das Unterdrücken der Emotionen meist eine bewusste Handlung ist, erfordert es eine aktive Entscheidung, sie »herunterzudrücken«, um sie nicht wahrnehmen zu müssen. Daher ist der passive Weg die Methode des Ignorierens der Emotionen: wir wissen, dass sie da sind, aber wir schenken ihnen keine Aufmerksamkeit. In Bezug auf Müdigkeit und weniger Energie haben alle diese Methoden einen unterschiedlichen Einfluss auf den energetischen Zustand: Um unsere Emotionen zu unterdrücken, brauchen wir nicht nur etwas Energie, um sie ständig zu unterdrücken, sondern wir unterdrücken auch unsere eigene Energie in Form von Emotionen. Hinzu kommt, dass diese unterdrückten Emotionen in unserem Körper gespeichert werden und energetische Blockaden verursachen können. Und, ob wir es glauben oder nicht, auch die unterdrückten Emotionen beeinflussen unsere Wahrnehmung der Welt.

Manchmal zeigen sie sich in Form eines emotionalen Ausbruchs, vor allem in Momenten, in denen sie am meisten stören. Einerseits »wandert« dadurch etwas Energie aus dem Unterdrückten in eine bewusste Wahrnehmung und in eine Reaktion, andererseits fühlt man sich nach einem solchen Ausbruch meist sehr müde. Im Gegensatz dazu wird bei der Methode des Ignorierens immer etwas Energie aus unseren kognitiven Ressourcen verwendet, um die gegenwärtigen Emotionen unbewusst wahrzunehmen. Mit kognitiven Ressourcen meine ich die mentale Energie, die in jedem Moment zur Verfügung steht, um kognitive Aufgaben auszuführen, wie zum Beispiel Lernen, Wahrnehmen und Analysieren dessen, was in der Umwelt vor sich geht und das Lösen von Problemen. Allerdings ist bei dieser Methode weniger Energie in unserem Körper gespeichert, weil wir unseren emotionalen Zustand wahrnehmen, auch wenn wir nicht darauf reagieren.

Dadurch kommt es in der Regel nicht zu Ausbrüchen oder zumindest zu weniger emotionalen Ausbrüchen als bei der Unterdrückungsmethode. Alle bisher erläuterten Methoden bedürfen Energie – manche mehr, manche weniger. Sie alle haben dennoch einen großen Einfluss auf unser tägliches Leben und auf unsere Selbstwahrnehmung und darauf, wie wir die äußere Welt wahrnehmen. Sie hindern uns nicht nur daran, die äußere Welt wahrzunehmen, sondern auch daran, uns selbst mit unserer inneren Welt als das wahrzunehmen, was wir in einem bestimmten Moment wirklich sind.

Auf diese Weise können wir uns selbst, unsere vergangenen Erfahrungen und das, was in der äußeren Welt vor sich geht, niemals als das wahrnehmen und anerkennen, was sie sind, und so hindern wir uns selbst daran, proaktiv damit zu beginnen, unsere Vergangenheit in eine neue, gewünschte Zukunft zu transformieren.

»Sich totstellen« oder die »Opferrolle«

Als letzten Punkt in diesem Kapitel möchte ich die vierte Methode erläutern: die »Opferrolle«. Es ist das Verhalten, in den Emotionen zu »schwimmen«, andere, uns selbst oder äußere Faktoren dafür zu beschuldigen, diesen Zustand verursacht zu haben und sich darüber zu beschweren, wie schlecht wir uns fühlen, anstatt Verantwortung zu übernehmen und anzufangen, etwas zu ändern. Während meines ganzen Lebens habe ich diese Methode als mein eigenes Verhalten erlebt, ebenso wie ich sie als Verhalten meiner Familienmitglieder, Freunde und Klienten gesehen habe. Ein wichtiger Punkt, den ich über meinen eigenen Entwicklungsprozess und über seinen Einfluss auf die Arbeit mit meinen Klienten erwähnen möchte, ist, dass es mir leichter fällt, die Verhaltensweisen, Emotionen und Glaubenssätze zu transformieren, die ich selbst bereits erlebt, tiefgreifend verstanden und transformiert habe.

Meiner Meinung nach ist es unmöglich, jemanden auf einer tieferen Ebene zu unterstützen, ihn oder sie von ihren alten Indoktrinationen zu befreien, ohne sie vorher in sich selbst gelöst und transformiert zu haben.

Da ich in meiner Kindheit unbewusst von einigen Familienmitgliedern gelernt hatte, dass es viele Vorteile hat, wenn wir uns als »Opfer« ausgeben und andere für unsere eigenen Emotionen verantwortlich machen, hatte es dazu geführt, dass ich es auch als Vorteil wahrgenommen habe. Infolgedessen hatte ich diese Art der Flucht vor meinem wahren Selbst angenommen. Durch meinen eigenen großen Transformationsprozess, der in meinen Mittzwanzigern begann, habe ich zutiefst erkannt, dass dieses Verhalten dazu führt, dass ich mich noch schlechter fühle, dass es die Zeit des emotionalen Schmerzes verlängert und letztendlich zu keiner Lösung oder Transformation führt. Ich verstand auch, dass es mich mehr und mehr von meinem wahren Selbst trennte und folglich auch von anderen Menschen in meinem Umfeld.

Dann begann ich nach dem tieferen Grund für dieses Verhalten zu suchen, abgesehen von der Tatsache, dass es mir von meinen Familienmitgliedern indoktriniert wurde. Eine Lösung, die ich fand, war, dass man in manchen Kulturen und Familien mehr Aufmerksamkeit bekommt, wenn man sich beklagt, wenn man sich als Opfer wahrnimmt und anderen die Schuld dafür gibt, diesen emotionalen Schmerz verursacht zu haben. Manche Menschen haben die unbewusste Überzeugung, dass es der verletzten Person hilft, wenn andere mit ihr leiden und so beginnen sie, ihre Traurigkeit oder Wut zu verstärken, indem sie die gleiche oder eine ähnliche Emotion fühlen. Das Problem an dieser Überzeugung ist, dass wenn eine andere Person in unsere Emotionen »hineinfällt«, es so ist, als würde der emotionale Schmerz zunehmen, aber wir fühlen uns auch weniger allein. Deshalb, und weil wir den Eindruck haben, dass uns jemand »nahe ist«, beginnen wir, diesen Zustand des Opferseins mit dem Eindruck, weniger allein zu sein, zu assoziieren, und so steigt die Wahrscheinlichkeit, dass wir diese Methode wieder anwenden werden.

Mit anderen Worten, das Verhalten, zu viel Aufmerksamkeit auf unsere Emotionen zu richten und, metaphorisch gesprochen, in unseren Emotionen und Beschwerden zu »schwimmen«, kann uns den Eindruck vermitteln, weniger allein zu sein.

Hast du ein solches Verhalten schon einmal bei dir selbst oder bei jemand anderem beobachtet? Was denkst du, sind die Gründe für dieses Verhalten? Meiner Meinung nach geht es, wie bereits erwähnt, darum, mehr Aufmerksamkeit auf sich zu ziehen, um sich weniger allein zu fühlen, indem man den Eindruck erweckt, bedürftig zu sein.

Es ist ähnlich wie bei Menschen, die »immer irgendwelche körperlichen Probleme haben«, nur um etwas Aufmerksamkeit von anderen zu bekommen. Einer der Hauptnachteile der »Opferrollen-Methode« ist, dass das Bedürfnis, jemandem nahe zu sein, stark damit verbunden ist, »tief in diesen unangenehmen Emotionen zu schwimmen«, nämlich emotional traurig, wütend oder einfach irgendwie bedürftig zu sein. Und obendrein kann es sich manchmal sogar in körperlichen Symptomen manifestieren.

Dadurch, dass man regelmäßig mehr Aufmerksamkeit von anderen erhält, während man sich im emotionalen Flehzustand befindet und somit den Eindruck hat, weniger alleine zu sein, steigt die Häufigkeit, traurig zu sein oder einfach das Bedürfnis zu haben, versorgt zu werden und dies durch eine »bedürftige Haltung« auszudrücken. Mit anderen Worten, dieses Verhalten wird kontinuierlich verstärkt, anstatt die Entscheidung zu treffen, aktiv etwas zu ändern. Kurz gesagt, es ist ein Teufelskreis. Dies ist jedoch oft nur ein Teil der ganzen Geschichte.

Die Verantwortung abgeben

Ein weiterer häufiger Grund, warum wir anfangen, das Opfer zu spielen und buchstäblich in unseren Emotionen schwimmen, ist, dass wir die Verantwortung für das, was in unserem Leben passiert, abgeben möchten. Wir interpretieren das, was in unserem Leben geschieht, derart, dass wir glauben, keinen Einfluss auf das Geschehen zu haben. Wir denken, unser Leben werde völlig von äußeren Umständen und anderen Menschen kontrolliert und bestimmt. Das Interessante daran ist, dass einige von uns tatsächlich den Eindruck haben, machtlos und hilflos zu sein, da uns dies aus vergangenen Situationen indoktriniert wurde.

Nehmen wir das Beispiel eines Kindes, dessen Mutter oft weint, weil ihr Mann ihr nicht zuhört, sich ihr gegenüber aggressiv verhält und die Hausarbeit nicht erledigt. Dadurch fühlt sich die Mutter hilflos und machtlos, weil sie versucht, gehört zu werden und Hilfe braucht, aber sie bekommt nur negative Antworten, wenn sie versucht zu fragen. In dieser Situation hat das Kind grundsätzlich zwei Hauptoptionen: Es kann sich entscheiden, seine eigene Verletzlichkeit zu unterdrücken, um in diesem Moment nicht zu sehr zu leiden, es könnte also den Weg der Unterdrückung wählen. Wählt es diese Option, entscheidet es sich, kein »Opfer« zu sein, es entscheidet sich, seine verletzlichen Anteile aktiv zu unterdrücken, was dazu führt, dass die Emotionen von Traurigkeit, Angst und vielleicht Wut im Unterbewusstsein gespeichert werden.

Mit anderen Worten, es lehnt seine Verletzlichkeit ab, was auch eine Art Verurteilung ist, seine Emotionalität zu zeigen und irgendwelche emotionalen Bedürfnisse zu haben.
Alternativ dazu kann es sehr empathisch mit seiner Mutter sein und ihr Verhalten und ihre Überzeugungen übernehmen.

Folglich lernt es schon sehr früh im Leben, dass es kaum eine Chance gibt, die äußeren Umstände seines Lebens zu ändern, noch gibt es eine Möglichkeit, zu ändern, wie andere Menschen einen behandeln. Als Kind ist es eher üblich, dass man nicht die Macht hat, alle Entscheidungen selbst zu treffen und dass man keine problematische Situation ohne die Hilfe seiner Eltern ändern kann. Als Erwachsener sollte man jedoch genug Potenzial und Urteilsvermögen haben, um sein Leben selbst in die Hand zu nehmen und für sich selbst zu sorgen. Es gibt jedoch einen kritischen Punkt, der diese geistige Reife beeinträchtigen könnte: unsere emotionale Unreife oder, anders ausgedrückt, die gespeicherten Emotionen und die alten Überzeugungen, die mit unseren alten emotionalen Zuständen verbunden sind.

Stell dir vor, dieses Kind hat gelernt, dass es keine Möglichkeit hat, etwas zu tun, wenn jemand es wegschubst oder sich ihm gegenüber unhöflich verhält. Wenn es sich nun als Erwachsener so verhält, löst es genau diese Emotionen und diese Überzeugungen aus. Und da sie aufsteigen und die Wahrnehmung des Geschehens beeinflussen, hat man den Eindruck, sich in genau denselben Umständen zu befinden wie in der Kindheit. Natürlich kann man anfangen zu versuchen, die Situation zu rationalisieren und sich einzureden, dass das etwas ganz anderes ist.

Aber wenn das neuronale System die gleiche körperliche Reaktion hervorruft, die den Denkprozess beeinflusst, ist es sehr schwierig, nur auf rationale Weise einzugreifen. Auf diese Weise wird das gleiche emotionale Muster immer wieder wiederholt und so wird die Überzeugung, dass man hilflos und machtlos ist, wenn diese Emotionen aufsteigen, verstärkt.

Indoktrinationen und ihre Folgen

Um auf das bereits erwähnte Thema der Abgabe von Verantwortung zurückzukommen, das sehr oft in der Methode des Opferseins enthalten ist. Aus dem, was ich in der Arbeit mit meinen Klienten beobachtet habe, schlussfolgere ich, dass das Verhalten, die Verantwortung abzugeben und den Eindruck zu haben, dass man nichts gegen einen emotionalen Zustand tun kann, durch eine Reihe von emotional herausfordernden Ereignissen indoktriniert worden ist, die sich stetig wiederholt haben. Eine Möglichkeit eines solchen Ereignisses ist, wie im vorherigen Beispiel erwähnt, wenn man ein Familienmitglied beobachtet, während es eine schwierige emotionale Zeit durchlebt hat, in der es schien, dass es keine Möglichkeit gab, die Situation zu ändern. Darüber hinaus kann dieses Familienmitglied einige alte indoktrinierte Muster von seinen Eltern übernommen haben, die schwer zu ändern sind, wenn diese Emotionen oder Umstände auftreten.

Folglich fängt man an, über solche Muster, die von unseren Vorfahren übernommen wurden, zu lernen, indem man einfach beobachtet und emotional wahrnimmt, wie sie sich verhalten und fühlen. Das Paradoxe an dieser Tatsache ist, dass diese Muster, die wir übernommen haben, normalerweise zuerst bei Menschen auftauchen, die wir nicht einmal persönlich kennen, nämlich bei unseren Vorfahren. Da sie jedoch im Unbewussten gespeichert sind, das viel mehr Macht hat als das Bewusstsein, haben sie dennoch einen großen Einfluss auf unser Leben. Eine weitere Möglichkeit, diese Überzeugung, machtlos zu sein, zu verinnerlichen, ist, dass unsere Familienmitglieder (oder andere Menschen in unserem Umfeld) ständig in uns die Wahrnehmung hervorrufen, dass wir nichts für unseren emotionalen Zustand tun können.

Mit anderen Worten, durch wiederholte Erfahrungen »lehren« uns einige Menschen, dass sie die Macht über unseren emotionalen Zustand und/oder über einige unserer Lebensumstände haben und egal was wir tun, wir nicht in der Lage sind, es so zu ändern, wie wir es gerne hätten.

Vielleicht war das sogar wahr, als wir ein Kind waren, aber jetzt als Erwachsener gibt es so viele Möglichkeiten, unser Leben und unseren emotionalen Zustand zu verändern, dass zumindest eine davon für uns funktionieren sollte. Einer der Hauptgründe, warum Menschen mit dieser Überzeugung nicht über eine Lösung nachdenken, ist, dass sie zutiefst gelernt und verinnerlicht haben, dass es keine Lösung gibt, da sie sich selbst als hilflos wahrnehmen. Also, selbst wenn sie eine Methode sehen, über eine mögliche Lösung lesen oder Zugang zu einer Methode bekommen, die ihnen helfen könnte, überwiegt die Wahrscheinlichkeit, dass sie sie nicht »sehen«, bei weitem. Etwas, das ich an dieser Stelle betonen möchte, ist, dass Menschen, die die Methode des Opferdaseins anwenden, schwer davon zu überzeugen sind, dass es einen Ausweg daraus geben könnte. Deshalb braucht es ziemlich viel Geduld und Ausdauer, in dem man versucht, ihnen zu zeigen, dass es Lösungen gibt und dass sie die Fähigkeit und das Potenzial haben, diesen emotionalen Zustand selbst zu verändern.

Um das vorherige Beispiel eines solchen Verhaltens zu veranschaulichen, möchte ich eine Geschichte über einen Babyelefanten erzählen, der Teil eines Wanderzirkus war. Als er noch klein war, band ihn der Tierbändiger an ein riesiges Podest, das so schwer war, dass der Elefant sich nicht davon wegbewegen konnte. Folglich lernte das Tier, dass es nichts dagegen tun kann, wenn es an etwas angebunden ist, das sich nicht bewegen lässt. Einige Jahre später war der Elefant herangewachsen und war viel größer und schwerer geworden.

Da der Tierbändiger wusste, dass der Elefant mit dem Glaubenssatz indoktriniert worden war, dass er, wenn er ihn an etwas festband, wusste, dass der Elefant dachte, dass er nichts dagegen tun könnte, band er das arme Tier an einen kleineren Sockel. Wie vorhergesagt, versuchte der erwachsene Elefant nicht einmal, sich zu bewegen, da er als Baby aufgehört hatte, nach Lösungen zu suchen, da er gelernt hatte, dass man nichts an der Situation ändern kann. Hätte der erwachsene Elefant jedoch nur versucht, sich von diesem Platz aus zu bewegen, hätte es kein Problem gegeben, da er stark genug war, sich zu bewegen. Dennoch war das alte indoktrinierte Muster so stark, dass er sein ganzes Leben lang gefangen blieb, obwohl es Lösungen für ihn gab.

Die Geschichte dieses Elefanten veranschaulicht, was passiert, wenn wir ständig mit unseren alten indoktrinierten Mustern leben und unsere Realität auf Basis dieser Muster erschaffen. Die wichtigste Schlussfolgerung, die ich aus dieser Geschichte ziehen kann, ist, dass selbst wenn sich die äußeren Umstände ändern, wir das nicht unbedingt sehen, weil unsere alten Glaubenssätze unsere Wahrnehmung blockieren. Auch ist der einzige Weg zu erkennen, dass es möglich ist, eine Lösung zu finden, einen Zustand der Bereitschaft zur Veränderung zu erreichen, eine Motivation zu finden, etwas zu tun und zu beginnen, zu glauben, dass es einen Ausweg aus dieser Situation geben muss.

Diese Erkenntnis sollte durch einen inneren Prozess entstehen und nicht dadurch, dass andere Menschen jemanden dazu »zwingen« wollen, seine Überzeugung zu ändern. Die tiefe Bereitschaft, etwas zu ändern, wird in den meisten Fällen durch das Erleben einer Form von Leid entstehen, genauso wie es der Fall ist, wenn jemand einen der anderen Wege gewählt hat. Das Phänomen, dass man »erst anfängt, etwas zu verändern«, wenn der »Boden erreicht« ist und man nicht mehr tiefer fallen kann, ist recht häufig.

Viele Menschen aus meinem sozialen Umfeld, die meisten meiner Klienten und auch ich selbst haben diese Erfahrung gemacht: alte Gewohnheiten, alte indoktrinierte Muster, Verhaltensweisen und Glaubenssätze wurden beibehalten bis zu dem Punkt, an dem es nicht mehr möglich war, im Leben weiterzukommen. Eine mögliche Erklärung dafür ist, dass erstens die meisten Menschen es vorziehen, ihre alten Routinen beizubehalten, da sie für sie bequem sind und sie keine »zusätzlichen kognitiven Ressourcen« brauchen, um sie zu verändern. Zweitens haben viele Menschen Angst vor Veränderungen und fühlen sich unsicher, da sie wissen, was sie haben, aber nicht wissen, was passieren wird, wenn sie ihre bisherigen Muster und Verhaltensweisen loslassen. Infolgedessen braucht es eine intensive Lebenssituation, die viel emotionalen, mentalen und/oder körperlichen Schmerz verursacht, um sich selbst zu der Entscheidung zu drängen, sein Leben in die Hand zu nehmen.

Die Identifikation mit den eigenen Emotionen

Ein weiterer Punkt ist, dass viele Menschen gelernt haben, sich mit ihren Emotionen zu identifizieren, was es ihnen schwer macht, einen Ausweg zu finden, wenn sie das »Opferrollenverhalten« anwenden. Was ist damit gemeint? Wenn Menschen sich mit ihren Emotionen identifizieren, bedeutet das, dass sie den bewussten oder unbewussten Eindruck haben, dass, wenn eine Emotion aufsteigt, diese das Einzige ist, woraus sie in diesem bestimmten Moment bestehen. Mit anderen Worten, wir haben den Eindruck, dass wir die Wut, die Traurigkeit oder die Angst sind, anstatt uns bewusst zu sein, dass diese Emotionen nur ein Teil von uns in diesem bestimmten Moment sind, oder dass sie sogar nur durch uns fließen. Wenn sie also nur ein Teil von uns sind, ist es völlig unmöglich, dass wir uns selbst in 100 % Wut verwandeln können, zum Beispiel.

Erstens gibt es immer andere Teile von uns, wie zum Beispiel unseren Verstand, andere Emotionen, die wir in einem bestimmten Moment nicht wahrnehmen oder es gibt auch andere Teile unseres Körpers, die nicht von der gegenwärtigen, dominantesten Emotion betroffen sind. Zweitens sind die herausfordernden Emotionen, die in bestimmten Situationen aufsteigen, ohnehin nicht unser wahres Selbst, sie sind nur Teile unseres wirklichen Potentials, die durch einige vergangene Ereignisse oder indoktrinierte Gewohnheiten »negativ transformiert« wurden.

In den folgenden Kapiteln wird das Thema der Transformation von Emotionen, die nur kleine Teile von uns sind, die wir beobachten, fühlen und akzeptieren können, ohne dass wir irgendwelche Strategien brauchen um sie nicht wahrzunehmen, genauer betrachtet.

Kehren wir zurück zu der Frage, woher diese Überzeugung kommt. Eine wahrscheinliche Erklärung stammt aus der Kindheit, der Zeit, in der wir unsere Emotionen sehr intensiv ausgelebt haben und, wenn uns niemand daran gehindert hätte, sie einfach durch unseren Körper fließen zu lassen. Als Kind wussten wir noch nicht einmal, wer wir waren und unsere kognitiven Fähigkeiten waren nicht weit genug entwickelt, um zu unterscheiden zwischen den gegenwärtigen Emotionen; dem Verstand, der von diesen Emotionen beeinflusst wurde; einigen Teilen unseres Körpers und seines energetischen Systems, die nicht unbedingt von dem beeinflusst wurden, was in einer bestimmten Situation gefühlt wurde. Und schließlich das Bewusstsein oder der Bewusstseinszustand, der zu diesem Zeitpunkt unseres Lebens meist nicht weit entwickelt war. Man kann auch sagen, dass sich der Bewusstseinszustand eines Kindes sehr vom Bewusstseinszustand eines Erwachsenen unterscheidet.

Einer der Hauptunterschiede ist die Wahrnehmung der eigenen Emotionen und sensiblen Anteile: als Kind ist sie intensiver, als Erwachsener jedoch bewusster, wenn man die Empfindungen fließen lässt. Hinzu kommt, dass unser soziales Umfeld unsere Identifikation mit unseren Emotionen und manchmal auch mit den Emotionen anderer Menschen beeinflusst haben könnte. Dies könnte mit Sätzen geschehen sein wie: »Sei ein gutes Kind und lächle, anstatt zu weinen«, oder »Du bist so gemein, wenn du wütend bist«. Andere Indoktrinationen könnten gewesen sein: »Ich mag es nicht, wenn du traurig bist«, oder »Schau dir die anderen Kinder an, sie spielen harmonisch miteinander, während du lieber verärgert bleibst.« Diese und ähnliche Sätze hört man sehr häufig von Eltern, die ihre Kinder so gut wie möglich erziehen wollen.

Trotz ihres guten Willens, ihre Kinder glücklich zu sehen und ihnen beizubringen, wie sie sich in der Gesellschaft verhalten sollen, lösen solche Sätze einige ungünstige Assoziationen mit den sogenannten »negativen Emotionen« aus. Ein Beispiel für eine solche negative Assoziation könnte sein, dass »negative Emotionen« schlecht sind, während »gute Emotionen« günstig sind. Oder es könnten Überzeugungen übernommen werden, dass man weniger wert ist, geliebt zu werden, wenn man wütend oder traurig ist. Oder es könnte auch umgekehrt sein: dass man mehr Aufmerksamkeit und damit »mehr Liebe« bekommt, wenn man wütend oder traurig ist. Infolgedessen zieht man es vor, diese Emotionen aufgrund dieser Assoziation zu fühlen. In diesem Fall gibt es auch eine Art von Fokus nur auf einen Teil des Spektrums, während der andere vernachlässigt wird.

Das Problem der Identifikation mit den eigenen Emotionen ergibt sich außerdem aus den Dingen, die Kinder immer wieder hören, wie zum Beispiel »Sei ein guter Junge und lächle, anstatt zu weinen", oder der oben erwähnte Satz »Schau dir die anderen

Kinder an, sie spielen harmonisch miteinander, während du es vorziehst, aufgebracht zu bleiben.« Die Konsequenz solcher und ähnlicher Sätze ist, dass Kinder anfangen zu glauben, dass sie, wenn sie bestimmte Emotionen haben, mehr akzeptiert, mehr geliebt und wichtiger *sind*. Wenn sie jedoch andere Emotionen haben, sind sie schlechter als jemand anderes, sind sie weniger liebenswert und weniger akzeptiert. Anders ausgedrückt, aufgrund dieser indoktrinierten Glaubenssätze sind wir bewusst oder unbewusst beeinflusst und haben angefangen zu glauben, dass wir die Emotion sind, anstatt eine Emotion zu haben.

Die Folgen einer Identifikation

Was sind die Konsequenzen einer solchen Identifikation? Eine Konsequenz könnte sein, dass man anfängt, sich selbst zu verurteilen, weil man eine bestimmte Emotion hat. In diesem Moment kann man anfangen, sich weniger wert zu fühlen, sich von anderen ausgeschlossen zu fühlen oder sogar sich selbst die Schuld zu geben. Gleichzeitig könnten herausfordernde Gedanken aufkommen, wie zum Beispiel: »Ich bin so schwach, ich hoffe, dass es niemand herausfindet«, oder »Ich war wieder wütend, ich will nicht so ein gemeiner Mensch sein«. Hätte man das Gegenteil gelernt, also mehr Aufmerksamkeit zu bekommen, wenn man traurig oder wütend ist, könnten Gedanken wie »Ich bin traurig, also müssen mir die Leute mehr Unterstützung geben«, entstehen. Beide Arten können von Assoziationen als kritisch angesehen werden. Erstens, weil Emotionen nicht so akzeptiert und wahrgenommen werden, wie sie sind, und zweitens, vor allem im ersten Fall, beginnt man Teile von sich selbst zu unterdrücken, was zu weniger Verbindung zum inneren Selbst und zur Speicherung von mehr Emotionen im Körper führt. Drittens, vor allem im zweiten Fall, gibt man die Verantwortung ab und zieht es vor, in den Emotionen zu bleiben und zu warten, bis andere sich um sie kümmern.

Dieser zweite Fall ist eher repräsentativ für die Methode des Opferseins, denn man gibt die Verantwortung ab und beginnt, metaphorisch gesprochen, in den Emotionen zu schwimmen. Eine weitere große Konsequenz der Identifikation mit den eigenen Emotionen ist, dass man sich selbst mit dem emotionalen Zustand, in dem man sich befindet, identifiziert und zu glauben beginnt, dass dies seine Realität ist und immer sein wird. Um es anders auszudrücken: Wenn eine Person als Kind regelmäßig dem aggressiven Verhalten ihrer Mutter ausgesetzt war, wurde dieser emotionale Zustand in ihrem emotionalen und energetischen System »aufgezeichnet«. Folglich ist es einfacher, diesen Zustand abzurufen, verglichen mit anderen, die vielleicht nicht so dominant in ihrem Leben waren. Und so kann man zunehmend den Eindruck bekommen, dass dies die Realität ist, in der man leben muss. Selbst wenn es schmerzt, selbst wenn du dich deswegen erschöpft fühlst, wird es regelmäßig auftauchen, solange du nicht anfängst, es zu unterdrücken, aber selbst wenn du anfängst, es zu unterdrücken, wird es immer noch präsent sein.

Nach dem Gesetz der Resonanz, das in den folgenden Kapiteln besprochen wird, werden wir immer Lebenssituationen und Menschen anziehen, die diese alten emotionalen Zustände auslösen werden. Es ist wichtig zu wissen, dass dies keine Art von Bestrafung ist, trotz der regelmäßig herausfordernden Emotionen, die du vielleicht erleben wirst. Vielmehr sollte es als eine sich wiederholende Chance betrachtet werden, die immer wieder auftaucht, um uns die Möglichkeit zu geben, solche alten Muster aufzulösen, die wir nicht mehr brauchen. Entscheidend ist, dass wir die Wahl haben: Wir können uns dafür entscheiden, in diesem alten energetischen Zustand zu bleiben, der offensichtlich sehr dominant ist und in dem es »leicht zu bleiben« ist, da wir ihn so gut kennen. Oder wir können uns entscheiden, eine der anderen Methoden anzuwenden, wie wir unsere Emotionen und sensiblen Anteile nicht als das wahrnehmen, was sie sind, nämlich sie zu unterdrücken, zu ignorieren oder innerlich oder äußerlich vor ihnen zu fliehen. Alternativ, und diese Option würde ich wirklich empfehlen, können wir uns dafür entscheiden, uns mit diesen alten indoktrinierten Mustern, mit all diesem gespeicherten emotionalen Schmerz und mit unseren sensiblen Anteilen zu konfrontieren, was Bewusstsein, Bereitschaft und Mut erfordert. Nichtsdestotrotz lässt es uns auf lange Sicht wachsen und wir können anfangen zu fühlen, dass wir das Leben erschaffen können, das wir uns wünschen, anstatt in alten, unangenehmen emotionalen Realitäten gefangen zu sein.

Da wir uns wahrscheinlich an diese alten emotionalen Zustände und damit an die alten emotionalen Realitäten gewöhnt haben, weil wir sie so lange erlebt haben, kennen wir genau jedes Detail dieser Zustände und daher fühlen sie sich für uns vielleicht sehr vertraut an. Folglich haben wir den Eindruck, dass wir weniger kognitive Ressourcen benötigen, wenn wir uns in diesen Zuständen befinden und es ist, als würden wir regelmäßig in diese emotionalen Realitäten fallen und es fühlt sich an, als wäre es sehr schwierig, aus ihnen herauszukommen, wenn wir einmal in ihnen sind. Auch wenn ein Teil von uns weiß, dass sich diese Zustände nicht gut für uns anfühlen, zum Beispiel der Zustand der Hilflosigkeit oder des Ausgeschlossenseins von anderen, und auch wenn wir verzweifelt aus ihnen herauskommen wollen, scheint es völlig unmöglich. Auf diese Weise etabliert sich der Weg des Opferseins immer wieder und es besteht eine hohe Wahrscheinlichkeit, dass er aufrechterhalten wird. Kurz gesagt, es gibt einerseits das Bewusstsein, dass sich diese Zustände nicht gut für uns anfühlen. Während es andererseits die Wahrnehmung gibt, dass wir uns sehr an sie gewöhnt haben, keine Vorstellung davon haben, wie unser Leben anders sein könnte und oft den Eindruck haben, dass es keine Möglichkeit gibt, sie zu ändern.

Zusammenfassend lässt sich sagen, dass die Identifikation mit diesen emotionalen Zuständen in der Vergangenheit gemacht wurde und ständig verstärkt wird, indem wir ähnliche Lebensumstände anziehen und uns ähnlich verhalten, und so braucht es viel Bewusstsein und Achtsamkeit, um dies zu erkennen und zu ändern.

Das Problem, den bekannten, unangenehmen emotionalen Zustand nicht loslassen zu wollen

Ein letzter Punkt bezüglich der Methode des Opferseins ist, dass man manchmal diesen emotional herausfordernden Zustand nicht loslassen will, weil man ihn so gut kennt und sich so sehr daran gewöhnt hat, dass man beginnt, sich an diesem Zustand zu orientieren. Nach einiger Zeit, in der man ständig Situationen ausgesetzt ist, die eine bestimmte Art von emotionalem Zustand hervorrufen, beginnt man den Eindruck zu haben, dass dieser Zustand »immer da« ist. Infolgedessen beginnt man eine Art Vertrauen zu empfinden, dass man sicher sein kann, dass dieser Zustand regelmäßig hervorgerufen wird und somit als Bezugspunkt genutzt werden kann. Doch was passiert, wenn sich eine Person an einem bestimmten Zustand oder einer bestimmten Situation orientiert? Auf der einen Seite gibt es eine Art Sicherheit, weil man sich daran festhalten kann. Auf der anderen Seite, wenn der Bezugspunkt weg ist, kann die Person anfangen, sich desorientiert zu fühlen und Schwierigkeiten haben, sich zu zentrieren. In der Tat muss dieser Prozess nicht bewusst sein, aber »das Bedürfnis nach einem Bezugspunkt« ist eine mögliche Erklärung dafür, dass man einen herausfordernden emotionalen Zustand nicht ändern will. Kurz gesagt, es ist ein Teufelskreis, da es sich einerseits schlecht anfühlt, ständig den herausfordernden Emotionen von Wut, Traurigkeit oder Angst ausgesetzt zu sein, aber andererseits fühlt es sich seltsam an, wenn dieser emotionale Zustand nicht da ist, da es sich anfühlt, als gäbe es eine große Lücke im eigenen Leben. Der erste Schritt zu einer möglichen Transformation ist das Bewusstsein für diese Assoziationen verbunden mit der Bereitschaft, sie zu verändern.

Zusammenfassung der »Opferrollen-Methode«

Die Opferrollen-Methode hat mehrere Gründe: Einer davon kann die Überzeugung sein, dass man mehr Aufmerksamkeit von anderen bekommt, wenn man anfängt zu klagen oder anderen zu zeigen, wie schlecht es einem geht. Ein anderer Grund könnte sein, dass man den Eindruck hat, dass andere einem emotional näher sind, sobald sie anfangen, eine ähnliche Emotion zu empfinden. Wenn das passiert, fühlt man sich weniger allein, weil eine andere Person die »gleiche Emotion« und den »gleichen Schmerz« teilt wie man selbst. Auf der einen Seite stimmt das sogar, wenn man nur den Aspekt »sich jemandem für einen bestimmten Moment näher zu fühlen« in Betracht zieht.

Andererseits, wenn die Person, die der bedürftigen Person helfen und sie unterstützen möchte, anfängt, die gleiche Wut oder Traurigkeit zu fühlen, ist es so, als ob die herausfordernde Emotion zunimmt und dass beide nun bedürftig sind, anstatt dass eine Person die andere unterstützt, indem sie ihr die nötige Kraft und emotionale Unterstützung gibt, die sie braucht. In diesem Fall fühlt sich die Person mit dem herausfordernden emotionalen Zustand der anderen Person anfangs vielleicht nicht nahe, weil ihr emotionaler Zustand völlig anders ist. Aber wenn es der »emotional stabilen« Person gelingt, einfach präsent zu sein und dem anderen Mitgefühl zu zeigen, können die gegenwärtigen herausfordernden Emotionen schneller geheilt und transformiert werden, und so kann ein emotional ausgeglichener Zustand auf leichtere Weise erreicht werden.

Ein dritter wahrscheinlicher Grund für dieses Verhalten ist, dass, wenn man indoktriniert wurde, gewöhnlich durch eine Reihe von herausfordernden Ereignissen, es keine Möglichkeit gab, etwas zu ändern und man sich einfach mit dem gegenwärtigen emotionalen Zustand abfinden musste. Eine Folge dieser Indoktrination ist, dass man gelernt hat, die Verantwortung abzugeben, weil die Situationen in der »äußeren Welt« und in der »inneren Welt« laut den vergangenen Ereignissen im eigenen Leben nicht beeinflussbar sind, also musste man sie so akzeptieren, wie sie sind. Eine Folge dieser Überzeugung ist, dass man beginnt, sich so zu verhalten, zu denken und zu fühlen, als hätte man keinen Einfluss auf sein Leben, bis dies schließlich tatsächlich zu seiner Realität wird. Und diese »neue Realität« verstärkt wiederum die Überzeugung, keinen Einfluss zu haben. Vereinfacht gesagt, ist es ein Teufelskreis.

Eine weitere potenzielle Schwierigkeit, die bei der Anwendung der Methode Opfersein auftreten kann, ist, wenn man beginnt, sich mit seinen Emotionen zu identifizieren. In diesem Fall variiert die Selbstwahrnehmung je nach der aktuellen Emotion. Und der letzte Punkt ist, dass es oft schwierig ist, den gegenwärtigen emotionalen Zustand und/oder die Überzeugungen loszulassen, weil sie als eine Art »Referenzpunkt« dienen und man sich ohne sie desorientiert fühlen könnte. Die Methode der »Opferrolle« oder »sich tot zu stellen« ruft weitreichende Konsequenzen auf den Plan und beeinflusst die Wahrnehmung der eigenen Emotionen. Sie verlängert meist die Dauer, wie lange die Emotion gefühlt wird und mit dieser Methode wird der emotionale Zustand kaum verändert, da man nicht wahrnimmt, was wirklich hinter der Botschaft steckt, was unsere inneren Empfindungen uns vermitteln wollen.

Letzter Vergleich und Vorschau

Wenn wir die aktiven Wege – die Unterdrückung von und die Flucht vor unseren Emotionen – mit den eher passiven Wegen – dem Ignorieren unserer Emotionen und der Opferrolle – vergleichen, stellen wir fest, dass alle von ihnen Extreme sind, entweder zu viel zu fühlen und nichts dagegen zu tun oder zu viel Aktivität, während man die Emotionen nicht fühlt.

Keine dieser vier Methoden kann als zentriert und ausgeglichen angesehen werden, da die Emotion nie wirklich als das wahrgenommen und verstanden wird, was sie ist. Metaphorisch gesprochen ist es wie bei einem Pendel, das nur dann ausgeglichen ist, wenn es in der Mitte zentriert ist. Bewegt man sich jedoch zu sehr nach links, wie zum Beispiel in Richtung Ignoranz, oder zu sehr nach rechts, wie zum Beispiel in Richtung Unterdrückung, gerät man ins Ungleichgewicht und beginnt, die Verbindung zu sich selbst zu verlieren. So können sich folgende Fragen ergeben: Wie bleibt man ausgeglichen und »in der Mitte« und wie nimmt man seine Emotionen als das wahr, was sie sind? Außerdem; was sind die Vorteile, wenn man die Botschaft seiner Emotionen tief versteht?

Im nächsten Kapitel werden wir uns ansehen, welche Art von Botschaften du durch deine Emotionen und die sensiblen Anteile erhalten könntest und einige der »Techniken« erklären, durch die du sie leichter interpretieren kannst. In weiteren Kapiteln werden einige Methoden erklärt, mit denen du dich mit deinen Emotionen, deinen sensiblen Teilen und deinen Gefühlen verbinden kannst und in der Lage bist, ihre Botschaften zu verstehen. Danach werden weitere Methoden gezeigt, die dir helfen, deine Emotionen in dein wahres Potential zu transformieren, deine sensiblen Anteile zu akzeptieren und die Wahrnehmung und Genauigkeit deiner Gefühle zu erhöhen.

Vertiefungsübungen für Kapitel 2

In diesem zweiten Kapitel ging es um die vier verschiedenen Methoden, die normalerweise im Umgang mit aufsteigenden Emotionen verwendet werden, um sie nicht als das wahrzunehmen, was sie wirklich sind und damit die tiefere Botschaft, die sie übermitteln wollen, nicht verstanden wird. Um dir bewusst zu werden, welche Methode du im Umgang mit Emotionen anwendest, sowie um das hier gelernte Wissen tiefer zu festigen, empfehle ich dir, die folgenden Übungen zu machen und dir die folgenden Fragen zu stellen:

- Beobachte dich selbst einige Tage lang und finde heraus, wie du mit deinen Emotionen umgehst. Kannst du ein bestimmtes Muster beobachten?

- Verwendest du je nach Situation, Emotion oder Person, mit der du interagierst, eine andere Art von Muster?

- Versuche nun, die beobachteten Muster einer oder mehreren der in diesem Kapitel beschriebenen Methoden zuzuordnen (verdrängen, ignorieren, flüchten (extern oder intern) und die Opferrolle).

- Welche Vor- oder Nachteile nimmst du bei der Anwendung dieser Methoden wahr?

- Frage dich: „Was ist der tiefere Grund für die Anwendung einer oder mehrerer dieser Methoden?"

- Wenn du eine oder mehrere dieser Methoden anwendest, stell dir vor, was passieren würde, wenn du deine Emotionen einfach fließen lässt und sie bewusst beobachtest, anstatt eine der Methoden anzuwenden?

Kapitel 3

Ein besseres Verständnis der Botschaft unserer Emotionen und der sensiblen Anteile

In den vorherigen Kapiteln wurde mehrfach erwähnt, dass unsere Emotionen aus einem bestimmten Grund hier sind: sie wollen uns eine Botschaft übermitteln, aus der wir mehr über uns selbst lernen können. Außerdem wurde die Wichtigkeit des Zuhörens und Verstehens aufgezeigt, sowie auch die Verbindung zwischen diesem Verständnis und der Transformation unserer Emotionen. In Bezug auf die sensiblen Anteile wurde erklärt, dass sie nicht wirklich transformiert, sondern nur verstanden, akzeptiert und integriert werden können, damit wir wieder vollkommen werden.

In diesem Kapitel geht es darum, die Botschaften, die von unseren Emotionen übermittelt werden, besser zu verstehen, um sie leichter in ihr volles Potential transformieren zu können. Abschließend wird die tiefe Verbindung zwischen unseren Emotionen und unseren sensiblen Anteilen erklärt, so dass wir beginnen können, unsere inneren Prozesse, Reaktionen und unsere innere Welt tiefer zu verstehen.

Welche Art von Botschaft übermitteln Emotionen normalerweise?

Unsere Emotionen sagen uns, wie wir zu einer aktuellen Situation oder einer bestimmten Person stehen. Das wird von den Faktoren bestimmt, die unsere Wahrnehmung von uns selbst und der aktuellen Situation sowie unseren aktuellen mentalen, physischen und emotionalen Zustand beeinflussen. Als kleines Kind waren wir von unseren Eltern abhängig: Wann immer wir etwas falsch gemacht hatten, konnte es sich erschütternd anfühlen, besonders dann, wenn sie uns angeschrien haben.

Infolgedessen haben wir wahrscheinlich die Emotionen von Traurigkeit und/oder sogar Angst, von ihnen abgelehnt zu werden, wahrgenommen. Wenn wir wiederholt von unseren Eltern angeschrien wurden, könnte gar Wut oder eine andere Art von Aggression entstanden sein, weil ihr Verhalten uns permanent verletzte und uns an die innere Angst, abgelehnt zu werden, erinnerte.

Eine weitere mögliche Situation, die herausfordernde Emotionen hervorrufen kann, ist, wenn wir zum Beispiel das erstgeborene Kind sind und in den ersten Jahren unseres Lebens als einziges die ganze Liebe und Aufmerksamkeit von unseren Eltern bekommen. Wenn jedoch unser Bruder oder unsere Schwester geboren wird und unsere Eltern mit zwei Kindern überfordert sind und sich mehr um das Neugeborene zu kümmern, nehmen wir wahr, dass weniger Liebe und weniger Aufmerksamkeit für uns übrig bleibt. Natürlich macht es aus rationaler Sicht Sinn, sich um das Neugeborene zu kümmern und die Liebe zu »teilen«, damit beide Kinder gleichwertig aufwachsen können. Aber seit unserer Kindheit überwiegt unsere emotionale Reaktion unsere rationale, und so dominieren die gegenwärtigen Emotionen unsere Wahrnehmung der Situation. In einem solchen Fall kann es sein, dass wir uns weniger wert fühlen, weniger wichtig als unser neugeborenes Geschwisterkind oder wir beginnen sogar, es als Rivalen wahrzunehmen und versuchen, mit ihm um die Aufmerksamkeit und Liebe unserer Eltern zu konkurrieren.

Wir fühlen uns in beiden Beispielen nicht dazu in der Lage, die Situation zu ändern oder etwas zu tun, wodurch wir uns besser fühlen würden. Darüber hinaus nahmen wir die Wahrnehmung an, von unserer »Außenwelt« abhängig zu sein und begannen, alle unsere Wahrnehmungen darauf aufzubauen, ebenso wie alle unsere emotionalen Reaktionen. Dadurch, dass wir uns nicht um die Emotionen aus diesen beiden Beispielsituationen gekümmert und sie nicht transformiert haben, haben wir begonnen, uns diese Emotionen einzuprägen und sie in unserem energetischen System zu speichern.

So haben wir diese Situationen als unsere Realität abgespeichert und werden sie daher immer wieder erleben, bis wir es endlich schaffen, sie zu transformieren. Ein weiterer wichtiger Vorfall, der in diesen beiden Beispielsituationen passiert ist, ist, dass wir unbewusst einen Teil, oder sogar mehrere Teile von uns selbst unterdrückt haben. Da wir in der ersten Situation anfingen, uns schuldig zu fühlen und Angst hatten, dass unsere Eltern uns weniger lieben würden, weil wir »etwas falsch gemacht« haben, unterdrückten wir in diesem Moment eventuell unseren Selbstwert. Es könnte auch sein, dass wir die Wahrnehmung unterdrückt haben, so geliebt zu werden, wie wir sind, was uns zu dem Glauben geführt hat, dass wir nur geliebt werden können, wenn wir alles perfekt machen. In der zweiten Situation könnte es sein, dass wir den Glauben unterdrückt haben, dass wir es verdienen, geliebt zu werden, ohne dass wir dafür kämpfen müssen und angefangen haben zu glauben, dass wir immer konkurrieren müssen, um akzeptiert und geliebt zu werden.

Solche kleinen Situationen in der Vergangenheit können eine enorme Veränderung in unserem Glaubenssystem hervorrufen und zu einer großen Menge an gespeicherten Emotionen führen, die nicht sofort verarbeitet wurden.

Als Kind haben wir uns in der Regel nicht um unsere Emotionen gekümmert, vor allem dann nicht, wenn uns niemand in unserem Umfeld beigebracht hat, wie man das macht. Somit begannen wir, unsere Wahrnehmung der Welt auf der Grundlage der Emotionen und der geschaffenen Glaubenssätze aufzubauen, die wir in unserer Kindheit und später in unserer Jugend erlebt und aufgebaut hatten. Als Ergebnis dieser Speicherung ziehen wir weiterhin die gleichen oder zumindest ähnliche Situationen an, die wir in der Vergangenheit immer wieder erlebt haben. Außerdem nehmen wir diese gleichen Situationen immer wieder aus dem gleichen emotionalen Zustand heraus wahr, wie wir es in unserer Vergangenheit getan haben. Mit anderen Worten, wir erleben immer wieder unsere Vergangenheit, anstatt das Leben zu erschaffen, das wir uns in der Tiefe unseres Herzens wünschen.

Warum steigen die gleichen Emotionen auf?

Du magst dich fragen: »Warum steigen immer wieder die gleichen Emotionen auf und warum ziehe ich immer wieder die gleichen Situationen an?« Manche von uns empfinden die Tatsache, dass wir immer wieder die gleichen herausfordernden Situationen erleben wie in der Vergangenheit, als eine Art »Bestrafung« durch unser Leben, durch Gott oder durch das Schicksal. Dennoch gibt es einen Grund, warum wir immer wieder mit den gleichen Herausforderungen konfrontiert werden, die die gleichen, alten gespeicherten Emotionen hervorrufen: Wenn es gespeicherte Emotionen gibt, können wir sicher sein, dass es noch etwas aus unserer Vergangenheit gibt (entweder aus unserem jetzigen

Leben oder aus vergangenen Lebenszeiten), das transformiert werden muss. Die Transformation ist essenziell, da es einen Teil von uns oder eine Gelegenheit in unserer Vergangenheit gibt, die wir in dieser vergangenen Situation abgelehnt haben und die wir noch nicht akzeptiert haben. Infolgedessen können wir weder vollständig sein noch können wir uns vollständig fühlen, da diese abgelehnten Teile von uns noch fehlen. Die »alten« Emotionen sind immer noch da, weil sie uns die Botschaft übermitteln müssen, dass es immer noch einige abgelehnte Teile von uns gibt, die wir unbedingt brauchen, um uns wieder ganz zu fühlen, um unser wahres Selbst zu sein und so unser volles Potenzial zu leben.

Jedes Mal also, wenn eine alte, gespeicherte Emotion in unser Bewusstsein aufsteigt, erschafft sie physisch, emotional und sehr oft sogar mental die Realität der vergangenen Situation, in der diese Emotion als die ultimative Realität angenommen wurde. Da wir diese ultimative Realität für wahr hielten, erschufen wir einige Glaubenssätze, die auf diesen Empfindungen basieren. Unsere erschaffenen Überzeugungen und unsere wahrgenommenen Emotionen reflektieren jedoch nur unseren vergangenen Zustand in Bezug auf unsere äußere Situation in der Vergangenheit. Als wir ein Kind waren, fühlten wir uns abhängig von unseren Eltern und brauchten sie unbedingt, um für uns zu sorgen.

Daher haben wir die Situation, dass sie wütend auf uns sind, zum Beispiel weil wir einen Fehler gemacht haben, als gefährlich und/oder bedrohlich assoziiert und wir haben vielleicht sogar begonnen, uns selbst die Schuld zu geben und die Tatsache abzulehnen, dass wir etwas »falsch« gemacht haben. Auf diese Weise wird die Assoziation zwischen dem Begehen eines Fehlers und den Emotionen von Bedrohung, Angst und Wertlosigkeit tief in uns gespeichert und blockiert einen Teil unserer Lebensenergie.

Später, in unserer Jugend und auch als Erwachsener, können wir immer wieder auf Lebenssituationen stoßen, die diese Emotionen hervorrufen, um sie in unser Bewusstsein aufsteigen zu lassen. Im ersten Moment, wenn dies geschieht, fühlen wir uns natürlich genauso wie in unserer Kindheit, wenn wir kritisiert werden, weil wir etwas »falsch« gemacht haben. Jetzt haben wir jedoch das Potenzial, uns um uns selbst und unsere Emotionen zu kümmern, wenn wir es schaffen, ihnen zuzuhören und zu verstehen, dass sie uns nur in den vergangenen Moment zurückführen wollen, damit wir einen Blick auf die Entstehung der Assoziation werfen können.

In einem zweiten Schritt, nachdem wir den Ursprung unserer Emotionen verstanden haben und die vergangene Situation auf emotionaler Ebene ein weiteres Mal bewusst erlebt haben, ist es ratsam, einen Blick auf die Assoziationen zu werfen, die wir haben und die aus diesem speziellen Moment »geboren« wurden. Zum Beispiel das Gefühl, wertlos zu sein, nachdem man einen Fehler gemacht hat, oder die Angst, allein gelassen zu werden, weil man einen Fehler gemacht hat. Wenn du sie identifiziert hast, ist es notwendig, sie einfach wahrzunehmen und die damit verbundenen Emotionen in dein Bewusstsein aufsteigen zu lassen. Im ersten Moment mag sich das furchtbar, schmerzhaft und unerträglich anfühlen. Du kannst dies jedoch als den ersten Schritt im Reinigungsprozess betrachten, in dem es notwendig ist, die alten Indoktrinationen, die damit verbundenen Emotionen und die daraus resultierenden blockierenden Glaubenssätze ein letztes Mal bewusst wahrzunehmen, um sie dann loszulassen und die gespeicherte Energie in unsere Lebensenergie umzuwandeln, die wiederum unser Potenzial erhöht. Während wir sie alle noch einmal beobachten, wahrnehmen und fühlen, ist es notwendig, so zentriert wie möglich zu bleiben. Wir sollten keine der oben genannten Methoden wie Unterdrückung oder Ignoranz anwenden, durch die man vermeiden kann, die eigenen Emotionen als das wahrzunehmen, was sie wirklich sind. Stattdessen ist es entscheidend, sie durch unseren Körper, unseren Geist und unser gesamtes energetisches System fließen zu lassen, während wir sie beobachten und zulassen, dass sie da sind. Nachdem wir dies getan haben, werden wir friedlicher und ruhiger sein, da wir sowohl die Emotionen als auch die Glaubenssätze akzeptiert haben, ohne sie abzulehnen.

Das Ergebnis ist, dass unsere emotionalen Anteile mehr in unser Wesen integriert sind und wir daher unsere Vergangenheit, unsere Emotionen und uns selbst mehr als das akzeptiert haben, was sie sind.

Metaphorisch gesprochen ist es so, als ob wir »Teile von uns selbst« in einer vergangenen Situation verloren haben und dank der aufkommenden Emotionen sind wir in der Lage, uns mit diesen »verlorenen Teilen« zu verbinden.

Wenn wir als Kind immer viele sehr kreative und manchmal sogar abstrakte Ideen hatten, aber ab einem bestimmten Moment haben unsere Eltern diese Ideen nicht mehr akzeptiert, weil wir ihrer Meinung nach erwachsen werden und aufhören sollten, uns so kindisch zu verhalten. Offensichtlich würden wir uns in einem solchen Moment von unseren Eltern abgelehnt fühlen, da sie einen wichtigen Teil unseres wahren Wesens verleugnen. Eine mögliche emotionale Reaktion auf diese Aussage könnte Frustration, Traurigkeit, Angst davor, wieder abgelehnt zu werden und vielleicht sogar Wut sein. Nichtsdestotrotz war der ›kreative und abstrakte Teil von uns‹ vor dieser Aussage sehr willkommen in unserem Leben. Allerdings wurde er von diesem Zeitpunkt an eher mit ›negativen‹ Emotionen assoziiert als mit angenehmen.

Später als Erwachsener treffen wir auf Menschen, die sich erlauben, neue Konzepte zu erschaffen und kreative Ideen zu haben, und so werden wir mit dem Teil von uns konfrontiert, den wir vor vielen Jahren abgelehnt hatten und der zusätzlich mit den Emotionen der Ablehnung und der Wut verbunden ist. Unterdrücken wir nun diese Emotionen oder versuchen wir, vor ihnen zu fliehen, indem wir Begegnungen mit diesen Menschen vermeiden oder bestimmte Aktivitäten exzessiv ausüben, werden wir nie die Möglichkeit haben, diese verlorenen Teile unseres Selbst zu integrieren.

Lassen wir die Emotionen hingegen fließen, wenn wir sie beobachten und fragen, warum sie hier sind, gibt es ein riesiges Potential, auf den »Pfad« geführt zu werden und genau die Situation gezeigt zu bekommen, in der wir unseren »kreativen Teil« abgelehnt haben. Bitte beachte, dass es mehr als eine Situation geben kann, in der wir einen bestimmten Teil von uns abgelehnt haben. Allerdings ist es zu Beginn schon sehr hilfreich und heilsam, dies mit der Situation zu tun, an die wir uns am meisten erinnern und die in der Regel die »schmerzhafteste« ist, weil wir dort die höchste »energetische Ladung« in Form von gespeicherten Emotionen und Glaubenssätzen finden können. Aus energetischer Sicht ist es so, als ob wir unseren »schöpferischen Teil« in einer vergangenen Situation verloren haben und dass das »kleine Kind in uns« immer noch in diesen Umständen feststeckt. Mehr noch, das »kleine Kind« nimmt immer noch die Emotionen der Ablehnung, Traurigkeit und Wut wahr und ist daher nicht bereit, den »kreativen Teil« zu akzeptieren und zu integrieren.

Es ist dann so, als wäre ein Teil von uns nicht reif geworden, als wäre er immer noch in der vergangenen Situation geblieben, anstatt von der Möglichkeit zu wachsen profitiert zu haben. Auch wenn das wie eine Art Strafe oder ein Umstand klingt, dem wir nicht entkommen können, ist es notwendig, in der Lage zu sein, diese gleichen Emotionen wahrzunehmen, wie wir sie in dieser speziellen Situation wahrgenommen haben und beginnen, genau so zu fühlen, wie wir es in diesem vergangenen Moment getan haben. Ohne diese Wahrnehmungen würden wir niemals in der Lage sein, diese »verlorenen Teile von uns selbst« zu integrieren und so besteht die Gefahr, dass wir niemals wieder vollständig werden. Die gespeicherten Emotionen sind aus einem sehr entscheidenden Grund da: Sie wollen uns die Botschaft übermitteln, dass es noch einige »Teile von uns selbst« gibt, die wir noch nicht integriert haben, sowie uns bewusst machen, dass es einige notwendige emotionale Erfahrungen gibt, die wir noch nicht als das wahrgenommen haben, was sie wirklich sind.

Um emotional erwachsen zu werden und emotionale »Reife« zu erlangen, müssen wir in der Lage sein, unsere emotionalen Erfahrungen als das wahrzunehmen, was sie wirklich sind: Wir brauchen die Erfahrung, wie es sich anfühlt, zum Beispiel der Freiheit beraubt zu sein, Liebeskummer zu haben, in tiefer Wut zu sein und/oder von jemandem verlassen zu werden, den wir lieben. Diese realen Lebenserfahrungen sind vielleicht nicht angenehm, aber es ist entscheidend sie bewusst wahrzunehmen, um uns selbst und vor allem den Kern unserer Seele mit den notwendigen Erfahrungen zu versorgen, die wir brauchen, um zu wachsen.

Aus diesem Grund macht es absolut Sinn, dass die Emotionen, die wir erleben, uns glauben lassen, dass die Realität, die wir erschaffen, wahr ist und dass wir den Eindruck haben, dass sie durch unsere äußeren Umstände verursacht wird. Natürlich wird die emotionale und mentale Realität, die wir erleben, größtenteils von vergangenen Erfahrungen und unserer Einstellung zur Situation und zu uns selbst beeinflusst. Doch in dem Moment, in dem wir eine intensive emotionale Reaktion erleben, sind wir selten in der Lage, ein solches Bewusstsein zu haben, so dass wir das realisieren können. Infolgedessen nehmen wir sie als eine ultimative Realität wahr und erleben die volle Auswirkung der aufsteigenden Emotionen. Normalerweise merken wir uns diese Realität, einschließlich aller herausfordernden Emotionen und Glaubenssätze, und so wird sie immer wieder erlebt, bis wir die Assoziationen vollständig verstehen, die Emotionen akzeptieren, unsere abgelehnten Anteile integrieren und die gespeicherte Energie in ihr volles Potential transformieren. Darüber hinaus ist es entscheidend, die aufsteigenden Emotionen bewusst zu erleben, indem wir sie wahrnehmen oder indem wir sie aufsteigen lassen, während wir mental die vergangene Situation nachstellen, aus der sie zuerst entstanden sind. In diesem Moment ist es notwendig, alle Empfindungen, die durch unseren Körper fließen, zu erleben und alle mentalen Glaubenssätze, die mit dieser Erfahrung verbunden sind, zu beobachten, während wir gleichzeitig zentriert bleiben und ein »bewusster Beobachter« sind, der weiß, dass es sich nur um Erfahrungen handelt und dass die wahre Realität eine andere ist.

Die Verbindung zum »bewussten Beobachter« ist ein anderer Ausdruck für die Verbindung zum Zustand des höheren oder des reinen Bewusstseins, der in diesem und in den nächsten Kapiteln näher erläutert wird.

Auf den ersten Blick mag es kompliziert erscheinen, beides gleichzeitig zu tun, dennoch ist es wie eine Art Trainingstechnik, die durch Wiederholung verbessert werden kann. Diese beschriebene Vorgehensweise ist einer der ersten Schritte, um die Emotionen wieder in unser wahres Selbst zu transformieren, so dass wir unser volles Potenzial mehr ausleben können. Mehr noch, wenn wir es schaffen, unsere Emotionen wahrzunehmen, ohne in ihnen zu »schwimmen« oder zu glauben, dass die Realität, die sie erschaffen, wahr ist, werden wir weniger von der äußeren Welt beeinflusst, ebenso wie weniger von unseren vergangenen emotionalen Zuständen und von unseren gegenwärtigen emotionalen Schwankungen.

Dadurch, dass wir weniger von ihnen beeinflusst werden, sind wir eher in der Lage, das Gesamtbild objektiver und klarer zu sehen, was uns beim Treffen von Entscheidungen und in der Interaktion mit Menschen hilft. Das bedeutet nicht, dass wir unsere Persönlichkeit auslöschen sollten, ganz im Gegenteil; durch die Unterscheidung zwischen unseren Emotionen, die von der Vergangenheit beeinflusst sind, und unserer wirklichen inneren Einstellung zu der gegebenen Situation oder der zu treffenden Entscheidung, sind wir dazu in der Lage, eine Entscheidung zu treffen, die auf dem basiert, was wir innerlich als das Richtige empfinden. Wenn wir es schaffen, mehr und mehr zu verstehen, was uns unsere Emotionen aus der Vergangenheit sagen wollen, und wenn wir die »verlorenen Energiestücke« allmählich integrieren, werden wir wieder mehr wir selbst und sind zunehmend in der Lage, das Leben zu erschaffen, das wir uns wünschen, statt unsere vergangene Realität zu wiederholen.

Darüber hinaus sind wir dank der gemachten und transformierten emotionalen Erfahrungen in der Lage, unser Bewusstsein zu erweitern, wenn wir die emotionale Reaktion und die Realität, die sie erschafft, klar wahrnehmen können. Zudem ist es essenziell in der Lage zu sein, zentriert zu bleiben und bewusst zu wissen, dass diese »erschaffene Realität« nicht die gegenwärtige Wahrheit ist, vielmehr eine »wahrgenommene Wahrheit« aus unserer Vergangenheit, die »hochkommen« musste, um verstanden zu werden. Metaphorisch gesprochen schaffen wir es, immer weniger an die Illusion zu glauben, die von unseren Emotionen erschaffen wird, wir sind in der Lage, eine Emotion nach der anderen zu heilen und zu integrieren und schließlich wieder ganz zu werden und beginnen, unser eigenes Leben so zu erschaffen, wie wir wirklich sind.

Was kann uns helfen, herauszufinden, was unsere Emotionen uns sagen wollen?

In dem Moment, in dem eine Emotion auftaucht und uns glauben lässt, dass die Realität, die durch sie erschaffen wird, wahr ist, kann es schwierig sein die Botschaft zu identifizieren, die versucht, übermittelt zu werden. Dies geschieht, weil die aufkommenden Emotionen nicht nur einen Einfluss auf die Empfindungen haben, die wir in unserem Körper wahrnehmen und auf unsere mentalen Prozesse, sondern sie beeinflussen auch die Hormone, die wiederum weitere Empfindungen in unserem Körper und Reaktionen in unserem »emotionalen« und vor allem in unserem »rationalen« Teil des Gehirns hervorrufen.

Wie wir wissen, ist der »rationale« Teil des Gehirns (hauptsächlich der Frontallappen) der Teil, der den »Überblick« über die Situation hat, der für die Ausführung von Handlungen verantwortlich ist und die kognitiven Prozesse, wie das Analysieren oder die

Selbstkontrolle, leitet. Was wir vielleicht auch wissen, ist, dass in dem Moment, in dem eine intensive emotionale Reaktion durch eine äußere Situation oder auch nur durch das Nachdenken über die emotionsauslösende Situation ausgelöst wird, unser rationales Gehirn daran gehindert wird, auf eine »normale Weise« zu funktionieren. Folglich wird es schwierig, sofort mit einem klaren und zentrierten Geist auf die gegenwärtige Emotion zu reagieren. Der Grund dafür, dass unser rationales Gehirn von einer sofortigen Reaktion »blockiert« wird und unser emotionaler Teil des Gehirns in einem solchen emotionalen Moment mehr Einfluss hat, liegt weit in der Vergangenheit. Da die emotionale Reaktion auf etwas viel schneller ist als die langsame, analysierende und rationale Reaktion, war und ist es eine lebenswichtige Notwendigkeit, um zu überleben und so schnell wie möglich auf potentielle Gefahren reagieren zu können. Im Falle eines Autounfalls oder einer anderen Gefahr, macht es Sinn, weil es die Zeit reduziert, die wir haben, um darauf zu reagieren. Und wie wir wissen, sind die natürlichen menschlichen Reaktionen auf Gefahr meist, dagegen anzukämpfen, davor zu fliehen oder sich totzustellen, was identisch ist mit den Methoden, die viele Menschen anwenden, um die gegenwärtigen Emotionen nicht als das wahrzunehmen, was sie wirklich sind.

Der Punkt, den ich hier betonen möchte, ist, dass es (zumindest in einigen Fällen) absolut sinnvoll ist, sofort auf eine solche »äußere Gefahr« zu reagieren, die eine bestimmte Art von Emotion hervorruft. Es ist jedoch nicht immer notwendig, so intensiv zu reagieren, indem wir die Hauptfunktionen des rationalen Teils des Gehirns »abschalten«, wenn alte gespeicherte Emotionen, wie Traurigkeit oder Wut, in unser Bewusstsein aufsteigen. Wir müssen verstehen, dass wir, wenn wir eine so intensive »unnötige« Reaktion auf etwas haben, wahrscheinlich Dinge sagen könnten, die wir nicht meinen oder sogar andere oder uns selbst verletzen, weil wir uns bedroht fühlen, auch wenn es keine tatsächliche Bedrohung gibt. Einer der Hauptgründe, warum diese Reaktionen passieren, ist, dass unser neurologisches System Assoziationen zwischen bestimmten Emotionen und der Notwendigkeit, auf eine potentielle Gefahr zu reagieren, hergestellt hat.

Wenn unsere Emotionen eine solche Verschiebung der Realität erzeugen, die sogar die Funktionsweise unserer Gehirnfunktionen beeinflussen kann, wie können wir dann herausfinden, was sie uns sagen wollen? Ich bin mir sicher, dass jeder von uns schon einmal die Erfahrung gemacht hat, sich rational bewusst zu sein, dass wir vor bestimmten Dingen keine Angst zu haben brauchen. Zum Beispiel Situationen wie Prüfungen, ein Flug mit dem Flugzeug, unser Partner antwortet ein paar Stunden lang nicht auf unsere Nachrichten und/oder wir werden von jemandem kritisiert, dennoch können wir in solchen Situationen eine ziemlich intensive emotionale Reaktion haben. Wie bereits erwähnt, kann unsere intensive emotionale Reaktion unsere Gedanken und vor allem unsere Wahrnehmung dessen, was vor sich geht, beeinflussen. Darüber hinaus kann es dazu führen, dass wir uns »Worst-Case-Szenarien« ausdenken, die einen erheblichen Einfluss auf unsere Gedanken haben, was wiederum eine noch intensivere und herausfordernde emotionale Reaktion hervorrufen kann.

Es ist ein Teufelskreis, denn es ist schwierig, einen klaren Verstand zu behalten und sich nicht von den eigenen Gedanken täuschen zu lassen. Genau das beobachte ich in den ersten Sitzungen, wenn ich mit meinen Klienten zu arbeiten beginne: Sie halten ihre Realität für wahr, stecken in ihren Emotionen fest und einige von ihnen wollen sogar, dass ich ihnen helfe, ihre Emotionen loszuwerden. Ihre Gedanken sind so sehr von ihren Emotionen beeinflusst, dass es eine enorme Anstrengung erfordert, klar zu denken und einen Schritt »aus dieser Situation heraus« zu machen, um wahrnehmen zu können, dass ihre Realität anders sein könnte. Die meisten Menschen denken, dass ihre Emotionen die Wurzel ihres Leidens seien und beginnen deshalb, sie zu unterdrücken oder zu ignorieren. Andere wiederum fangen an, vor ihren Emotionen zu fliehen oder beginnen, die »Opferrolle« zu spielen. Doch nur wenige Menschen entscheiden sich dafür, sie einfach wahrzunehmen und haben den Mut, sich mit ihren Empfindungen zu konfrontieren. Das liegt wahrscheinlich an der alten Überzeugung, dass man unseren Emotionen gegenüber machtlos ist und dass das, was wir durch unsere Emotionen und Gedanken wahrnehmen, die ultimative Realität ist, in der wir gezwungen sind zu leben.

Nichtsdestotrotz müssen wir wissen, dass wir die Fähigkeit und das Potenzial haben, dies zu durchbrechen und unsere »alte Realität« in die Lebensumstände zu transformieren, die wir uns aus der Tiefe unseres Herzens wünschen. Was wir auch wissen müssen, ist, dass wir in unserem Leben nur mit Herausforderungen konfrontiert werden, die wir überwinden können und diese Chance nutzen können, um zu wachsen, ohne unsere Emotionen unterdrücken oder vor ihnen fliehen zu müssen. Wenn wir uns nicht mit unseren Emotionen konfrontieren wollen, berauben wir uns selbst, unsere verlorenen Anteile zu integrieren, uns tiefer zu verstehen und das Leben zu erschaffen, das wir uns wünschen.

Stellten wir uns unseren Emotionen nicht, wäre es so, als würden wir uns nicht mit uns selbst konfrontieren wollen. Ich sage das, weil wir durch unsere Emotionen so viel mehr über unser wahres Selbst herausfinden können, einfach indem wir den Prozess des Wahrnehmens, Verstehens und Annehmens all der Erfahrungen, die wir bisher in diesem und in vergangenen Leben gemacht haben, durchlaufen. Wenn wir den Grund verstehen, warum es so wichtig ist, unsere Emotionen wahrzunehmen und ihnen zuzuhören und wenn wir in der Lage sind, den Glauben anzunehmen, dass wir das Potential haben, alles zu lösen, mit dem wir konfrontiert werden, wird es leicht sein, auf das zu hören, was unsere Emotionen uns sagen wollen. Dies kann sogar in einem »kritischen Moment« geschehen, in dem unsere Emotionen versuchen, uns glauben zu machen, dass unsere alte Realität wahr ist, damit wir die Möglichkeit haben, sie noch einmal wahrzunehmen, bevor wir sie akzeptieren und transformieren.

Dank meiner eigenen Erfahrung, dass ich die Kraft und die Fähigkeit habe, meine alten gespeicherten Emotionen und die damit verbundene Realität in das zu transformieren, was ich mir zutiefst wünsche, weiß ich tief im Inneren, dass jeder von uns das Potenzial hat, dies ebenfalls zu tun. Eine solch tiefe Überzeugung zu haben hilft mir in Momenten, in denen herausfordernde Emotionen in meinem Bewusstsein auftauchen, einen klaren Geist zu bewahren. Zusätzlich ist es mir dienlich, wenn ich mit meinen Klienten arbeite und sie Dinge sagen wie, dass es unmöglich sei, ihre Lebensumstände zu ändern, dass sie denken, dass sie in diesem bestimmten emotionalen Zustand bis zum Ende ihres Lebens leben müssten und dass sie keine andere Wahl hätten als sich zu ergeben und das Beste daraus zu machen. Wenn sie mir solche Dinge erzählen, lächle ich sie liebevoll an und sage auf eine zuversichtliche Art und Weise, dass es immer eine Lösung gibt und dass wir diese nur finden müssen. Die meisten Menschen staunen über meine Worte, aber durch meine innere Überzeugung sind einige von ihnen in der Lage, diesen Schritt abseits ihrer Realität zu machen und ihre aktuelle Lebenssituation aus einem anderen, beruhigenderen Blickwinkel wahrzunehmen.

In diesem Moment werden die Samen gepflanzt, um eine andere, positivere Reaktion auf unsere sich wiederholenden und den

Verstand täuschenden emotionalen Zustände zu erschaffen. Das ist genau das, was ich auch dir sagen kann: »Es gibt immer eine Lösung, durch die man sich besser fühlen und mehr und mehr das Leben erschaffen kann, das man sich zutiefst wünscht.« Erstens müssen wir jedoch lernen, wie wir mit unseren Emotionen in einem »kritischen Moment« umgehen können – und zweitens, erkennen, dass die alte, erschaffene Realität nicht wahr ist und sie als eine Illusion zu begreifen, welche aus unserer Vergangenheit stammt. Drittens ist es wichtig, sich zu fragen, was wir uns anstelle dieser alten Realität wünschen. Es ist notwendig, sich mit unserem inneren Selbst zu verbinden, während wir uns diese Fragen stellen, um zwischen den Wünschen unserer Seele und den Begierden unseres Egos zu unterscheiden. Nachdem wir wahrgenommen haben, was es ist, was wir uns wünschen, können wir beginnen zu analysieren, was der Unterschied zwischen unserem gegenwärtigen emotionalen Zustand und dem emotionalen Zustand ist, den wir in der Zukunft erreichen möchten.

Ein Beispiel, wie es angewendet werden könnte

An dieser Stelle möchte ich dir ein Beispiel dafür geben, was ich genau meine und es etwas genauer besprechen, um dir eine Hilfestellung zu geben, dies zu praktizieren. Stell dir vor, du bist in einer Beziehung und du und dein Partner seid verliebt und habt Pläne, zusammenzuziehen, damit ihr immer in der Nähe des anderen sein könnt. Du hast den Eindruck, dass einer deiner größten Wünsche in Erfüllung gehen wird: für jemanden das »Ein und Alles« zu sein und so geliebt zu werden, wie du bist. Das Problem dabei ist, dass du in deiner Kindheit dieses Gefühl des Geliebtwerdens nicht erfahren hast, weil du eines von zwei Kindern warst und deine Eltern, die mit der Erziehung von zwei Kindern ziemlich überfordert waren, dir deshalb nicht die ganze Liebe geben konnten, die du brauchtest. Außerdem hattest du immer den Eindruck, dass sie deinem Geschwisterchen mehr Aufmerksamkeit schenkten, da es viel sensibler zu sein schien und mehr Hilfe brauchte und du wiederum »kämpfen« musstest, um die Liebe deiner Eltern zu erhalten. Als Ergebnis hast du den Glauben erschaffen, dass du weniger wert bist und weniger wert bist, so geliebt zu werden, wie du bist. Der Wunsch, für jemanden »das Ein und Alles« zu sein und so geliebt zu werden, wie du bist, war jedoch immer tief in dir vorhanden, auch wenn du ihn unterdrückt hast, damit du nicht zu sehr unter dem Mangel an Liebe in deinem Leben leidest. Jetzt, dank deines Partners, hast du erkannt, dass du dich immer noch danach sehnst, geliebt und akzeptiert zu werden, ohne darum kämpfen zu müssen, dennoch ist da immer noch die widersprüchliche Überzeugung in dir, nicht würdig genug zu sein und weniger wert zu sein, von anderen geliebt zu werden.

Infolgedessen kannst du viele Verhaltensweisen deines Partners zweideutig interpretieren, zum Beispiel, wenn er ohne dich mit Freunden ausgeht. Auf der einen Seite wirst du wissen, dass es etwas ist, was dein Partner mag und braucht und dass es nichts mit dir zu tun hat. Auf der anderen Seite könntest du dich weniger geliebt fühlen, weil er dich nicht eingeladen hat, mitzukommen. Und diese Wahrnehmung, weniger geliebt zu werden, erzeugt wiederum negative Gedanken und verstärkt die alten Glaubenssätze, die immer noch da sind. Auch wenn dein Partner mit jemandem spricht, den du als potenziellen Partner für ihn wahrnehmen könntest, ist die Wahrscheinlichkeit sehr hoch, dass du eifersüchtig wirst und anfängst, dich unsicher zu fühlen. Wenn du zu lange in diesen alten Emotionen verweilst, diese Gedanken zu lange dort sein lässt und sogar anfängst zu glauben, dass dies die Realität ist, kann es sogar dazu führen, dass dich dein Partner eines Tages betrügt. Dies geschieht, weil du deine Realität basierend auf deinen Überzeugungen und den damit verbundenen Emotionen erschaffst.

Was du hier wissen musst, ist, dass dieses »Worst-Case-Szenario« aufgrund deiner alten, nicht transformierten Emotionen, Gedanken und Glaubenssätze erschaffen wird, die mit den alten Emotionen und Glaubenssätzen deines Partners interagieren. Nach dem Gesetz der Resonanz, das in den folgenden Kapiteln erklärt wird, ziehen wir immer die Situationen und Menschen in der äußeren Welt an, die unsere emotionale Realität, unsere Überzeugungen und Glaubenssätze in unserer inneren Welt repräsentieren. Und unsere innere Welt wiederum ist geprägt von unseren Lebensumständen, Verhaltensweisen unserer Eltern und Interaktionen mit anderen Menschen in unserer Kindheit, sowie von den ungelösten Überzeugungen und emotionalen Realitäten aus unseren vergangenen Leben. Wir werden mit Situationen konfrontiert, die diese alten emotionalen Zustände hervorrufen, die wiederum die alte Realität erneut erschaffen, bis wir sie schließlich transformieren und unsere abgelehnten Anteile akzeptieren.

Gehen wir zurück zum Beispiel: Stell dir vor, das Worst-Case-Szenario ist für dich wahr geworden und aus irgendeinem Grund ist es passiert, dass dein Partner dich betrogen hat, was dir großen emotionalen Schmerz bereitet und dein Herz ihm gegenüber »bricht«. Diese Situation kann viele intensive Emotionen in dir aufsteigen lassen: Betrug, Trauer, Schmerz, Traurigkeit, Wut und Ablehnung. Das sind all die Emotionen, die du als Kind gefühlt hast: weniger geliebt oder sogar ungeliebt zu sein, eine andere Person, die wichtiger ist als du (genau wie bei der Geburt deines Geschwisters) und Täuschung, weil die Person, die du am meisten geliebt hast und auf die du dich am meisten verlassen hast, dich betrogen hat. Außerdem hast du Traurigkeit, Wut und Schmerz empfunden, weil du den Eindruck hattest, von der anderen Person abgelehnt zu werden, und als Folge davon hast du begonnen, dich selbst in irgendeiner Weise abzulehnen. In einem solchen kritischen Moment hast du die Wahl, eine der vier

Möglichkeiten zu wählen, die Emotionen nicht als das wahrzunehmen, was sie sind und zum Beispiel nach außen zu flüchten, indem du viel Alkohol trinkst oder exzessiv Sport treibst.

Alternativ könntest du dich entscheiden, dich mit den aufsteigenden Emotionen zu konfrontieren und sie so wahrzunehmen, wie sie sind. Sei dir aber bewusst, dass dies eine Herausforderung sein kann, wenn du es nicht gewohnt bist, deine Emotionen so wahrzunehmen, wie sie sind, erstens, weil du mit einer alten Gewohnheit brichst und zweitens, weil du näher in Kontakt mit deinem wahren Selbst kommst. Das kann beängstigend sein; dennoch, wenn du in der Lage bist, es auf angemessene Weise zu tun, deinen Emotionen zu erlauben zu fließen und ihre Botschaft zu verstehen, kann es so heilsam sein und zu deiner spirituellen Entwicklung beitragen.

Stell dir vor, du hast die erste Option gewählt und nimmst deine Emotionen nicht als das wahr, was sie sind. Infolgedessen verurteilst du deinen Partner, schwelgst in dem Eindruck, ungeliebt zu sein und weil du diese Empfindungen mit deinem Partner verbindest, entscheidest du dich, dich von ihm zu trennen. Einige Monate später verliebst du dich wieder und nimmst den Wunsch wahr, geliebt und akzeptiert zu werden und gibst dein Bestes, damit sich deine vergangenen negativen Erfahrungen nicht wiederholen. Allerdings hast du jetzt noch mehr gespeicherte Emotionen, die mit den Eindrücken verbunden sind, ungeliebt zu sein und weniger wichtig zu sein als jemand anderes. Das bedeutet, dass es eine größere »energetische Ladung« gibt, die wieder mehr schmerzhafte Situationen anziehen wird, die deine inneren emotionalen Überzeugungen widerspiegeln. In deiner neuen Beziehung wirst du wahrscheinlich große Angst davor haben, wieder betrogen zu werden, und du wirst ziemlich eifersüchtig sein und versuchen, alles zu tun, um zu verhindern, dass dein Partner alleine auf Partys geht.

Außerdem fängst du vielleicht an, jede potentielle »Gefahr« wahrzunehmen, was wiederum dazu führen könnte, dass du einen ähnlichen Schmerz erlebst, der, wenn du damit arbeitest, als Auslöser fungieren könnte und dir hilft, schnell darauf zu reagieren, um ihn zu vermeiden. Das Problem bei diesem Verhalten ist, dass du, indem du es befolgst, tatsächlich die Wahrscheinlichkeit erhöhst, dass es wieder passieren wird, da deine Energie immer dorthin geht, wohin deine Aufmerksamkeit gerichtet ist. Mit anderen Worten, du lieferst die Energie, um diese Situation anzuziehen, die dir passiert. Aus energetischer Sicht macht es jedoch durchaus Sinn, dass du so auf diese »potentiellen Gefahren« fixiert bist, denn es ist mehr »energetische Ladung« damit verbunden als mit der Situation, geliebt zu werden und deinem Partner vertrauen zu können. Wie du sehen kannst, spiegelt deine äußere Welt wieder einmal deine innere Welt wider und wenn du dich nicht mit deinen inneren realen Emotionen konfrontierst, wirst du weiterhin in dieser alten Realität leben, bis du sie schließlich transformierst.

Nach einigen Monaten oder sogar Jahren könnte das Gleiche wieder passieren: Dein Partner betrügt dich mit jemand anderem und du erfährst es nur durch Zufall. Welche Emotionen würden in dieser Situation aufkommen? Wie würdest du dich fühlen? Wahrscheinlich würdest du noch mehr Kummer, Schmerz und Traurigkeit empfinden. Und wenn du dich wieder für die erste Option entscheidest, zu vermeiden, die wahren Emotionen in diesem Moment wahrzunehmen, wird es wieder und wieder passieren. Was du auch wissen musst, ist, dass wenn du sie in diesem Leben nicht transformierst, wirst du im nächsten Leben damit konfrontiert werden, bis du sie endlich transformierst. Ein sehr wichtiges Element, an das wir uns erinnern müssen, ist, dies nicht als Bestrafung wahrzunehmen, sondern es als eine Gelegenheit zu sehen, endlich alle unsere verlorenen »Seelenstücke« zu integrieren und somit wieder ganz zu werden.

Wenn du dich jedoch dazu entscheidest, dich mit den wirklichen Emotionen und Assoziationen zu konfrontieren, hast du die Möglichkeit, deine innere Welt zu verändern und als Ergebnis wirst du andere Menschen und Lebensumstände zu dir ziehen, und vor allem wirst du mehr inneren Frieden fühlen und eine positivere Einstellung zu dir selbst haben. Mit anderen Worten, indem du deine innere Realität transformierst, wird sich auch deine äußere Realität verändern.

Angenommen, du hast dich für die zweite Option entschieden und willst dich davon befreien, ständig die schmerzhaften und emotional verheerenden Situationen anzuziehen. Nun ist eines der wichtigsten Dinge, die du zuerst tun musst, bevor du anfängst, einen tieferen Blick in deine innere emotionale Welt zu werfen, einen Ort zu finden, an dem du dich wohlfühlst und wo dich niemand ablenken kann.

Wenn du es dir bequem gemacht hast, sei es im Sitzen oder im Liegen, frage dich, wie du dich wirklich innerlich fühlst und versuchen, es ohne jegliche Verurteilung wahrzunehmen, ob es »von der Gesellschaft gut angesehen wird oder nicht«. Fühle einfach, was in dir vorgeht und erlaube allen Gedanken und Emotionen, ganz natürlich zu kommen und zu gehen.

Wie bereits erwähnt, haben viele von uns begonnen, sich durch die sogenannten »gesellschaftlichen Normen« einzuschränken, was man fühlen »darf« oder nicht und was als positiv oder negativ angesehen wird. Diese Tatsache allein verursacht schon die Wahrnehmung, nicht auf eine bestimmte Art und Weise fühlen zu dürfen, was wiederum zu einem noch repressiveren Verhalten gegenüber sich selbst und seinen Emotionen führt, nur aufgrund der alten Indoktrinationen aus der äußeren Welt. Deshalb ist ein weiterer wichtiger Punkt, unseren Emotionen zu erlauben, einfach da zu sein und ihnen die Erlaubnis zu geben,

zu fließen und sich bemerkbar zu machen, anstatt sie zu unterdrücken und ihnen die Möglichkeit zu nehmen, einfach da zu
sein und dir die Botschaft zu übermitteln, die sie brauchen, um
von dir anerkannt zu werden. Ein weiterer entscheidender Punkt
ist, dass du die Tatsache berücksichtigen musst, dass, während
du deine Emotionen aufsteigen lässt und sie in deinem Körper
wahrnimmst, sie deinen Verstand wirklich täuschen können. Wie
bereits erwähnt, haben sie die Fähigkeit, die Gehirnfunktionen,
die für das logische und rationale Denken verantwortlich sind,
zu behindern.

Deshalb ist es unabdingbar, dass du deine Emotionen aus
der Vogelperspektive wahrnimmst, damit du nicht anfängst,
in ihnen zu »schwimmen« oder dich in ihnen zu »verlieren«,
sondern die Fähigkeit hast, sie so wahrzunehmen, wie sie sind
und dich mit dem konfrontieren kannst, was du wirklich fühlst.
Wenn du es nicht schaffst, in einem solch extrem intensiven
emotionalen Moment zentriert zu bleiben, was völlig verständlich ist, versuche zuerst, deine Emotionen natürlich fließen zu
lassen und dann, an einem Punkt, kannst du beginnen, dich zu
zentrieren, indem du dich auf deinen Atem konzentrierst.

Auf diese Weise kannst du Leichtigkeit in die Situation bringen
und dich gleichzeitig von deinen Emotionen distanzieren und
mit der inneren Ruhe verbinden, die in jedem von uns steckt.
Ein entscheidender Punkt bei dieser Dissoziation von deinen
Emotionen ist, dass du sie zunächst unbedingt fließen lassen
musst, um ihnen den Raum zu geben, den sie brauchen und um
die Realität, die sie darstellen, bewusst wahrzunehmen, bevor
du dich von ihnen dissoziierst. Der Begriff Dissoziation wird
hier verwendet, um die Bedeutung zu vermitteln, dass man sich
zunächst zentrieren und bewusst mit einer anderen inneren
»Art von Energie« verbinden muss, die man auch als »Geisteszustand« bezeichnen kann. Nachdem man dies getan hat, lässt

man seinen Geist nicht mehr von den gegenwärtigen Emotionen
täuschen und beginnt zu glauben, dass sie der einzige emotionale
Zustand sind, in dem man gerade sein kann. Ein entscheidender
Punkt in Bezug auf die Fähigkeit, sich von den gegenwärtigen
Emotionen zu dissoziieren und sich zu zentrieren, ist die Fähig-
keit, die gegenwärtige Situation und die damit verbundene Wut,
Traurigkeit oder Irritation loszulassen.

Was du in diesem Zusammenhang wissen musst, ist, dass du
derjenige bist, der entscheiden kann, ob du diese Emotionen
in deinem energetischen System behalten willst oder ob du sie
und die Situation so akzeptieren willst, wie sie sind. In einem
zweiten Schritt kannst du sie verstehen, integrieren und schließlich transformieren und somit loslassen, damit du dich von
dem emotionalen Schmerz befreien kannst. In dem Moment, in
dem du dich von deinen Emotionen dissoziierst und sie loslässt,
nachdem du sie als das wahrgenommen hast, was sie sind, bist
du in der Lage, die Situation aus einer höheren Perspektive zu
betrachten und sie aufgrund des tieferen Verständnisses aus
einer spirituelleren Sichtweise zu akzeptieren. Wenn du dich
von einer alten Emotion trennst und dich mit einem neuen
Geisteszustand verbindest, ist der empfehlenswerteste Zustand,
mit dem du dich verbindest, der der inneren Ruhe, die in jedem
von uns ist.

Alles, was wir tun müssen, ist ihn zu finden. Einer der effektivsten Wege, uns zu erlauben, ihn zu finden, ist, uns auf unseren
Atem zu konzentrieren und uns dessen bewusst zu sein, wie er
ein- und ausgeht. Wir können beobachten, dass unsere Atmung
beginnt, langsamer und tiefer zu werden und indem wir dies für
eine kurze Zeit tun, beginnen wir uns zu beruhigen. Während
du deine Zentriertheit erhöhst, nimmst du vielleicht wahr,
dass sich auch deine Emotionen beruhigen. In diesem Moment
beruhigt sich auch der Stress, der durch die emotionale Reaktion

verursacht wurde, und du kannst vielleicht klarer denken und die tiefere Bedeutung deiner emotionalen Reaktion verstehen. Es ist extrem wichtig, die Botschaft der Emotionen zu erkennen, bevor du sie transformierst und eine neue, günstigere Realität erschaffst.

Nehmen wir das Beispiel, von jemandem betrogen worden zu sein, den du wirklich tief geliebt hast, könntest du dich sehr traurig, verletzt, zurückgewiesen und/oder weniger geliebt fühlen. Du könntest wütend sein wegen des Verhaltens deines Partners, wütend auf dich selbst wegen des Eindrucks, es nicht verhindert zu haben und du könntest sogar anfangen, Wut auf »Gott« zu empfinden oder auf die Hilflosigkeit, die man bezüglich der Ungerechtigkeit des Lebens empfindet. Kurz gesagt, du befindest dich in einem emotionalen Zustand, in dem du eine Menge emotionalen Schmerz erleben kannst und dein energetischer Zustand scheint eher niedrig und schwer zu sein und nicht in einem leichten, unbeschwerten Zustand.

Was diese Situation noch schlimmer macht, ist, dass dieser Zustand dich glauben lässt, dass die gegenwärtige Situation noch schrecklicher ist, als sie tatsächlich ist, und obendrein kann er dich auch dazu bringen, deine Zukunft in Bezug auf zukünftige Beziehungen in einem unglücklichen Licht wahrzunehmen. Metaphorisch gesprochen ist es so, als wäre dein Geist von einer Nebelwand aus Emotionen, in der du dich abmühst, einen klaren Blick auf die Situation zu bekommen und in der du den höheren Zweck von allem nicht verstehst.

Was ist die Lektion in all dem?

**Im Buddhismus heißt es, dass wir nur dann
Erleuchtung finden können, wenn wir nicht mehr
an die Illusionen glauben, die unser Verstand
und unsere Emotionen erzeugen …**

Um spirituell zu wachsen und einen höheren Bewusstseinszustand zu erreichen, müssen wir verschiedene Arten von
Tests bestehen, um zu beweisen, dass wir bereit für die nächste
Stufe sind und um zu zeigen, dass wir tief im Inneren wirklich
unser wahres Selbst sein wollen. Wir können daher die oben
beschriebene sehr kritische und schmerzhafte Lebenssituation
als einen solchen Test betrachten. Während wir uns in dem
Zustand befinden, in dem wir mit einigen alten, einschränkenden
Glaubenssätzen aus unserer Vergangenheit »von einer Nebelwand aus Emotionen« bedeckt sind, können wir uns entweder
dafür entscheiden, diese Realität zu glauben und unser Leben
auf den Einschränkungen dieser Illusion aufzubauen. Oder wir
können uns alternativ dazu entscheiden, die Verantwortung für
unsere Emotionen und Sinneswahrnehmungen zu übernehmen,
die innere Motivation zu finden, unser Leben in seinem Kern zu
verändern und eine neue Art von Verhaltensweisen zu erschaffen,
anstatt nur die alten indoktrinierten Muster zu wiederholen.

Wie können wir dies in die Praxis umsetzen? Aus meiner
persönlichen und beruflichen Erfahrung kann ich dir sagen,
dass jeder etwas anders ist, was den besten Weg zur Integration
und Transformation seiner Emotionen und zur Veränderung
alter indoktrinierter Muster angeht. Dennoch möchte ich
die gängigsten Methoden beschreiben, die mir und anderen
geholfen haben, in ihrem Prozess der inneren Transformation
voranzukommen.

Der erste Schritt zur Heilung unseres emotionalen Schmerzes
besteht darin, unseren Emotionen den Raum zum Fließen zu

geben, anstatt sie zu unterdrücken, was energetische Blockaden erzeugt. Wenn wir dies auf die oben beschriebene kritische Situation anwenden, in der wir den Schmerz wahrnehmen, betrogen worden zu sein, gibt es mehrere Möglichkeiten, wie wir die Emotionen loslassen können: durch Weinen, durch Schreien oder indem wir uns einfach auf den Boden setzen oder im Bett liegen und die Empfindungen, die sich durch unseren Körper bewegen, bewusst wahrnehmen. Dadurch lassen wir nicht nur alle Emotionen los, die mit der gegenwärtigen Situation verbunden sind, sondern wir erlauben auch den alten gespeicherten Emotionen aus ähnlichen vergangenen Situationen zu fließen. Während wir unsere Emotionen loslassen, ist es essentiell ihnen zuzuhören, um zu verstehen, wie sie uns dazu bringen die aktuellen Umstände, in denen wir uns befinden, wahrzunehmen und, was noch wichtiger ist, um herauszufinden, was sie brauchen, um geheilt zu werden.

Metaphorisch gesprochen sind unsere Emotionen wie kleine Menschen, die ihre eigene Sichtweise haben und daher die Welt auf unterschiedliche Weise wahrnehmen können.

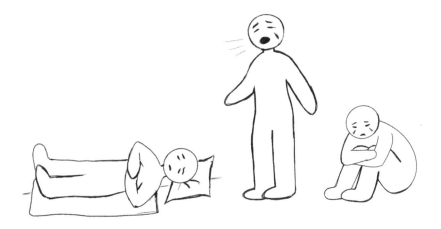

Für ihre Integration und Transformation ist es sehr hilfreich, ihre Sichtweisen bewusst anzuerkennen, denn das ist für unser spirituelles Wachstum notwendig. Indem wir sie verstehen, hilft es uns, einen Weg zurück zu unserem inneren Frieden zu finden, und indem wir dies immer wieder mit unseren Emotionen tun, werden wir immer geschickter darin, unseren eigenen Glauben an die Realität, die wir auf der Grundlage unserer emotionalen Wahrnehmungen erschaffen haben, zu überwinden und so frei von diesem begrenzenden Zustand zu werden.

**Wenn wir all unseren »schmerzhaften«
Emotionen erlauben zu fließen,
können wir uns fragen: »Wie fühle ich mich?«**

Mögliche Antworten wären emotionale Zustände wie: traurig, abgelehnt, schrecklich, ungeliebt, wütend oder enttäuscht. Damit haben wir unseren Fokus bereits von der äußeren Situation auf unsere innere Welt verlagert, hier kann die eigentliche Transformation stattfinden. Wie wir nun wissen, kann die Fokussierung auf die äußere Situation sehr oft beinhalten, die andere Person oder sich selbst zu beschuldigen, was bedeutet, dass wir unsere eigenen Emotionen »alleine« lassen, weil sich die Aufmerksamkeit von ihnen abwendet und auf etwas anderes zentriert, wie zum Beispiel die Person, die die Emotionen entstehen ließ oder die herausfordernde äußere Situation.

Während wir unsere Emotionen wahrnehmen, wie etwa Traurigkeit oder den Eindruck, abgelehnt zu werden, können wir beginnen, uns zu fragen, warum genau wir uns so fühlen und/oder was diese Art von emotionalem Zustand verursacht hat. Mögliche Antworten auf diese Frage könnten sein, dass wir uns so fühlen, weil wir verlassen wurden; oder weil wir nicht genug geschätzt wurden; oder weil wir betrogen wurden; oder weil wir den Eindruck haben, dass unsere tiefsten Herzenswünsche gerade abgelehnt wurden. Der Moment, in dem wir uns klarer mit dem identifizieren können, was in uns vorgeht, ist sehr entscheidend, denn er erlaubt uns ein tieferes Verständnis von uns selbst und ermöglicht es uns, viel schneller eine Lösung zu finden.

Wenn wir jedoch noch nicht in der Lage sind, es herauszufinden, empfehle ich, einfach präsent zu sein, denn vielleicht wird der Grund oder die tiefere Bedeutung später auftauchen. Worauf wir achten müssen, ist, dass wir nicht anfangen, in unseren Emotionen zu »schwimmen« und uns als Opfer des Lebens wahrzunehmen und machtlos zu sein, wenn es darum geht, unsere aktuellen Umstände aktiv zu verändern. Was uns helfen kann, uns nicht so hilflos zu fühlen und stattdessen in der Lage zu sein, uns von unseren Emotionen zu dissoziieren, ist die Vorstellung, dass jede einzelne Emotion wie eine »kleine Person« ist, die ihren Standpunkt und ihren momentanen emotionalen Zustand hat. Wir können uns vorstellen, dass alle unsere gegenwärtigen Emotionen nur kleine Teile von uns sind, die die Welt auf ihre individuelle Art und Weise wahrnehmen und daher unterschiedliche Emotionen gegenüber der äußeren Situation haben, von denen einige vielleicht intensiver und andere sanfter sind. Wir müssen uns jedoch daran erinnern, dass die Emotionen nie aus unserem gesamten »Selbst« bestehen, sogar wenn wir einen so intensiven emotionalen Schmerz erleben, der völlig überwältigend zu sein scheint, ist es immer nur ein kleiner verletzter Teil von uns, der integriert werden muss.

Während wir all diese »kleinen Menschen« beobachten und ihnen zuhören, können wir uns mit dem Teil von uns verbinden, der weder von der emotionalen Achterbahn noch vom Verhalten anderer Menschen beeinflusst wird. Wenn wir mit diesem Teil verbunden sind, können wir uns mehr als Beobachter der Situation und des inneren emotionalen Zustands fühlen oder, in spirituellen Begriffen, können wir uns mit unserem wahren inneren Selbst verbinden; das ist auch als »reines oder höheres Bewusstsein« bekannt. Wenn wir mit diesem Zustand des Beobachters und des »reinen Bewusstseins« verbunden und in der Lage sind, die Welt mit anderen Augen wahrzunehmen, erlangen wir die Fähigkeit, die Dinge aus einer höheren Perspektive zu sehen. Dadurch sind wir in der Lage, sie eher zu akzeptieren, als die Ereignisse und Emotionen nach unseren indoktrinierten sozialen »Normen« zu beurteilen.

Natürlich kann es schwierig sein, sich von unseren Emotionen zu dissoziieren und uns nicht mehr mit ihnen zu identifizieren. Mit etwas Übung wird es mit der Zeit einfacher. Was hilft, diese Fähigkeit zu verbessern, ist regelmäßige Meditation oder andere Übungen, die unsere Achtsamkeit verbessern können. Diese Praktiken können uns helfen, in emotional intensiven Momenten zentriert zu bleiben und können uns erlauben, die Empfindungen in unserem Körper einfach zu beobachten, ohne sie zu beurteilen oder zu unterdrücken. Nichtsdestotrotz ist eine der schnellsten Praktiken, die uns hilft, uns mehr mit dem Beobachteranteil in uns zu verbinden, einfach sanft unseren Atem wahrzunehmen und gleichzeitig unsere Emotionen auf natürliche Weise kommen und gehen zu lassen. Ein entscheidender Punkt dabei ist, dass wir allmählich die Haltung einnehmen dürfen, dass jede einzelne Emotion willkommen ist und dass es einen Grund gibt, warum sie hier sind. Indem wir das tun, können sich all diese »kleinen Leute« mehr akzeptiert fühlen und es wird viel einfacher sein, ihnen das Gefühl zu geben, sich wohl und geliebt zu fühlen.

Wenn wir nun in der Lage sind, all diese »kleinen Menschen« wahrzunehmen, die ihre Realitäten haben und ihre Emotionen wahrnehmen, dann konzentrieren wir uns nicht nur auf unsere innere Welt und geben unseren Emotionen den Raum, den sie brauchen, damit sie allmählich integriert werden können. Es besteht auch eine geringere Wahrscheinlichkeit, dass wir beginnen, sie zu unterdrücken, das »arme Ich« eines Opfers zu fühlen und/oder vor unseren Emotionen zu fliehen. All dies geschieht, wenn wir beginnen, unsere Emotionen aus einer anderen, dissoziierten Perspektive zu betrachten und als Folge davon haben wir die Fähigkeit, das größere Bild hinter der ganzen »Geschichte«, die uns widerfährt, zu sehen. Mehr noch, wenn wir uns unsere inneren Empfindungen als »kleine Menschen« vorstellen, sind wir oft empathischer mit ihnen, anstatt die gewohnte Reaktion zu zeigen, unsere aufsteigenden Emotionen in einer schmerzhaften Situation abzulehnen.

Um jeder einzelnen Emotion Raum zu geben und zu erfahren, was sie uns sagt, können wir einfach nur zuhören und wahrnehmen, wie ihre emotionalen Zustände sind. Es könnte sein, dass die Emotion der Traurigkeit sagt, dass sie traurig ist, weil sie nicht die Liebe bekommen hat, die sie sich gewünscht hat, oder dass die Emotion der Wut sagt, dass sie wütend ist, weil der Partner durch sein Verhalten so »schrecklich« war. Alternativ könnte es auch die Emotion der Hilflosigkeit geben, die besagt, dass sie den Eindruck hat, keine Möglichkeit zu haben, den gegenwärtigen emotionalen Zustand zu ändern und er deshalb noch einige Tage oder Wochen andauern wird. Eine andere mögliche Wahrnehmung könnte der Eindruck sein, nicht würdig zu sein, die gewünschte Liebe zu erhalten. Eine emotional herausfordernde Situation kann mehrere Emotionen aufkommen lassen.

In der Regel handelt es sich bei den meisten Emotionen um alte und gespeicherte Emotionen, die ihren Ursprung in unserer Kindheit haben. Das sind die sogenannten »alten Emotionen«, wie sie im ersten Kapitel beschrieben wurden. In seltenen Fällen kann es jedoch vorkommen, dass eine völlig »neue Emotion«

aufsteigt, die wir in dieser Situation zum allerersten Mal wahrnehmen. Außerdem werden durch solche Umstände normalerweise alte indoktrinierte einschränkende Glaubenssätze aktiviert und verstärkt, was es noch schwieriger macht, uns von ihnen zu dissoziieren und uns zu zentrieren.

In dem Moment, in dem wir alle unsere Emotionen (oder zumindest die dominantesten) identifiziert und ihnen zugehört haben, können wir verstehen, warum sie sich so anfühlen. Zum Beispiel kann die Emotion der Traurigkeit darauf zurückzuführen sein, dass wir in unserer Kindheit nicht die gewünschte Liebe erhalten haben, die wir brauchten, und so handelt es sich dann um ein sich wiederholendes Muster: als Kind haben wir vielleicht nie die Liebe erhalten, die wir uns wirklich von anderen wünschten, und so gab es immer den »emotionalen Fingerabdruck«, nicht vollständig geliebt zu werden. Wie wir uns vorstellen können, konzentriert sich dieser »Fingerabdruck« eher auf den Mangel an Liebe als auf den Eindruck, von jemandem vollständig geliebt zu werden.

Diese alte Emotion kann aus unserer Kindheit stammen, sie kann aber auch aus unseren vergangenen Leben stammen. Wenn dies jedoch der Fall ist, war es völlig außerhalb unseres bewussten Verstandes, da es in unserem Unterbewusstsein gespeichert war. Und jetzt, dank der herausfordernden Situationen, die ein Katalysator sind, um diese Emotionen loszulassen, können sie in unserem bewussten Verstand auftauchen und haben so die Möglichkeit, geheilt zu werden. Indem wir diesen Emotionen zuhören, können wir mehr über unsere verletzten Anteile herausfinden und ihnen die Aufmerksamkeit geben, die sie schon immer gebraucht, aber nie erhalten haben.

Dank der gegenwärtigen Emotionen haben wir die Möglichkeit, bewusst mehr über unsere eigene persönliche Geschichte wahrzunehmen und wir können uns selbst besser und tiefgründiger kennenlernen. Worüber wir nachdenken sollten, ist, dass es absolut notwendig ist, die Tatsache zu berücksichtigen, dass wir nicht unsere Geschichte sind: wir haben nur eine Geschichte in diesem und aus früheren Leben. Aus einer spirituellen Perspektive sind wir nur reines Bewusstsein und reines Potential. Dieser reine Zustand kann jedoch nur erreicht werden, indem wir unsere gespeicherten Emotionen, unsere alten Indoktrinationen und unsere einschränkenden Glaubenssätze transformieren, die durch unsere Reaktion und Interpretation von äußeren Ereignissen, die uns widerfahren, verursacht wurden. Auch wenn wir den Eindruck haben, dass unsere Geschichte unsere ultimative Realität ist und dass sie auf keinen Fall verändert werden kann, dürfen wir berücksichtigen, dass die Geschichte, die unsere Emotionen uns erzählen, nur eine Geschichte ist, oder anders gesagt, es ist, wie diese Teile von uns die Realität in einem bestimmten Moment wahrgenommen haben. Deshalb ist es sehr wichtig, sich von ihnen zu dissoziieren, damit wir nicht wieder anfangen, die alte Geschichte zu glauben, sondern damit wir anfangen, ihnen zuzuhören und sie allmählich zu akzeptieren.

Diese oben genannten Schritte leiten bereits den Heilungsprozess ein: Uns selbst Zeit geben, einen Ort finden, an dem wir uns wohlfühlen, unsere Emotionen fließen lassen, während wir sie beobachten und identifizieren und zuhören, was sie zu sagen haben. Es ist, metaphorisch gesprochen, als würden wir einen Film anschauen und wahrnehmen, was in der beobachteten Geschichte passiert und die Emotionen, die damit verbunden sind, aufkommen lassen. Gleichzeitig aber bewusst zu sein, dass es »nur« ein Film ist, der sich nicht wiederholen muss und der für uns selbst nicht wahr sein muss, wie zum Beispiel die Emotion, nicht geliebt zu werden oder weniger wert zu sein als andere.

Wenn wir dazu in der Lage sind, ist das schon ein riesiger Schritt nach vorne und dank dem wir nun beginnen können, mehr und mehr unser wahres Selbst zu werden, anstatt ständig unsere vergangenen Gewohnheiten und Verhaltensweisen unserer alten gespeicherten Emotionen und indoktrinierten Muster zu wiederholen.

Im nächsten Kapitel sehen wir, wie wir sie annehmen, transformieren und integrieren können, damit wir wieder vollständig werden. Es ist bereits ein Fortschritt, (auch wenn es nur ein kleines bisschen ist), uns selbst zu beruhigen, unsere Emotionen zu beobachten, zu beginnen, uns ein wenig von ihnen zu dissoziieren und zu hinterfragen, ob die Geschichte, die sie uns erzählen, die ultimative Wahrheit ist oder nicht. Dann haben wir einen großen Schritt in Richtung Transformation und Loslassen dieser alten, einschränkenden Realität gemacht. Besonders in dem Moment, in dem wir beginnen zu hinterfragen, ob dies die ultimative Realität ist, haben wir bereits begonnen, unser Bewusstsein zu erweitern und unserem energetischen System die Erlaubnis zu geben, nach einer anderen Art von Realität zu suchen, einer, die wir lieber anziehen möchten. Dies geschieht, weil wir nicht länger an der alten »Geschichte« und den damit verbundenen Empfindungen festhalten, da wir begonnen haben, uns zu erlauben, den Raum für neue Möglichkeiten zu erschaffen. Solche, die wir bewusst wählen können, je nachdem, was wir uns tief in unserem Herzen wünschen.

Zusammengefasst, gibt es einen besseren Weg, herauszufinden, was uns unsere Emotionen sagen wollen, indem wir sie einfach beobachten und ihnen zuhören, ohne zu tief in sie »einzutauchen« und ohne zu beginnen, ihre alte Realität wieder zu leben. Dennoch ist es essentiell, sie einfach nur wahrzunehmen und in unserem Körper fließen zu lassen, um sie loszulassen und in einem zweiten Schritt zu transformieren. Emotionen können uns einen Einblick geben, wie wir unsere Vergangenheit wahrgenommen haben und auf welche Weise wir mit den Erlebnissen, die wir hatten, umgehen konnten. Sie sagen uns viel über unsere innere emotionale Einstellung zu unseren gegenwärtigen Umständen und über unsere alten geschaffenen Glaubenssätze, die durch die aktuellen, meist nicht sehr angenehmen, Situationen hervorgerufen werden. Es ist entscheidend zu verstehen, was sie uns zu sagen versuchen und die Realität, an die sie glauben, bewusst wahrzunehmen, damit wir sie annehmen und wieder in unser wahres Selbst transformieren können.

Wie ist die Botschaft unserer Emotionen mit unseren sensiblen Teilen verbunden?

Auch wenn Emotionen und die sensiblen Anteile im ersten Kapitel getrennt voneinander skizziert wurden, sind sie tief miteinander verbunden und es ist für ihre Transformation entscheidend zu verstehen, wie sie miteinander interagieren. Im Folgenden erkläre ich, wie die Botschaft unserer Emotionen mit unseren sensiblen Teilen verbunden ist und wie wir besser verstehen können, warum unsere Emotionen als Reaktion auf die Wahrnehmung unserer sensiblen Teile in einer bestimmten Situation entstehen.

Wir alle sind verletzlich und wir alle können von uns selbst und von anderen verletzt werden. Die Gesellschaft hat uns beigebracht, unsere Verletzlichkeit zu verdrängen, zu verstecken oder vor ihr wegzulaufen, weil wir davon überzeugt sind, dass die Ablehnung oder Verleugnung dieses Teils von uns selbst uns stärker machen könnte. Infolgedessen haben wir dieses Verhalten angepasst und haben begonnen, andere, aber vor allem uns selbst, auf eine sehr grausame Art zu behandeln. Dies kann zu noch mehr innerem Chaos, Unglück und Schmerz führen. Stell dir vor, wie es wäre, wenn jeder damit beginnen würde, sich selbst mehr und mehr zu akzeptieren und die eigenen sensiblen Anteile einfach als das wahrzunehmen, was sie sind, nämlich als die tiefen Wünsche und Sehnsüchte, die jeder hat und als die Fähigkeit, sich selbst, andere Menschen und die äußere Welt tiefgründig wahrzunehmen. Indem wir unsere Verletzlichkeit als das wahrnehmen, was sie ist, und indem wir einfach beobachten, wie wir auf all unsere angezogenen Lebensumstände reagieren, erlauben wir uns, »lebendig zu bleiben«. Mehr noch, wir erlauben uns, Teil von allem zu sein, anstatt »hart« und undurchdringlich zu werden und uns deshalb von dem zu trennen, was wir Leben nennen.

Indem wir unsere Verletzlichkeit ablehnen, beginnen wir uns von uns selbst und von anderen zu trennen, weil es nicht akzeptiert wird, einfach so zu sein, wie es natürlich ist. Es ist, als würde ein Teil von uns nicht mehr an unserem Leben teilnehmen. Die vorherige Aussage gilt für Emotionen, aber was noch wichtiger ist, sie gilt auch für unsere sensiblen Anteile, denn sie sind, zumindest zum größten Teil, der Grund, warum Emotionen entstehen. Wir legen mehr Wert auf die sensiblen Teile, denn nach meiner persönlichen und beruflichen Erfahrung ist die Art und Weise, wie wir mit ihnen umgehen, tief damit verbunden, welche Emotion in welcher Intensität auftaucht.

Betrachten wir folgendes Beispiel: Wir haben den tiefen Wunsch und das Bedürfnis, von unserem Partner oder, als Kind, von unseren Eltern geliebt und umarmt zu werden, und sie weisen unseren Versuch, von ihnen umarmt zu werden, zurück. Wie fühlen wir uns dann? Wahrscheinlich würden wir die Emotionen von Traurigkeit oder sogar Wut empfinden. In einem solchen Moment, besonders als Kind, beginnen wir, unsere wahrgenommenen Emotionen auf die Person zu projizieren, die uns verletzt hat, weil sie unseren Wunsch, umarmt zu werden, zurückgewiesen hat. Das Ergebnis ist, dass wir die Traurigkeit und Wut in unserem energetischen System speichern und obendrein beginnen wir wahrscheinlich, unser tiefes Bedürfnis nach Liebe mit der Emotion der Traurigkeit zu verbinden, »nur« wegen dieser Situation, in der die Liebe nicht erwidert wurde. Wie wir wissen, konfrontiert uns das Leben normalerweise mit mehr als einer herausfordernden Situation, die uns eine bestimmte Lektion lehrt. Daher ist es sehr wahrscheinlich, dass sich eine ähnliche Situation immer wieder ereignen kann: wo unser wahrgenommener Wunsch umarmt zu werden, manchmal erwidert wird und manchmal nicht. Was wir als selbstverständlich annehmen können, ist die Tatsache, dass wir in den Situationen, in denen es nicht erwidert wird, den Schmerz des »Zurückgewiesenwerdens« wahrnehmen und deshalb die Emotionen nicht durchfließen lassen. Da wir nicht in der Lage sind, sie sofort zu transformieren, werden sie gespeichert und die daraus resultierenden Assoziationen werden auf unserem tiefen Bedürfnis, geliebt und umarmt zu werden, aufgebaut.

Was sind die Folgen dieser Assoziationen?

Im Grunde werden wahrscheinlich zwei Dinge passieren: Erstens müssen wir das extrem mächtige Gesetz der Resonanz berücksichtigen. Nach diesem stellt unsere äußere Welt einen Spiegel zu unserer inneren Welt dar. Wenn wir die Assoziation zwischen unserem Bedürfnis, umarmt zu werden, und der Emotion von Schmerz, Traurigkeit und/oder dem Eindruck, abgelehnt zu werden, gespeichert haben, werden wir Situationen anziehen, die diese Emotionen immer wieder in unserer äußeren Welt hervorrufen werden.

Es gibt eine hohe Wahrscheinlichkeit, dass es viele Male, wenn wir von jemandem umarmt werden wollen, die Zielperson sich auf eine Art und Weise verhalten wird, die uns traurig oder verletzt fühlen lässt. Dies geschieht, um uns unsere eigene innere emotionale Haltung gegenüber diesen Bedürfnissen bewusst zu machen und gibt uns einen Hinweis darauf, dass es gespeicherte Emotionen gibt, die transformiert werden wollen. Unsere Aufgabe ist es, unseren inneren emotionalen Zustand zu beobachten und wahrzunehmen und versuchen zu verstehen, warum wir uns auf eine bestimmte Weise fühlen.

Zusätzlich ist es ratsam, herauszufinden, wie unsere gegenwärtigen Emotionen mit unseren sensiblen Teilen verbunden sind, damit wir sie loslassen und unsere sensiblen Teile wieder in unser energetisches System integrieren können. Auch wenn es ein wenig kompliziert erscheinen mag, geht es darum, sich bewusst zu machen, was in uns vorgeht und die Assoziationen zu verstehen. Sobald wir herausgefunden haben, warum wir eine so starke emotionale Reaktion haben, wenn wir beim Ausdrücken dieses bestimmten Bedürfnisses zurückgewiesen werden, haben wir bereits einen Schritt aus der alten Realität gemacht und es geschafft, dies aus einer höheren Perspektive zu betrachten. Wenn wir dann in der Lage sind, unsere damit verbundenen Emotionen zu beobachten, sie durch unseren Körper fließen zu lassen und sie einfach zu akzeptieren, dann sind wir einen riesigen Schritt näher an der Erschaffung einer neuen Realität, indem wir die alte transformieren. Diese Transformation wird in Kapitel vier besprochen werden, doch bevor wir zu diesem Punkt kommen, ist es wichtig zu verstehen, wie unsere Emotionen und unsere sensiblen Teile miteinander verbunden sind.

Kommen wir zur zweiten möglichen Konsequenz, die eintreten könnte, wenn die Situation, dass wir beim Versuch, jemanden zu umarmen, einen emotionalen Schmerz erfahren, immer wieder auftritt. Wie bereits erwähnt, neigen Menschen dazu, Schmerzen zu vermeiden und wählen lieber Aktivitäten, die ihnen ein gutes Gefühl geben, was an sich sehr natürlich ist. Nichtsdestotrotz haben wir unsere sensiblen Anteile, die all unsere Wünsche und

Sehnsüchte enthalten, die uns motivieren, uns auf bestimmte Weise zu verhalten und unsere Aufmerksamkeit auf äußere Situationen, Menschen oder Orte zu lenken, durch die diese Sehnsüchte und Wünsche befriedigt werden können. Was passiert also, wenn wir immer wieder versuchen, die Wünsche unserer sensiblen Teile zu erfüllen, aber in den meisten Situationen abgewiesen werden?

Die erste Möglichkeit, die in einer solchen, oben beschriebenen Situation auftreten kann: Emotionen von Traurigkeit und Wut können entstehen, die Angst, dass es wieder passieren könnte. All diese Emotionen können in unserem Bewusstsein bleiben, sodass wir sie wahrnehmen können und wir können uns buchstäblich in ihnen »schwimmend« wiederfinden oder wir nutzen einen der anderen Mechanismen, so dass wir nicht spüren, was wirklich in uns vorgeht.

Im Ergebnis kann es passieren, dass wir unsere sensiblen Anteile unterdrücken und eine andere Realität erschaffen, indem wir sie nicht mehr wahrnehmen oder den Eindruck haben, etwas ganz anderes zu brauchen. Nach meiner professionellen Erfahrung kann ich bestätigen, dass dieses Phänomen sehr oft auftritt, öfter als wir es vielleicht erwarten würden.

In einem Moment, in dem wir die gewünschte Liebe, Akzeptanz und/oder Anerkennung nicht bekommen, obwohl wir immer wieder versuchen, sie zu bekommen, könnten wir wahrscheinlich einen tiefen Schmerz, Traurigkeit und/oder Verzweiflung spüren. Da diese Emotionen manchmal so stark und schwer zu ertragen sind, ist es ganz natürlich, dass wir den Wunsch haben, diese Qualen einfach nicht mehr zu fühlen. Da unser tiefes Verlangen mit diesem emotionalen Schmerz verbunden ist, können wir oft beschließen, es zu unterdrücken, um »das Leiden zu beenden«. Wenn wir in unserem Geist den Eindruck haben, dass wir nichts mehr von dem Leiden fühlen, dass es verschwunden ist, dann müssen wir uns nicht mehr damit auseinandersetzen. Dies gilt jedoch nur für den Fall, dass wir eine Emotion tief transformiert oder einen sensiblen Teil in uns reintegriert haben, weil wir dadurch den tieferen Grund verstanden haben, warum uns das passiert ist und wir so unseren Schmerz heilen konnten.

In einem solchen Fall werden wir nicht mehr damit konfrontiert und obendrein fühlen wir uns nach der Transformation meist kraftvoller, entspannter, erfüllter, vollständiger und haben einen inneren Frieden und/oder mehr innere Freiheit. Dies gilt jedoch nicht für den Fall, dass wir einfach beschließen, dass wir nicht mehr fühlen wollen, was in uns vorgeht und wir einen der Vermeidungsmechanismen nutzen, um unsere Emotionen nicht wahrzunehmen.

Das Gleiche gilt für unsere sensiblen Anteile: Wenn wir sie unterdrücken, bleiben sie in unserem Unterbewusstsein und so haben wir wieder weniger Energie für unsere alltäglichen Aktivitäten zur Verfügung und wir werden erleben, dass sich unser Herz immer mehr verschließt, anstatt dass es weicher und offenherziger wird.

Wenn wir unsere tiefen Sehnsüchte und Wünsche unterdrücken, kann zweierlei passieren: erstens die Speicherung der damit verbundenen Emotionen, wie zuvor beschrieben, und zweitens, dass wir eine neue, unerwünschte Realität erschaffen, die nicht unserem wahren inneren Selbst entspricht.

Eine repräsentative Beobachtung, die ich sowohl in meinem Privat- als auch in meinem Berufsleben sehr oft gemacht habe, ist, dass Menschen, die wiederholt emotional verletzt wurden, sei es von ihren Eltern, als auch von ihrem Partner, begonnen haben, sich emotional zu verschließen und seitdem ihr Herz nicht mehr öffnen wollen. Einige von ihnen haben sogar eine noch schlimmere Realität erschaffen: in der sie angefangen haben, ihren Wunsch nach Liebe und Nähe zu unterdrücken und als Ergebnis haben sie angefangen zu glauben, dass sie alleine besser dran sind und niemanden brauchen. Auf diese Weise haben sie eine riesige Menge unverarbeiteter Emotionen gespeichert und ein tiefes Verlangen in sich unterdrückt, mit dem sie »kalt« und emotional unnahbar geworden sind. Was wir berücksichtigen dürfen, ist, dass unsere Wünsche und Bedürfnisse immer in unserem energetischen System sind und immer ein Teil von uns sein werden, auch wenn wir unsere sensiblen Teile, die dieses Verlangen enthalten, nicht wahrnehmen.

Da sich unsere unterdrückten sensiblen Teile in unserem Unterbewusstsein befinden und es nach dem Gesetz der Resonanz immer eine äußere Repräsentation davon in unserer äußeren Welt geben muss, werden wir Situationen anziehen, die uns mit diesem Teil konfrontieren.

Dies geschieht, um uns an diesen unterdrückten Teil zu erinnern und gibt uns so die Möglichkeit, ihn wieder zu integrieren und wieder vollständiger zu werden. Zum Beispiel wird eine Person, die den Wunsch unterdrückt hat, geliebt, umarmt oder akzeptiert zu werden so wie sie ist, mit vielen Paaren oder engen Freunden konfrontiert werden, die genau das Verhalten zeigen, welches sie in ihr Unterbewusstsein unterdrückt hat. Eine sehr häufige Reaktion in einem solchen Moment wäre es, all diese Menschen zu verurteilen, denn unbewusst leugnet man dies und erlaubt sich nicht, dies zu wünschen.

Eine andere Möglichkeit ist, wenn man nicht mehr daran glaubt, dass man von anderen bedingungslos geliebt werden kann, während man sich gleichzeitig noch bewusst ist, den Wunsch zu haben, geliebt zu werden. In diesem Moment fangen Menschen meist an, sich für andere zu verändern, um ihnen zu gefallen und die gewünschte Liebe zu erhalten. Indem man das tut, lehnt man mehr und mehr die Teile von sich selbst ab, was zu weniger Selbstliebe führt und dies wird sich im sozialen Umfeld in unserer äußeren Welt widerspiegeln.

Ein weiterer Aspekt ist, dass wenn man mehr und mehr die Bestätigung erhält, dass man nicht würdig ist, bedingungslos geliebt zu werden, dann gibt es eine Tendenz, diesen Glauben noch mehr zu unterdrücken, was zusätzlich zur Speicherung der schmerzhaften Emotionen führt, die entstehen, wenn man Verweigerung von Liebe erlebt. Die herausforderndste Tatsache an all dem ist, dass es sich immer und immer wieder wiederholt, bis wir endlich erkennen, dass der Schlüssel zur Lösung dieser Situation eigentlich schon in uns selbst liegt. Mehr noch, wir müssen wissen, dass wir nicht machtlos sind, wenn es darum geht, unsere gegenwärtige Realität zu verändern, um eine neue, erwünschte zu erschaffen.

Eine persönliche Geschichte zur Veranschaulichung, wie Emotionen und die sensiblen Teile miteinander verbunden sind

Um es noch tiefer zu veranschaulichen, möchte ich eine persönliche Geschichte mit dir teilen, die genau zeigt, wie all diese Dinge tief miteinander verbunden sind. Die Geschichte handelt von meinem Vater und mir. Genauer gesagt geht es um meine Wahrnehmung, von ihm Wertschätzung für das zu bekommen, was ich bin und nicht für das, was ich tue. Außerdem erklärt sie, welche lebensverändernden Folgen die ständige Bestätigung, nie gut genug zu sein, haben kann, egal was und wie man etwas tut oder wie brillant die Ergebnisse sind.

Als Kind hatte ich eine tiefe Verbindung zu meinem Vater, viel tiefer als die zu meiner Mutter, weil mein Vater und ich uns in vielen Facetten so ähnlich waren und wir wirklich eine gute Zeit miteinander haben konnten. Dagegen war die Verbindung zu meiner Mutter zeitweise schön, aber zu anderen Zeiten stritten wir uns auf eine Art und Weise, die oft zutiefst beleidigend war. Soweit ich mich erinnern kann, habe ich immer mehr Zeit mit meinem Vater verbracht, weil wir erstens interessantere Aktivitäten unternommen haben, wie Monopoly oder andere Spiele spielen, und zweitens wegen dieser besonderen Verbindung, die wir hatten. Doch seit ich mich erinnern kann, hat er sich mir gegenüber immer so verhalten, dass er mir gezeigt hat, dass ich »kämpfen« muss, um etwas zu erreichen oder er hat mich auf eine bestimmte Art und Weise provoziert, sodass ich anfangen musste, meine Meinung und mich selbst zu verteidigen.

Mit anderen Worten: Ich habe nie gelernt, wie es ist, so akzeptiert zu werden, wie ich bin und dass es ok ist, ich selbst zu sein und meine Meinung zu haben, ohne die Notwendigkeit, sie ständig zu verteidigen. Als ich zur Schule ging, bat ich ihn, mir etwas in Mathe zu erklären oder mir bei einem anderen Thema zu helfen, und er erklärte es meistens auf eine klare Art und Weise, sodass ich es mir merken und verstehen konnte. Das kritische Verhalten beim Erklären von etwa mathematischen Gleichungen ist, dass in dem Fall, wenn ich es nicht sofort verstand, er anfing sich zu fragen, warum ich es nicht verstand und mir das Gefühl gab, dass ich dumm sei. Er sagte immer, dass es so einfach sei und ich es deshalb normalerweise sofort verstehen müsste. Genau dieses Verhalten von ihm hat den Druck erzeugt, warum es mir schwerfiel, manche Dinge sofort zu verstehen. Diese »kleine« Erfahrung hat mich auch in meinem späteren Leben sehr beeinflusst und da ich mir vorstellen kann, dass viele von uns die gleichen oder zumindest ähnliche Erfahrungen gemacht haben, wird darauf näher eingegangen:

Diese Erfahrung hätte mich dazu bringen können, eine von mindestens zwei verschiedenen Möglichkeiten zu wählen, wenn man meinen Bewusstseinszustand zu der Zeit betrachtet, als ich etwa zehn Jahre alt war. Eine der Möglichkeiten, die ich hätte wählen können, war, dass ich anfing zu glauben, dass ich dumm sei, dass ich anfing, sozusagen »aufzugeben« und dass ich diesen Glauben in vielen Bereichen meines Lebens manifestierte. Kurz gesagt, war eine der Möglichkeiten, passiv zu werden und mich von diesem indoktrinierten Glauben blockieren zu lassen. Aus meiner beruflichen und persönlichen Erfahrung weiß ich, dass mehrere Menschen diesen Weg gewählt haben, der seither einen enormen Einfluss auf ihr Leben hat.

Zunächst konnte man als Kind in der Schule beobachten, dass ihre Noten meist im unteren Bereich lagen oder dass sie im Vergleich zu den Mitschülern exzessiv lernen mussten, um eine gute Note zu erreichen. Später im Leben, als Erwachsener, gab es immer wieder die Angst, nicht »gut genug« zu sein, während die bewusste oder unbewusste Überzeugung, dumm zu sein, in herausfordernden beruflichen oder auch in privaten Situationen wahrgenommen wurde. Mit anderen Worten, diese eine kleine Erfahrung kann einen so großen Einfluss auf den Rest deines Lebens haben und sogar die meisten, oder sogar alle Bereiche deines Lebens beeinflussen. Das Schlimmste daran ist, dass sich viele von uns nicht einmal bewusst sind, wie diese Dinge miteinander verbunden sind. Es ist, als ob wir die eigentliche Erfahrung vergessen haben und begonnen haben, ihre Auswirkungen für selbstverständlich zu halten. So haben wir begonnen, mit dem Eindruck zu leben, mit mehreren Dingen nicht umgehen zu können, und deshalb nehmen wir uns vielleicht sogar als dumm wahr, und haben es als unsere ultimative Realität akzeptiert. Kurz gesagt, wir haben begonnen, uns mit den Glaubenssätzen zu identifizieren, die wir aufgrund dieser Erfahrung angenommen haben, und so haben wir aufgehört, nach einer alternativen Realität zu suchen. Als Kind hatten wir noch den tiefen Wunsch, für das, was wir sind und für das, was wir tun, geschätzt zu werden. Es kann jedoch sein, dass wir den Wunsch, von anderen geschätzt zu werden, in dem Moment unterdrückt haben, in dem wir anfingen zu glauben, dass wir nicht in der Lage sind, mit verschiedenen Herausforderungen umzugehen oder dass wir nicht intelligent genug sind, um eine höhere Position bei der Arbeit zu bekommen. Natürlich ist der Wunsch immer noch da, aber wir haben ihn buchstäblich aufgegeben und sind ziemlich passiv geworden, was ihn angeht.

Die zweite Option, die ich nach dieser bedeutenden Erfahrung hätte wählen können, war »hyperaktiv« zu werden und die Überzeugung aufzubauen, dass ich »der Welt« zeigen muss, dass ich intelligent genug bin, diese Hindernisse zu überwinden, diese mathematischen Probleme zu lösen und dass es nichts gibt, was mich aufhalten kann.

Was hier beachtet werden muss, ist die Tatsache, dass die Emotion, nicht genug geschätzt zu werden, immer noch im Unterbewusstsein gespeichert ist und der tiefe Wunsch, geschätzt zu werden, die Hauptmotivation dieses »hyperaktiven« Verhaltens ist. Konkret kann es zu einem übermäßigen Bedürfnis führen, der »Beste« und/oder Schnellste oder zumindest einer der Besten zu sein, in der Schule oder später im Beruf, um allen zu beweisen, dass man in der Lage ist, dieses Ziel zu erreichen. Doch selbst wenn man die beste Note in einem Test bekommt oder die vorteilhafteste Beförderung bei der Arbeit erhält, hält der Zustand der Zufriedenheit mit dieser Leistung vielleicht nur für ein paar Stunden oder höchstens ein paar Tage an.

Kurz darauf nimmst du wieder das Bedürfnis wahr, zu beweisen, dass du gut genug bist und reagierst darauf. Wie bereits erwähnt, können unsere tiefen, unterdrückten Emotionen und sensiblen

Anteile nicht vollständig durch Situationen oder Menschen in der äußeren Welt geheilt werden, sie müssen meist von uns selbst verarbeitet, transformiert und re-integriert werden. Deshalb, selbst wenn wir es schaffen, in allem was wir tun, gut zu sein, wird es tief in uns immer die Wahrnehmung geben, nicht gut genug zu sein und die Unsicherheit, ob wir so akzeptiert werden wie wir sind, auch ohne einige Ziele zu erreichen. Die meisten Menschen sind sich ihres tiefen Bedürfnisses, geschätzt zu werden, nicht wirklich bewusst, ebenso wenig wie ihres Glaubens, dumm zu sein oder bestimmte Dinge nicht erreichen zu können. Dies geschieht, weil sie, wenn der »Schmerz«, die Unsicherheit oder die Traurigkeit auftauchen, beginnen, vor diesen Wahrnehmungen zu »fliehen« und versuchen, sich noch einmal zu bestätigen, dass sie in der Lage sind, dieses oder jenes Ziel zu erreichen. Das Ergebnis ist, dass sie ständig vor sich selbst weglaufen und aufgrund ihres Vermeidungsmechanismus niemals ihr wahres Selbst werden können.

Ein perfektes Beispiel für dieses Verhalten, das in der westlichen Kultur sehr verbreitet ist, ist Burn Out. Wenn wir uns diese psychische Krankheit genauer ansehen, stellen wir fest, dass die obige Beschreibung ganz gut auf das Verhalten passt, das zu Burn Out führt.

In den Zeiten, in denen wir uns ständig »gestresst« fühlen, weil wir den selbst auferlegten Eindruck haben, dass etwas Negatives passieren könnte, wenn wir es nicht schaffen, bestimmte Ziele zu erreichen, befinden sich unsere physischen, mentalen und emotionalen Systeme in einer Art »Überlebensmodus«. Wenn wir unser soziales Umfeld näher betrachten, hat fast jeder mindestens eine Situation, die er vermeiden möchte und sein Zustand wechselt sofort in seinen »Überlebensmodus« in dem Moment, in dem er potentiell oder sogar tatsächlich mit diesem negativen Reiz konfrontiert werden könnte. Das Faszinierende daran ist, dass selbst wenn sie den Ursprung ihrer Angst nicht bewusst kennen, ihre Reaktion darauf genau die gleiche ist, als wenn sie es wüssten. Ich bin mir sicher, dass jeder von uns einige Dinge oder Situationen im Leben hat, die wir vermeiden wollen. In Wirklichkeit wollen wir nur vermeiden, unsere Emotionen der Angst, Unsicherheit oder Wut zu fühlen, weil wir sie als sehr unangenehm oder sogar schädlich ansehen.

Wenn wir tiefer gehen, können wir aus einer höheren Perspektive beobachten, dass es »nur« wegen unserer Assoziation mit dieser Situation oder diesem Objekt ist, dass wir Angst empfinden, nicht wegen des Objekts selbst. Wenn es das Objekt selbst wäre, dann würde jeder andere die gleichen oder ähnliche Reaktionen haben. Und wenn wir noch tiefer in die Analyse des Ursprungs dieser Angst oder anderer unangenehmer Emotionen einsteigen, dann werden wir in wahrscheinlich allen unseren Fällen herausfinden, dass es sich um ein unerfülltes Bedürfnis handelt, mit dem wir immer noch den emotionalen Schmerz einer vergangenen Zurückweisung verbinden. Kurz gesagt, all das stressige Verhalten, der emotionale Schmerz und/oder die Reaktionen, um eine Situation zu vermeiden, vor der man Angst hat, sind zum größten Teil auf der Assoziation zwischen unserem Bedürfnis und der schmerzhaften Emotion aufgebaut, die entstand, als dieses Bedürfnis aufgrund unserer Interpretation der äußeren Welt von uns selbst zurückgewiesen wurde.

Gehen wir zurück zu der Geschichte mit mir und meinem Vater: Wie oben erwähnt, hatte ich die Wahl zwischen zwei Optionen. Ich hätte mich dafür entscheiden können, zu glauben, dass ich dumm bin und mich als »Verlierer« zu betrachten und von Anfang an aufzugeben. Alternativ hätte ich anfangen können, alles zu tun, um das Gegenteil zu beweisen und »der Welt zu zeigen«, dass ich intelligent und gut in dem bin, was ich tue, so wie es geschehen ist. Das zweite wurde zu meiner neuen Realität, die einerseits eine enorm starke Motivation war, die kaum zu brechen war.

Andererseits führte es dazu, dass ich meine eigenen Grenzen überschritt, weil die unbewusste Angst, wieder abgelehnt zu werden und nicht gut genug zu sein, viel größer war als die Selbstliebe und Selbstfürsorge, die ich für mich empfand. Die Narben der Lernerfahrungen mit meinem Vater zeigten sich, als wir in der Schule anfingen, Prüfungen zu machen, um meine Leistungen zu bewerten. Meine Lehrer hielten mich immer für eine gute und fleißige Schülerin und ich schaffte es immer, in fast jedem Schulfach die beste Schülerin der Klasse zu sein. Obwohl ich an den meisten Fächern in der Schule große Freude hatte, überwog der Druck, in allem gut zu sein, bei weitem meine Freude am Erwerb von neuem Wissen. Die unbewusste Angst, von meinem Vater nicht geschätzt oder gar abgelehnt zu werden, beherrschte daher einen großen Teil meines Lebens, was dazu führte, dass ich überstrukturiert war, damit mich nichts am

Erreichen meines Ziels hindern konnte. Das Schulsystem in der Schweiz hat Noten von 1 bis 6, wobei 1 die schlechteste und 6 die beste Note ist. Folglich kann eine 5,5 als eine sehr gute Note angesehen werden. Dank meiner Lernmotivation und meiner natürlichen Begabung für Fremdsprachen und Mathematik, die meine Lieblingsfächer waren, konnte ich in diesen Fächern meist die Note 5,5 erreichen. Im ersten Jahr des Gymnasiums machte es mich noch glücklich, eine so tolle Note zu haben, da ich wusste, dass sie das Ergebnis meiner Lernabende war. Doch immer, wenn ich meinem Vater stolz diese Noten zeigte, war seine einzige Reaktion, mich zu fragen, warum ich »nur« eine 5,5 statt einer 6 bekommen habe. Anfangs konnte ich seine ungerechtfertigte Kritik noch ertragen, aber nach einer Weile zermürbte es mich und ich war unzufrieden mit mir selbst, wenn ich eine 5,5 mit nach Hause brachte. Wie du dir vorstellen kannst, war es eine schwierige Zeit für mich, da einerseits alle meine Lehrer meine Leistung und mein Durchhaltevermögen anerkannten, andererseits aber mein Vater mich weiterhin für etwas kritisierte, was in Wirklichkeit eine tolle Arbeit war. Ich wusste nicht, wie ich mit dieser »schizophrenen Welt« umgehen sollte, also beschloss ich, mein tiefes Bedürfnis, von meinem Vater anerkannt zu werden, zu unterdrücken und einfach weiter zu studieren und mein Leben so zu gestalten, wie ich es bisher getan hatte.

Nichtsdestotrotz war der sensible Teil tief in mir, der es brauchte, geliebt und gewürdigt zu werden, immer noch da, aber er war nicht mehr in meinem bewussten Verstand. Daher konnte ich meine Wahrnehmung einer 5,5 in meinem bewussten Verstand so verändern, dass ich mich zumindest ein bisschen glücklich fühlte, als ich diese Note erhielt, jedoch waren der riesige aufgestaute Schmerz und der sensible Teil immer noch in meinem energetischen System unterdrückt. Als Ergebnis dieser beiden äußeren und inneren Umstände war ich nur für einen sehr kurzen Moment glücklich, wenn ich eine gute Note erhielt. Jedoch setzte das Bedürfnis, eine weitere gute Note zu erhalten, bald ein, damit ich das Gefühl der Ablehnung, der Nicht-Wertschätzung und all den angesammelten Schmerz, der über die Jahre gespeichert wurde, vermeiden konnte.

Kurz gesagt, eine Art von sehr zwanghaftem Verhalten kontrollierte einen großen Teil meines Lebens, meiner Aktivitäten, Gedanken und Emotionen. Anstatt mir zu erlauben, einen Blick auf meine inneren emotionalen Prozesse zu werfen und den Schmerz wahrzunehmen, zu verstehen, zu akzeptieren und zu transformieren, wählte ich leider einen anderen Weg: Ich richtete meine Aufmerksamkeit zu sehr auf die äußere Welt, da meine Bewusstseinsebene in dieser Zeit meines Lebens noch nicht so weit entwickelt war. Ich hatte sehr lange in dieser Realität weitergelebt. Im Jahr 2006 machte ich mein Abitur und erhielt das Zeugnis für die Hochschulreife. Obwohl ich die besten Ergebnisse in der Schule hatte, würdigte mich mein Vater dafür nicht, er wollte nur meine Noten sehen, um zu sehen, wo meine Noten unter 6 waren. Damals empfand ich keine Freude darüber, die beste Schülerin zu sein, es war eher das Gefühl, meinen beiden Eltern endlich bewiesen zu haben, dass ich meine eigenen Ziele erreichen konnte. Eine andere Sache in meinem Kopf war, dass ich ständig auf die Noten schaute, die nicht 6 oder zumindest 5,5 waren, und mich selbst dafür kritisierte, nicht genug gelernt zu haben. Es gab einen Teil in mir, der sagte, dass ich stolz auf mich sein sollte: Trotz dieser sehr schwierigen und herausfordernden Lebensumstände hatte ich es geschafft, die beste Schülerin der Schule zu sein und ich hatte die Schulfächer wirklich verstanden und mir zu Herzen genommen. Dadurch konnte ich sie in meinem Leben anwenden, denn ich hatte sie nicht »nur für die Prüfungen« gelernt. Mit anderen Worten, obwohl ich sehr glücklich und erfüllt hätte sein können, war ich zwiegespalten, weil mein sensibler Teil, der so sehr geschätzt werden wollte, völlig unterdrückt und mit viel emotionalem Schmerz verbunden war. Und es war genau dieser Teil meines Wesens, der den Hauptteil meiner Wahrnehmung kontrollierte. Als ich an der Universität war, setzte sich das gleiche Verhaltensmuster fort. Allerdings hatte ich sogar aufgehört, meinem Vater und meiner Mutter von meinen Noten zu erzählen, weil ich die Hoffnung, von ihnen gewürdigt zu werden, völlig aufgegeben hatte und mich einfach »schützen« und jeden unnötigen emotionalen Schmerz vermeiden wollte.

Zu Beginn des Jahres 2011 hatte mein Vater seinen zweiten Schlaganfall. Danach wurde sein Gesundheitszustand noch schlechter als zuvor, da er Diabetes hatte, zu viel Alkohol trank und regelmäßig Drogen konsumierte. Im Oktober 2011 musste er aufgrund von Atemproblemen ins Krankenhaus eingeliefert werden. Er wurde zwischen der Intensivstation und der »normalen« Pflegestation hin- und her geschoben, da sein Gesundheitszustand instabil war. Das Problem war, dass, wenn er auf der »normalen« Pflegestation war und es ihm besser zu gehen schien, einige seiner »Freunde« ihn besuchten und ihm immer Drogen und Alkohol brachten. Da er nicht stark genug war, sie abzulehnen, konsumierte er sie, was sich natürlich negativ auf seinen Gesundheitszustand auswirkte, sodass er zurück auf die Intensivstation verlegt werden musste. Dieses Verhaltensmuster setzte sich fast zwei Monate lang fort und eines der stressigsten Dinge für mich war, dass sie mich jedes Mal anriefen, wenn er verlegt wurde, so dass ich regelmäßig diesen Grad an emotionalem Stress erlebte, mindestens einmal in der Woche. Eines Tages, als er kurz vor seinem Tod stand, kam ich zu ihm auf die »normale« Pflegestation, da das Krankenhaus beschlossen hatte, ihn nicht mehr auf die Intensivstation zu verlegen, weil sie erkannt hatten, dass er seine eigene Gesundheit selbst schädigte. Er war kaum in der Lage zu sprechen, aber selbst dann sagte er, dass ich mein Leben anders leben sollte, weil ich etwas falsch mache und zeigte mir durch Kopfschütteln, dass er nicht glücklich darüber war, was ich tat und wie ich lebte. Ein paar Tage später, am Montag, den 21. November 2011, starb er, ohne mir jemals gesagt zu haben, dass er mich für das, was ich erreicht hatte und für das, was ich war, schätzte. Wie du dir vorstellen kannst, war da ein unerträglicher emotionaler Schmerz in mir und ich hatte keine Ahnung, wie ich damit umgehen sollte, also verdrängte ich ihn weiter.

Die Beerdigung fand am Freitag der gleichen Woche statt. Obwohl ein Teil von mir immer noch nicht begreifen konnte, was gerade in meinem Leben passiert war, war ein anderer Teil so tieftraurig und konnte fast nicht aufhören zu weinen. Nach der Trauerfeier waren alle Gäste eingeladen, sich in der Wohnung der Frau meines Vaters zu treffen, die er nach der Scheidung von meiner Mutter geheiratet hatte. Es waren nur wenige Familienmitglieder da, dafür aber eine ganze Menge seiner Freunde. Da ich ein sehr gesprächiger Mensch bin, hatte ich große Freude daran, einige der Freunde meines Vaters kennenzulernen. Vor allem dank einem von ihnen hatte ich die Möglichkeit, einige Einblicke zu bekommen, wie sich mein Vater verhielt und wie er über meine Schwester und mich zu reden pflegte, wenn wir nicht anwesend waren. Was er mir erzählte, bestürzte mich sofort: Er sagte, dass mein Vater seinen Freunden immer erzählt hatte, wie stolz er auf meine Schwester und mich war und wie sehr er es genoss und schätzte, dass wir gute Schüler waren und immer unser Bestes gaben. Außerdem tat es mir weh zu hören, dass er wusste, dass wir unser Leben in den Griff bekommen würden und dass wir intelligente und wunderbare junge Frauen waren, aber er hatte uns das nie direkt gesagt. In dem Moment, in dem ich das alles erfuhr, war ich jedoch nicht in der Lage, meine Emotionen klar wahrzunehmen und den tieferen Grund dafür herauszufinden. Daher traf ich die unbewusste Entscheidung, einfach den Moment des Gesprächs mit dem Freund meines

Vaters zu genießen, der wirklich gut darin war, das Verhalten meines Vaters zu imitieren, die Art, wie er sprach und wie er sich bewegte. In diesem Moment war mir gar nicht bewusst, dass ich gerade das tiefe Bedürfnis, von ihm gewürdigt zu werden, unterdrückt hatte, und zusätzlich hatte ich unbewusst die tiefe Traurigkeit und Verzweiflung unterdrückt, dass es nun keine Chance mehr gab, sie zu erhalten, weil er verstorben war.

Der Wendepunkt

Ein paar Monate später, im Januar 2012, suchte ich endlich einen Psychologen auf. Dies war sehr heilsam für mich, weil ich jemanden hatte, der mir zuhörte und meine Probleme, Emotionen und mich selbst ernst nahm. Doch nach fünf Monaten fand ich mich immer noch jeden Tag weinend wieder und fühlte mich nur ein wenig besser. Im September 2012 begann ich tiefgründiger an mir zu arbeiten und fing an, energetische und spirituelle Methoden anzuwenden, die mir letztendlich immer mehr halfen, zu mir selbst zu finden. Während meines Heilungs-, Transformations- und spirituellen Entwicklungsprozesses habe ich eine Menge alten Schmerz transformiert, der sich über mehrere Jahre »nur« aufgrund des Glaubens und der emotionalen »Realität« angesammelt hatte, die in der zuvor erwähnten Lernerfahrung mit meinem Vater entstanden war.

Andere Themen, die ich ebenfalls erkannt und in mein energetisches System integriert habe, waren das tiefe Bedürfnis, so akzeptiert zu werden, wie ich bin, und das Bedürfnis, unterstützt zu werden (anstatt alles alleine zu machen, um der Gefahr zu entgehen, auf eine so emotional-zerstörende Weise kritisiert zu werden). Ich unterdrückte beides, da der emotionale Schmerz, in der Schule um Unterstützung zu bitten und ausgelacht zu werden, so groß war, ebenso als ich anfing, an die Realität zu glauben, dass ich mir die Liebe »verdienen« musste, weil ich nicht gut genug war, so wie ich war. Ich begann schließlich, mich selbst mehr und mehr zu lieben und mich über meine Leistungen zu freuen, auch wenn sie nicht perfekt waren in Bezug auf das, was die Gesellschaft von mir erwartete. Es dauerte jedoch eine Weile, all diese unterdrückten Emotionen zu transformieren und zu integrieren, wie zum Beispiel die Wut, weil ich mich nicht akzeptiert fühlte und die Angst, abgelehnt und kritisiert zu werden.

Darüber hinaus gab es in Verbindung mit diesem emotionalen Schmerz eine riesige Menge an Traurigkeit aufgrund des ständigen Eindrucks, nie alle Erwartungen meines sozialen Umfelds erfüllen zu können und daher fühlte ich mich ständig bestätigt, nicht gut genug zu sein. Auch wenn dieser Prozess ein wenig »schmerzhaft« war, konnte er doch viele Aspekte von mir selbst offenbaren, die ich vorher nicht erfahren hatte. Ich war in der Lage, mehr Facetten meiner inneren Welt zu verstehen, die der Ursprung dessen war, was ich in der äußeren Welt anzog. Durch dieses tiefe Verständnis lernte ich, mit Emotionen bewusster umzugehen.

Dank des tiefgreifenden Transformationsprozesses war ich in der Lage dazu, alle gespeicherten Emotionen, die mit dieser Art von Situationen zusammenhingen, zu transformieren und zu heilen, und darüber hinaus gelang es mir, die sensiblen Teile zu integrieren, die es brauchten, von mir selbst geliebt und geschätzt zu werden. Eines der bemerkenswertesten Ergebnisse dieses Prozesses ist, dass ich mehr Energie für mich selbst und für andere alltägliche Aktivitäten zur Verfügung habe. Außerdem habe ich nicht mehr diese »Wettbewerbs-Energie« und wenn ich eine Tätigkeit ausübe, tue ich es aus Freude an dieser Tätigkeit und nicht aus dem Bedürfnis heraus, mir oder anderen etwas zu beweisen. Darüber hinaus hilft mir diese Erfahrung, beginnend mit der ersten Annahme eines selbstzerstörerischen

Glaubenssatzes, der Unterdrückung des sensiblen Teils und der Speicherung der damit verbundenen Emotionen, weiterführend mit ihrer Auswirkung auf mein Verhalten und meine Wahrnehmung der Situation und endend mit ihrer Transformation, jetzt sehr in meiner Arbeit und in meinem Privatleben. Dank dieser einschneidenden Erfahrung bin ich nun in der Lage, alle Menschen mit solchen und ähnlichen Verhaltensweisen, Denkmustern und emotionalen Zuständen tiefgreifend zu verstehen und kann sie daher viel besser in ihrem Transformationsprozess unterstützen.

Ein besonderer Punkt, den ich hier betonen möchte, ist, dass wir manchmal den Eindruck haben können, alle Emotionen und mentalen Assoziationen mit einer bestimmten Situation transformiert zu haben, da wir keine bewusste Resonanz mehr dazu spüren. Es kann jedoch immer noch ein winziger Rest von etwas vorhanden sein, den wir vielleicht übersehen haben. Das ist genau das, was mir mit meinem großen Lebensthema passiert ist.

Um besser zu veranschaulichen, was ich meine, und um dir ähnliche Situationen in deinem Leben bewusster zu machen, werde ich eine weitere kurze Geschichte mit dir teilen, die etwas betrifft, das ich erst im September 2018 entdeckt und transformiert habe, viele Jahre nach dem Haupttransformationsprozess.

Im August und September wurde ich mir meiner Wahrnehmung bewusst, von meinem Freund nicht genug wertgeschätzt zu werden und auch dem Eindruck, dass ich die Zeit, die wir zusammen verbringen, zu 100 Prozent ausnutzen muss, wobei ich es vermied, frivole Aktivitäten zu unternehmen, als ob die Zeit, die wir zusammen sind, endlich wäre. Ich hatte diese inneren Prozesse einige Wochen lang beobachtet: manchmal waren sie intensiver, manchmal war ich nur traurig und manchmal störten sie mich nicht allzu sehr. Eines Tages beschloss ich, tiefer zu gehen und in diese Emotionen und Wahrnehmungen einzutauchen und mein Unterbewusstsein zu fragen, woher sie kamen.

Plötzlich kam mir das Szenario des Gesprächs, das ich mit dem Freund meines Vaters am Tag der Beerdigung meines Vaters hatte, in den Sinn. Eine riesige Welle von Emotionen: Traurigkeit, Verzweiflung, Wut gemischt mit dem Eindruck, nicht gewürdigt zu werden und auch der Schmerz, dass es vorbei ist und ich nichts dagegen tun kann, stieg in mein Bewusstsein auf.

Ich brauchte etwa 20 Minuten, um die Emotionen fließen zu lassen, zu weinen, zu beobachten, zu verstehen und zu transformieren. Jetzt, wo ich diese gespeicherten Emotionen und Glaubenssätze aus dieser vergangenen Situation endlich verstanden und transformiert habe, kann ich die Zeit mit meinem Freund endlich entspannter genießen. Außerdem hat er begonnen, mich mehr zu schätzen und ich konnte die kleinen Dinge, die er tut, in denen er seine Wertschätzung für mich zeigt, besser wahrnehmen. Kurz gesagt, aufgrund der unverarbeiteten Emotionen und mentalen Assoziationen mit der vergangenen ungelösten Situation, zog ich ein ähnliches Verhalten von meinem Freund an. Mehr noch, ich lebte in der alten Realität und »wiederholte« sie, oder zumindest wiederholte ich die vergangene Wahrnehmung und den vergangenen emotionalen Zustand davon, das war bis zu dem Moment, als ich endlich erkannte, dass es nur eine Illusion war. Da energetische Transformation beeindruckend schnell funktioniert, veränderte sich meine Wahrnehmung, mein emotionaler Zustand und das Verhalten meines Freundes sofort nach der Transformation und Integration.

Einige abschließende Worte über die Wichtigkeit, unsere sensiblen Anteile zu akzeptieren und unsere Emotionen zu transformieren

Ich hoffe, dass dies beispielhaft verdeutlichen konnte, wie unsere sensiblen Anteile und unsere Emotionen miteinander verbunden sind. Noch einmal, unsere sensiblen Anteile werden immer da sein, egal wie sehr wir an uns arbeiten oder wie sehr wir transformieren. Das liegt daran, dass unsere sensiblen Teile unsere tiefen Herzenswünsche und unsere »Seelenwünsche« sind und sie werden immer ein Teil von uns sein. Es ist jedoch von entscheidender Bedeutung, sie zu akzeptieren und zu integrieren. Als Ergebnis dieser Integration werden wir vollständiger sein und, was noch wichtiger ist, wir werden noch mehr in der Lage sein, unsere tiefen Wünsche zu manifestieren, unsere innere sensible Welt tiefer wahrzunehmen und somit mehr innere Erfüllung zu erfahren. Wie bereits erwähnt, erschaffen wir unsere emotionale Reaktion auf der Grundlage unserer Wahrnehmung und Interpretation unserer Fähigkeit, mit der äußeren Situation umzugehen, die meist von den Glaubenssätzen und Assoziationen, die wir über uns selbst haben, beeinflusst wird. Diese wiederum sind sehr oft von alten, indoktrinierten Glaubenssätzen unserer Vorfahren und der Gesellschaft beeinflusst. Mit anderen Worten, unsere Emotionen sind »verletzte Teile« unserer Energie, die sich von der Energie, unsere wahre Essenz zu sein, in Emotionen, wie Wut, Traurigkeit oder Verzweiflung, als Antwort auf eine äußere Situation, verwandelt haben. Dadurch haben wir erfahren können, wie es ist, zum Beispiel zurückgewiesen, belogen oder betrogen zu werden. Wenn wir jedoch die Emotionen dieser Erfahrungen in unserem energetischen System gespeichert halten, werden wir niemals vollständig sein und obendrein niemals in der Lage sein, unsere Essenz zu leben und unser wahres Potential zu erfahren.

Spüren wir, dass ein tiefer Wunsch, der seinen Ursprung in unseren sensiblen Teilen hat, ignoriert und gar »bedroht« wird, je nach unserer Interpretation der äußeren Welt, oder »bewusst« von uns selbst und/oder von Umständen oder Menschen in der äußeren Welt verletzt wird, wird eine emotionale Reaktion hervorgerufen. Und das dürfen wir uns immer vor Augen halten, um zumindest ein Grundkonzept zu haben, das uns helfen kann zu verstehen, was in uns vorgeht.

Dies zu wissen, kann es uns leichter machen, auf uns selbst und unsere inneren emotionalen Prozesse fokussiert zu bleiben, anstatt uns in unseren äußeren Umständen zu verlieren, die in Wirklichkeit nur ein Spiegel unserer inneren Welt sind. Nun hängt der nächste Schritt davon ab, wie wir mit dem, was entstanden ist, umgegangen sind. Wie wir gesehen haben, ist eine mögliche Reaktion, unsere Erfahrung als die ultimative Realität zu nehmen und den hervorgerufenen Emotionen zu glauben. Das führt oft dazu, dass wir unseren sensiblen Teil ablehnen, weil wir den Eindruck haben, dass es zu sehr weh tun könnte, wenn wir ihn an der »Oberfläche« zulassen. Außerdem könnten wir uns entscheiden, dass wir das, was wir in uns fühlen, nicht wirklich wahrnehmen wollen, weil es sich für uns fremd anfühlt, weil wir es nicht gelernt haben. Oder wir haben einfach Angst davor, uns der Wahrheit zu stellen und wählen daher einen der Wege, unsere Emotionen nicht als das wahrzunehmen, was sie sind. Alternativ könnten wir unsere Emotionen einfach durch unseren Körper fließen lassen, sie beobachten, herausfinden, welche Botschaft sie enthalten und uns dann später um sie kümmern. Zusätzlich könnten wir unsere sensiblen Teile wahrnehmen, herausfinden, welches Bedürfnis sie haben, dieses Bedürfnis annehmen und dann einen Teil nach dem anderen integrieren, um vollständiger zu werden. Woran wir uns erinnern sollten, ist, dass wir immer die Wahl zwischen dem einen oder dem anderen haben, auch wenn unsere alten indoktrinierten Verhaltensmuster uns etwas anderes sagen. Offensichtlich ist es in einem emotional herausfordernden und vielleicht sogar schmerzhaften Moment viel schwieriger zu erkennen, dass die von unseren »alten Emotionen« geschaffene Realität nicht die ultimative Realität ist. Dennoch ist es eine Frage des Bewusstseins und der Praxis, dieses Wissen, das wir durch das Lesen dieses oder ähnlicher Bücher und durch das Hören von Erfahrungen anderer Menschen erworben haben, umzusetzen. Indem wir dies schrittweise in unseren Alltag umsetzen, sammeln wir eigene Erfahrungen und erweitern so unser Bewusstsein und erwerben mehr Weisheit.

Vertiefungsübungen zu Kapitel 3

In diesem Kapitel wurde skizziert, wie wir die Botschaften unserer Emotionen und sensiblen Anteile besser verstehen können. Es wurde auch erklärt, wie wir sie in einem emotional intensiven Moment tiefer wahrnehmen können und wie wir besser mit ihnen umgehen können. Darüber hinaus wurde die Verbindung zwischen unseren Emotionen und unseren sensiblen Teilen skizziert, so dass wir die Ursprünge einer emotional herausfordernden Situation tiefer verstehen können und die Fähigkeit haben, sie aus einer höheren Perspektive wahrzunehmen. Wie bereits erwähnt, ist es ein Lernprozess, den man nicht von heute auf morgen verinnerlichen kann, daher lohnt es sich, ihn in unseren Alltag zu implementieren. Sobald diese Schritte getan sind, kann eine tiefgreifende Transformation und Integration stattfinden.

Im nächsten Kapitel werden die Mechanismen, Grundideen und Transformationsmethoden näher erläutert und »Real-Life«-Beispiele vorgestellt, um eine Vorstellung von den erstaunlichen Auswirkungen solcher Transformationen zu vermitteln.

Im Folgenden findest du einige praktische Übungen, die du in deinen Alltag implementieren kannst, um die Botschaft deiner Emotionen und sensiblen Anteile nach und nach besser zu verstehen. Außerdem hilft es dir schon jetzt, dich auf das nächste Kapitel über tiefgreifende Transformation vorzubereiten.

• Beobachte dich Tag für Tag und nimm wahr, was in deiner inneren Welt vor sich geht: Wie reagierst du auf verschiedene Situationen, denen du im Laufe des Tages begegnest?

• Während du deine innere Welt wahrnimmst, unterscheide zwischen den verschiedenen Emotionen, die durch dein energetisches System fließen.

• Lokalisiere sie in deinem Körper: Normalerweise nimmst du Emotionen im oberen oder unteren Bauch, in der Herzgegend oder in der Kehle wahr. Allerdings gibt es große Unterschiede: Manche nehmen sie mehr im Kopf, in den Armen oder im Rücken wahr. Meistens deutet das darauf hin, dass sie ihre Emotionen in ihrem Körper unterdrückt haben, anstatt sie durchfließen zu lassen.

• Finde heraus, welche körperlichen und mentalen Veränderungen mit den aktuellen Emotionen einhergehen. Wichtig dabei ist, dass du nicht in sie »eintauchst«, sondern dir einfach erlaubst, sie bewusst wahrzunehmen, während du dich in einem »Beobachter-Modus« befindest, was mit anderen Worten eine Art »höheres Bewusstsein« ist. Metaphorisch gesprochen ist das wie eine Art Wirbelsturm: deine Emotionen, Gedanken und körperlichen Reaktionen sind der Wirbelsturm, im Gegensatz dazu beobachtet und nimmt dein »bewusstes Selbst« alles wahr, was um dich herum passiert, während du im »Auge« des Wirbelsturms bist.

Auf diese Weise zu üben hilft dir zu verstehen, zu integrieren und zu transformieren, was in dir vorgeht. Du musst es nicht wieder als »Drama« erleben, stattdessen kannst du Mitgefühl für dich selbst zeigen, was sehr heilsam ist.

- Wirf einen Blick hinter deine gegenwärtigen Emotionen: Welche sensiblen Teile wurden verletzt, kritisiert, abgelehnt und/oder ignoriert? In welcher vergangenen Situation(en) ist das passiert? Und, wie sind die unterdrückten sensiblen Anteile mit diesen gegenwärtigen Emotionen verbunden? Ein tiefes Verständnis für deine inneren Prozesse kann bereits sehr heilsam sein.

- Sei dir bewusst, dass gerade in Situationen, in denen du nicht in dich hineinschauen und die damit verbundenen Emotionen nicht wahrnehmen oder akzeptieren willst, riesige Mengen an Emotionen gespeichert sind, die meist mit einer Verurteilung von dir selbst oder anderen verbunden sind. In solchen Situationen ist es umso wichtiger, sich selbst und sein Verhalten genauer anzuschauen. Es mag viel Mut und Willenskraft erfordern, aber, vertrau mir, es lohnt sich wirklich!

- Sei ehrlich zu dir selbst, was deine unterdrückten sensiblen Anteile angeht: Jeder Mensch ist verletzlich und hat Bedürfnisse, wie zum Beispiel das Bedürfnis, umsorgt, geliebt und geschätzt zu werden. Daher ist es nicht hilfreich, diese Bedürfnisse abzulehnen. Stattdessen kann es sehr heilsam sein, sie zu akzeptieren und zu integrieren und dadurch für sich selbst zu sorgen.

Kapitel 4

Tiefgründige energetische Transformation – Erschaffung einer neuen inneren und äußeren Welt

Nach den entscheidenden vorangegangenen Kapiteln, die die Grundlage für dieses und die folgenden Kapitel bilden, kommen wir zu einem weiteren, äußerst wichtigen Teil dieses Buches: der tiefgründigen energetischen Transformation.

Um eine solche Transformation erfolgreich durchzuführen ist es nötig, unsere emotionale und sensible Innenwelt zu verstehen und ein Bewusstsein dafür zu entwickeln, wie unsere Emotionen und unsere sensiblen Anteile miteinander verbunden sind. Darüber hinaus ist es hilfreich, unsere eigenen Mechanismen zu verstehen wie wir unsere inneren Empfindungen nicht als das wahrzunehmen, was sie sind. Dies ist essentiell, da wir während des Transformationsprozesses tiefer in unsere Verletzlichkeit eintauchen und dadurch die Wahrscheinlichkeit erhöhen, dass wir automatisch einen oder mehrere unserer alten Mechanismen nutzen, um zu vermeiden, dass wir das wahrnehmen, was wirklich in uns ist.

Das Vermeiden des wahren emotionalen Schmerzes ist zum Teil eine natürliche Reaktion, da wir uns nicht gerne in einem Zustand emotionalen Leidens befinden. Die andere Komponente, die dazu führt, dass unsere Emotionen nicht fließen können, kommt von alten Verhaltensmustern, die uns von der Gesellschaft oder von unseren Vorfahren indoktriniert wurden. Da wir schon so früh in unserem Leben mit ihnen konfrontiert wurden, können sie nun ganz automatisch auftreten.

Wenn wir also nicht bewusst damit beginnen, unsere inneren Empfindungen durch unseren Körper fließen zu lassen, um sie loszulassen, werden sie wahrscheinlich in unserem energetischen System gespeichert werden.

Daher empfehle ich dir eine kurze tägliche Routine zu implementieren, in der du dir Zeit nimmst, deine eigene innere Welt zu beobachten und wahrzunehmen und deinen Emotionen und sensiblen Teilen den Raum zu geben, in deinem energetischen System zu fließen.

Zusätzlich darfst du verstehen, welche äußeren Umstände in der äußeren Welt sie hervorgerufen haben und wie die inneren Empfindungen miteinander verbunden sind. Basierend auf diesen Schritten kann die energetische Transformation effizienter durchgeführt werden, und so kommen wir unserer wahren Essenz allmählich näher.

Was ist energetische Transformation?

Bevor ich auf die tiefgründigen Details der energetischen Transformation eingehe, möchte ich dir einen Überblick darüber geben, was sie ist und meine persönliche Wahrnehmung dazu skizzieren.

Es geht darum, etwas von einem Zustand in einen anderen zu verändern. In der physischen, materiellen oder dreidimensionalen Welt braucht es normalerweise einen äußeren Einfluss, wenn du etwas transformieren möchtest, wie einen Hammer, Chemikalien oder andere physikalische Elemente wie Feuer oder Wasser.

Benutzt du nur einen Hammer, verwandelst du lediglich die Form eines Objekts, während seine Eigenschaften gleich bleiben. Verwendest du Chemikalien oder andere Elemente wie Feuer oder Wasser, wird sich die Konsistenz eines Objekts oder seine Eigenschaften grundlegend verändern, sodass es einer energetischen Transformation näherkommt. Energetische Transformation bedeutet, dass die ursprünglichen Energien von einem energetischen Zustand in einen solchen umgewandelt werden, der andere Eigenschaften aufweist, wie zum Beispiel eine andere Intensität, eine andere »Qualität« oder eine andere Höhe seiner Schwingungen.

Bevor wir fortfahren, lernen wir einige grundlegende Begriffe kennen, die uns helfen, tiefer zu verstehen, was das Ergebnis energetischer Transformation sein kann. Eine Veränderung der Eigenschaften bezieht sich auf die Tatsache, dass die ursprüngliche Energie auf eine andere Weise auf uns wirkt als die Energie, in die wir sie transformiert haben. Diese Veränderung des energetischen Zustandes und vor allem, wie sie auf uns wirkt, hängt von der Intensität der wahrgenommenen Energie ab, von ihrer Qualität und, was damit einhergeht, von der unterschiedlichen Frequenz ihrer Schwingungen. Um dies näher zu erläutern, wird erstens ein allgemeines Beispiel gegeben, das zweitens ausführlicher besprochen wird.

Stell dir vor, wie die Emotion des Ärgers auf dich wirkt. Es könnte sein, dass du Hitze in deinem Körper spürst, eine hohe Herzfrequenz, deine Gedanken sind auf das fokussiert, was dich zu dieser Emotion veranlasst hat und vielleicht spürst du auch eine energetische Blockade in deiner Kehle und deinem Herz, sodass du nicht in der Lage bist, das auszudrücken, was in dir vorgeht. Zusätzlich könnte es sehr intensiv sein, sodass du dich auf nichts anderes konzentrieren kannst. In diesem Fall sind das die Eigenschaften von Wut, die natürlich von Mensch zu Mensch variieren können. Da wir die Fähigkeit besitzen, Emotionen und energetische Zustände zu erschaffen, sind wir auch in der Lage dazu, eine Emotion in eine andere zu transformieren. In diesem Fall könnten wir uns entscheiden, dass wir uns selbst oder der Person, die wir für unseren emotionalen Zustand verantwortlich machen, vergeben und der Emotion des Ärgers einfach etwas Aufmerksamkeit schenken und uns um sie kümmern. In diesem Moment lassen wir den Ärger los und erschaffen den energetischen Zustand des Mitgefühls mit uns selbst und so können sich die Eigenschaften der wahrgenommenen Energie in einen entspannteren, ruhigeren Zustand und in den Zustand des Gefühls emotionaler Sicherheit verändern. Wir haben die Emotion mit der Qualität des Ärgers in den energetischen Zustand der Entspannung und Gelassenheit transformiert, was wiederum mehr Energie fließen lässt und somit für unsere Aktivitäten zur Verfügung steht. Die Qualität des Ärgers ist jedoch eher eine aktive Energie, die mit dem entsprechenden Bewusstsein und dem richtigen Maß an Intensität in eine positive Richtung gelenkt werden kann. Wir können die Energie der Wut in eine körperliche Aktivität umwandeln oder in einem Meeting auf der Arbeit überzeugender sein, dennoch ist das richtige Maß an Intensität einer der Schlüssel, um sie zu unserem Vorteil zu nutzen.

Mehr noch; wir haben die Intensität der Emotion von einer sehr intensiven in eine niedrigere, angenehmere Intensität umgewandelt. Eine weitere Sache, die wir verändern konnten, ist die Höhe der Schwingungen des energetischen Zustandes. Typischerweise hat Wut einen recht niedrigen Schwingungszustand im Vergleich zu dem von Ruhe und emotionaler Sicherheit. Was wir auch berücksichtigen müssen, ist, dass es verschiedene Arten von Wut gibt, wie zum Beispiel die Wut, die uns blockiert und uns dazu bringt, die niedriger schwingenden Emotionen in unserem energetischen System anzusammeln. Alternativ gibt es die Wut, die uns aktiviert und uns dazu bringt, eine Aktion auszuführen, um die unangenehmen Situationen zu verändern. Im zweiten Fall sind die Schwingungen viel höher als im ersten, weshalb wir uns im »Aktiv-Wut-Zustand« ganz anders fühlen. Das Gleiche gilt für alle unsere Emotionen und energetischen Zustände: Sie alle haben Eigenschaften, die wir von einem Zustand in einen anderen transformieren können.

Energetische Transformation ist der Prozess der Umwandlung von Emotionen, Glaubenssätzen, Gedanken oder emotionalen Zuständen in eine andere gleichwertige Energieform, die aber andere Eigenschaften hat. Das Erstaunliche daran ist, dass wir die notwendige Transformation selbst durchführen können, ohne von anderen abhängig zu sein. Allerdings müssen wir uns dessen bewusst sein und in der Lage sein, Zugang zu diesem Wissen zu haben, besonders in den Momenten, in denen wir eine intensive Emotion erleben oder alte Glaubenssätze aufgewühlt werden. Meiner Meinung nach ist dies einer der herausforderndsten Teile bei der energetischen Transformation: Sich darüber bewusst zu sein, dass der gegenwärtige emotionale Zustand oder die gegenwärtigen Gedanken und Überzeugungen mit einer vergangenen Realität verbunden sind oder von anderen übernommen wurden. Alternativ könnten sie auch eine Interaktion zwischen unserer eigenen Interpretation der gegenwärtigen Situation und unserem gegenwärtigen Geisteszustand sein.

Anders ausgedrückt: Es ist von entscheidender Bedeutung zu erkennen, dass wir unsere gegenwärtige Realität durch eine Kombination aus unseren Einstellungen und gespeicherten Emotionen erschaffen, die unsere Wahrnehmung der gegenwärtigen Realität beeinflussen. Zusätzlich ist es wichtig, den Überblick zu haben, dass unsere Emotionen und Gedanken unseren Verstand täuschen und dass wir, egal wie erschütternd der gegenwärtig wahrgenommene emotionale Zustand auch sein mag, in der Lage sind, ihn zu verändern.

Was müssen wir tun, um die energetische Transformation durchzuführen?

Wir dürfen uns darüber bewusst sein, dass wir in der Lage sind, unseren gegenwärtigen energetischen Zustand, der unseren emotionalen, mentalen und physischen Zustand beinhaltet, in einen anderen zu verändern. Danach müssen wir zumindest ein grundlegendes Verständnis davon erlangen, wie Energien funktionieren, damit wir, basierend eben auf diesem Verständnis, eine geeignete Methode wählen, um sie zu transformieren. Drittens brauchen wir Methoden, die wir anwenden können, je nach dem, was zu einem bestimmten Zeitpunkt notwendig ist.

Nun werde ich auf den Bewusstseinszustand eingehen, den wir brauchen, um zu erkennen, dass wir die Macht haben, einen gegenwärtigen energetischen Zustand zu jeder Zeit zu transformieren. Später werden einige Grundlagen über Energien umrissen. Und schließlich werden einige Methoden vorgestellt und es wird erklärt, in welcher Situation ihr Einsatz am sinnvollsten ist.

Das entscheidend wichtige Bewusstsein darüber, dass wir die Macht haben zu transformieren

Die größte Herausforderung bei der energetischen Transformation und der Annahme unserer sensiblen Anteile und unserer Emotionen ist nicht die Methode oder das Wissen darüber, wie es funktioniert, sondern dass es so viele verschiedene Methoden gibt, die wir anwenden können, um unsere eigenen emotionalen Blockaden zu transformieren. Allerdings gibt es aus verschiedenen Gründen noch viel Leid und ungelösten emotionalen Schmerz in unserem energetischen System. Daher muss es einen weiteren entscheidenden Faktor geben, der die Dinge zum Laufen bringt oder, andersherum ausgedrückt, der verhindert, dass die Dinge funktionieren. Aus meiner persönlichen und beruflichen Sicht ist die Fähigkeit, die Dinge aus einer höheren Perspektive zu betrachten, und insbesondere die Fähigkeit, in einer emotional herausfordernden Situation den Zustand des höheren Bewusstseins zu erreichen, einer der entscheidendsten Faktoren in Bezug auf die energetische Transformation. Wir befinden uns im Zustand eines höheren Bewusstseins, wenn wir uns im Zustand des Beobachters befinden, der die gegenwärtigen Emotionen, körperlichen Empfindungen und die Dinge, die in unserem Geist vor sich gehen, wahrnimmt und anerkennt. Im Vergleich zum niederen Bewusstsein, ist der Zustand des Beobachters ein solcher, in dem wir nicht verurteilen, was da ist, nicht in das Drama »eintauchen« oder die gegenwärtigen Emotionen zu unterdrücken versuchen. Das kann meiner Erfahrung nach herausfordernd sein, insbesondere in einer Situation des tiefen emotionalen Schmerzes und mit einem betäubenden Karussell destruktiver Gedanken.

Was wir immer im Hinterkopf behalten müssen und was uns helfen kann, während wir uns in einem emotional kritischen Zustand befinden: Unsere Realität ist stets subjektiv und wir haben sie erschaffen. Ich sage das nicht, damit du dich schuldig oder beschämt fühlst, sondern um die logische Konsequenz zu unterstreichen. Du hast deine gegenwärtige Realität erschaffen – und du kannst sie dementsprechend verändern.

Natürlich kann das Bewusstsein nicht »über Nacht« entwickelt werden. Vielmehr entwickelt es sich allmählich und dehnt sich mit jeder Emotion oder jedem alten, unnötigen Glaubenssatz aus, den wir transformieren, mit jedem sensiblen Teil, den wir integrieren und mit jeder lebensherausfordernden Situation, die wir aus einer höheren Perspektive betrachten können. Aus dem, was ich in meinem eigenen Transformationsprozess und auch in denen anderer beobachtet habe, kann ich bestätigen, dass, je mehr wir transformieren, desto mehr erweitert sich unser Bewusstsein und desto leichter und schneller können die Transformationen in der Zukunft durchgeführt werden.

Wie immer gibt es einige Ausnahmen von dieser Regel. Wenn es sich um einen wirklich extremen und tiefgreifenden emotionalen Schmerz handelt, der in der Regel mit einigen bewusstseinsverändernden alten Glaubenssätzen verbunden ist, kann es länger dauern und es werden mehr Anstrengungen nötig sein, um ihn zu transformieren, egal wie viele Dinge vorher transformiert wurden.

Mein wichtigster Ratschlag ist, sich immer vor Augen zu halten, dass wir der Schöpfer der gegenwärtigen Realität sind und ob wir sie in diesem oder in vergangenen Lebenszeiten erschaffen haben, das energetische Ergebnis ist das gleiche. Wenn wir es schaffen, uns in einer Situation, in der wir den Eindruck haben, dass wir feststecken, daran zu erinnern, dass wir der Schöpfer sind, dann schauen wir nicht mehr auf das »Problem«, die bewusst unerwünschte Situation. Stattdessen geben wir unserem Gehirn und unserem energetischen System bereits die Direktive, nach einem Weg zu suchen, wie wir die gegenwärtige Situation verändern können.

Der Mut und die Willenskraft, sich seinen Emotionen, seinem emotionalen Schmerz und seinen sensiblen Teilen zu stellen

Ein zweiter entscheidender Faktor, der einen großen Einfluss darauf hat, wie effizient und tiefgründig die energetische Transformation sein kann, ist der Mut, den eigenen emotionalen Schmerz wahrzunehmen und sich seinen sensiblen Anteilen zu stellen. Manche Menschen mögen sich ihrer emotionalen Reaktionen bewusst sein und dass einige Emotionen lieber losgelassen werden sollten, als dass sie noch gespeichert sind, was bereits ein großer Schritt in Richtung ihrer Transformation wäre.

Wenn sie jedoch ihre Emotionen nicht in ihr Bewusstsein aufsteigen lassen und, noch wichtiger, wenn sie ihren sensiblen Teilen und Emotionen nicht erlauben, in ihrem Körper aufzusteigen, kann die wirklich tiefgründige Transformation nicht stattfinden.

Wie im vorangegangenen Kapitel erwähnt, wurden wir von der Gesellschaft in diesem Leben und vor allem in unseren vergangenen Leben darauf konditioniert, unsere Emotionen nicht so zu zeigen, wie sie sind. Daher ist dies eine Art »Umschulung«, mit der du lernst, wie wir unsere Emotionen präsent sein lassen und sie als das wahrnehmen können, was sie sind. Ich kann dir sagen, am Anfang ist es wirklich sehr herausfordernd, doch mit mehr Übung wird es einfacher und weniger belastend.

Was ist gemeint mit dem Mut und der Willenskraft, sich seinen Emotionen, seinem emotionalen Schmerz und seinen sensiblen Teilen zu stellen?

Einige Emotionen können unangenehm, beunruhigend, destabilisierend und schmerzhaft sein. Unsere natürliche Reaktion auf »unangenehme Empfindungen« ist normalerweise, sie zu vermeiden. Daher brauchen wir Willenskraft, um unsere natürliche Reaktion zu überwinden und den Mut zu haben, uns mit den destabilisierenden und schmerzhaften Empfindungen in unserem Körper zu konfrontieren. Eines der größten Hindernisse, solche Empfindungen zu vermeiden ist, abgesehen von unserem natürlichen Instinkt, nicht zu verurteilen, was in uns vorgeht, sondern es zu beobachten und zu akzeptieren. An diesem Punkt sind beide Komponenten notwendig: die Fähigkeit, sie aus einer höheren Perspektive zu betrachten, um sie

nicht zu verurteilen, sondern zu akzeptieren, und die Willenskraft, um für einen Moment mit unseren herausfordernden
Emotionen und sensiblen Anteilen konfrontiert zu bleiben, auch
wenn wir am liebsten fliehen und sie ignorieren würden.

Einige grundlegende Erklärungen darüber, wie Energien funktionieren

Es ist nicht entscheidend, absolut alles über Energien im Detail
zu verstehen, und ehrlich gesagt würde ich lügen, wenn ich
sagen würde, dass ich vollständig verstehe, wie Energien funktionieren. Ich weiß jedoch genug, oder so viel, wie ich wissen
muss, um energetische Transformationsarbeit mit meinen
Klienten und mit mir selbst durchzuführen. Nichtsdestotrotz
kann ein grundsätzliches Verständnis einiger grundlegender
energetischer Regeln und Prinzipien sehr hilfreich sein, wenn
wir wirklich Dinge tiefgründig transformieren wollen.

Wie du dir vorstellen kannst ist es herausfordernd, Dinge zu erklären,
die wir in unserem Körper wahrnehmen können, die wir aber weder
berühren, riechen, schmecken, hören noch sehen können. Also werde
ich mein Bestes tun, um es so klar und präzise wie möglich zu erklären.
Außerdem findet die energetische Transformation nicht nur in unserem
Körper und unserer Aura statt, sondern auch in dem uns umgebenden
energetischen Feld, das ebenfalls an dem Transformationsprozess
beteiligt ist. Und als Ergebnis unserer energetischen Transformation
werden wir eine andere Realität anziehen, daher hat die energetische
Transformation einen großen Einfluss, nicht nur auf unsere innere
Welt, sondern auch auf unsere äußere Welt.

Eines der wichtigsten Dinge, die wir wissen müssen, ist, dass wir
die energetische Schwingung bewusst durch unser Bewusstsein
verändern können, oder anders gesagt, durch die Wahl, worauf wir
unsere Aufmerksamkeit richten.

Folgendes Beispiel: Schau auf einen Stuhl, einen Tisch oder ein anderes Möbelstück. Versuche die Wahrnehmung zu erschaffen, dass du die Art und Weise, wie er aussieht, seine Farbe, seine Form und auch die anderen Merkmale absolut nicht magst. Während du das tust, beobachte, wie sich dein energetischer Zustand verändert und sich dem anpasst, worauf du deine Aufmerksamkeit richtest. Um noch einen Schritt weiterzugehen, lass uns das Gleiche andersherum versuchen: Stell dir vor, dass dieses Objekt vor dir eines der schönsten Objekte ist, das du je gesehen hast und erschaffe die Wahrnehmung, dass du seine Farbe, seine Form und all seine anderen Eigenschaften magst. Beobachte gleichzeitig, wie sich deine Stimmung, die Empfindungen in deinem Körper und andere Merkmale deines energetischen Zustands verändern. Welche Veränderungen hast du festgestellt? Hast du bemerkt, wie sehr dein energetischer Zustand von deiner Wahrnehmung abhängt? Obwohl es das gleiche Objekt war, konntest du durch die unterschiedliche Ausrichtung deiner Aufmerksamkeit deine Wahrnehmung davon komplett verändern.

Das ist die Grundregel der energetischen Transformation: die Art der Energie, wie Emotionen oder Gedanken, von einem Zustand in einen anderen zu transformieren. Das Erstaunliche daran ist, dass wir das mit (fast) allem selbst machen können. Eine wichtige Sache, die wir beachten müssen, ist, es nicht nur mental zu tun, wie es viele Menschen tun, sondern es vor allem auch auf der emotionalen Ebene zu tun, was der schwierigere Teil ist, mit dem die meisten Menschen Mühe haben. Um besser zu verdeutlichen, was hier gemeint ist, werde ich dir ein Beispiel geben: Stell dir vor, dein Partner hat eine stressige Zeit auf der Arbeit. Wenn ihr abends Zeit miteinander verbringt, nimmst du ihn nicht wirklich wahr, was dich traurig macht, weil du dir wünschst, die tiefe Verbindung zwischen euch beiden zu spüren und die gemeinsamen Abende zu genießen. In dieser Situation könntest du deine Traurigkeit verstärken, indem du deine Aufmerksamkeit auf die Situation richtest, wie sie im Moment ist. Eine andere mögliche Reaktion könnte sein, die Situation so zu akzeptieren, wie sie ist, und deinen Partner in dieser stressigen Zeit zu unterstützen, dich um deine momentanen Emotionen zu kümmern und dir mental deine gewünschte Situation vorzustellen. Damit bewegst du dich einen Schritt in Richtung dessen, was du dir wünschst, jedoch noch ohne emotionale Komponente.

Um eine tiefgründige energetische Transformation aus dem gegenwärtigen energetischen Zustand heraus zu vollziehen, ist es von entscheidender Bedeutung, nicht nur deine »mentale Aufmerksamkeit« auf das gewünschte Ergebnis zu richten, sondern auch innerlich den emotionalen Zustand zu erschaffen, den du erreichen möchtest.

Zusammenfassend lässt sich sagen, dass in diesem Beispiel der effizienteste Weg, die gegenwärtige Situation zu transformieren, darin besteht, sie erstens zu akzeptieren und sich um die eigenen Emotionen zu kümmern, die durch die unerwünschte Situation hervorgerufen wurden. Zumal es einige alte gespeicherte Glaubenssätze oder alte unerfüllte Bedürfnisse aus der eigenen Kindheit geben könnte. Und zweitens, sich zu fragen, was man sich stattdessen zutiefst wünscht und sich dann mental und emotional vorzustellen, dass der gewünschte energetische Zustand bereits Realität geworden ist. Das mag sich einfach anhören, aber es kann schwierig werden, in einer emotional herausfordernden Situation zu erkennen, dass man die Macht hat, seine gegenwärtige Realität zu verändern. Deshalb brauchen wir die Komponenten Willenskraft, Mut und das Bewusstsein, dass wir die Fähigkeit haben, unsere Realität zu verändern. Darüber hinaus müssen wir unterscheiden zwischen Situationen, die leicht zu transformieren sind, weil es keine tiefgreifenden

Wunden, unterdrückte sensible Anteile oder gespeicherte Emotionen gibt, die sie in unserem Leben verursachen, und solchen, die nicht so leicht zu transformieren sind. Erstere sind einfacher zu transformieren, indem wir die skizzierte Methode anwenden. Die Transformation kann schnell geschehen, wenn wir es schaffen, unsere Aufmerksamkeit auf das gewünschte Ergebnis zu richten. Das ist möglich, weil es keinen so tiefgreifenden Grund gibt, warum wir sie anziehen, daher kann es eher als eine Art kleiner »Test« wahrgenommen werden, ob wir wirklich auf das fokussiert sind, was wir wollen und brauchen, oder ob wir einfach alles so akzeptieren, wie es ist und andere unsere Realität erschaffen lassen.

Wie können wir unterscheiden zwischen den Situationen, die leicht zu transformieren sind, die keinen so tiefgreifenden Grund haben, warum sie hier sind und den Situationen, die wir aufgrund alter gespeicherter Emotionen und unterdrückter sensibler Anteile anziehen? Es gibt mehrere Variablen, die wir in Betracht ziehen müssen. Normalerweise ist der energetische Zustand einer Situation, die wir tiefgreifend transformieren müssen, dominanter und präsenter. Darüber hinaus ist es in einem solchen energetischen Zustand wirklich schwierig wahrzunehmen, dass es anders sein könnte, da er eine hohe energetische Ladung enthält. Wenn du erkannt hast, dass die gegenwärtige Situation und der hervorgerufene energetische Zustand, in dem du dich befindest, tiefgreifend bearbeitet werden müssen, dann gibt es zahlreiche Methoden, die abhängig von der Ursache des gegenwärtigen energetischen Ungleichgewichts angewendet werden können.

Die Ursache des energetischen Ungleichgewichts identifizieren

Da es mehrere mögliche Ursachen für ein energetisches Ungleichgewicht gibt, ist es hilfreich, diese zu identifizieren, bevor man eine konkrete Methode wählt, um es tiefgründig zu transformieren. Natürlich kann es in einer emotional herausfordernden Situation schwierig sein, klar zu denken und zu analysieren. Dennoch ist es entscheidend, eine Art »Werkzeugkasten« zur Hand zu haben, durch den der gegenwärtige energetische Zustand transformiert werden kann. Wenn ich mit meinen Klienten arbeite, passe ich die Werkzeuge, die ich ihnen beibringe, immer daran an, wie sie als Person sind, an die aktuellen Themen, an denen sie arbeiten wollen, und an die verschiedenen möglichen Ursachen ihres emotionalen Ungleichgewichts. Einige der Methoden sind einfach selbst und im täglichen Leben umzusetzen. Andere sind tiefgründiger und erfordern mehr Zeit und Raum für die aufkommenden Emotionen, mehr Energie, ein tieferes Verständnis und etwas Vorerfahrung in der Arbeit mit tiefen emotionalen Wunden. Meistens kann jedoch jede Methode hilfreich sein, auch wenn die Ursache nicht bewusst bekannt ist. Dennoch kann das Bewusstsein über zumindest einige Aspekte des emotionalen Ungleichgewichts zu einer schnelleren Transformation und damit zu einem neuen Zustand emotionaler Balance und Wohlbefinden führen.

Die häufigste Ursache sind alte gespeicherte Emotionen, die immer wieder die alte emotionale Realität erschaffen. Entscheidend und sehr hilfreich für ihre Transformation ist es, herauszufinden, woher sie kommen. Eine Möglichkeit ist, dass sie *aus deiner eigenen Kindheit* stammen und durch einige vergangene Erfahrungen entstanden sind, die noch nicht transformiert wurden. Meiner Meinung nach ist dies der einfachste Fall, um sie zu identifizieren und zu transformieren.

Eine andere Möglichkeit ist, dass sie von unseren Vorfahren stammen. In diesem Fall werden die Dinge komplizierter, wenn wir die *vergangene Realität unserer Vorfahren* replizieren, da es viel schwieriger ist, ihren Ursprung zu identifizieren und klar wahrzunehmen, dass diese Realität nicht zu unserem eigenen Leben gehört, sondern dass wir die »energetische Realität« von ihnen geerbt haben. Wie bereits erwähnt, erben wir nicht nur die Augenfarbe oder eine Veranlagung für bestimmte Krankheiten, sondern auch emotionale und mentale Verhaltensmuster, emotionale Blockaden, unverarbeiteten emotionalen Schmerz und die Art und Weise, wie wir unsere innere und äußere Welt wahrnehmen und interpretieren.

In dem Fall, dass die »Ahnenenergien« die Ursache für das gegenwärtige emotionale Ungleichgewicht sind, ist es schwierig, manchmal fast unmöglich, in eine vergangene Situation einzutauchen, um sie zu transformieren, da wir sie nie selbst erlebt haben. Daher werden in einem solchen Fall andere Methoden benötigt. Ein weiterer möglicher Ursprung für ein emotionales Ungleichgewicht oder für alte gespeicherte Glaubenssätze, die nicht wirklich zu uns gehören, sind *indoktrinierte Muster*, die wir von der Gesellschaft, in der wir leben, übernommen haben, was meist sehr unbewusst geschieht, da wir mit diesen Glaubenssätzen bereits aufgewachsen sind. Es kann auch passieren, dass wir noch einige unverarbeitete Situationen, Konflikte und Emotionen aus *früheren Leben* gespeichert haben. Dies mag auf den ersten Blick recht kompliziert aussehen, um es zu transformieren, doch mit den richtigen Methoden kann es ähnlich wie eine Transformation von unverarbeiteten Situationen im jetzigen Leben sein.

Ein weiterer Grund für ein energetisches Ungleichgewicht könnte eine *ungesunde Bindung an eine Person* oder einige Menschen sein, die ihren Ursprung in vergangenen Ereignissen in unserer Kindheit und Jugend hat, oder dass wir einige ungesunde Bindungsmuster von unseren Eltern übernommen haben. Dies kann dazu führen, dass wir *nicht in der Lage sind, eine bestimmte Person loszulassen* und/oder dass wir aus dem Gleichgewicht geraten, wenn diese Person in unserer Nähe ist. Es kann auch passieren, dass ein energetisches Ungleichgewicht seinen Ursprung in der *Unfähigkeit hat, jemandem oder sogar uns selbst zu vergeben*. Normalerweise sind einige Emotionen und einschränkende Glaubenssätze in unserem energetischen System gespeichert und deshalb sind wir nicht in der Lage, uns von dieser Person zu befreien und/oder uns selbst vollständig zu akzeptieren und zu lieben, so wie wir sind. Ein weiterer sehr häufiger Grund für ein energetisches Ungleichgewicht kann die frühere Ablehnung von *sensiblen Teilen und Seelenanteilen* sein. Dieses tiefgreifende Thema umreißen wir am Ende dieses Kapitels.

Eine hilfreiche Beobachtung ist auch, dass jeder von uns seine eigene Art von »Seelenthemen« hat, mit denen wir immer wieder konfrontiert werden, weil unsere Seele sich vor der Reinkarnation entschieden hat, tiefgründig zu lernen, wie man mit bestimmten Dingen umgeht. Ein Beispiel: In meinem Fall ist und war eines meiner Seelenthemen Geduld, Willenskraft, Vertrauen und emotionale Nähe. Durch die Entscheidung meiner Seele, den Umgang mit diesen Themen zu lernen, bin ich immer wieder mit Situationen konfrontiert worden, in denen mein Vertrauen zerschlagen wurde und ich lernen musste, es wieder aufzubauen. Oder in denen ich einerseits meine Willenskraft brauchte, um bestimmte Situationen zu meistern, sie aber andererseits nicht zu sehr einsetzen sollte, weil es notwendig war, mehr zu vertrauen und weniger zu tun. Andere Situationen, die ich immer wieder erlebte, waren Momente, in denen nichts auf den ersten Blick klar war und ich obendrein nichts aktiv tun konnte, um die aktuelle Situation zu verändern, um mein Ziel zu erreichen. In diesen Momenten bestand mein Lernprozess darin, ruhig zu bleiben und meine Willenskraft zu nutzen, um das gewünschte Ergebnis zu visualisieren und zu akzeptieren, dass ich nichts aktiv tun konnte, um die Situation zu verändern (und glaub mir, das war in diesen Momenten ein sehr schwieriger Lernprozess für mich!). Zusätzlich bestand meine Aufgabe darin, darauf zu vertrauen, dass sich alles zum Besten wenden wird, geduldig zu sein und mich so weit wie möglich zu entspannen, damit die gewünschten Dinge schneller eintreffen konnten. Durch viel Meditation, regelmäßiges Üben, Vertrauen zu lernen, meine Willenskraft und meine anderen Seelenthemen zu regulieren und immer wieder mit Situationen konfrontiert zu werden, in denen ich keine Chance hatte, sie ohne diese energetischen Qualitäten lösen zu können, habe ich sie mir schließlich angeeignet und sie sind ein fester Bestandteil in mir geworden.

Natürlich sind diese Seelenthemen häufig mit anderen Ursprüngen von energetischen Ungleichgewichten verbunden, wie etwa die vergangene Realität der Vorfahren und ungelöste Situationen aus der eigenen Kindheit. Nichtsdestotrotz kann die Analyse der Ursprünge dieser Ungleichgewichte helfen, wenn sie mit den Seelenthemen verbunden sind, aber sie müssen auf unterschiedliche Weise behandelt und bearbeitet werden. Das kann passieren, denn selbst wenn wir alle oder die meisten der vergangenen Situationen, die mit einem Seelenthema in Verbindung standen, transformiert und geheilt haben, kann es sein, dass wir immer noch nicht wirklich gelernt haben, wie wir im gegenwärtigen Moment damit umgehen können. Es ist ratsam, sich auf das Üben dieser besonderen Fähigkeiten zu konzentrieren, um sie vollständig zu übernehmen.

Warum ist es hilfreich, den Ursprung des energetischen Ungleichgewichts oder der Blockade zu kennen?

Energetische Ungleichgewichte und gespeicherte Emotionen können transformiert werden, ohne ihren Ursprung zu kennen oder eine tiefgreifende Analyse über ihre Verbindungen zur eigenen Kindheit und/oder alten Glaubenssätzen durchgeführt zu haben. Nichtsdestotrotz ist es meiner Meinung nach und aufgrund der Ergebnisse aus der Arbeit mit meinen Klienten wirklich hilfreich, den Ursprung dieses Ungleichgewichts zu kennen, um es leichter, tiefgreifender und bewusster transformieren zu können. Mehr noch, nachdem wir einige tiefgreifende Transformationen durchgeführt haben und nachdem wir die Verbindungen zwischen ihren Ursprüngen verstanden haben, kann es immer leichter gehen. Wenn wir sehen, wie unsere Kindheit, unsere Ahnenrealitäten und unsere vergangenen Leben, sowie die Art und Weise, wie die ungelösten Themen unser gegenwärtiges Leben beeinflussen, wird es so viel einfacher, uns selbst mehr und mehr zu verstehen und unsere eigenen Themen schneller zu transformieren.

Mit etwas Übung natürlich werden wir in der Lage sein die Situationen, aus denen unsere gegenwärtigen Themen stammen, viel schneller zu identifizieren, weil unser Unterbewusstsein lernt, wonach es suchen und was es in unser Bewusstsein bringen muss.

Ein weiterer positiver Effekt, der sich aus einer regelmäßigen Praxis des Auffindens der Ursprünge unserer aktuellen energetischen Ungleichgewichte ergibt, ist, dass es einfacher wird, den passenden Weg zur Transformation zu wählen und anzuwenden. Wie bereits erwähnt gibt es mehrere Wege, ein energetisches Ungleichgewicht zu transformieren und es ist wichtig, den besten Weg zu wählen, je nachdem, woher das Ungleichgewicht kommt, welche Art von Ungleichgewicht es beinhaltet, und ihn an die Charaktereigenschaften der Person anzupassen (da jeder Mensch anders ist, passt nicht jede Methode zu jedem).

Zusätzlich, aufgrund der Erkenntnis, dass alles miteinander verbunden ist und alles voneinander abhängt, erweitert sich unser Bewusstsein kontinuierlich und wir erreichen immer höhere Bewusstseinsebenen. Dadurch sind wir in der Lage, das größere Bild viel schneller zu sehen und, wie du dir vorstellen kannst, kann dies eine entscheidende Hilfe in Momenten sein, in denen wir zu sehr von unseren Emotionen getrieben sind und deshalb Schwierigkeiten haben, die gegenwärtige Situation klar wahrzunehmen. Zusammenfassend hat es mehrere Vorteile, den Ursprung des gegenwärtigen Ungleichgewichts zu finden, nicht nur für die Transformation der aktuellen energetischen Blockade, sondern auch, um neue Fähigkeiten zu übernehmen und eine höhere Bewusstseinsebene zu erreichen.

Einige Methoden, die uns helfen können, unseren energetischen Zustand zu transformieren

Während der Arbeit mit meinen Klienten und während meines eigenen Entwicklungsprozesses habe ich eine große Anzahl von energetischen Transformationsmethoden entdeckt, erschaffen und gelehrt bekommen, die wirklich erstaunlich sind. Da die tiefgründige Transformationsarbeit ein wichtiger, aber nicht der Hauptteil dieses Buches ist, werden nur einige der wichtigsten Methoden skizziert und praktische Schritte erklärt. Wie bereits erwähnt, sollte die Methode nach dem Ursprung des Ungleichgewichts gewählt werden und sie sollte übereinstimmend mit dem Typ der Person, die geheilt werden möchte, angewendet werden. Natürlich gibt es viele verschiedene Techniken und Methoden, die man im Alltag anwenden kann: Meditation, Erdung, energetische Reinigung etc.

In diesem Buch findest du jedoch tiefgründige Methoden, da es einfacher ist, etwas über Meditations- oder Erdungsübungen zu finden, als über Methoden der tiefen Transformation.

Emotionaler Schmerz und unerfüllte Bedürfnisse aus unserer Kindheit

Der häufigste Ursprung unserer energetischen und emotionalen Unausgeglichenheit ist der unverarbeitete emotionale Schmerz und unerfüllte Bedürfnisse aus unserer Kindheit. Wenn wir beginnen, uns unserer inneren emotionalen Prozesse bewusster zu werden und nach ihrem Ursprung zu suchen, werden wir erstaunt sein, wie viele unverarbeitete Emotionen noch in uns gespeichert sind, die seit dem Moment unserer Geburt bis heute entstanden sind.

Einige Hinweise darauf, dass der Ursprung des Ungleichgewichts in unserer Kindheit liegt, finden sich vor allem in Momenten, in denen wir über uns selbst und/oder andere urteilen, oder wenn wir beginnen, unser Herz zu verschließen, weil jemand etwas zu uns gesagt oder etwas Bestimmtes getan hat. Oder, wenn unsere emotionale Reaktion sehr schnell auftaucht und ziemlich schwer zu kontrollieren ist.

In solchen Momenten ist es empfehlenswert, die gegenwärtigen Emotionen wahrzunehmen und zu beobachten und zu versuchen, nicht zu sehr den Gedanken zu folgen, die durch die aufkommenden Emotionen entstanden sind. Stattdessen kann es entscheidend für das Verständnis der inneren Prozesse sein, die Gedanken zu beobachten, ohne sie zu verurteilen oder zu glauben, dass sie ein Spiegelbild der ultimativen Realität sind. Anschließend ist das unterstützend für Transformationsprozess. Mögliche Gedanken können sein, zu glauben, dass jeder gegen uns ist, dass wir unsere Ziele nie erreichen werden oder dass wir nie so geliebt werden, wie wir es uns aus tiefstem Herzen wünschen. Ich kann mir vorstellen, dass jeder von uns diese Momente kennt, in denen jemand oder eine gegenwärtige Situation eine herausfordernde Emotion in uns hervorruft, wie zum Beispiel Traurigkeit, Wut oder Angst, und wir aufgrund dieser Emotion beginnen, unsere Außenwelt anders wahrzunehmen, meist pessimistischer, hoffnungsloser und verzweifelter. Das Schlimmste an all dem ist, dass wir beginnen, uns das einzuprägen und den Glauben anzunehmen, dass dies unsere ultimative Realität ist und dass wir keine Macht haben, sie zu ändern. Genau das Gleiche geschah, als wir ein Kind waren. Allerdings waren wir als Kind noch nicht so bewusst, wie wir es jetzt sein können. Indem wir die Verantwortung für unsere Handlungen und Emotionen übernehmen, fangen wir an, eine neue Realität zu erschaffen, anstatt einfach immer wieder auf die gleiche Weise zu reagieren.

Der erste Schritt, etwas zu verändern, ist also, nicht sofort zu reagieren, sondern zunächst unsere innere Gefühlswelt wahrzunehmen und zu beobachten und die Emotionen einfach fließen zu lassen, ohne zu urteilen oder den erschaffenen Gedanken zu folgen oder zu glauben. Dabei ist es hilfreich, tief zu atmen und die Füße auf den Boden zu spüren, um sich stabiler zu fühlen und uns zu erlauben, zur Ruhe zu kommen. Sobald unsere Emotionen unseren mentalen Prozess weniger dominieren und wir es schaffen, klarer zu denken und zu fühlen, können wir uns fragen, »was genau die gegenwärtigen Emotionen und Gedanken hervorgerufen hat«. Wenn unser Chef uns zum Beispiel gesagt hat, dass wir länger bleiben müssen, weil es mehr Arbeit gibt als erwartet, könnten wir mit einer Reihe verschiedener Emotionen reagieren: Wut, Angst, Traurigkeit, Eingeschnapptheit oder manchmal vielleicht sogar Stolz. Ein möglicher Grund für Stolz in dieser Situation könnte sein, dass wir uns wertgeschätzt fühlen, um diese Arbeit gebeten zu werden, weil wir als Kind vielleicht nicht genug Anerkennung bekommen haben. Natürlich nehmen wir in einem solchen Moment diese Emotion eher als positiv wahr, weil unser unerfülltes Bedürfnis nach Anerkennung durch unseren Chef erfüllt wird. Die Kehrseite der Wahrnehmung, dass unser Bedürfnis dadurch erfüllt wird, dass unser Chef will, dass wir diesen Job machen, ist jedoch die Erhöhung der Wahrscheinlichkeit, dass wir anfälliger und damit beeinflussbarer für seine Bitten werden. Auch wenn wir lieber früher gehen würden, um mehr Zeit mit unseren Liebsten zu verbringen.

In dem Fall, in dem wir mit Ärger reagieren oder sogar beleidigt sind von seiner Bitte, könnte es sein, dass wir uns nicht wertgeschätzt fühlen und den Eindruck haben, dass unser Bedürfnis nach etwas Freizeit nicht respektiert wird. Zusätzlich könnten wir uns, bewusst oder unbewusst, gezwungen fühlen, länger zu bleiben, obwohl es in den meisten Fällen völlig legitim ist, eine solche Bitte abzulehnen. Wenn wir in unsere Kindheit zurückblicken, gab es vielleicht eine Situation, in der wir Zeit mit unseren Freunden verbringen wollten, aber unsere Eltern uns dies nicht erlaubten, weil wir zum Beispiel unsere Hausaufgaben machen mussten oder sie bereits andere Veranstaltungen geplant hatten. In so einem Moment haben wir vielleicht das Gefühl, dass wir nicht geschätzt werden oder dass unser Bedürfnis nach Freizeit nicht respektiert wird. Unser vergangenes unerfülltes Bedürfnis, einschließlich der Emotionen, die in diesem Moment aufkamen, kommen in der gegenwärtigen Situation wieder hoch und deshalb erleben wir es als genau dasselbe oder zumindest in einer sehr ähnlichen Weise.

In diesen Momenten ist es entscheidend zu erkennen, dass wir uns nicht so fühlen müssen, sondern dass dies nur eine mögliche Reaktion ist, die wir aus einer ähnlichen Situation in der Vergangenheit gewählt haben und die wir als unsere ultimative Realität gespeichert haben.

Wir dürfen wissen, dass unser natürlicher energetischer Zustand leichter, freier und klarer ist. Außerdem, wenn wir in unserem natürlichen Zustand wären, ohne alte gespeicherte Emotionen, wäre der Prozess einer emotionalen Reaktion völlig anders: in dem Fall, dass eine Emotion auftaucht, würde sie einfach durch unser energetisches System fließen. Wir würden sie bewusst wahrnehmen und danach würde sie einfach verschwinden. Im Vergleich zu unserer jetzigen Situation nehmen wir jedoch jedes Mal, wenn unverarbeitete Emotionen und unerfüllte Bedürfnisse aus unserer Kindheit auftauchen, diese in der Regel sehr intensiv wahr, und manchmal halten sie auch sehr lange an und beeinflussen in der Regel unseren mentalen Prozess, manchmal ohne dass wir sie überhaupt bemerken.

Der erste Schritt, um diese gespeicherten Emotionen zu heilen und zu transformieren, ist zu erkennen, welche Emotionen ihren Ursprung in unserer Kindheit haben. Dies kann geschehen, indem wir uns unserer inneren Emotionswelt bewusst werden und erkennen, dass bestimmte emotionale Reaktionen, von einem objektiven Standpunkt aus betrachtet, in einer bestimmten Situation nicht angemessen sind. Dies erfordert Bewusstsein und Training, aber mit etwas Übung wird es zu einem natürlichen und auch automatischen Prozess.

Was ist mit »nicht angemessen« gemeint? Nehmen wir das Beispiel, dass wir gebeten werden, länger auf der Arbeit zu bleiben und wütend oder traurig werden. Obwohl wir akzeptieren, länger zu bleiben und zu arbeiten, löst das eine starke Emotion von Wut oder Traurigkeit aus. Warum sollten wir wütend oder traurig werden, wenn wir uns entschieden haben, länger zu bleiben? Wir haben zugestimmt, es zu tun, aber warum fühlen wir uns innerlich gezwungen oder vielleicht sogar machtlos, nein zu sagen? In diesem Fall können wir beobachten, dass ein Teil von uns den Eindruck hat, dass wir die Bitte unseres

Chefs nicht ablehnen können, aber warum? Die Antwort ist: Wir hatten in der Vergangenheit eine ähnliche Situation, als wir ein Kind waren und die Anweisung unserer Eltern nicht ablehnen durften und wir daraufhin wütend wurden. In der jetzigen Situation wiederholt sich genau das gleiche Verhaltensmuster und es wird so lange weitergehen, bis wir es endlich als altes Muster erkennen und beginnen, es zu transformieren.

Unsere unverarbeiteten Emotionen können auch in unseren Beziehungen beobachtet werden. Wenn sich zum Beispiel unsere Eltern geschieden haben und wir dadurch aus unserer Perspektive die familiäre Stabilität und das Gefühl von »zu Hause sein« verloren haben, werden diese Emotionen von Traurigkeit, Angst und vielleicht sogar Hoffnungslosigkeit in unserem energetischen System gespeichert, die mit dieser besonderen Situation verbunden sind. Außerdem werden unsere unerfüllten Bedürfnisse, geliebt, umarmt und umsorgt zu werden, ebenfalls als nicht erfüllt gespeichert. Nach den energetischen Regeln werden wir ähnliche Situationen anziehen, um uns dieser unerfüllten Bedürfnisse bewusst zu werden. Auf der einen Seite ist dies erstaunlich, denn dank dieser ›natürlichen energetischen Regel‹ wird uns die Möglichkeit gegeben, unsere Verletzlichkeit zu erkennen und zu akzeptieren, was uns zu einem tieferen Verständnis unserer selbst führen kann und uns erlaubt, wieder ganz zu werden. Wenn wir jedoch auf der anderen Seite nicht erkennen, dass diese Emotionen aus unserer Kindheit stammen und geheilt werden wollen, noch dass diese unerfüllten Bedürfnisse etwas mit unserem Partner zu tun haben, dann werden wir wahrscheinlich in dieser »negativen Schleife« bleiben und diese herausfordernden Situationen werden sich immer wieder wiederholen. Diese alten gespeicherten Emotionen können in jeder Situation auftauchen, zum Beispiel wenn unser Partner mit Freunden verreisen will und wir wissen, dass wir ihn eine Weile nicht sehen werden. Alternativ können sie auch in

Momenten auftauchen, in denen unser Partner mit einer Person spricht, die wir als potenziellen Rivalen wahrnehmen, weil nach unserer Wahrnehmung die Wahrscheinlichkeit, ihn zu verlieren, steigt und damit auch die Wahrscheinlichkeit, einen ähnlichen emotionalen Schmerz zu erleben, höher wird. Infolgedessen können wir in diesen Momenten überreagieren und extrem eifersüchtig, ängstlich, traurig oder sogar aggressiv werden. Und diese Reaktionen können wiederum ein unerwünschtes Ergebnis anziehen, denn in unserer inneren Welt ist diese alte Realität immer noch da und wir projizieren sie in unser gegenwärtiges Leben.

Die große Frage ist: Was können wir tun, um alte emotionale Muster zu verändern? Es ist entscheidend zu erkennen, dass es sich um alte Emotionen aus unserer Vergangenheit handelt und dass sie nur durch die gegenwärtige Situation hervorgerufen werden, weil sie einer der schmerzhaften Situationen aus unserer Vergangenheit ähnelt. Idealerweise wäre es von Vorteil, wenn wir herausfinden könnten, welches vergangene Ereignis diesen emotionalen Schmerz verursacht hat, welche unserer Bedürfnisse deswegen nicht erfüllt wurden und was die Gründe dafür sind. In dem Moment, in dem wir in der Lage sind, diese vergangene Situation in unser Bewusstsein zu bringen und wir die Dinge, die sich jetzt wiederholen, klar erkennen können, ist ein Teil der Transformationsarbeit bereits getan.

Im zweiten Schritt dieses Prozesses geht es darum, sich bewusst zu machen, dass diese alte Realität wieder geschieht, jedoch muss sie nicht unsere ultimative Realität sein, da uns so viele andere mögliche Realitäten offenstehen. Wenn wir in der Lage sind, diese Tatsache zu erkennen, erschaffen wir mental die Möglichkeit, dass etwas anderes in unser Leben kommen kann. Auf diese Weise kommunizieren wir unserem energetischen System, dass wir die Option in Betracht ziehen, alles loszulassen, was mit dieser alten Realität in Resonanz steht. Normalerweise gibt es noch einige emotionale Arbeit zu tun, bevor man sich vollständig von seiner alten Realität befreit hat. Ich habe jedoch bei mir selbst und einigen meiner Klienten beobachtet, dass ihr energetisches System manchmal erst dann anfing, sich zu transformieren und ihre Resonanzen mit ihrer vergangenen Realität loszulassen, nachdem sie diese Erkenntnis hatten und sich bewusst entschieden hatten, die vergangene Realität loszulassen. In manchen Situationen kann es passieren, dass eine bewusste Erkenntnis der Tatsache, dass die gegenwärtige Situation nur eine Wiederholung der Vergangenheit ist, eine Anerkennung dessen, welche Bedürfnisse damals nicht erfüllt wurden und welche Emotionen jetzt noch präsent sind, dazu führen kann, diese loszulassen. Auf diese Weise kann der transformatorische Prozess ohne allzu große Anstrengung geschehen.

Dennoch bedarf es in den meisten Fällen einer spezifischeren Transformation, um sich erstens bewusst zu machen, welche Emotionen und unerfüllten Bedürfnisse zu dieser alten Realität gehören und zweitens den bewussten Übergang vom alten energetischen Zustand in den neuen zu vollziehen, da dies wirklich hilft, die Bewusstseinsebene zu erweitern. Wenn wir nun klar wahrnehmen können, welcher emotionale Schmerz noch da ist, kann dies meiner Meinung nach helfen, ihn im Körper bewusst wahrzunehmen und seinen Ort zu identifizieren, wie zum Beispiel die Kehle, das Herz oder den Solarplexus.

Es kann auch passieren, dass der emotionale Schmerz überall wahrgenommen wird, da er mitunter in einer traumatischen Situation entstanden ist. In dem Moment, in dem die Emotionen präsent sind, ist es empfehlenswert, sie einfach wahrzunehmen, zu identifizieren, welche Emotionen es sind und zu fragen, warum sie hier sind. Eine mögliche Antwort, die wir erhalten könnten, ist, dass wir uns machtlos fühlen, weil wir glauben (oder in einer vergangenen Situation geglaubt haben und diesen alten Glauben noch nicht transformiert haben), dass wir nichts tun können, um die gegenwärtige Situation zu ändern und so sind wir gezwungen, den emotionalen Schmerz erneut zu erleben. Alternativ könnten wir eine Angst wahrnehmen, die uns sagt, dass wir nicht in der Lage sind, mit dieser Situation umzugehen, da wir nicht die nötigen Fähigkeiten und das Wissen haben. Obwohl dies sehr wahrscheinlich ein Glaubenssatz aus unserer Kindheit ist, denn als Erwachsener haben wir die Möglichkeit, Unterstützung in anderen Menschen zu finden oder die notwendigen Fähigkeiten zu erlernen. Sobald wir wissen, welche Botschaft uns die Emotionen zu sagen versuchen, können wir den Heilungsprozess beginnen.

In diesem Moment geht es darum, unseren Emotionen das zu geben, was sie in den Situationen in der Vergangenheit gebraucht hätten. Wenn uns jemand zurückgewiesen und durch sein Verhalten gezeigt hat, dass er uns nicht als wichtig wahrnimmt, könnten wir uns in einem solchen Moment wertlos, abgelehnt, von ihm verletzt gefühlt haben und wir hätten aufgrund dieses großen emotionalen Schmerzes leicht wütend werden können. Um unsere Emotionen in diesem Beispiel zu heilen, könnten wir erstens die Wut hochkommen lassen und sie einfach in unserem energetischen System fließen lassen, um ihr zu erlauben, von uns bewusst wahrgenommen zu werden und dann können wir sie schließlich loslassen. In den meisten Situationen, in denen Wut vorhanden ist, möchte sie einfach nur fließen und so wahrgenommen werden, wie sie ist, statt durch negative Gedanken unterdrückt oder verstärkt zu werden. Sie will einfach nur empfangen, was sie braucht, und kann daher in reine Energie umgewandelt werden, wenn sie aus unserem Unterbewusstsein entlassen wurde.

Zweitens könnten wir unsere Aufmerksamkeit auf den emotionalen Schmerz richten und über folgende Fragen nachdenken:

- Warum ist dieser Schmerz aufgetreten?
- Wo ist er in unserem Körper zu finden?
- Was braucht er, um geheilt zu werden?

Eine mögliche Antwort auf die erste Frage könnte sein, dass er aufgrund des Gefühls entstanden ist, von der anderen Person abgelehnt zu werden und infolgedessen aufgrund des Eindrucks, wertlos zu sein. In dem Moment, in dem wir erkennen, welche Emotion durch ein bestimmtes Verhalten, ein Wort oder eine Situation entstanden ist, nehmen wir sie in unserem Bewusstsein klar wahr und damit hat der Heilungsprozess bereits begonnen.

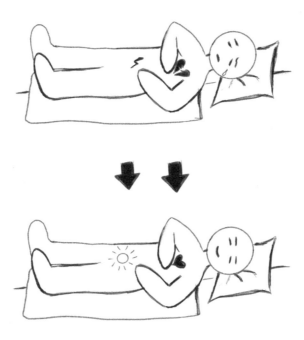

Ein entscheidender Punkt bei all diesen Erkenntnissen ist, dass es meiner Meinung nach und aus meiner persönlichen und beruflichen Erfahrung heraus essentiell ist, den emotionalen Prozess nicht nur mental zu verstehen, sondern vor allem die Emotionen in unserem Körper bewusst wahrzunehmen, denn nur dann können sie tiefgründig transformiert werden und wir können frei werden.

Zurück zum Heilungsprozess: Während wir die Emotionen in unserem Körper wahrnehmen und wir mental und emotional verstanden haben, wie und warum sie entstanden sind, können wir die dritte Frage stellen: »Was brauchen sie, um geheilt zu werden?« Die Antworten könnten sein: sich geliebt fühlen, akzeptiert werden, sich wertvoll fühlen oder angehört werden. Sobald wir das erkennen, können wir es in unserem ener-getischen System erschaffen und beginnen, uns um unsere Emotionen zu kümmern.

Praktisch ausgedrückt können wir uns »vorstellen« wie es ist, sich wertvoll zu fühlen und den Teil von uns zu umarmen, der sich wertlos fühlt. Das Gleiche können wir mit dem Teil von uns machen, der sich abgelehnt fühlt: Hier können wir sanft unsere Hände auf den Teil unseres Körpers legen, an dem sich die Emotion befindet und einfach für die Emotion »da sein«, damit sie sich angenommen fühlen kann. Dabei ist es sehr wichtig, nicht zu hetzen, sondern uns und unseren Emotionen die Zeit zu geben, die sie brauchen, um sich zu transformieren.

Wenn wir diese Heiltechnik mit all unseren Emotionen und unerfüllten Bedürfnissen aus der Vergangenheit praktizieren, kann dies dazu führen, dass wir uns mehr und mehr von diesen Lasten aus der Vergangenheit befreien. Wir können diese vergangenen Situationen loslassen und werden nach und nach emotional immer stabiler, während wir gleichzeitig unseren

Selbstwert, unser Selbstvertrauen und unsere Selbstliebe steigern. All dies wird sich mehr und mehr in unserer äußeren
Welt widerspiegeln: unsere Beziehungen werden glücklicher,
tiefgründiger und stabiler, wir werden eine größere finanzielle
Stabilität haben, unsere Arbeitssituation wird positiver und
natürlich wird sich auch unsere Gesundheit verbessern.

Wiederholte vergangene Realität aus unserer Kindheit und anderen vergangenen Ereignissen

Ich kann mir vorstellen, dass deine erste Reaktion beim Lesen
dieses Unterkapitels wahrscheinlich war, dich zu fragen, was
der Unterschied zwischen »emotionalem Schmerz und alten
unerfüllten Bedürfnissen aus unserer Kindheit« und dem
jetzigen Thema ist. In der Tat ist der Unterschied recht gering.
Meiner Meinung nach ist es jedoch wichtig, ihn zu erwähnen, um
mehr Möglichkeiten und verschiedene Perspektiven zu bieten,
wie Dinge aus der Vergangenheit uns immer noch beeinflussen
können und vor allem, wie wir sie transformieren können.

Eine vergangene Realität ist eine emotionale Erfahrung, die
in unserer Vergangenheit stattgefunden hat, wie zum Beispiel
in unserer Kindheit, und die wir auch jetzt noch erleben. Ein
Beispiel könnte sein, dass wir uns in unserer Kindheit nicht wirklich »zu Hause« gefühlt haben, wenn wir mit unserer Familie
zusammen waren. Einer der Gründe dafür könnte sein, dass es
immer eine gewisse emotionale Spannung zwischen unseren
Familienmitgliedern oder zwischen uns und unseren Familienmitgliedern gab und wir das Gefühl hatten, dass es eine Art
passiv-aggressive Haltung gegenüber den anderen gab. Darüber
hinaus könnte es sein, dass wir Angst hatten, emotional offen
zu sein, weil wir befürchteten, von anderen verletzt zu werden.
Natürlich hatten wir auch in dieser vergangenen Realität
Emotionen und unerfüllte Bedürfnisse.

Der Hauptunterschied zwischen unerfüllten Bedürfnissen und emotionalem Schmerz aus unserer Kindheit und einer wiederholten vergangenen Realität ist jedoch, dass letztere eine Art ganzes Setting ist, das sich zum Beispiel aus mehreren Menschen, verschiedenen Einstellungen, einer kontextuellen Situation und Verhalten sowie einer bestimmten Geisteshaltung zusammensetzt, die wir kontinuierlich erlebt haben.

Ein weiteres Beispiel für eine sogenannte vergangene Realität findet sich im Bereich der romantischen Beziehungen, etwa im Verhalten, dem emotionalen Zustand, der Art der Kommunikation, den Dingen, mit denen wir Mühe haben und der Art und Weise, wie die Beziehung endet. Auch dort wiederholen wir oft die vergangene Realität unserer Eltern, die wir als Kind bewusst oder unbewusst erlebt hatten.

Zum Beispiel könnten wir einen Partner anziehen, der unserer Mutter oder unserem Vater in einigen Verhaltensmustern ähnlich ist. Mehr noch, sehr oft können wir anfangen, uns wie einer oder sogar beide unserer Eltern zu verhalten, obwohl wir ihre Verhaltensmuster als Kind gehasst haben. Dies geschieht, weil wir als Kind diese energetischen Zustände erlebt haben und, da wir noch nicht das Bewusstsein hatten, sie zu hinterfragen, glaubten, dass dies die ultimative Realität sei.

Infolgedessen ist es immer noch in unserem energetischen Feld gespeichert und wird sich immer wieder wiederholen, bis wir es endlich klar wahrnehmen, hinterfragen und vollständig transformieren, um davon frei zu werden und so eine neue, günstigere Realität zu erschaffen.

Unser Verhaltensmuster könnte aber auch das komplette Gegenteil sein, aber dann ist es meist aus der Angst heraus aufgebaut, den gleichen Schmerz wieder zu erleben und deshalb haben wir begonnen, das eine stark abzulehnen. Mit viel Beharrlichkeit und Kontrolle tun wir das Gegenteil, anstatt es natürlich zu leben.

Um dies zu veranschaulichen, ein Beispiel einer Bekannten von mir: Sie wurde von ihrem Vater abgelehnt, als sie ein Baby von zwei oder drei Jahren war. Während ihrer Kindheit sah sie ihn kaum, sodass sie nie seine Wertschätzung spürte, noch konnte sie den tiefen Schmerz, den sie wegen des Verlassenwerdens empfand, heilen. Im Erwachsenalter hat sie einen Mann und zwei Kinder, die sie sehr liebt, doch sie hat sich selbst aufgegeben, um ihr Leben ganz ihrer Familie zu widmen, denn sie möchte nicht, dass ihre Familie denselben Schmerz erlebt, den sie durchgemacht hat. Auf der einen Seite ist es wunderschön, eine solche Hingabe an die Familie zu haben, aber auf der anderen Seite ist es traurig und ein Opfer, wenn man seine Wünsche und persönlichen Interessen komplett verleugnet, sogar nachdem ihre Kinder ausgezogen sind.

Eine vergangene Realität kann sich auch bei der Arbeit wiederholen, auch wenn es normalerweise nicht so offensichtlich ist wie in einer Beziehung. Eine mögliche wiederholte Realität ist, dass wir das Gefühl haben, dass wir weder vom Team akzeptiert noch wirklich integriert sind. Wir könnten den Eindruck haben, dass wir darauf achten müssen, was wir zu bestimmten Personen sagen, aus der Angst heraus, dass es gegen uns verwendet werden könnte oder mit anderen geteilt wird, die wir es nicht wissen lassen wollen. Alternativ könnten wir den Eindruck haben, dass wir »kämpfen« müssen, um unseren Platz im Team zu behalten, weil wir anderen weder vertrauen noch den Eindruck haben, dass wir uns unserer Position sicher sein können. Wenn wir eine solche ganze Einstellung erleben, in der es so viele Faktoren gibt, die nicht energetisch fließen, ist es sicher, dass es etwas mit einer wiederholten vergangenen Realität in diesem Leben (oder aus einem unserer vergangenen Leben) zu tun haben muss. In solchen Fällen haben wir vielleicht das Gefühl gehabt, dass wir von unserer Familie nicht wirklich akzeptiert wurden. Oder wir hatten den Eindruck, dass wir kämpfen mussten, um wahrgenommen zu werden und unseren Platz zu behalten und/oder wir mussten sehr vorsichtig sein, unsere persönlichen Dinge anderen mitzuteilen, weil wir befürchteten, dass es weitererzählt und gegen uns verwendet werden könnte.

In dem Moment, in dem wir erkennen, dass die gegenwärtige Situation, die wir erleben, eine vergangene Realität ist und wir herausfinden können, woher sie kommt, haben wir den ersten Schritt getan, um sie zu transformieren.

Zweitens können wir sie klar als eine vergangene Realität wahrnehmen, die sich wiederholt hat, was wiederum nur eine energetische Illusion ist, die wir erneut erleben. Doch dieses Mal erleben wir sie, um sie zu transformieren. Indem wir das tun, nehmen wir ihr ihre Macht und deshalb wird ein Teil von ihr bereits transformiert und befreit sein.

Drittens ist es wichtig, bewusst wahrzunehmen, welche Umstände und welche Emotionen und energetischen Zustände wiederholt werden. Das kann man tun, indem man die Analogien mental benennt, um sich klarer zu machen, welche Dinge sich wiederholen. Dabei ist es von entscheidender Bedeutung, nicht nur die äußere Welt zu erwähnen, wie zum Beispiel Menschen, denen wir nicht vertrauen können/konnten oder eine ständig angespannte Situation, sondern vor allem, wie wir uns während dieser Realität gefühlt haben und welche Umstände welche Emotionen oder energetischen Zustände hervorgerufen haben. Sobald wir uns dieser Faktoren mental bewusst sind und, was noch wichtiger ist, sobald wir die »alten Emotionen« in unserem Körper als das wahrnehmen, was sie sind, können wir beginnen, sie fließen zu lassen. So können wir sie transformieren, indem wir uns selbst geben, was wir in der Vergangenheit gebraucht hätten, und dann, in einem zweiten Schritt, energetisch eine andere Realität erschaffen.

Wiederholte vergangene Realität unserer Vorfahren

Jeder von uns ist aus den Genen unserer Eltern gemacht, auch wenn das manchmal schwer zu glauben ist, da wir uns als so verschieden von ihnen wahrnehmen können. Was wir über die Tatsache, dass wir von unseren Eltern abstammen, bedenken müssen, ist, dass wir nicht nur die Augenfarbe oder das Potential für bestimmte körperliche Krankheiten erben, sondern auch ihre alten gespeicherten Emotionen, sowie ihr individuelles Verhalten, wie sie mit Emotionen umgegangen sind. Abgesehen davon werden auch Emotionen, die mit vergangenen Schicksalsschlägen verbunden waren und alte mentale und emotionale Glaubenssätze, die sehr einschränkend sein können, weitergegeben. Auf der anderen Seite erben wir auch ihre Talente, ihre Stärken und ihre positiven Glaubenssätze über sich selbst und das Leben an sich. Wir sind teilweise eine Kopie unserer Vorfahren, unabhängig davon, ob wir das wollen oder nicht. Viele von uns haben sich wahrscheinlich bewusst dafür entschieden, anders zu leben als unsere Eltern oder haben eine andere Geisteshaltung aufgebaut. Doch ihre alten Energien, Emotionen und gespeicherten Erinnerungen (auch wenn wir sie nicht persönlich erlebt haben!) sind Teil unseres energetischen Systems, solange wir sie nicht bewusst transformieren, um frei von ihnen zu sein und unser wahres Selbst zu werden.

Erlebten zum Beispiel unsere Großeltern oder Urgroßeltern den Zweiten Weltkrieg, tragen sie Spuren in ihrem Geist und ihrem Herzen, ihren Genen und ihren Seelen.

Wenn sie diese alten Energien nicht transformiert oder ihre emotionalen Wunden nicht tiefgreifend aufgearbeitet haben, sind die schweren Emotionen und die Glaubenssätze, die während dieser Zeit entstanden sind, und die Erinnerungen an diese Zeiten, als sie sie erlebt haben, im energetischen System gespeichert. Dies geschieht selbst dann, wenn sie sich an diese Dinge nicht bewusst erinnern oder sie vergessen haben, was der Fall sein kann, wenn traumatische Erfahrungen aufgrund der Überladung mit Emotionen und Stress, die zu dieser bestimmten Zeit erlebt wird, aus unserem Bewusstsein gelöscht werden.

Während einer solch intensiven Zeit ist es möglich, dass sie angefangen haben zu glauben, dass sie keine ihrer Besitztümer zeigen dürfen, aus der Angst heraus, dass sie von anderen gestohlen werden könnten. Oder sie könnten den Glauben entwickelt haben, dass sie an allem, was sie haben, festhalten müssen, da sie es jeden Moment verlieren könnten. Ein anderer Glaube könnte sein, dass sie aufhören sollten, tiefe emotionale Verbindungen zu anderen aufzubauen, aus Angst, sie sehr schnell zu verlieren und das würde viel mehr schmerzen, wenn die Verbindung tief ist.

Zusätzlich war der physische, emotionale und mentale Stress, den sie während dieser schrecklichen Zeit erlebt hatten, immer noch in ihrem Nervensystem und ihrem gesamten energetischen System gespeichert, so dass, auch wenn sie es nicht bewusst wahrnahmen, es da war und sie höchstwahrscheinlich auf die eine oder andere Weise kontrollierte. Kurz gesagt, die alten Erinnerungen unserer Vorfahren waren tief in ihnen gespeichert und so konnten sie an ihre Nachkommen weitergegeben werden, unabhängig davon, ob sie sich dessen bewusst waren oder nicht. Das Faszinierende und zugleich Beängstigende daran ist, dass wir nicht einmal davon gehört haben müssen, noch müssen wir tatsächlich unsere Vorfahren kennen, die bestimmte

Situationen erlebt hatten oder bestimmte Talente besaßen. Wir erben sie einfach so oder so, da ihre Energien in den Genen gespeichert sind, aus denen wir gemacht sind. Um zu zeigen, wie kraftvoll eine solche energetische Vererbung sein kann, möchte ich eine persönliche Geschichte erzählen, von meiner Mutter, ihren Vorfahren und mir. Die Großmutter meiner Mutter wuchs in Polen auf und war unglücklich verheiratet. In diesen Zeiten wurde eine Scheidung als etwas sehr Negatives angesehen und war in der Gesellschaft nicht wirklich akzeptiert, also blieb sie unglücklich verheiratet, bis ihr Tod sie von ihrem Mann trennte.

Auch die Mutter meiner Mutter war in ihren Ehen nicht glücklich, ließ sich von ihrem ersten Mann scheiden, ihr zweiter Mann starb während eines Bürgeraufstandes und von ihrem dritten Mann ließ sie sich erneut scheiden. Da meine Mutter das Kind des zweiten Ehemannes war, der starb, als sie zwei Jahre alt war, kannte sie weder ihren richtigen Vater, noch hatte sie die Möglichkeit, den vorherigen Ehemann ihrer Mutter kennenzulernen. Als meine Mutter in die Schweiz kam, um ihren ersten Mann zu heiraten, war sie anfangs glücklich verliebt. Doch später kamen die alten Familienenergien durch und es endete in einer Scheidung. Die Ehe mit ihrem zweiten Mann, der der Vater meiner Schwester und von mir war, endete ebenfalls mit einer Scheidung. Der erstaunliche Zufall war, dass er ein paar Jahre später starb, so mussten meine Schwester und ich den Tod unseres Vaters auch recht früh in unserem Leben erleben und das andere, was sich wiederholte, war, dass der zweite Ehemann ebenfalls starb. Nach der Scheidung von meinem Vater verliebte sich meine Mutter wieder und sie war eine Zeit lang glücklich verheiratet. Es gibt also auffällige Parallelen zum dritten Ehemann der Mutter: Er zog in die Familienwohnung ein und wurde für diese Zeit Teil unserer Familie. Doch nach etwa zehn Jahren kamen erneut die starken Energien unserer Ahnen-Gene durch und schufen eine vergangene Situation in der Gegenwart:

das heißt, sie ließen sich scheiden, weil es nicht geklappt hatte. Nachdem dies geschehen war, lebte meine Mutter leider alleine, genau wie ihre Mutter es tat.

Da meine Schwester und ich von ihr abstammen, haben wir die gleichen Gene und damit auch die gleichen Energien, sodass die Wahrscheinlichkeit für uns, in einer unglücklichen Beziehung zu sein, groß ist. Wie bereits erwähnt, habe ich eine sehr ungeschützte Kindheit erlebt, da meine Mutter mit vielen Dingen emotional überfordert war, mein Vater zog aus, als ich elf Jahre alt war und trank weiterhin Alkohol und nahm Drogen und da ich die ältere Schwester war, fühlte ich die Verantwortung, meine jüngere Schwester zu beschützen und für sie zu sorgen. Allerdings gab es niemanden, der sich um mich kümmerte oder mich beschützte, abgesehen von meinen Großeltern, obwohl sie in Polen lebten, während ich in der Schweiz war. Wie du dir vorstellen kannst, war ein Teil von mir auf der Suche nach Liebe, nach der Nähe von jemandem und nach jemandem, der sich um mich kümmert.

Zudem wurde ich früh reif, denn ich musste schnell wachsen, da die Lebensumstände von mir verlangten, ein Erwachsener zu sein, anstatt ein Kind zu bleiben. All das zusammen führte dazu, dass ich mit zwölf Jahren meinen ersten Freund hatte, der – wenig überraschend – ein ganzes Stück älter war als ich, nämlich 17. Um es auf den Punkt zu bringen, nach dieser ersten Beziehung, die nur ein paar Monate dauerte, hatte ich andere Beziehungen, die bis zu drei Jahre dauerten, höchstens. Sie endeten jedoch alle aus ähnlichen Gründen. Auch wenn ich versuchte, mich zu ändern und zu reflektieren, was ich falsch gemacht hatte und mein Bestes zu tun, um diese Punkte zu ändern, waren die Faktoren, die zum Ende dieser Beziehungen führten, immer mehr oder weniger die gleichen.

Hinzu kam, dass ein Teil von mir das Verhalten und die Denkweise meiner Mutter übernommen hatte: Sie hatte oft den Eindruck, die anderen seien für den entstandenen »Schaden« verantwortlich und dass sie alles richtig gemacht hatte. Das tat ich auch, zumindest teilweise. Diese Überzeugung wurde durch die Tatsache »bewiesen«, dass ich diejenige war, die die meisten meiner Beziehungen beendete, niemals die andere Person. Daher hatte ich mehr und mehr angefangen zu glauben, dass es nicht meine Schuld war. Doch nach einigen Jahren, als ich Mitte zwanzig war, trafen mein damaliger Freund und ich die gemeinsame Entscheidung, die Beziehung zu beenden und Freunde zu bleiben. Dieses Ereignis brachte mich zum Nachdenken und half mir zu verstehen, dass die vielen Gründe, warum es bisher nicht geklappt hatte, in mir selbst lagen. Nach dieser »Erleuchtung« begann ich endlich, meine Ahnen-Beziehungs-Themen und meine persönlichen Beziehungs-Themen, die aus meiner Kindheit und meinen vergangenen Leben stammten, tiefgreifend zu transformieren, und ich kann dir sagen, es gab endlose Situationen, alte Glaubenssätze, Emotionen und tiefe Wunden zu transformieren.

Nichtsdestotrotz traf ich nach einer Weile endlich einen erstaunlichen Mann, der völlig anders war als die Männer, zu denen ich mich in der Vergangenheit hingezogen gefühlt hatte. Unsere Beziehung fühlt sich völlig anders an als die anderen Beziehungen, die ich zuvor hatte, und das wäre ohne die enorme Transformationsarbeit, die ich geleistet hatte, um die alten Ahnen-Wirklichkeiten in mir zu transformieren, nicht möglich gewesen.

Ob wir es wollen und glauben oder nicht, die alten Ahnen-Energien sind in uns gespeichert, und von denen haben einige mehr Einfluss als andere, jedoch beeinflussen sie uns alle in unterschiedlichem Maße.

Um sie zu transformieren gibt es verschiedene Werkzeuge, von denen einige eher für das Individuum selbst sind, während andere das ganze Familiensystem mit einbeziehen. Unabhängig davon, welches Werkzeug gewählt wird, gibt es immer zumindest einen kleinen Einfluss auf deine anderen Familienmitglieder, einfach weil in einem Familiensystem alle Familienmitglieder miteinander verbunden sind, zumindest auf energetischer Ebene. Das Familienstellen ist ein sehr kraftvolles Werkzeug, für das du tonnenweise Literatur und Kurse findest, die dir helfen, dein eigenes Familienstellen zu machen, um einige deiner alten Familienmuster zu lösen.

Weitere Werkzeuge sind die bereits erwähnten Werkzeuge zur Transformation von alten gespeicherten Emotionen und alten Realitäten. Doch schon das Bewusstwerden und das klare Wissen, dass die gegenwärtige Situation, der gegenwärtige emotionale Zustand oder die entstandenen Verhaltensmuster von unseren Vorfahren stammen, kann zumindest teilweise heilsam sein. Zweitens kann der tiefe Wunsch und die klare Absicht, dies zu ändern und eine andere Realität zu leben, ebenfalls zu deren Transformation führen.

Darüber hinaus ist es hilfreich, die Ursprünge dieser Muster und emotionalen Zustände herauszufinden, um unsere Vorfahren tiefgründig zu verstehen und diese alten Energien in uns bewusst transformieren zu können. Dies kann auch dann geschehen, wenn wir keine Gelegenheit haben, unsere Vorfahren danach zu fragen. Zum Beispiel können sie bereits verstorben sein oder es kann sein, dass sie einfach nicht darüber sprechen wollen. Um eine emotionale Erfahrung zu machen, warum sich diese inneren Glaubenssätze und Emotionen in uns aufgebaut haben, ist es entscheidend, einen Blick in uns selbst zu werfen und tiefgründig wahrzunehmen, was in unseren Herzen und in unserem Verstand geschehen ist. Wenn zum Beispiel unsere Beziehungen und die unserer Vorfahren in einer Scheidung endeten oder wenn das Paar zusammenblieb, aber unglücklich war, könnte ein möglicher Grund sein, dass einer der Partner den anderen in einer Beziehung in einem früheren Leben verloren hat, zum Beispiel während eines Krieges oder wegen einer Krankheit.

In einem solchen Moment ist der emotionale Schmerz so groß, dass es wirklich schwierig ist, damit umzugehen, vor allem wenn einem die Methoden fehlen, ihn zu transformieren. Daher ist es sehr wahrscheinlich, dass dieser große emotionale Schmerz, diese alte, nicht transformierte Realität des Verlustes der geliebten Person, plus die ungeheilte Erfahrung des Moments, in dem man erkennt, dass die geliebte Person nicht mehr da ist, in unserem energetischen System gespeichert wird. Normalerweise beginnt ein automatischer Prozess, in dem unser System beginnt, bestimmte Ängste und Glaubenssätze aufzubauen, die uns daran hindern, einen solch großen Schmerz erneut zu erleben. Als Folge davon beginnen wir, unser Herz zu verschließen, werden vorsichtiger bei der Partnerwahl und beginnen vielleicht sogar, emotional kälter gegenüber unseren Lieben zu sein. Mit anderen Worten, in einem solchen Moment haben wir nicht nur den emotionalen Schmerz zusammen mit der vergangenen Erfahrung verdrängt, sondern wir haben auch die Verbindung zu unserem Herzen und zu der unendlichen Liebe, die wir in uns tragen, verloren. Selbst wenn wir vorgeben, offenherzig zu sein oder den Eindruck erwecken, dass wir uns selbst oder andere zu hundert Prozent lieben, ist dies auf einer energetischen Ebene nicht wahr, weil dieser unterdrückte Teil noch nicht akzeptiert wurde und wir somit nicht vollständig mit unserem wahren Selbst verbunden sind. Ein anderes mögliches Verhalten, das aus einer solchen vergangenen Erfahrung unserer Vorfahren resultieren kann, ist das komplette Gegenteil davon, nämlich eine tiefe Angst davor zu haben, einen Partner zu verlieren und vielleicht sogar beginnen zu klammern.

Dieses Verhalten ist das andere Extrem dieses energetischen Ungleichgewichts und nachdem man den großen Schmerz, jemanden verloren zu haben, erfahren hat, ist man normalerweise emotional eher verschlossen oder sehr unsicher und kann sich deshalb von ihm abnabeln.

Um jedoch emotional offen zu werden und wieder eine emotionale Intimität erleben zu können ist es entscheidend, diese alten gespeicherten Emotionen aus dieser Erfahrung, sowie die damit verbundenen Folgen zu transformieren, um wieder voll und ganz lieben zu können und in einer Beziehung zutiefst erfüllt zu sein. Andere Beispiele für sich wiederholende alte Realitäten können die finanzielle Situation, die Beziehung zu den eigenen Kindern, Schwierigkeiten im Beruf, gesundheitliche Probleme und jeden anderen Lebensaspekt betreffen. Natürlich gibt es auch segensreiche Ahnenrealitäten, die wir wiederholt erleben können. Aber da es keine energetischen Blockaden gibt und alles im »Fluss« ist, gibt es nichts zu transformieren, so dass wir dankbar sein und uns voll und ganz darauf einlassen können.

Es spielt keine Rolle, ob wir diese Dinge persönlich erlebt haben oder nicht, sie sind sowieso in unserem energetischen System gespeichert und beeinflussen uns auf die eine oder andere Weise. Es gibt verschiedene Möglichkeiten, wie wir diese gespeicherten Energien und Emotionen wahrnehmen können: Wir können sie als Bestrafung ansehen und uns gekränkt fühlen, oder aber wir können dankbar dafür sein, dass wir die Möglichkeit haben, solche Erfahrungen zu machen und so können wir erstens unserer Seele erlauben, zu wachsen, indem wir sie energetisch transformieren. Zweitens können wir dankbar sein, dass wir die Kraft haben, sie zu transformieren, so dass wir sie nicht für den Rest unseres Lebens mit uns herumtragen müssen. Wie bereits erwähnt, befinde ich mich seit Mitte 2012 in einem außergewöhnlichen Transformationsprozess und ich würde niemals damit aufhören wollen, weil ich deutlich wahrnehmen kann, wie er mir hilft, immer freier, glücklicher und bewusster zu werden und vor allem, wie ich immer mehr zu meinem wahren Selbst werde.

Nicht in der Lage sein jemandem und/oder uns selbst zu vergeben

Vergebung ist eines der wichtigsten Themen, wenn wir wirklich frei von allen Lasten unserer Vergangenheit werden wollen. Denn in dem Moment, in dem wir nicht vergeben wollen, verletzen wir uns eigentlich selbst und halten all die schweren Emotionen wie Wut, Trauer und vielleicht sogar Hass in uns. Diese Unfähigkeit zu vergeben bedeutet, dass wir an der vergangenen Situation, die uns so tief verletzt hat, festhalten, dass wir den Eindruck haben, dass sie immer einen emotionalen Einfluss auf unser Leben haben wird. Alternativ versuchen viele Menschen, diese schmerzhaften Situationen zu verdrängen und einfach mit ihrem Leben weiterzumachen, vergessen dabei aber, dass genau diese schmerzhafte Situation einer der Schlüssel ist, um wichtige Lektionen über uns selbst zu lernen und uns somit dazu bringen kann, wieder vollständig zu werden.

»Vergebung hat nichts damit zu tun, einen
Verbrecher von seinem Verbrechen freizusprechen.
Es hat alles damit zu tun, sich von der Last des Opferseins
zu befreien – den Schmerz loszulassen und sich
vom Opfer zum Überlebenden zu wandeln.«

C.R. Strahan

Es ist genau so, wie es dieses Zitat aussagt: Bei der Vergebung geht es nicht darum, das schmerzauslösende Verhalten als angenehm zu betrachten.

Wir dürfen erkennen, dass die Person, die etwas Verletzendes getan hat, selbst mit den Konsequenzen ihres Handelns umgehen muss. Es liegt nicht in unserer Verantwortung, diese Person zu zwingen, sich damit auseinanderzusetzen, denn das wird früher oder später sowieso geschehen. Allerdings haben wir die Verantwortung für unsere eigenen Emotionen und unser Urteil über die Situation und die Person, die uns möglicherweise verletzt hat. Sobald wir das erkennen, können wir die andere Person leichter loslassen und uns wirklich auf unseren eigenen emotionalen Schmerz und die tieferen Gründe, die ihn verursacht haben, konzentrieren.

In meiner persönlichen und beruflichen Erfahrung stellte ich fest, dass es unmöglich ist, zu vergeben, solange der emotionale Schmerz nicht transformiert wurde. Jedes Mal, wenn ich meine Klienten gefragt habe, ob sie bereit sind, der Person zu vergeben und die Situation loszulassen, waren sie nicht in der Lage, dies zu tun, solange die damit verbundenen Emotionen nicht transformiert worden sind. Meiner Meinung nach liegt die tiefere Erklärung für dieses Phänomen in dem Bedürfnis der Seele, tiefgreifend zu verstehen, was genau in einer gegebenen Situation passiert ist, welche Glaubenssätze bestimmte Wahrnehmungsweisen der Umstände verursacht haben und vielleicht aufzuzeigen, wo wir zuvor einige unserer Seelenanteile verloren hatten. Die höhere Bedeutung einer schmerzhaften Situation kann uns dazu führen, vollständig zu werden, indem wir uns unserer alten gespeicherten Glaubenssätze bewusst werden, indem wir wahrnehmen, welche Seelenanteile in ähnlichen vergangenen Umständen oder sogar in der Situation selbst verdrängt wurden und indem wir diesen emotionalen Zustand bewusst erleben. Unsere Aufgabe bei all dem ist es, uns unseres wahren Selbst bewusst zu werden und unsere alten Verblendungen weiter loszulassen.

Eine weitere entscheidende Aufgabe ist, uns um unseren tiefen Schmerz zu kümmern und uns das zu geben, was wir brauchen, um geheilt zu werden.

Der erste Schritt zur Vergebung ist zu erkennen, dass es um unseren eigenen Entwicklungsprozess geht, während die andere Person, die den Schmerz verursacht hat, nur eine Art Schauspieler war, der uns geholfen hat, diesen emotionalen Schmerz zu erleben und bestimmte Themen zur Sprache gebracht hat, die wir bewusst wahrnehmen mussten. Sobald wir dies erkennen und beginnen, uns auf uns selbst zu konzentrieren, werden wir den emotionalen Schmerz wahrscheinlich intensiver wahrnehmen, aber nur so können wir ihn vollständig verstehen und vollständig heilen. Wenn wir unseren emotionalen Schmerz genauer betrachten, werden wir in der Lage sein, klar wahrzunehmen, was in uns selbst passiert ist und in einem weiteren Schritt können wir herausfinden, was wir brauchen, um geheilt zu werden und für uns selbst zu sorgen. In diesem Moment haben wir bewusst wahrgenommen, warum diese Situation passiert ist, was sie für uns bedeutet und was wir transformieren konnten. Im Anschluss daran sind wir dann in der Lage, loszulassen und der anderen Person zu verzeihen. Nachdem wir das getan haben, werden wir uns wahrscheinlich sehr erleichtert und freier fühlen und können die ganze Situation als eine Erfahrung sehen, für die wir sogar dankbar sind.

Um diesen Punkt zu illustrieren, teile ich die folgende (wahre!) Geschichte mit dir. Sie handelt von einer meiner ersten Klientinnen, mit der ich tiefgründig in Bezug auf Vergebung, Wiedererlangen von Vertrauen und Freiwerden von alten Ketten arbeiten konnte, die sie davon abhielten, sich vollständig für einen Mann zu öffnen. Zuerst begannen wir, alte gespeicherte Emotionen in Bezug auf ihre Mutter, ihren Vater und ihre Geschwister zu transformieren.

Dann integrierten wir ihre verlorenen Seelenanteile, wie zum Beispiel freudig zu sein oder sich zu erlauben, für sich selbst zu sorgen und den Glauben, dass es »gute Menschen« in der Welt gibt. Wir transformierten auch viele ihrer vergangenen Realitäten, die sie zuvor mit ihrem Ex-Freund erlebt hatte und die immer noch in ihrem emotionalen System präsent waren und sie daran hinderten, innerlich ruhig zu sein und sich als Frau selbstbewusst zu fühlen. All dies geschah innerhalb eines Zeitraums von vier bis fünf Monaten und sie wurde freier und freier in sich selbst und fühlte sich wie ein völlig neuer Mensch. Eines Tages jedoch, zu Beginn einer Sitzung, begann sie zu weinen und war kaum in der Lage zu sprechen. Schließlich schaffte sie es, mir zu sagen, dass es etwas sehr Schmerzhaftes aus ihrer Vergangenheit gab, das wir noch nicht transformiert hatten. Sie gab zu, dass sie diese Erfahrung am liebsten übersprungen und nicht mehr angeschaut hätte, aber sie erkannte, dass dies unmöglich war, da es in den letzten Wochen immer wieder in ihr Bewusstsein aufgestiegen war.

Sie brach in Tränen aus, als sie mir erzählte, dass sie mit 14 von ihrem Bruder missbraucht worden war. Natürlich war ich nur für sie da, hörte zu und bat sie, die Geschichte nur zu erzählen, wenn sie sich wohl und sicher fühlte. Was ihr am meisten half war, dass ich weder sie noch ihren Bruder verurteilt habe. Ich war in der Lage emotional für sie da zu sein, ihre Emotionen zu verstehen und gleichzeitig die ganze Erfahrung aus der Beobachterperspektive zu sehen. Sie fühlte sich unterstützt und es half ihr, ihre negative Einstellung zu dem, was passiert war, zu »neutralisieren«. Damit ist nicht gemeint, irgendwas als ›gut‹ wahrzunehmen oder einen Verbrecher von seinem Verbrechen freizusprechen, sondern das Ganze freizustellen, um damit zu bewirken, dass die Ablehnung transformiert werden kann. Es fällt leichter, die schmerzhaften Emotionen, die im energetischen System gespeichert sind, zu verarbeiten.

Bereits nach der ersten Sitzung fühlte sie sich besser.

In der zweiten Sitzung gingen wir durch, was genau passiert war. Sie war in der Lage, die Emotionen aus ihrem Körper zu lösen und konnte die negativen Glaubenssätze loslassen, die in dieser vergangenen Erfahrung entstanden waren. Eine ihrer Hauptschlussfolgerungen war, dass sie die Fähigkeit verloren hatte, jemandem zu vertrauen, der ihr nahe steht, was einen großen Einfluss auf ihr Leben nach dieser entscheidenden Erfahrung hatte. Eine weitere Hauptschlussfolgerung war, dass sie den Glauben aufgebaut hatte, dass alle Männer Frauen nur auf der sexuellen Ebene wahrnahmen und dass sie es nicht wirklich schätzen, nur mit einer Frau zusammen zu sein, weil sie schön, intelligent oder sympathisch ist. Glücklicherweise konnten wir diesen Teil von ihr heilen, der die Fähigkeit zu vertrauen verloren hatte und so konnte sie den Seelenanteil des Vertrauens wieder integrieren. Außerdem hatten wir auf ihrer emotionalen und mentalen Ebene gearbeitet und konnten ihren Glauben, dass alle Männer so sind, in die Perspektive umwandeln, dass einige so sein könnten, aber dass es auch viele andere Männer gibt, die Frauen schätzen und lieben. Natürlich lösten wir auch eine Menge physischen, emotionalen und mentalen Stress, der seit Jahren in ihrem energetischen System gespeichert war.

In der dritten Sitzung, die sich erneut einfacher gestaltete, war sie in der Lage, über diese Erfahrung zu sprechen, als ob sie es irgendwo in der Zeitung gelesen hätte. Da sie in der Lage war, ihren emotionalen Schmerz und ihre einschränkenden Glaubenssätze loszulassen, waren wir an einem Punkt angelangt, an dem sie bereit war, zu vergeben; nicht nur ihm, sondern auch sich selbst, damit sie sich tiefgreifend befreien und diese Situation loslassen konnte. Ihm zu verzeihen war nach der Transformation ihrer Emotionen einfach, sich selbst zu verzeihen schwieriger.

Der Grund dafür lag darin, dass sie sich während des Miss-
brauchs selbst dafür verurteilte, dass sie »eine schmutzige Frau«
war und sich in dieser Situation nicht vollständig verteidigen
konnte. Sich selbst zu verzeihen war entscheidend für sie, um
die Gründe, warum sie sich so verhalten hat, zu verstehen. So
begannen wir, die Situation genauer zu analysieren und fanden
Erklärungen, die dazu geführt hatten, dass sie sich ziemlich
willfährig und fast ohne Widerstand verhielt. Der erste Grund
war, dass sie emotional verletzt war, weil sie an diesem Tag von
einem Jungen, den sie sehr mochte, zurückgewiesen worden
war. Ihr Bruder war auch ein wenig niedergeschlagen, weil er an
diesem Tag einen Streit mit seiner Freundin hatte. Dies führte
zum zweiten Grund: die Geschwister hatten zusammen Alkohol
getrunken und natürlich hatte ihre Fähigkeit, Dinge klar zu
sehen und »mentale Kontrolle« auszuführen, nachgelassen.
Der dritte entscheidende Faktor, der den Ablauf dieser ganzen
Geschichte beeinflusste, war, dass sie, da es ihr Bruder war, ihm
vertraute und sie sich deshalb bei ihm sicherer fühlte als bei
jemand anderem.

Nach dieser Analyse konnte sie sich selbst verzeihen und die Situation loslassen. Das Faszinierende an diesem Prozess war, dass
sie all die gespeicherten Emotionen seit mehr als zehn Jahren
(!) mit sich herumgetragen hatte und wir sie dennoch innerhalb
von drei Stunden komplett auflösen konnten. Für mich war dies
wieder eine Bestätigung, dass alles auf energetischer Ebene recht
schnell gelöst werden kann, wenn man die Glaubenssätze und
Emotionen, die mit dem entscheidenden Ereignis verbunden
sind, tiefgehend versteht und bewusst wahrnimmt.

Außerdem war dies ein klassisches Beispiel für einen tiefgreifenden Vergebungsprozess: erstens die eigenen Emotionen
loszulassen und zu transformieren und im zweiten Schritt der
anderen Person zu vergeben. Als letzter Schritt ist es essentiell,

sich selbst zu vergeben, was für die meisten Menschen tatsächlich der schwierigste Schritt ist.

Als letzten Teil dieses Unterkapitels möchte ich ausführlicher über das Vergeben von sich selbst sprechen. Es gibt ein sehr häufiges und auf den ersten Blick überraschendes Phänomen, das ich bei meinen Klienten und bei mir selbst beobachtet habe: Manchmal ist es einfacher, anderen für den Schmerz, den sie »verursacht« haben, oder die sogenannten »Fehler«, die sie begangen haben, zu vergeben, als sich selbst zu verzeihen. Tatsächlich passiert es oft, dass wir mit uns selbst strenger umgehen als mit anderen Menschen und wir erwarten von uns selbst mehr als von unserem sozialen Umfeld. Genau diese Einstellung kann zu einer besseren Leistung führen, weil man sich selbst ständig pusht. Auch wenn diese Leistung nicht aus unserem wahren Herzen, dem inneren Fluss stammt und auch nicht direkt von unserer inneren Willenskraft oder unserer wahren Essenz geleitet wird, da sie nicht natürlich kommt. Auf der anderen Seite ist diese »bessere Leistung« nur besser im Vergleich zu dem, was wir tun würden, wenn wir einfach nur tun würden, was getan werden muss, oder wenn wir sogar einen gewissen Widerstand dagegen hätten.

Das Verhalten, so viel von uns selbst zu erwarten und uns so sehr anzustrengen, wird nicht von einer natürlichen Willenskraft und innerer wahrer Motivation angetrieben, sondern eher von einem Schmerz, einer Enttäuschung oder anderen gespeicherten Emotionen aus unserer Vergangenheit. Und so ist es wieder einmal eine alte gespeicherte Emotion, die der Ursprung unseres heutigen Verhaltens ist. Sie beeinflusst uns immer noch, obwohl sie aus unserer Vergangenheit kommt und wir auch den Eindruck haben, dass wir dieses Verhalten bewusst wählen.

Sehr oft erlauben wir uns selbst nicht, bestimmte Dinge zu tun oder wir erwarten von uns, dass wir uns auf eine bestimmte Art und Weise verhalten und wenn wir diese Erwartungen nicht erfüllen, werden wir enttäuscht oder wütend auf uns selbst. Wenn du ein solches Verhaltensmuster oder etwas Ähnliches bei dir beobachtest, dann ist es an der Zeit, einen tieferen Blick in dich selbst zu werfen und den Ursprung zu finden. Um dies besser zu veranschaulichen, möchte ich einige meiner persönlichen Erfahrungen schildern, die ich vor einigen Jahren transformiert habe und die mich lange Zeit beherrschten, bevor ich schließlich erkannte, dass dies nicht mein wahres Selbst war und dass dieses Verhalten nicht aus meinem reinen Herzen kam.

Meine Kindheit war chaotisch und ich fühlte mich nie wirklich von meinen Eltern beschützt. Allerdings hatte ich das tiefe Bedürfnis, mich um meine kleine Schwester zu kümmern, damit sie wenigstens das Gefühl hat, dass sich jemand um sie kümmert. Ich begann sie zu beschützen, als ich etwa vier oder fünf Jahre alt war, sie war drei Jahre jünger als ich. Ich schaffte es erst nach einer Familienaufstellung, als ich 27 Jahre alt war, mit diesem Beschützermuster aufzuhören. Eine Familienaufstellung ist eine psychologische Methode, die hilft, familiäre Verhaltensmuster aufzudecken und aufzulösen. Das Interessante an dieser Aufstellung war, dass ich vor der Aufstellung gar nicht erkannt habe, dass mein Schutzmuster nicht aus meinem reinen Herzen kommt, sondern aus einer vergangenen Lebenserfahrung stammt.

Darüber hinaus war der Grund, warum ich diese psychologische Methode anwenden wollte, um einige meiner angestammten Muster aufzulösen, dass ich mich zu dieser Zeit von meinem Freund allein gelassen fühlte und den Eindruck hatte, dass er sich nicht wirklich um mich kümmerte. Interessanterweise verursachte sein Verhalten einen großen emotionalen

Schmerz in mir und ich ertappte mich dabei, dass ich ihn oft dafür verurteilte, dass er mich in Momenten, in denen ich ihn brauchte, allein ließ. In diesem Verfahren stellte die Therapeutin Figuren für meine Eltern und Großeltern, für meine Schwester, für meinen Freund und für mich auf, um mir die Verbindung zwischen diesen Verhaltensmustern zu zeigen. Sie legte den Hauptfokus auf mein Beschützerverhalten gegenüber meiner Schwester und dass ich es als unmöglich empfunden hatte, auch nur daran zu denken, sie alleine zu lassen.

Im nächsten Schritt machte sie mir klar, dass ich genau das Gleiche von meinem Freund erwartete, weil ich es für unmöglich gehalten hatte, meine Schwester allein zu lassen. Ich konnte absolut nicht damit umgehen, dass er sich nicht genauso um mich kümmerte, wenn ich ihn brauchte. Nach dieser Erkenntnis sind wir tiefer in den Ursprung dieser komplizierten Konstellation eingetaucht. Dank ihrer Unterstützung und meiner Fähigkeit, mich leicht mit früheren Leben zu verbinden, konnten wir die Quelle meiner Wahrnehmung finden: In einem früheren Leben musste ich mich um jemanden kümmern und es fühlte sich an, als wäre es die Seele meiner Schwester, obwohl wir zu dieser Zeit keine Schwestern waren. Aus irgendeinem Grund hatte ich sie allein gelassen, um mich um meine eigenen Bedürfnisse zu kümmern und weil ich von ihrem Verhalten erschöpft war. An einem Punkt hörte ich, dass ihr etwas zugestoßen war, was hätte vermieden werden können, wenn ich an ihrer Seite geblieben wäre. Nachdem ich diese Nachricht erhalten hatte, empfand ich enorme Schuldgefühle und versprach mir, Menschen nie wieder allein zu lassen, wenn sie mich brauchten. Ich hatte mich für das, was ihr passiert war, verurteilt und diese Schuld in mir gespeichert. Infolgedessen hatte ich sie auf andere projiziert, einschließlich meiner Schwester und meines damaligen Freundes, die ich vor allem dafür verurteilte, dass sie mich allein gelassen hatten und mich nicht ähnlich behandelten, wie ich andere behandelte. In dem Moment, in dem ich dies erkannte, war es mir endlich möglich, meinem Freund zu vergeben.

Allerdings kämpfte ich immer noch damit, mir selbst für die Situation im vorherigen Leben vergeben zu können. Deshalb mussten wir zuerst die Emotionen der Wut, die ich mir selbst gegenüber hatte, der Traurigkeit und des emotionalen Schmerzes, der durch diese Situation verursacht wurde, transformieren und dann konnte ich mir schließlich selbst vergeben und dieses extreme Bedürfnis, meine Schwester zu beschützen, loslassen. Diese Geschichte ist ein perfektes Beispiel für eine Projektion der eigenen Schuld und des eigenen Urteils auf eine andere Person, ohne es auf den ersten Blick zu erkennen. Nach einer tiefgreifenden Analyse, indem ich tiefer in diese Verstrickung eindrang und die Gründe aufdeckte, warum ich andere auf bestimmte Weise beurteilte, wurden die Wurzeln dieser Blockade identifiziert. Nach der Transformation dieser gespeicherten Emotionen, die mit dieser Situation verbunden waren, und mit dem tiefen Verständnis, das dabei herauskam, war ich schließlich in der Lage, anderen zu vergeben und, was noch wichtiger war, mir selbst zu verzeihen. Sobald dieser Prozess abgeschlossen war, war ich frei von jeglicher Schuld und von jeglichem Urteil gegenüber anderen und mir selbst und konnte daher klar sehen.

Basierend auf dieser Geschichte und einigen anderen ähnlichen Geschichten, die meine Klienten durcharbeiten mussten und mit meiner Unterstützung transformieren konnten, schlussfolgere ich, dass das Urteil über andere zutiefst mit der Verurteilung von uns selbst verbunden ist, aufgrund eines Ereignisses in der Vergangenheit, bei dem wir »etwas falsch gemacht haben« und uns dafür verurteilt haben. Um solche gespeicherten Emotionen zu transformieren, empfehle ich, deine gegenwärtige Situation und deine Emotionen in Bezug auf diese Situation zu analysieren und was genau du über eine andere Person verurteilst. Sobald das passiert ist, tauchst du tiefer in diese Emotionen und »Situationsenergien« ein, um das Unterbewusstsein dazu zu bringen, uns das Ereignis zu zeigen, in dem diese Emotionen zum ersten Mal aufgestiegen sind. Dies kann auch durch eine tiefe Meditation geschehen oder natürlich gibt es viele ausgebildete Fachleute, die dich dabei unterstützen können, ihren Ursprung herauszufinden. Als abschließender Schritt ist es notwendig, die damit verbundenen Emotionen und das Vergeben an sich selbst und andere zu transformieren, sobald das Ereignis in der Vergangenheit verstanden wurde. In dem Moment, in dem diese gespeicherten Emotionen transformiert werden und wir in der Lage sind, zu vergeben, sind wir in der Lage, die Situation loszulassen, um frei davon zu sein, und, was noch wichtiger ist, unser Bewusstsein hat sich erweitert und unsere Seele hat sich ein Stück weiter entwickelt.

Zusammenfassend lässt sich sagen, dass Vergebung ein derart entscheidender Faktor ist, um sich von alten, schmerzhaften Situationen, den damit verbundenen gespeicherten Emotionen und den begrenzenden Glaubenssätzen zu befreien. Es ist notwendig, zuerst die gespeicherten Emotionen loszulassen und zu verstehen, dass ihre begrenzenden Glaubenssätze nur eine Illusion sind, bevor man sich selbst und anderen tief verzeihen kann. Auf den ersten Blick mag dies wie eine unnötige »Verkomplizierung« des Vergebungsprozesses erscheinen, jedoch ist es für unsere spirituelle Entwicklung und die Erweiterung unseres Bewusstseins wichtig, bewusst wahrzunehmen, was genau in uns geschehen ist und warum wir bestimmte Entscheidungen getroffen haben. Daher empfehle ich dringend, diesen Prozess der Analyse zu machen, um diese Situation nicht nur loszulassen, sondern auch spirituell zu wachsen.

Alte indoktrinierte Muster

Jeder von uns kennt jemanden, der sich in bestimmten Situationen immer gleich verhält, obwohl es vielleicht nicht wirklich förderlich für ihn ist oder dass wir uns sogar unserer eigenen begrenzenden indoktrinierten Muster bewusst sind, die wir immer wieder wiederholen. Ich möchte mit einigen kurzen Beispielen beginnen:

Ein häufig indoktriniertes Muster, das die meisten Menschen haben, ist, ihr Herz zu verschließen, wenn sie von jemandem oder etwas verletzt werden. Dadurch lehnen sie ihren eigenen Schmerz ab und unterdrücken ihre eigenen Emotionen, anstatt sich um sie zu kümmern, um sie zu heilen. Dieses besondere Muster stammt sehr wahrscheinlich von unseren Vorfahren und wird natürlich auch durch das heutige soziale Verhalten vorgelebt, denn leider ist es nicht allgemein akzeptiert, unsere Emotionen auszudrücken.

Daher nehmen wir einfach weiterhin das gleiche Verhaltensmuster an, unser Herz zu verschließen und unsere eigenen
Emotionen abzulehnen, was bedeutet, dass sie in unserem
energetischen System gespeichert werden und uns, wie bereits
erwähnt, in der Zukunft blockieren und immer wieder ähnliche
schmerzhafte Erfahrungen zu uns ziehen werden. Abgesehen
von den erwähnten möglichen Ursprüngen nicht nur des
indoktrinierten Musters, sein Herz zu schließen, sondern auch
anderer ähnlicher Muster, ist es auch üblich, nach einem traumatischen Erlebnis ein »automatisches Verhalten« zu entwickeln.
Das können Situationen wie Missbrauch sein oder nach anderen
emotional schmerzhaften Ereignissen, wie zum Beispiel von
einem geliebten Menschen zurückgewiesen oder von unserem
Partner betrogen worden zu sein oder den Tod eines geliebten
Menschen erlebt zu haben. Meistens sind diese Muster leichter
zu lösen, weil der Ursprung viel leichter zu finden ist und man
sich sehr oft sehr deutlich daran erinnern kann.

Ein weiteres Beispiel für ein altes indoktriniertes Muster ist es,
sich abzulenken, indem man etwas exzessiv tut, um nicht zu
spüren, was wirklich in uns vorgeht. Dieses Verhalten kann auf
der Angst vor emotionaler Nähe zu sich selbst beruhen, die viele
Menschen haben, ohne sich dessen bewusst zu sein. Ein drittes
Beispiel für ein solches Muster ist es, den Eindruck zu erwecken,
dass man immer weiß, was für andere das Beste ist, um ihre
Probleme zu lösen oder wie sie ihre Ziele am besten erreichen
könnten und manchmal sogar Menschen dazu zwingen, Dinge zu
tun, die gegen ihr eigenes Urteilsvermögen sind. Hinzu kommt,
dass man häufig anfängt, diese Menschen abzulehnen oder zu
verurteilen, wenn sie weiterhin Dinge auf ihre eigene Art und
Weise tun und nicht auf unsere »gut gemeinten Ratschläge«
einzugehen scheinen. Auch das ist ein sehr häufiges Muster und
könnte nach meiner Beobachtung von einer »falschen Assoziation« mit Liebe kommen.

In dem Moment, in dem wir andere mit unseren Ideen und unserem Rat unterstützen wollen, ist es ein Akt der ›Hingabe unserer Liebe an andere‹. Wenn sie das zurückweisen, fühlen wir uns ebenfalls zurückgewiesen und anstatt uns um uns selbst zu kümmern und die Grenzen anderer Menschen zu respektieren, beginnen wir, unseren Schmerz auf die andere Person zu projizieren. Das Faszinierende an diesen Mustern ist, dass wir oft gar nicht merken, dass ein bestimmtes Verhalten eigentlich nicht zu unserem wahren Selbst gehört, da es so sehr in uns indoktriniert ist.

Abgesehen von der Schwierigkeit, diese Muster als definitiv nicht zu unserem wahren Selbst gehörend wahrzunehmen, gibt es weitere Gemeinsamkeiten, die es schwierig machen, sie wahrzunehmen und tiefgreifend zu transformieren. Das erste, was alle alten indoktrinierten Muster gemeinsam haben, ist, dass sie so sehr automatisch ablaufen, dass wir gar nicht merken, dass wir uns auf eine bestimmte Art und Weise verhalten und dass wir nicht einmal wahrnehmen, dass dieses Verhalten nicht förderlich ist, weder für uns noch für andere. Der Grund für dieses Phänomen liegt in der Tatsache, dass die meisten indoktrinierten Muster ihren Ursprung in unserer Kindheit haben oder, was noch schwieriger zu erkennen und sich klar bewusst zu machen ist, da wir sie von unseren Vorfahren übernommen haben, ohne es bewusst zu merken. Die zweite Gemeinsamkeit ist, dass sie meist so tief in unser energetisches System eingegraben und in unser Gehirn geätzt sind, dass es einen tiefgreifenden Transformationsprozess auf mehreren Ebenen erfordert, um sich von ihnen zu befreien. Normalerweise haben solche Muster nicht nur mit der mentalen Ebene zu tun, sondern vor allem mit der emotionalen Ebene, die meist tiefer in unserem energetischen System und in unserem physischen Körper gespeichert ist.

Manchmal kann es passieren, dass Menschen in der Lage sind, ein indoktriniertes Muster in ihrem Verhalten zu erkennen und sich dazu entschließen, es loszulassen. Viele von ihnen beginnen, es auf der mentalen Ebene zu transformieren, indem sie rationalisieren, warum sie es nicht mehr brauchen und versuchen eine andere Art von förderlichem Verhalten zu finden, das sie bewusst wählen können. Das ist ein guter Anfang. In den meisten Fällen wird es jedoch nicht funktionieren, weil es die gespeicherten Emotionen und »alten Realitäten« in unserem energetischen System gibt, die losgelassen werden müssen, bevor eine neue, stabile Realität geschaffen werden kann.

Um dies besser zu veranschaulichen, möchte ich das Beispiel des regelmäßigen Alkoholkonsums als ein sehr verbreitetes kulturelles Muster nehmen. Wie bereits erwähnt, komme ich aus Polen und war schon oft dort, um meine Familie zu besuchen oder Zeit mit polnischen Freunden zu verbringen. Da ich mich vom Trinkverhalten meines Vaters beeinflussen ließ, begann ich mit 13 Jahren Alkohol zu trinken. Doch glücklicherweise hatte ich eine starke Willenskraft und beschloss, mit 14 Jahren damit aufzuhören. Einige Jahre später, im Alter von 21 Jahren, war ich auf der Hochzeit meines Cousins in Polen und natürlich tranken alle übermäßig viel Alkohol, wie es der kulturelle Brauch war. Ich war zufrieden mit meinem Wasser und meinem Saft (da ich vor einigen Jahren komplett aufgehört hatte, Alkohol zu trinken). Nichtsdestotrotz versuchte jede einzelne Person um mich herum, mich davon zu überzeugen, ein alkoholisches Getränk mit ihnen zu trinken. Sie versuchten gar mich zu provozieren, indem sie mich fragten, ob ich wirklich Polin sei, weil mein Verhalten so seltsam war. Glücklicherweise verfügte ich über eine derart starke Willenskraft, dass ich mich nicht von ihnen beeinflussen ließ. Leider war die Willenskraft meines Vaters nicht so stark und außerdem begann er im Alter von zwölf Jahren Alkohol zu trinken; in Polen durchaus üblich.

Er wuchs mit diesem Verhaltensmuster auf und deshalb war es so tief indoktriniert, dass einige tiefgreifende Veränderungen notwendig gewesen wären, um dieses Muster komplett zu ändern. Vor der Scheidung meiner Eltern, als mein Vater noch bei uns lebte, versuchte ich ständig ihn davon zu überzeugen, mit dem Alkoholkonsum aufzuhören, und im Alter von zehn Jahren stellte ich ihm eine Menge tiefgründiger Fragen, warum er das tut. Schließlich gab er zu, dass er gerne aufhören würde, aber er es einfach nicht könne. Manchmal schaffte er es sogar, für eine Woche oder so nicht zu trinken, aber danach fing er immer wieder an. Bedauerlicherweise habe ich dieses Muster auch bei anderen Menschen aus Polen und Russland beobachtet. Dieses indoktrinierte Muster ist so tief in uns auf der mentalen, emotionalen und körperlichen Ebene gespeichert, dass es eine tiefgreifende Transformation erfordert, um sich wirklich von diesem Muster zu befreien.

Es ist fast unmöglich, nur das Verhalten zu ändern, ohne die anderen Ebenen, auf denen die Energie gespeichert ist, zu berücksichtigen, da sie dich in der »alten Realität« gefangen halten und dieses Muster immer wieder anziehen werden. Man bräuchte eine riesige Menge an Energie, um sich ständig gegen die Ausführung dieser alten indoktrinierten Muster zu wehren. Folglich ist die Wahrscheinlichkeit des »Zurückfallens in die alte Realität« erhöht, wenn die Person müde, gestresst ist oder sich mit einem emotionalen Thema auseinandersetzen muss, das viel Energie erfordert. Das liegt daran, dass in diesen Momenten weniger Energie zur Verfügung steht, um das alte Muster zu unterdrücken.

Zusammenfasst lässt sich sagen, dass alte Verhaltensmuster einen großen Einfluss auf unser Leben haben, manchmal sogar ohne dass wir es bewusst wahrnehmen. Meist sind sie so automatisch, dass es fast unmöglich ist, sie zu »kontrollieren« und anders zu reagieren. Das ist vor allem dann der Fall, wenn wir uns ihrer nicht bewusst sind oder kurz nachdem wir sie wahrgenommen haben. Da sie so automatisch sind, sind sie größtenteils auf verschiedenen Ebenen gespeichert und um sich wirklich von diesen Mustern zu befreien, ist eine tiefgreifende Transformation auf mehreren Ebenen notwendig. Was bei diesem Transformationsprozess wirklich helfen kann, ist, tief zu verstehen, woher sie kommen, wie zum Beispiel von unseren Vorfahren aufgrund von Kriegserfahrungen, von kulturellen »Normen«, von gesellschaftlichen Glaubenssätzen oder wenn der Ursprung eine schmerzhafte emotionale Erfahrung in der Vergangenheit ist. Einer der wichtigsten Faktoren in Bezug auf die Transformation ist meiner Meinung nach jedoch die Willenskraft, es wirklich transformieren und loslassen zu wollen. Wenn diese Motivation fehlt, kann es ziemlich schwierig sein, vorwärtszukommen.

Wiederholte Realitäten aus vergangenen Leben

Dieses Unterkapitel kann eine »neue Welt« oder Perspektive aufzeigen, wie alte Realitäten, wiederholte Beziehungsprobleme und gespeicherte Emotionen miteinander verbunden sein können und vor allem, wo sie ihren Ursprung haben. Ich kann mir vorstellen, dass für einige von euch das Thema der vergangenen Leben seltsam oder vielleicht sogar unglaublich klingen mag, dennoch bitte ich euch, offen zu bleiben, während ihr dies lest, damit euer Verständnis, wie alles zusammenhängt, vertieft werden kann. Und diejenigen, die bereits etwas über vergangene Leben wissen oder vielleicht die faszinierende Erfahrung gemacht haben, eines oder mehrere davon wahrzunehmen, sind eingeladen, dieses Unterkapitel zu genießen und hoffentlich neue Erkenntnisse zu erhalten, um »dein größeres Bild« weiter zu vervollständigen.

Als erstes erkläre ich, warum es wichtig sein kann, vergangene Leben zur Sprache zu bringen, um gegenwärtige verstrickte Situationen oder sich ständig wiederholende Realitäten zu lösen. Zweitens wird ein Beispiel für eine solche »Reinkarnations-Transformation« vorgestellt und diskutiert. Und als letzter Punkt werden einige mögliche Wege, wie sie transformiert werden können, geteilt werden.

Wir alle sind spirituelle Wesen, die sich gerade jetzt in unserem gegenwärtigen physischen Körper inkarniert haben. Wir sind die Seele und haben einen Körper – nicht andersherum. Da unser Hauptzweck darin besteht, zu wachsen, uns auszudehnen und unser volles Potential zu leben, müssen wir Lektionen lernen, um verstehen zu können, was es bedeutet, verletzt, geliebt oder verlassen zu werden. Wir werden weiser, nachdem wir diese Emotionen und Realitäten transformiert haben.

Warum müssen wir all das erleben, wenn wir es danach transformieren sollen – und was ist der höhere Zweck?

Die Antwort ist eine Schlussfolgerung meiner eigenen Transformationsarbeit und aus dem, was ich in der Arbeit mit meinen Klienten beobachte. Meiner Meinung nach ist es nicht das Gleiche, nur über etwas zu lesen, als es vollständig in sich selbst zu erleben. Von dem, was ich wahrgenommen habe, ist unser wahrer Ursprung ein »Ort der Liebe«. Bevor unsere Seele ihre Reise begann und anfing, sich getrennt zu fühlen, weil sie in einem menschlichen (oder vielleicht sogar in einem tierischen) Körper war, waren wir eine Art großer Energieball von Seelen, in dem alle miteinander verbunden waren. Wir waren eins und niemand fühlte Trennung, Schmerz oder Ärger. Da wir aber nur in diesem erstaunlichen und perfekten Zustand sind, können wir nicht wachsen, uns nicht ausdehnen und keine neuen Perspektiven entwickeln, da alles perfekt ist, weshalb wir beschlossen haben, uns in mehrere Seelen mit unterschiedlichen Zielen und Talenten aufzuteilen.

Auf diese Weise können wir alle neue Erfahrungen machen und beginnen, uns unserer selbst bewusst zu werden, dank der Menschen, die wir treffen und der Situationen, in denen wir uns befinden. Das Entscheidende, was wir über diese spirituelle Reise wissen müssen, ist, dass wir, unsere Seelen, vor unserer Inkarnation entscheiden, welche Erfahrungen wir machen müssen, um zu wachsen und durch welche Erfahrungen wir unserem höheren Zweck näherkommen können. Die meisten von uns wollen wahre Liebe erfahren, sei es, indem sie sich selbst zutiefst lieben, andere zutiefst lieben oder von jemandem geliebt werden. Um uns dessen bewusst zu werden, müssen wir das Gegenteil erleben, zum Beispiel verlassen, betrogen oder zurückgewiesen werden.

Indem wir solche schmerzhaften Emotionen erleben, können wir das Gegenteil von dem, was wir uns wünschen, klar wahrnehmen und in diesen Momenten haben wir die Wahl, diese Erfahrung klar anzuerkennen, sie zu transformieren und loszulassen. Oder wir können daran festhalten, sodass wir sie immer wieder erleben, bis wir unsere Lektion lernen. Wenn wir uns für die Transformation entscheiden, werden wir weiser und reicher, weil wir tiefgreifend erfahren haben, wie es ist, zurückgewiesen, betrogen oder verlassen zu werden und uns dadurch noch bewusster werden, wie sich Liebe anfühlt, da wir sie selbst neu erschaffen können.

Letztendlich geht es darum, sich daran zu erinnern, wer wir wirklich sind, woher wir kommen und unser Bewusstsein weiter zu erweitern. Und dieser Erinnerungs- und Erweiterungsprozess kann am besten dadurch geschehen, dass wir verschiedene Erfahrungen machen und uns mehr und mehr bewusst werden, dass diese nur Lektionen sind und dass wir sie zurück in Liebe transformieren und uns tiefer mit unserem wahren Selbst verbinden können.

Natürlich gibt es noch mehr über diese erstaunliche Seelenreise zu sagen, aber das ist nicht der Hauptteil dieses Buches, deshalb werde ich mich jetzt auf die Wichtigkeit des Heraufholens vergangener Lebenserfahrungen konzentrieren, sie tief wahrnehmen und verstehen, bevor wir sie transformieren und loslassen. Entscheidend ist zu wissen, dass die gespeicherten Emotionen, einschränkenden Glaubenssätze und andere energetische Blockaden, die wir in unseren vergangenen Leben erschaffen haben, immer noch in genau der gleichen Weise und mit der gleichen Intensität in unserem energetischen System gespeichert sind. Wenn wir sie in diesem Leben nicht transformieren, werden sie uns weiterhin durch unsere vielen Leben begleiten, bis wir sie schließlich lösen.

Noch einmal: Es geht nicht darum, uns für das zu »bestrafen«, was wir getan haben oder für das, was uns passiert ist, sondern darum, dass unser höheres Selbst genau diese Lektionen braucht, an denen es wachsen und vollständig werden kann. Die meisten untransformierten Erfahrungen aus unseren vergangenen Leben werden sich in unserem jetzigen Leben auf sehr ähnliche Weise wiederholen. Wenn das passiert, können wir sie sofort transformieren, wie in den vorherigen Unterkapiteln der Transformation von Emotionen, der Erfüllung von Bedürfnissen und der Transformation alter Realitäten erwähnt. Manchmal kann es jedoch hilfreich sein, zu den Wurzeln dieser Erfahrung vorzudringen, um ihre höhere Bedeutung zu verstehen und völlig frei von all den gespeicherten Emotionen zu werden, die noch in unserem energetischen System waren. Da wir mehrere Leben hatten und wir unsere Seelenthemen haben, über die wir durch unsere Erfahrungen mehr erfahren wollen, liegt das erste

Leben, in dem eine Erfahrung geschieht, meist in einem unserer vorherigen. Daher ist es empfehlenswert, einen Blick in das allererste oder zumindest eines der frühesten Leben zu werfen, um zu sehen, wann etwas passiert ist und um die gesamte gespeicherte Energie aus unserem System zu transformieren. Manchmal kann die Transformation schon dadurch geschehen, dass wir die Emotionen aufkommen lassen und sie in unserem Körper fließen lassen, um sie loszulassen. Dennoch geht es oft nicht nur darum, die Emotionen loszulassen: Meist bestehen untransformierte Erfahrungen darin, sich selbst und/oder anderen nicht vergeben zu können und den Ärger, den emotionalen Schmerz oder die Situation nicht loslassen zu können. Zusätzlich haben wir in den meisten Fällen negative und einschränkende Glaubenssätze aufgebaut, die uns immer noch blockieren und unsere gegenwärtige Realität beeinflussen, so dass es entscheidend ist, diese zu erkennen und zu transformieren. Manchmal, wenn eine Situation aus einem vergangenen Leben in unserem jetzigen Leben wieder auftaucht, ist es möglich, all die gespeicherten Emotionen und begrenzenden Glaubenssätze zu erkennen, die in einigen früheren Leben aufgebaut wurden. In diesem Moment kann alles in der gegenwärtigen Situation gelöst werden und es besteht keine besondere Notwendigkeit, in frühere Leben einzutauchen. Nach meiner persönlichen und beruflichen Erfahrung ist es jedoch in den meisten Fällen sehr empfehlenswert, eine Verbindung zu einer Erinnerung aus einem früheren Leben herzustellen, um sie aus unserem System zu lösen. Was ich auch beobachtet habe, ist, dass die meisten Menschen zu Beginn ihres Transformationsprozesses in ihrem jetzigen Leben bleiben können, da es dort genug für sie zu transformieren gibt. Nach einiger Zeit kann es schwierig werden, »die Antworten auf das zu finden, was die Person in der gegenwärtigen Lebenszeit erlebt«, sodass es eine Notwendigkeit wird, tiefer zu gehen und es in früheren Leben zu transformieren.

Eine weitere entscheidende Beobachtung ist, dass einige Seelen älter sind als andere und daher mehr vergangene Leben erlebt haben. Meistens müssen die älteren Seelen einige Probleme in vergangenen Leben lösen, wohingegen der Transformationsprozess der jüngeren Seelen meist erst im jetzigen Leben stattfindet, da ihre Seelenaufgabe eine andere sein kann. Es könnte sein, dass ihre Seelenaufgabe darin besteht, die gegenwärtige Lebenszeit voll auszuleben und mehr menschliche Erfahrungen zu machen und nicht zu sehr mit ihrer spirituellen Seite verbunden zu sein. In der nächsten Lebenszeit hingegen werden sie wahrscheinlich eher bereit sein, an spirituellen Dingen zu arbeiten, die Welt tiefer wahrzunehmen und das größere Bild zu sehen.

In manchen Fällen stellt es sich als entscheidend heraus, in vergangene Leben einzutauchen, um bestimmte Situationen, Emotionen und alte Glaubenssätze tiefgreifend zu transformieren und völlig frei von ihnen zu werden. Dies ist besonders dann der Fall, wenn eine gegenwärtige Situation in diesem Leben nicht vollständig gelöst werden kann oder wenn man immer wieder die gleichen ungünstigen Lebensumstände anzieht, ohne dass es in diesem Leben einen Grund dafür zu geben scheint. Im Gegensatz dazu gibt es einige Menschen, die es nicht nötig haben, in vergangene Leben einzutauchen, weil sie in der Lage sind, alles, was ihre Seele zu lösen hat, in diesem jetzigen Leben zu lösen. Das mag daran liegen, dass ihre Seelenaufgabe in diesem Leben eine andere sein könnte als bei anderen. Noch einmal, es ist deutlich zu sehen, dass jeder Mensch anders ist und es eine sehr intuitive und sensible Herangehensweise erfordert, um sich tiefgreifend um die Bedürfnisse eines jeden Menschen individuell zu kümmern.

Einige Beispiele für Transformationen von Situationen aus früheren Leben

Nun möchte ich zum nächsten Teil dieses Unterkapitels übergehen und einige Transformationen von vergangenen Leben vorstellen und besprechen. Eine davon habe ich bereits im Unterkapitel über »Vergebung« umrissen, wo ich zuerst meine Wut, Traurigkeit und Verurteilung in mir selbst transformieren musste, die aus einem früheren Leben stammten, in dem ich meine Schwester allein gelassen hatte, bevor ich mir selbst vergeben konnte und im Anschluss daran konnte ich schließlich meinem Freund in diesem jetzigen Leben verzeihen.

Das zweite Beispiel handelt von einer meiner Klientinnen, mit der ich vor einigen Jahren gearbeitet habe. Als wir damals anfingen, war sie fast 25 und sehr interessiert an Energien, vergangenen Leben und ähnlichen Dingen. Sie musste sich jedoch erst mehr als Mensch akzeptieren, bevor sie wirklich in die spirituelle Welt eintauchen konnte. Nach einigen Sitzungen mit Transformationen von Themen im jetzigen Leben, erzählte sie mir, dass sie immer die Angst hatte, dass ein Mann in ihr Schlafzimmer kommen und sie missbrauchen könnte. Außerdem fühlte sie ein erhöhtes Maß an emotionalem und körperlichem Stress, seit sie diese Ängste und Illusionen erlebt hatte. Sie war sogar in einem »Zentrum zum Abbau des körperlichen Stresses« gewesen, wo man festgestellt hatte, dass ihre Nebennierenrinde zu viel Adrenalin produzierte und man begann, einige gehirnbezogene Übungen zu machen, um dies zu reduzieren. Sie bestätigte auch, dass es bis jetzt nicht wirklich funktioniert hat und sie den körperlichen, mentalen und emotionalen Stress immer noch sehr intensiv spürt. Als ich sie fragte, ob sie sich an ein Erlebnis erinnern könne, das mit ihren Ängsten und Bildern in Verbindung stehen könnte, konnte sie nichts nennen, was sie bewusst erlebt hatte. Daher beschloss ich, eine Hypnose mit ihr zu machen und ihr Unterbewusstsein schauen zu lassen, ob sie in diesem oder einem früheren Leben eine bestimmte Erfahrung gemacht hatte. Es war sehr schnell klar, dass diese Illusionen aus einem früheren Leben stammten, einem sehr schrecklichen sogar. Während der Hypnose konnten wir herausfinden, dass sie in diesem vergangenen Leben entführt und seit ihrem vierten Lebensjahr missbraucht worden war. Die Bilder, die sie während des hypnotischen Zustands erlebt hatte, waren genau die gleichen, die sie in diesem Leben als Bilder in ihrem Kopf erlebte. Und, was ein noch größerer Beweis dafür ist, dass etwas Wahrheit dahintersteckt, ist, dass es genau die gleichen stressbedingten Emotionen in ihrem physischen Körper gab, die von diesem Zentrum wissenschaftlich gemessen wurden. Die Frage, die mich beschäftigte, war, warum war diese Erfahrung genau um das Alter von 25 Jahren in diesem Leben aufgetreten? Durch eine tiefere Analyse in einem hypnotischen Zustand konnten wir mehr Details herausfinden. In diesem vorherigen Leben wurde sie im Alter von 25 Jahren von ihrem Vergewaltiger getötet. Der Grund dafür war, dass jemand von ihr erfahren hatte und die Polizei informierte, um zu versuchen, sie zu retten und auch um ihn zu bestrafen. Der Vergewaltiger war so besessen von ihr, dass er sie nicht gehen lassen wollte, also tötete er sie und beging dann Selbstmord. Natürlich konnte sie, während sie all das im hypnotischen Zustand noch einmal erlebte, auch all die Emotionen und den körperlichen Stress spüren, die noch in ihrem Körper gespeichert waren, also unterstützte ich sie mit Heilungen, energetischen Reinigungen und anderen Methoden, die halfen, diese gespeicherte Energie freizusetzen.

Nachdem sie alle notwendigen Informationen erhalten hatte, war es dann entscheidend, ein Vergebungsritual zu machen, um dieses Leben wirklich loszulassen und ihre energetischen Teile wieder in ihren natürlichen Zustand zu bringen.

Erstens ging es um einen Austausch von Seelenanteilen, denn während einer solch intensiven Erfahrung hatte sie einige seiner Seelenanteile »genommen« – und er einige ihrer.

Das Ziel dieses Tausches war es, ihm das zurückzugeben, was ihm gehörte, und das zu erhalten, was ihr auf energetischer Ebene rechtmäßig gehörte. Glücklicherweise funktionierte dies sehr gut und ohne Schwierigkeiten. Zweitens ging es darum, ihm zu vergeben, ihn zu bitten, ihr zu vergeben (nur für den Fall, dass dies notwendig war) und, wie bereits erwähnt, sich selbst zu vergeben. Ich war positiv überrascht, dass es ihr sehr leicht fiel, ihm zu vergeben. Allerdings kämpfte sie mehr damit, sich selbst zu verzeihen. Wie wir wissen, gibt es Gründe, warum wir uns für solch schreckliche und schmerzhafte Erfahrungen entschieden haben. Es ist durchaus möglich, dass sie in einem anderen vergangenen Leben jemand anderem sehr viel Schmerz zugefügt und sich selbst nicht verziehen hatte. Das heißt, bis zu diesem Moment. Deshalb hatte sie sich entschieden, die andere Seite zu erleben, die Seite des Opfers statt der des Täters. Um sie zu unterstützen, lenkte ich ihre Aufmerksamkeit weg von dem »Verbrechen«, das geschehen war, hin zu einer spirituelleren, höheren Perspektive. Durch diese Perspektive können die Dinge anders wahrgenommen werden, ohne Schuldgefühle, sondern indem man die Verantwortung für das eigene Handeln übernimmt. Indem man sowohl freudige als auch schmerzhafte Erfahrungen macht und sie schließlich loslässt, nachdem man die Emotionen losgelassen und die Lektion dahinter verstanden hat. So war sie schließlich nach einer tiefen Verbindung zu ihrem wahren Selbst und nach der Erkenntnis der oben genannten Gründe in der Lage, sich selbst zu verzeihen und es loszulassen. Als ich sie das nächste Mal sah, was eine Woche später war, erzählte sie mir, dass sich bestätigt hatte, dass ihr Adrenalinspiegel auf ein normales Niveau gesunken war, dass sie diese Ängste und Illusionen nicht mehr hatte und dass sie sich wieder entspannt fühlte und nun mehr inneren Frieden erleben konnte. Da wir auf einer sehr tiefen Ebene gearbeitet hatten und wirklich alle energetischen Blockaden gelöst hatten, konnte die Veränderung auf mehreren Ebenen sehr schnell geschehen: auf der körperlichen Ebene der Adrenalinspiegel, der sich wieder normalisierte, auf der emotionalen Ebene waren die Ängste verschwunden und auf der mentalen Ebene erlebte sie diese Illusionen nicht mehr.

Meiner Meinung nach ist dies eines der besten Beispiele für die Transformation einer solchen Verstrickung von energetischen Blockaden auf verschiedenen Ebenen. Für ihren Entwicklungsprozess war es entscheidend zu erkennen, dass erstens mehrere frühere Leben involviert waren und dass die Energie von ungelösten Situationen, Urteilen, einschränkenden Glaubenssätzen und gespeicherten Emotionen in uns bleibt, bis wir sie bewusst wahrnehmen. Und zweitens, dass jeder von uns sogenannte schlechte Dinge ebenso wie gute Dinge getan hat und dass es darum geht, sie auf einer tieferen Ebene zu erfahren, sie bewusst anzuerkennen, sie loszulassen und sich trotzdem lieben zu können. Mit anderen Worten, für sie war dies eine lebensverändernde Erfahrung, die ihre ganze Wahrnehmung von sich selbst und von anderen verändert hat.

Allerdings braucht nicht jeder einen so tiefgreifenden Prozess, um solche Erfahrungen zu transformieren. Nach meiner beruflichen Erfahrung und nach den Beobachtungen, die ich in meinem Privatleben gemacht habe, hängt es von der Entwicklungsstufe der Seele ab, von der Seelenaufgabe, die wir in diesem Leben zu lösen haben und von unserem Lebensziel. Wenn unsere Seelenaufgabe darin besteht, zu lernen, wie man vertraut, loslässt, vergibt und sein Herz öffnet, und der Lebenszweck darin besteht, in unserer Beziehung glücklich zu sein, eine Familie zu gründen und sie bedingungslos zu lieben, ist eine solch tiefgreifende

Transformation in der Vergangenheit vielleicht nicht nötig. In diesem Fall kann es ausreichen, die schmerzhaften Erfahrungen aus unserer Kindheit und Jugend zu transformieren, um wieder zu lernen, zu vertrauen, zu vergeben und zu beginnen, unser Herz zu öffnen, auch wenn wir in unserer Vergangenheit einige traumatische Erfahrungen gemacht haben.

Diese Annahme basiert auf einigen Beispielen, die ich mit einigen meiner Klienten gemacht habe. Da ist etwa eine junge Frau, mit der ich vor einigen Jahren gearbeitet habe. Als wir mit ihrem Transformationsprozess begannen, hatte sie massive Beziehungsprobleme, ständig Streit mit ihrer Mutter und sie war emotional sehr labil. Nach mehreren Sitzungen und einem Transformationsprozess war ihr Freund endlich bei ihr eingezogen, sie heirateten und bekamen ein Kind. Es überrascht nicht, dass sie so dankbar und offenherzig war und ihrer Mutter und ihrem Vater für alles, was passiert war, komplett verziehen hatte. Darüber hinaus hatte sie gelernt, die Kontrolle loszulassen, hatte begonnen, mehr zu vertrauen und war zutiefst glücklich damit, in diesem neuen energetischen Zustand zu leben. Aus der Seelenperspektive brauchte sie die Erfahrungen vergangener Leben nicht, da sie nicht auf ihrem Weg zu ihrem Lebensziel lagen. Dies kann auch auf viele andere Menschen zutreffen, die einen Lebenszweck haben, bei dem die Erfahrung vergangener Leben nicht unbedingt notwendig ist.

Gerade für diejenigen, deren Lebenszweck es ist, andere Menschen in ihrer persönlichen und/oder spirituellen Entwicklung zu unterstützen, kann die Erfahrung vergangener Leben entscheidend sein, da sie zu einem enormen spirituellen Wachstum führen kann. Weil wir in der Lage sind, unsere Erfahrungen in vergangenen Leben auf einer derart tiefgreifenden Ebene wahrzunehmen und zu transformieren, können wir unser Bewusstsein massiv erweitern und in der Lage sein, die Dinge aus einer höheren Perspektive wahrzunehmen, was sehr heilsam ist, nicht nur für uns selbst, sondern auch besonders für andere. Einer der offensichtlichsten Effekte, den ich in den letzten Jahren in meiner Arbeit beobachten konnte, ist das gesteigerte Mitgefühl gegenüber meinen Klienten, die solche Situationen erlebt haben. Das könnte daran liegen, dass ich bestimmte Glaubenssätze und den Schmerz transformiert habe, die Verurteilung aus vergangenen Lebenssituationen loslassen konnte und dadurch eine neue Realität für mich geschaffen habe. Abgesehen von diesem großen Mitgefühl, war ich gleichzeitig in der Lage, »den Überblick« zu haben, zu wissen, dass dies nur eine alte gespeicherte Erinnerung ist, die durch das Befolgen der »richtigen Schritte« gelöst werden kann. Kurz gesagt, Transformationen vergangener Leben können eine massive augenöffnende und erkenntnisreiche Erfahrung sein, besonders für Menschen, die sie brauchen, um ihre Seelenaufgabe und ihren Lebenszweck zu erfüllen. Es ist jedoch nicht für jeden notwendig, denn manchmal können alle Erfahrungen, die sie zur Transformation benötigen, um ihren Lebenszweck zu erreichen, in diesem aktuellen Leben gefunden werden.

Das Festhalten an einer positiven Emotion aus einem früheren Leben

Die bisherigen Beispiele könnten den Eindruck erwecken, dass Erfahrungen aus vergangenen Leben nur mit schweren Erlebnissen und negativen Emotionen zu tun haben. Das ist nicht wahr. Glücklicherweise haben wir auch freudige, glückliche Momente erlebt, wie zum Beispiel mit unserem Traumpartner verheiratet zu sein, die tiefe Liebe zwischen uns und unserem Kind zu spüren, einen Job zu haben, der uns Freude bereitet oder unsere Ideen in der Kunst auszudrücken. Normalerweise fließen die Freudenenergien jedoch einfach durch unseren Körper und werden daher nicht gespeichert. Wenn wir diese

Momente erneut erleben, ist die Intensität geringer, wir lassen sie durchfließen und lassen sie los. Wenn wir dies tun könnten, wäre es ideal, denn wenn wir einmal etwas erlebt haben, wissen wir, wie es sich anfühlt. Fakt ist, dass wir sie nur loslassen können, wenn wir uns weder mit dieser Erfahrung noch mit den damit verbundenen Emotionen identifizieren. Doch genau das ist bei positiven Emotionen wirklich knifflig: wir könnten an ihnen hängen bleiben und sie nicht loslassen wollen. Diese Anhaftung an vergangene Leben kann enorme Auswirkungen auf unser jetziges Leben haben und, glaub mir, die Konsequenzen können zunächst positiv erscheinen, aber langfristig betrachtet, schränken sie meistens unsere Entscheidungsfreiheit ein.

Zur Veranschaulichung erzähle ich dir eine persönliche Geschichte über eine meiner Erfahrungen aus dem vergangenen Leben, die einen großen Einfluss auf mein jetziges Leben hatte, vor allem weil ich so sehr an den positiven Emotionen aus dem vorherigen Leben hing und sie in diesem Leben weiter erleben wollte. Es war Dezember 2012, ich hatte vor kurzem meine spirituelle Reise begonnen und traf einen Mann im Fitnessstudio, der Benny hieß. Er war Fitness Instructor und die Umstände, unter denen wir uns trafen, waren recht ungewöhnlich. Ich hatte mich bereit erklärt, in seiner Abwesenheit für ihn einzuspringen, und musste daher seinen Fitnessunterricht in einem Studio geben, in dem ich noch nie zuvor gewesen war. Aus unerklärlichen Gründen wurde seine Reise jedoch abgesagt und er entschied sich, an seinem »eigenen« Fitnesskurs teilzunehmen. Während des Kurses interagierte ich mit vielen Leuten, wie ich es immer tue, aber seine Art, mit mir zu interagieren, stach heraus. Ungefähr eine Stunde nach dem Kurs schickte er mir eine SMS, in der er mir mitteilte, dass er meinen Kurs genossen hatte und mich gerne besser kennenlernen würde. Er fragte, wann ich Zeit hätte, um mich zum Mittagessen zu treffen.

Außerdem erklärte er, dass er meine Nummer auf einer Liste mit allen Fitness Instructors, die für dieselbe Fitness-Center-Kette wie wir beide arbeiteten, nachgeschlagen hatte.

Irgendetwas in mir reagierte mit einer sehr intensiven Freude, auch ohne ihn in diesem Leben bewusst zu kennen, aber natürlich war die Erinnerung in meinem energetischen System gespeichert. Am nächsten Tag trafen wir uns zum Mittagessen, aber am Ende hatten wir den ganzen Nachmittag und den Abend miteinander verbracht, da wir uns nicht loslassen konnten. Obwohl wir uns nicht aus diesem Leben kannten, fühlte es sich an, als würden wir uns schon seit hunderten von Jahren kennen. Ich kann mir vorstellen, dass einige von euch auch ähnliche Emotionen erlebt haben. Und ja, sehr oft ist es der Fall, dass man sich schon seit hunderten von Jahren kennt, denn wir treffen dieselben Seelen normalerweise mehrmals, um unsere Lektionen zu lernen und die notwendigen Erfahrungen zu machen, um zu wachsen. Nach diesem ersten »Date« schrieben wir den ganzen Abend weiter SMS und konnten beide nachts nicht schlafen, weil unsere Körper so aufgeregt waren, einander wieder zu treffen, dass unser Hormonhaushalt auf den Kopf gestellt wurde. Um es kurz zu machen, es begann eine Art On-Off-Romanze, die etwa sechs Monate andauerte.

Auf der einen Seite gab es die unwiderstehliche Anziehungskraft zueinander, das Bedürfnis, so viel Zeit wie möglich miteinander zu verbringen, sowie das unerträgliche Gefühl, den anderen zu vermissen, wenn wir uns einige Tage nicht sehen konnten. Auf der anderen Seite gab es die massive Angst, den anderen zu verlieren. Da ich mir dieser Angst aber durchaus bewusst war, konnte ich damit ganz gut umgehen. Leider wusste er nicht, wie er mit dieser Angst umgehen sollte und zeigte ein wechselndes Verhalten zwischen Ablehnung und der Suche nach emotionaler und körperlicher Nähe zu mir. Zum Beispiel schrieb er mir über zwei Wochen lang keine SMS und beantwortete auch keine meiner Nachrichten, aber dann bat er mich, zu ihm zu kommen, weil er mich vermisste. Oder, noch schlimmer, nachdem wir eine wunderbare Nacht zusammen verbracht hatten, sagte er, dass er nichts für mich empfinde und dass wir das beenden müssen. Nach drei Tagen »Trennung« vermisste er mich so sehr, dass er um Mitternacht zu mir kam, nur um mir einen Kuss zu geben. Wie du dir vorstellen kannst, war es nicht einfach für mich, eigentlich machte es mich verrückt: seine emotionale Instabilität und die Achterbahnfahrt ekstatischer Empfindungen, die sich mit dem Schmerz eines Herzschmerzes abwechselten.

Diese Geschichte ereignete sich zu Beginn meiner spirituellen Reise, also hatte ich nicht so viele Werkzeuge oder Methoden, die mir helfen konnten, meine Emotionen zu transformieren, noch hatte ich genug Übung, um ohne die Hilfe anderer in vergangene Leben einzutauchen. Infolgedessen ging ich zu Medien und energetischen Beratern, die sensibel für meine Bedürfnisse waren, um mir zu helfen, diese verrückte On-Off-Beziehung aufzulösen. Schließlich fand eine Person heraus, dass wir in mindestens zwei früheren Leben zusammen gewesen waren, eines war während des Zweiten Weltkriegs und das andere im frühen Mittelalter. Während des Zweiten Weltkriegs waren wir in Deutschland auf einem Stützpunkt für deutsche Piloten gewesen, denn er war Pilot, während ich eine Art Krankenschwester war und auch in der Küche aushalf. Abends gab es Tanzveranstaltungen, bei denen sich alle treffen und austauschen konnten. So kam es, dass wir uns, als wir uns kennenlernten, recht schnell ineinander verliebten; und in Anbetracht der Umstände verbrachten wir so viel Zeit miteinander wie möglich. Er hat den Wunsch geäußert, mich zu heiraten, wenn das alles vorbei sein wird. Wie du dir beim Lesen dieser Zeilen vielleicht vorstellen kannst, war es also eine sehr emotionale Verbindung zwischen uns und wir fühlten uns einander sehr nahe.

Doch eines Tages kam die Nachricht, dass er so schnell wie möglich in den Krieg ziehen musste. Natürlich hofften wir sehr, dass er zurückkommen würde und wir heiraten könnten. Leider erhielt ich nach einigen Tagen die Nachricht, dass er erschossen worden war. Plötzlich hatte ich einen unerträglichen Schmerz in meinem Herzen und auch nach dem Krieg konnte ich nicht über ihn hinwegkommen. Wie bereits erwähnt, bleiben unsere Emotionen, die nicht transformiert wurden, in unserem energetischen System gespeichert, daher verliebte ich mich auch in diesem Leben recht schnell in ihn, da ich damals eine so starke Anziehung zu ihm empfand. Allerdings wiederholte sich die alte Realität, ihn zu verlieren, immer wieder, denn auch der Schmerz war noch gespeichert.

Das andere Leben, in dem wir zusammen waren, war im Mittelalter, wieder war ich eine Frau und er ein Mann (bitte beachte, dass unsere Seele nicht nur an ein Geschlecht gebunden ist, manchmal können wir als Mann inkarnieren, ein anderes Mal als Frau). Auch in diesem vorherigen Leben liebten wir uns und fühlten eine intensive Anziehung zueinander. Nun ist daran normalerweise nichts Falsches, aber da er ein Priester war und deshalb nicht mit einer Frau zusammen sein durfte, geschweige denn, sexuelle Interaktionen mit ihr zu haben, verursachte das ein massives Problem, besonders in diesen Zeiten. Also versuchten wir, unsere Liebe vor anderen zu verbergen und trafen uns nur heimlich. Das ging gut, bis ich schwanger wurde und mein Bewusstsein mir nicht erlaubte, abzutreiben. Nach einigen Monaten, in denen wir den wachsenden Bauch versteckten, erfuhr jemand von unserer Beziehung und verriet uns an die Kirche. In diesen Zeiten galten die Priester als heilig und deshalb wurde im Falle einer Beziehung, die sie mit einer Frau hatten (insbesondere einer solchen mit sexueller Interaktion) die Frau beschuldigt, vom Teufel geschickt worden zu sein.

So kam es, dass ich auf einem Scheiterhaufen mit dem Kind im Bauch verbrannt wurde. So konnten wir weder im ersten noch im zweiten Leben glücklich zusammen sein. Obwohl viel Liebe zwischen uns war, hatten die Umstände es uns nicht erlaubt, zusammen zu sein. Als Ergebnis dieser alten Realitäten und alten gespeicherten Emotionen in unserem energetischen System, fühlten wir uns erstens sehr intensiv zueinander hingezogen, und zweitens zogen wir ähnliche emotionale Muster an: extrem glücklich und miteinander verbunden zu sein, im Wechsel mit dem tiefen Schmerz, einander »verloren« zu haben. Und natürlich, da wir beide in den vergangenen Leben den tiefen Schmerz des Todes der anderen Person erlebt hatten, gab es eine große Angst, genau diesen Schmerz noch einmal zu erleben, die Angst vor Verlust. Während unserer verrückten Achterbahnbeziehung in diesem Leben hatten wir beide diese Angst manchmal bewusst erlebt, aber die meiste Zeit beherrschte sie uns einfach, weil sie in unserem Unterbewusstsein gespeichert war. Unsere Reaktionen auf diese Angst waren jedoch gegensätzlich. Seine Reaktion war, nach einer intensiven Verbindung etwas Abstand von mir zu nehmen und mir zum Beispiel zwei Wochen lang keine SMS zu schreiben. Meine Reaktion war eher, ihn mehr anzurufen, ihn mehr sehen zu wollen und ein größeres Bedürfnis zu verspüren, sich wieder tief mit ihm zu verbinden. Wie viele von euch haben ein ähnliches Verhalten in euren Beziehungen erlebt oder kennen jemanden, dem es so geht? Meiner Beobachtung nach kann das sehr oft passieren, und ich bin mir sicher, dass für einige dieser On-Off-Beziehungen die Antwort zur Lösung dieses schmerzhaften Musters in der Transformation von Energien aus vergangenen Leben liegt. Wie du dir vorstellen kannst, war es wirklich schwierig, damit umzugehen, also wollte ich eine energetische Lösung finden, denn meiner Meinung nach gab es keine Lösung auf der menschlichen Ebene, wie zum Beispiel miteinander zu reden oder sich anders zu verhalten, was ich schon versucht hatte, aber ohne Erfolg.

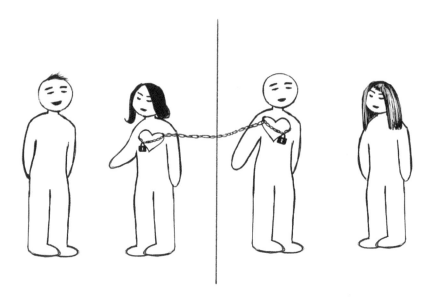

Sobald ich von diesen vergangenen Leben, dem während des Zweiten Weltkriegs und dem im Mittelalter, gewusst hatte, hatte ich begonnen, diese Emotionen des Schmerzes, der Traurigkeit und der Verlustangst in mein Bewusstsein zu holen, um sie mit den zuvor beschriebenen Methoden zu transformieren. Zusätzlich war ich in die alte Realität der hinderlichen Umstände für das Zusammensein eingetaucht, wie zum Beispiel dem alten Bedürfnis, sich heimlich zu treffen und dem Eindruck, unsere Liebe zueinander nicht voll ausdrücken zu dürfen. In dem Moment, in dem ich das transformiert hatte, fühlte es sich schon viel besser an und ich reagierte gelassen, als er mir eine Weile nicht antwortete.

Allerdings gab es noch einen emotionalen Zustand, an dem ich so sehr hing, dass ich ihn nicht loslassen wollte. Es war der Zustand, den ich bisher nur mit ihm erlebt hatte, nämlich die emotional ekstatische extreme Anziehung und Verbindung zueinander. Es gab einen Teil von mir, der das einfach immer wieder erleben wollte. Infolgedessen konnte ich mich nicht dazu durchringen, es endgültig zu beenden, auch wenn er sich weiterhin so verhielt, da er seine alten gespeicherten Emotionen nicht verarbeitet hatte. Glücklicherweise hatte ein anderer Teil von mir verstanden, dass dies nicht emotional gesund war, dass ich ihn loslassen und mich um mich selbst kümmern musste, also versuchte ich mich abzulenken, indem ich mich mit anderen Männern verabredete, mir sagte, dass ich seine Nachrichten nicht beantworten würde und mich anderen oberflächlichen Versuchen hingab, ihn zu vergessen. Natürlich funktionierte das nicht, denn meine Anhaftung an diesen ekstatischen energetischen Zustand, den ich mit ihm verband, war immer noch da. Eines Tages erkannte ich, dass ich tiefer in mein Unterbewusstsein gehen musste, um herauszufinden, warum ich noch an ihm festhielt und wie ich ihn loslassen konnte. Ich erkannte, dass ich an ihm festhielt, weil ich glaubte, dass ich diese ekstatische Energie nur mit ihm erleben konnte, was nicht stimmte. Also transformierte ich diesen illusorischen mentalen Glauben in den neuen Glauben, dass dieser energetische Zustand nicht von ihm abhängig war und dass ich diesen energetischen Zustand auch mit einem potentiellen Partner in der Zukunft erleben konnte. Sobald ich diesen neuen Glaubenssatz integriert hatte, konnte ich ihn endlich loslassen und war folglich offen für eine neue Beziehung. Der Zweck der vorangegangenen Beispiele war es, dir erstens zu zeigen, wie viel Einfluss vergangene Lebenszeiten auf unsere jetzige Lebenszeit haben können. Und zweitens, um dir ein Beispiel zu geben, wie eine Anhaftung an eine positive Emotion oder einen energetischen Zustand uns dazu bringen kann, an einer alten Realität oder an einer Person festzuhalten, mit der wir diesen energetischen Zustand assoziieren (genauso wie eine negative Emotion oder ein energetischer Zustand).

Frühere Leben: energetische Blockaden und alte Glaubenssätze transformieren

Nun möchte ich zum letzten Punkt dieses Unterkapitels kommen und einige mögliche Wege aufzeigen, wie wir gespeicherte energetische Blockaden und alte Glaubenssätze transformieren können, die aus Situationen aus früheren Leben stammen und die noch immer einen Einfluss auf das jetzige Leben haben.

Die Dinge, die aus einem vergangenen Leben hochkommen, können grausam, schrecklich und schwer zu verarbeiten sein. Wir müssen die Tatsache in Betracht ziehen, dass es, wenn es ein vergangenes Leben war, das offensichtlich zu Ende gegangen ist, den Moment des Todes gegeben haben muss. Manchmal kann es ein ruhiger, schmerzloser Tod gewesen sein, bei dem wir einfach eingeschlafen waren, aber natürlich wird es auch andere Szenarien geben, bei denen wir aufgrund einer Krankheit gestorben sein könnten, wir zu Tode gefoltert oder während eines Krieges getötet wurden. Diese Szenarien zum ersten Mal zu sehen, kann den gleichen oder einen sehr ähnlichen emotionalen Zustand hervorrufen, wie das, was wir in diesen tatsächlichen Momenten erlebt haben. Wie du dir vorstellen kannst, kann es schwierig sein, mit all dem umzugehen, nicht nur auf der mentalen Ebene, sondern auch auf der emotionalen – und manchmal sogar auf der physischen Ebene. Deshalb ist mein Rat an alle, die das Bedürfnis haben, mit einem ihrer vergangenen Leben zu arbeiten, es mit jemandem zu tun, der professionell mit diesem sehr sensiblen Thema arbeitet. Es gibt viele Menschen, die es durch Hypnose oder mit anderen Methoden tun, um eine Regression in vergangene Leben zu erleben und, was noch wichtiger ist als die Methode, die sie anwenden, ist, dass sie wissen, wie sie dich durch eine traumatische Erfahrung hindurch unterstützen können, falls diese zum Vorschein kommt.

Wie in den vorherigen Geschichten gezeigt wurde, kann nicht nur der Moment des Todes traumatisch sein, sondern auch und vor allem andere entscheidende Situationen, die wir in vergangenen Leben erlebt haben könnten. Das können Szenarien sein, wie missbraucht zu werden, von unserem Partner verlassen zu werden, verurteilt und abgelehnt zu werden, weil wir unsere Meinung geäußert haben (das hatte vor allem im Mittelalter schwere Konsequenzen) oder für etwas bestraft zu werden, das wir nicht getan haben. Natürlich kann es auch sehr freudige Erinnerungen geben, die aus unserem Unterbewusstsein hochkommen, wie zum Beispiel von jemandem geliebt zu werden oder die Person zu heiraten, die wir lieben. In diesen Fällen würden die aufsteigenden Emotionen wahrscheinlich aufregender und positiver sein. Doch wie in einem der vorherigen Beispiele erklärt wurde, ist es entscheidend zu wissen, wie man damit umgehen kann.

Da die meisten, wenn nicht sogar alle dieser ungelösten Situationen Erfahrungen mit anderen Menschen involvieren, wirst du dir vielleicht die Frage stellen: Kann ich selbst eine Transformation durchführen, ohne die andere Person dazu zu brauchen? Tatsächlich können die meisten Transformationen alleine durchgeführt werden, aber meiner Meinung nach ist es entscheidend, mindestens ein oder zwei vergangene Lebenserfahrungen und Transformationen mit jemandem zu erleben, der dies bereits getan hat, denn die alten Realitäten und Emotionen, die hochkommen, könnten überwältigend sein.

Auch, wenn diese Art von Erfahrung und Intensität für jemanden neu ist, kann dies an sich schon sehr traumatisch sein, da alles auf eine ähnliche Art und Weise erlebt wird, wie es im vergangenen Leben war. Wenn wir einige geführte und unterstützte Erfahrungen gemacht haben, ein vergangenes Leben wahrzunehmen sowie eine Transformation der gespeicherten

Emotionen und alten Glaubenssätze erlebt haben und vielleicht sogar die Kraft der Vergebung erfahren haben, haben wir eine Vorstellung davon, wie es sich anfühlen könnte. Außerdem wird es leichter sein, herauszufinden, was wir tun können, um alles loszulassen, von dem wir erkennen, dass wir es in diesem jetzigen Leben nicht mehr brauchen. Eines der wichtigsten Dinge, an die wir uns erinnern sollten, ist, dass die Dinge, die wir gegenwärtig sehen, erleben und in unserem Körper fühlen, in einem unserer vergangenen Leben, in denen wir als Mensch inkarniert waren, wirklich passiert sind, entweder genauso, wie wir es gerade erleben, oder zumindest auf eine sehr ähnliche Weise. Deshalb ist es möglich, dass wir intensive emotionale Reaktionen und manchmal sogar körperliche Schmerzen in unserem Körper spüren. Wäre es nur ein Traum gewesen, hätten wir wahrscheinlich nur einige Emotionen gefühlt, und wir würden uns normalerweise nicht mit solcher Intensität daran erinnern und/oder unser physischer Körper würde nicht so »stressig« darauf reagieren.

Wenn wir uns nun mit einem früheren Leben verbinden wollen, ist eine der besten Möglichkeiten dies selbst zu tun, es aus einem tiefen meditativen Zustand heraus zu tun. Es gibt verschiedene Arten von regressiven Meditationen; einige führen dich durch den gesamten Prozess, beginnend mit der Einführung und nehmen dich den ganzen Weg bis zur »Zurückkommen-Phase« mit. Andere hingegen geben dir die Einführung und lassen dich dann in einem bestimmten vergangenen Leben zurück, sodass du selbst herausfinden kannst, was es ist, das du sehen willst.

Wenn du ein Anfänger bist, könnte eine geführte Meditation durch den gesamten Prozess hilfreich sein. Nach einiger Übung würde ich jedoch empfehlen, einer Meditation zu folgen, die dich anleitet und dir den Raum gibt, die notwendigen Erfahrungen aus deinem vergangenen Leben herauszufinden, die noch immer einen Einfluss auf dein jetziges Leben haben. Eine andere Methode wäre, dich einfach tiefer mit deinem Unterbewusstsein zu verbinden und es zu bitten, dir die wichtigen Szenarien zu zeigen, die du verstehen und transformieren solltest. Dies ist auch eine Art der Meditation, aber mit weniger Struktur, da es eine Technik ist, die von Menschen genutzt wird, die sich regelmäßig mit ihrem Unterbewusstsein verbinden. Diese Methode ist besonders für Menschen geeignet, deren intuitive und sensible Fähigkeiten entwickelt sind und die klar zwischen echten Informationen über unsere vergangenen Leben und Dingen, die von unserem eigenen Verstand erschaffen wurden, unterscheiden können. Eine letzte Methode, die ich aufgrund meiner eigenen Erfahrung empfehlen kann, ist, deinen Geistführer und/oder dein spirituelles Team zu bitten, dir das vergangene Leben zu zeigen, das mit deiner jetzigen Situation in Verbindung steht. Da wir schon hunderte von vergangenen Leben erlebt haben, ist es entscheidend, unser Unterbewusstsein, unsere Intuition oder unseren Geistführer das Leben finden zu lassen, das für uns in einem bestimmten Moment relevant ist.

Die Verbindung zu dem bedeutenden vergangenen Leben ist der erste Schritt in diesem Prozess. Sobald wir uns verbunden haben, gibt es mehrere Punkte zu berücksichtigen, um die notwendigen Informationen herauszufinden. Wenn wir in ein vergangenes Leben eintauchen, beginnt es normalerweise nicht mit dem Moment der Geburt; jedenfalls ist das weder mir noch meinen Klienten je passiert. Meistens sind die ersten Bilder, die wir sehen, entweder von einer entscheidenden Situation, über die wir unbedingt Bescheid wissen müssen, um einige Umstände in unserem jetzigen Leben zu verstehen, oder, von einer zufälligen Situation, die uns helfen kann, das größere Bild der ganzen Geschichte im vorherigen Leben zu verstehen.

Einmal mit dem vergangenen Leben verbunden, ist es empfehlenswert, sich schnell umzuschauen, um die Verbindung zu den Bildern zu halten und sich selbst zu betrachten, um mehr darüber zu erfahren, wer wir früher waren. Erstens ist es wichtig herauszufinden, ob wir männlich oder weiblich waren, da dies entscheidend ist, um die Umstände, in denen wir uns wahrscheinlich befunden haben, vollständig zu verstehen. Das lässt sich herausfinden, indem wir einfach unser Unterbewusstsein oder unsere Intuition fragen und/oder einen Blick auf unsere Kleidung, unsere Schuhe und unseren Körper werfen. Es gibt nur wenige Menschen, die sich selbst aus der äußeren Perspektive sehen, während sie eine Rückführung in vergangene Leben erleben. Ganz im Gegenteil, die meisten Menschen sehen und fühlen, dass sie sich in diese Person in der Vergangenheit inkarniert haben, was es lebendiger macht und, was noch wichtiger ist, da es die Erinnerungen leichter aufkommen lassen kann. Zweitens könnten wir uns im ersten Moment, in dem wir verbunden sind, fragen, wie alt wir sind. Wir könnten auch nach unseren Lebensumständen fragen, wie zum Beispiel: »Wo lebe ich?« (Europa, Afrika, Asien etc.), »Mit wem lebe ich?« (unseren Eltern, unserem Partner, in einem Waisenhaus), »Welches Jahrhundert haben wir?« (es muss nicht genau sein) und »Was ist mein Job oder meine Aufgabe in meinem Leben?«

Indem wir diese Details herausfinden, verbinden wir uns tiefer mit dem vorherigen Leben und können uns daher leichter an die Erfahrungen erinnern und außerdem können wir die historischen Umstände nach dem Zurückkommen aus dem vergangenen Leben überprüfen.

Während wir uns diese Fragen stellen, ist es entscheidend, die Antworten aus unserem Unterbewusstsein entstehen zu lassen und uns nicht von unserem eigenen Verstand täuschen zu lassen. Da es am Anfang schwierig sein kann, zwischen dem, was aus dem Verstand und dem, was aus dem Unterbewusstsein kommt, zu unterscheiden, ist es empfehlenswert, die erste oder sogar die ersten paar Rückführungen in vergangene Leben mit jemandem zu machen, der sensibel genug ist, um zu spüren, ob die Antwort aus der Intuition oder aus dem Verstand kommt. Dadurch erhalten wir sofort ein direktes Feedback und können lernen, wie sich eine Antwort anfühlt, die aus unserer Intuition kommt, anstatt aus unserem rationalen Verstand zu kommen, denn da gibt es einen signifikanten Unterschied. Dieses Thema, wie wir klar zwischen Botschaften, die von unserer Intuition kommen, und Konstrukten unseres rationalen Verstandes unterscheiden können, wird im nächsten Kapitel erweitert, da diese Art von inneren Empfindungen sehr entscheidend für das Verständnis unseres wahren Selbst sein können.

Nachdem wir die Umstände und einige grundlegende Informationen über unser »inkarniertes Selbst« im vergangenen Leben herausgefunden haben, können wir beginnen, dieses vergangene Leben genauer zu erforschen. Meiner Meinung nach ist es nicht notwendig, jeden einzelnen Tag oder jedes einzelne entscheidende Ereignis zu kennen, da sie für die aktuelle Transformation, in der wir uns befinden, nicht notwendig sind. Beim Herausfinden von Informationen gibt es keine klare Reihenfolge, die empfohlen wird, aber was definitiv zu den wichtigsten Dingen gehört, die es herauszufinden gilt, ist etwas darüber, wie wir aufgewachsen sind, wie unsere Beziehung zu unseren Eltern war, sowie die Angabe einiger entscheidender Ereignisse während dieses bestimmten Lebens. Zusätzlich sind die Umstände des Todes und was wir in diesem Moment gedacht und gefühlt haben, noch bedeutsamer als viele Menschen denken. Um diese Dinge herauszufinden, können wir einfach unser »Unterbewusstsein« dazu bringen, uns die notwendigen Informationen zu zeigen, indem wir entsprechende Fragen stellen und genug Raum geben, um die Antwort in unser Bewusstsein aufsteigen zu lassen. Was auf jeden Fall berücksichtigt werden muss, sind unsere Emotionen und mentalen Glaubenssätze, die durch diese Situationen im vergangenen Leben entstanden sind. Diese müssen transformiert werden, damit wir uns von vergangenen Anhaftungen befreien und unser Bewusstsein erweitern können. Deshalb ist es sehr empfehlenswert, sich immer wieder Fragen über den eigenen emotionalen Zustand, über die eigenen Glaubenssätze, Gedanken und inneren Prozesse zu stellen. Auf diese Weise können wir diese alten gespeicherten Energien zum Vorschein bringen und somit die Möglichkeit schaffen, sie zu transformieren.

Die meisten von ihnen können direkt transformiert werden, während man mit den vergangenen Lebenserfahrungen verbunden ist, da die Gründe für die Emotionen wahrscheinlich besser verstanden werden aufgrund der spezifischen Fragen, die man gestellt hat und aufgrund der Anerkennung und dem Erkennen des Zusammenhangs zwischen den Umständen und den hervorgerufenen Emotionen. Meiner Meinung nach ist der effizienteste Weg, seine gespeicherten Emotionen zu transformieren, für einen Moment in einer bestimmten Situation zu verweilen, in der sich Emotionen und einschränkende Glaubenssätze aufgebaut haben, und sie mit den in diesem Kapitel beschriebenen Methoden zu transformieren. Tiefer Schmerz kann geheilt werden, indem wir ihn erstens einfach beobachten, fühlen und verstehen und zweitens ihn umarmen, zum Beispiel mit der Energie der Akzeptanz und Selbstliebe. Alternativ könnten wir uns fragen, ob die einschränkenden Glaubenssätze immer wahr sein müssen, oder ob sie nur in dieser bestimmten vergangenen Lebenssituation wahr waren, was auch immer der Fall ist, es ist jetzt an der Zeit, sie loszulassen und frei von ihnen zu sein. Wenn es nicht möglich ist, alle diese gespeicherten energetischen Blockaden während der Verbindung mit diesen Erfahrungen zu transformieren, können sie danach transformiert werden. Dies kann der Fall sein, wenn es andere, komplexere Verbindungen zwischen diesen Emotionen, Glaubenssätzen und vielleicht auch Schmerzen aus dem jetzigen Leben gibt. Da alles miteinander verbunden ist, ist es möglich, gespeicherte Energien aus mehreren früheren Leben auf einmal zu lösen. Dies erfordert jedoch eine Menge Übung, Bewusstheit und die Fähigkeit, tief mit diesen verschiedenen Leben verbunden zu sein, sowie die Fähigkeit, diese Blockaden durch die Anwendung der entsprechenden Transformations-techniken zu transformieren. Das Ziel dieses Prozesses ist es, uns unserer selbst bewusst zu werden, unser Bewusstsein zu erweitern, indem wir bewusst wahrnehmen, wie sich bestimmte Erfahrungen anfühlen und letztendlich alle in unserem energe-tischen System gespeicherten Energien zu transformieren, um frei von ihnen zu werden.

Der einzige Unterschied zwischen der Transformation von Ereignissen aus vergangenen Leben und der Transformation der Ereignisse in unserem jetzigen Leben ist, dass wir uns in der Regel nicht bewusst sind, was in unseren früheren Leben geschehen ist, während wir in der Regel wissen, was im jetzigen Leben geschehen ist. Da sich die meisten von uns jedoch weder in diesem noch in einem früheren Leben unserer emotionalen Prozesse bewusst gewesen sein dürften, ist es entscheidend, sie bewusst zu transformieren. Abgesehen davon ist der andere Unterschied, dass wir in vergangenen Leben den Moment des Todes erlebt haben und wahrscheinlich einige Glaubenssätze in diesem Moment aufgebaut haben, oder wir waren nicht in der Lage, einige Menschen, Emotionen oder materielle Dinge loszu-lassen. Deshalb ist es meiner Meinung nach notwendig, sich auch diese Momente anzuschauen, falls es etwas gibt, was wir loslassen sollten.

Ich habe den Prozess der Transformation vergangener Leben
schon oft durchlaufen, weil ich bei zahlreichen Gelegenheiten
Gewohnheiten, Muster und Verbindungen beobachtet habe,
dass sie weitaus tiefere Konsequenzen haben als es auf den
ersten Blick den Anschein macht. Bestimmte sich wiederholende Verhaltensmuster, eine unerklärliche Verbindung zu
anderen Menschen oder eine extrem unerklärliche Ablehnung
durch jemanden sowie andere sich wiederholende emotionale
Muster und alte Glaubenssätze, für die ich keinen Ursprung
in diesem jetzigen Leben finden konnte. Da meine Willenskraft und meine Entschlossenheit, von all diesen energetischen
Blockaden frei zu werden, so stark ist, habe ich immer weiter
nach Lösungen gesucht, Wege gefunden und Techniken und
Methoden entwickelt, um diese Blockaden zu transformieren
und endlich das Leben zu erschaffen, das ich mir aus der Tiefe
meines Herzens und meiner Seele gewünscht habe. Bis jetzt habe
ich mich mit etwa 70 vergangenen Leben verbunden und eine
riesige Menge an blockierenden Glaubenssätzen, gespeicherten
Emotionen und ungesunden Verbindungen transformiert, die
ihren Ursprung in früheren Leben hatten.

Dank dieses Prozesses habe ich so viel über mich selbst gelernt;
ich habe mein Bewusstsein sehr erweitert, mein innerer emotionaler, mentaler und energetischer Zustand ist viel fließender und
mein gegenwärtiges Leben hat sich zum Besseren verändert. So
viele von uns sind sich nicht bewusst, welchen Einfluss unsere
vergangenen Leben auf uns, auf unsere Wahrnehmung der Welt
und auf die Umstände, in denen wir leben, haben können. Ich
bin froh, dass ich diesen Transformationsprozess durchlaufen
habe und ich kann ihn jedem empfehlen, der wirklich etwas
tief in sich verändern möchte und der die Tiefen seiner Seele
erforschen möchte und jedem, der diese Erfahrungen zu transformieren braucht, damit sich seine Seele weiterentwickeln
kann.

Zusammenfassend möchte ich nochmal festhalten, dass meiner Erfahrung nach nicht jeder durch Transformationen in vergangenen Leben gehen muss, um seine Seelenaufgabe in diesem jetzigen Leben zu erfüllen. Es gibt viele Menschen, die sich auf einer bestimmten Entwicklungsstufe befinden, wo sie zuerst das gegenwärtige Leben tiefer erfahren müssen und wollen, bevor sie in einem ihrer nächsten Leben mit der Erforschung der Verbindungen zu vergangenen Leben fortfahren. Es gibt jedoch eine riesige Menge an Menschen, die definitiv das Bewusstsein zu entwickeln brauchen und die Ereignisse vergangener Leben für ihre spirituelle Entwicklung transformieren sollten, um ihre Seelenaufgabe in diesem jetzigen Leben zu erfüllen. Das Leben ist intelligent darin, Wege zu etwas zu erschaffen, das die Seele erforschen und sich bewusst werden muss, dass es unlösbare Lebensumstände erschaffen wird, die eine Transformation vergangener Leben benötigen, um sie lösen zu können. Eine meiner Lebensphilosophien ist: »Es gibt für alles eine Lösung, ich muss sie nur finden«. Und bisher habe ich immer eine Lösung für die Umstände, die unbequemen emotionalen Zustände und/oder die unbefriedigenden Beziehungen gefunden. Mit *Lösung* meine ich nicht nur einen Weg in der menschlichen Welt zu finden, wie zum Beispiel einen neuen Job zu suchen oder Dinge durchzusprechen, sondern vor allem auf der energetischen Ebene, sei es durch die Transformation von gespeicherten Blockaden, die ihren Ursprung entweder in diesem jetzigen Leben oder in früheren Leben haben. Manchmal kann es schwierig sein zu verstehen, dass der Grund für kritische gegenwärtige Lebensumstände in einem vergangenen Leben zu finden ist, besonders wenn man keine Erfahrung mit Transformationen in vergangenen Leben hat. Es gibt jedoch Menschen, die Unterstützung für diese Art von Transformation anbieten, zumal manchmal sehr traumatische Erinnerungen auftauchen können, nicht nur als Bild im Kopf, sondern als emotionaler Zustand, den es zu heilen gilt.

Letztendlich geht es darum, frei von unserer Vergangenheit zu werden, indem wir unsere gespeicherten Emotionen und unsere begrenzenden Glaubenssätze transformieren. Es geht darum, vollständig zu werden, indem wir unsere verlorenen Seelenanteile integrieren und dadurch unser volles Potential leben und das Leben erschaffen, das wir uns wünschen. Die Transformation von Blockaden aus früheren Leben kann auf diese Weise viel inneren Frieden und Freiheit in unser Leben bringen, da viele Abhängigkeiten und indoktrinierte Muster, die ihren Ursprung nicht im jetzigen Leben haben, gelöst werden können.

Nicht in der Lage sein, eine Person loszulassen (welche verstorben ist oder nicht mehr in unserem jetzigen Leben ist)

Tiefe emotionale Bindungen zu anderen Menschen sind ganz natürlich und für unser Wohlbefinden notwendig. Sie können auf verschiedenen Beziehungsebenen stattfinden: Mutter-Tochter, Schwester-Bruder, Ehemann-Ehefrau, Lehrer-Schüler, Freund-Freundin und viele mehr. Auf einer oder sogar mehreren dieser Ebenen emotional verbunden zu sein, kann viele gegenseitige Vorteile haben, wie zum Beispiel sich gegenseitig zu unterstützen, sich um die Bedürfnisse der anderen Person zu kümmern, einfach die Gesellschaft des anderen zu genießen, gemeinsam Ziele zu erreichen und eine tiefe gegenseitige Liebe zu erfahren, um nur einige zu nennen.

Die Kehrseite dieser Verbindungen kann sein, wenn einer der beiden dominanter wird und anfängt, die andere Person zu kontrollieren, oder wenn das Vertrauen einer Person missbraucht wird, indem sie belogen und/oder betrogen wird, oder wenn eine Person, oder sogar beide, anfangen, sich gegenseitig auf irgendeine Weise emotional zu verletzen. Diese emotionale Verbindung kann sehr tief sein, egal ob die Beziehung eher positiv oder eher negativ ist. Viele Menschen haben den Eindruck, dass sie nur zu den Menschen eine tiefe emotionale Verbindung haben, mit denen sie sich gut fühlen und mit denen sie Zeit verbringen wollen. Zudem haben viele den Eindruck, dass sie sich von Menschen, die sie verletzt haben oder von Menschen, mit denen sie lieber keine Zeit verbringen möchten, emotional distanzieren. Nun, wenn wir dies aus einer energetischen Perspektive betrachten, macht das keinen Sinn. In Anbetracht der Tatsache, dass wir intensive Emotionen gegenüber beiden Arten von Menschen erleben, sei es gegenüber der Person, mit der wir gerne Zeit verbringen würden, oder gegenüber der Person, die wir hassen oder lieber meiden würden, gibt es eine emotionale »Ladung« gegenüber beiden von ihnen. Energetisch gesehen sind wir mit beiden (zutiefst) verbunden, aber mit unterschiedlichen Arten von Verbindungen: zu einem von ihnen schwingen unsere Emotionen auf einer höheren Frequenz, zu dem anderen erleben wir niedriger schwingende Emotionen. Dennoch gibt es eine Verbindung zu beiden, aber sie hat einen anderen Zweck für unsere Seele und unseren Entwicklungsprozess. Was wir berücksichtigen müssen, ist die Tatsache, dass wir hier sind, um spirituell zu wachsen, indem wir viele verschiedene Erfahrungen machen, seien es positive oder herausfordernde. Diese Erfahrungen können einfach dadurch entstehen, dass man sich in einer günstigen oder ungünstigen Situation befindet, wie zum Beispiel eine tolle Reise in ein wunderschönes Land zu erleben oder umgekehrt seinen Job aufgrund von Umstrukturierungsmaßnahmen zu verlieren. Auch, und in den meisten Fällen, werden Erfahrungen durch menschliche Interaktion geschaffen, die entweder angenehme oder unangenehme Emotionen hervorrufen. In dem Moment, in dem wir beginnen, unsere Emotionen mit einer bestimmten Person zu assoziieren (ähnlich wie ich es mit einigen Menschen aus vergangenen Leben getan habe, weil ich diese Emotion aus unserer Verbindung in einigen unserer früheren Leben kannte), können wir von dieser Person »abhängig« werden und uns auf eine ungesunde Weise an sie binden. Zum Beispiel, wenn wir den Eindruck haben, dass dies die einzige Person war, von der wir uns jemals wirklich tief geliebt gefühlt haben, oder dass wir uns wirklich tief verstanden gefühlt haben, so wie wir es gebraucht haben. In diesem Fall haben wir die Wahl, dankbar dafür zu sein, diese Erfahrung gemacht zu haben, oder wir könnten traurig sein, dass es niemanden mehr gibt, der diese Emotionen in uns hervorrufen kann. Wenn wir die zweite Perspektive wählen, erschaffen wir den inneren Zustand des Mangels und projizieren unsere emotionalen Bedürfnisse auf diese Person und erschaffen somit eine emotionale Abhängigkeit von ihr. In diesem Moment vergessen wir jedoch, dass wir für uns selbst sorgen können, uns selbst geben können, was wir brauchen und, was noch wichtiger ist, anerkennen, dass alles, was wir brauchen, bereits in uns ist. Sehr oft kann es auch passieren, dass eine Person von der anderen abhängig wird, weil sie sich immer auf die Entscheidungen der anderen Person verlassen muss, da sie den Eindruck hat, nicht in der Lage zu sein, Dinge selbst zu entscheiden. In einem solchen Fall ist eine Person eher dominant, während die andere eher unterwürfig ist und es könnte sein, dass die unterwürfige Person einfach nur vermeiden will, Verantwortung für ihr eigenes Handeln zu übernehmen. Auf der anderen Seite könnte sich die dominante Person mächtiger fühlen und vielleicht sogar von der unterwürfigen Person bewundert werden, was auch eine Art von Abhängigkeit schaffen kann. Diese Art von gegenseitiger Abhängigkeit wird Co-Abhängigkeit genannt und es kann schwierig sein, diesen Zustand zu ändern, da beide Personen von dieser Konstellation »profitieren«. Auch hier ist einer der Hauptgründe für diese ungesunde Anhaftung der Eindruck, von jemand anderem abhängig zu sein, weil wir uns nicht bewusst sind, dass alles, was wir brauchen, eigentlich in uns steckt, oder, weil wir Angst haben, unser volles Potenzial zu leben. Eine weitere Möglichkeit, wie wir auf ungesunde Weise an andere Menschen gebunden bleiben können, ist, dass wir uns ihnen gegenüber für bestimmte Dinge schuldig fühlen, zum Beispiel dafür, dass wir in einem kritischen Moment nicht alles für sie getan haben, oder dafür, dass wir ihnen etwas angetan haben, oder dafür, dass wir nicht das getan haben, von dem wir dachten, dass sie es von uns erwarten würden.

Es kann auch andersherum passieren, etwa in dem Fall, dass wir von ihnen verletzt wurden und sie deshalb verurteilt haben oder dass wir immer noch den Eindruck haben, dass sie uns etwas schulden, sei es emotional oder auf der materialistischen Ebene.

Menschen können eine ungesunde Bindung beziehungsweise eine Art Abhängigkeit zu einer anderen Person, auch auf gegenseitiger Basis, auf viele verschiedene Arten aufbauen. Meiner Erfahrung nach sind die vorhin genannten Verbindungen die wichtigsten Konstellationen, in denen eine »ungesunde« Anhaftung entstehen kann, die es schwer machen kann, eine Person loszulassen, besonders für den Fall, dass sie verstorben ist oder nicht mehr in unserem Leben ist. Natürlich kann eine solche ungesunde Konstellation auch mit Menschen geschehen, die noch in unserem Leben sind, aber manchmal kann es schwieriger sein, dies wahrzunehmen, weil wir in diesen »energetischen Konstellationen« blind für sie sind.

Der Grund, warum diese »Blindheit« so oft passieren kann, wenn die Person, an die wir gebunden sind, noch in unserem Leben ist, ist, dass wir erstens normalerweise so darauf fokussiert sind, die gewünschte Emotion mit/von dieser Person zu erhalten, dass wir nicht wahrnehmen, dass es eine Art von Abhängigkeit ist. Infolgedessen bleiben wir in unserem Fokus, mit dieser Person zu sein, stecken, anstatt uns bewusst zu sein, dass es etwas zu ändern gibt. Zweitens kann es oft bequemer sein, in dieser Abhängigkeit zu bleiben. Zum Beispiel ist es in einer Co-Abhängigkeitssituation nicht notwendig, dass eine Person Verantwortung übernimmt, weil die andere Person sie übernommen hat und diese Person im Gegenzug Bewunderung erhält. Dies verhindert, dass sich beide mit ihrem geringen Selbstwert konfrontieren müssen, da sie sich für den anderen »wichtig« fühlen. Drittens kann es im Falle von Schuld sehr schwierig sein, wahrzunehmen, dass diese gelöst werden kann, da die Schuld uns auch blind machen kann. Manchmal sind wir uns dieser Schuld nicht einmal bewusst, aber es gibt das tiefe Bedürfnis, etwas für die andere Person zu tun oder mit ihr zusammen zu sein, um etwas zu kompensieren. Es kann auch passieren, dass man sich dieser Schuld bewusst ist, aber nicht in der Lage ist, sich selbst und/oder der anderen Person zu verzeihen. Solange diese Person da ist, liegt unser Fokus auf ihr und darauf, etwas »wiedergutzumachen«, anstatt unser Handeln zu hinterfragen und uns zu fragen, ob wir noch in dieser Konstellation sein wollen. Daher gibt es viele Situationen, in denen Menschen sich dieser Abhängigkeiten erst bewusst werden, wenn eine Person verstorben oder aus ihrem Leben gegangen ist.

Wenn wir nun nicht in der Lage sind, eine Person loszulassen, muss ein tieferer Grund dahinter stecken, wie zum Beispiel eine Art von Abhängigkeit, eine ungesunde Bindung oder ungelöste Emotionen gegenüber dieser Person. Es könnte auch der Eindruck sein, schuldig zu sein oder die Verurteilung der anderen Person. Wenn eine Person unser Leben verlässt und wir diese Person für eine lange Zeit nicht vergessen können, dann sind sicher einige der früheren Gründe für eine solche Unfähigkeit loszulassen vorhanden.

Nehmen wir das Beispiel der Beendigung einer romantischen Beziehung, so ist es normal, die Person in den ersten Tagen oder sogar in den ersten Wochen zu vermissen, aber wenn wir diese Person nach einigen Monaten tief vermissen und wir uns immer noch dabei ertappen, neue potentielle Partner mit ihr zu vergleichen, dann haben wir sie noch nicht loslassen können. Bitte beachte, dass es einen großen Unterschied gibt zwischen dem bloßen Vermissen und dem Gefühl, dass wir ohne sie nicht vollständig sind. Das erste Gefühl ist natürlicher und fühlt sich normalerweise nicht so stark und destabilisierend an. Es könnte sein, dass wir sie einfach vermissen, weil wir gerne Zeit miteinander verbracht haben und sie eine besondere Gabe hatte, von der du berührt warst. Das zweite Gefühl, nämlich sich ohne sie unvollständig zu fühlen, ist jedoch eher schmerzhaft und kann uns traurig, wütend oder melancholisch machen.

Wie können wir dieses Wissen in die Praxis umsetzen, um uns von ungesunden Anhaftungen und von Menschen, die wir nicht loslassen können, zu befreien? Zunächst müssen wir wie immer erkennen, dass es etwas gibt, das uns zurückhält, destabilisiert oder »Energie stiehlt« und dass wir uns von dem befreien könnten. Wir können dies erkennen, indem wir die zuvor beschriebenen Empfindungen und Verhaltensweisen anerkennen: den Eindruck zu haben, ohne eine andere Person unvollständig zu sein und darunter zu leiden, besonders, wenn die andere Person nicht da ist. Alternativ könnten wir erkennen, dass wir viele Dinge für eine Person tun, weil wir uns schuldig fühlen, etwas getan zu haben, oder dass eine andere Person ein solches Verhalten uns gegenüber zeigt (manchmal ist die Schuld nicht so offensichtlich, aber ein solches Verhalten zu bemerken und den Grund dafür herauszufinden, könnte uns dazu bringen, es zu identifizieren).

Ein weiteres Beispiel für ein Verhalten, das auf eine ungesunde Bindung hinweist, ist, dass wir uns in der Nähe bestimmter Menschen weniger wert und blockiert fühlen oder umgekehrt, dass wir uns ihnen gegenüber überlegen fühlen. Wenn die Anwesenheit einer Person (oder auch nur die vorgestellte Anwesenheit einer Person) sofort eine Veränderung in unserem energetischen Zustand und/oder Verhalten hervorruft, die dazu führen kann, dass wir weniger mit unserem wahren Selbst verbunden sind, kann das ein Indikator dafür sein, dass wir eine Anhaftung haben, von der wir uns befreien sollten.

Zweitens kann es hilfreich sein, herauszufinden, um welche Art von ungesunder Anhaftung es sich handelt. Um das zu tun, gilt es herausfinden, welche Emotionen und Verhaltensweisen diese Person in uns hervorruft. Anschließend sollten wir den Grund finden, warum das passiert. Wenn wir zum Beispiel beginnen, uns überlegen zu fühlen, wenn eine bestimmte Person um uns herum ist, könnte es sein, dass diese Person sich schuldig fühlt, weil sie uns in diesem oder in einem früheren Leben etwas angetan hat. Das Gleiche gilt, wenn die Rollen vertauscht sind. Ein anderes Beispiel könnte sein, dass wir einen extremen emotionalen Schmerz oder eine große Instabilität spüren, wenn diese Person weg ist, während wir uns vollständig fühlen, wenn diese Person an unserer Seite ist. In diesem Fall könnten wir von dieser Person abhängig sein, weil wir den Eindruck haben, dass wir nicht in der Lage sind, bestimmte Dinge alleine zu tun oder dass wir uns selbst nicht die Liebe geben können, die wir brauchen. Natürlich gibt es noch viele andere Möglichkeiten, aber ich hoffe, dass du sie herausfinden kannst, wenn du dieses Konzept verstanden hast.

Drittens geht es darum, die notwendigen Blockaden und Abhängigkeiten aufzulösen und ein neues energetisches Gleichgewicht zu schaffen. Dies kann der komplizierteste Teil sein, denn die Abhängigkeiten können sehr tiefgreifend sein und aus mehreren früheren Leben stammen, oder es gibt einige unklare Verstrickungen, die schwer zu verstehen und daher schwer aufzulösen sind. Auch ist es möglich, dass externe Hilfe benötigt wird, da es sehr schwierig sein kann, dies alleine zu tun und alle ungesunden Verbindungen zu anderen Menschen vollständig zu lösen. In einem solchen Fall empfehle ich unbedingt, sich eine Person zu suchen, die diese Art von Arbeit auf der energetischen Ebene durchführt, da sie in der Lage ist, schneller tiefgreifendere und länger anhaltende Ergebnisse zu erzielen, als wenn du dies selbst versuchst, besonders wenn du ein kompletter Anfänger bist. Es ist möglich, ein besseres Verständnis der ungesunden Anhaftung zu erlangen, indem man eine »Gesprächssitzung« mit einem Berater oder Psychologen hat, aber es kann einige Monate dauern, bis es gelöst ist. Ich sage das nicht, um die Arbeit von irgendjemandem zu kritisieren oder um irgendjemanden herabzusetzen, da ich sicher bin, oder zumindest hoffe, dass jede einzelne Person, die in diesem Bereich arbeitet, ihr Bestes tut, um andere Menschen in ihrem Heilungsprozess zu unterstützen. Dank meiner eigenen Erfahrung (als Klientin/Patientin oder als Psychologin) bin ich jedoch überzeugt, dass es Methoden gibt, die schneller wirken als andere, und in Verbindung mit einer ganzheitlichen Lebensauffassung einen großen Einfluss auf den Heilungsprozess haben.

Eine meiner Lieblingsübungen dazu ist: Nimm zwei Stühle und stelle sie einander gegenüber, sodass es so aussieht, als würden zwei Menschen miteinander reden und sich anschauen. Stelle dir vor, du säßest auf einem der Stühle und die Person, mit der du die Energien ausgleichen möchtest, säße auf dem anderen. Stelle es dir so lebhaft wie möglich vor, indem du dir deutlich die Kleidung, die sie tragen, ihren Haarschnitt, ihren Gesichtsausdruck und wie sie sich gegenseitig ansehen, vorstellst. Beobachte sie nun mit deinem »inneren Auge« und versuche emotional wahrzunehmen, wie sich beide gerade fühlen und wie sie sich in der Gegenwart des anderen fühlen. Es ist wichtig, dass du versuchst, sie so wahrzunehmen, als würdest du sie zum ersten Mal sehen, damit du nicht die Dinge, die du bereits über sie weißt, auf sie projizierst. Wenn du offen sein kannst, sie ohne Vorurteile wahrzunehmen, schafft das Raum, damit du dir neuer Aspekte bewusst werden kannst, die du vorher nicht erkannt hast. Ein weiteres Detail, das dir bei der Beobachtung aus der Außenperspektive helfen kann, ist, so zu tun, als wärst du ein neutraler Beobachter von zwei Menschen, die du nicht kennst, sodass dein Fokus darauf liegt, wahrzunehmen, wie die Beziehung zwischen diesen beiden Menschen ist, ohne Erwartungen und Vorwissen.

Als ich diese Technik damals ausführte hatte ich beobachtet, wie die Energien von Benny und Sylvia interagierten (ich sagte bewusst nicht »Benny und ich«, sondern »Benny und Sylvia«, um es *von außen* zu betrachten).

Das Interessante an einer solchen Beobachtung aus einer neutralen Position ist, dass wir viel mehr Details herausfinden können, die wir nicht sehen könnten, während wir in der Situation wären, und zweitens können sich einige Aspekte verändern, wenn wir sie erkennen und von einem neutralen Standpunkt aus beobachten. Dieses Phänomen basiert auf einigen Grundregeln der Quantenphysik, dass eine »Quantenwelle« durch die neutrale Beobachtung verändert werden kann, ohne etwas anderes zu tun. Wenn wir erkennen, worum es geht und wie die energetische Interaktion zwischen den beiden Menschen ist und wenn wir es schaffen, sie neutral zu beobachten, ohne zu urteilen, kann sie sich verändern. Nachdem du die wichtigsten Interaktionen erkannt hast und zumindest teilweise verstanden hast, warum sich diese beiden Menschen so verhalten und fühlen, wie sie es tun, beobachte sie noch eine Weile weiter und lasse alle Emotionen und/oder Gedanken, die hochgekommen sind, sanft fließen, bis sie abklingen.

Als Nächstes setze dich auf den Stuhl, auf dem du dich vorgestellt hast, schließe die Augen und beobachte, wie sich dein energetischer Zustand verändert, wenn du dieser Person gegenübersitzt, und vergleiche dies mit dem neutralen Zustand, in dem du vorher warst. Es gibt viele Empfindungen, die du wahrnehmen könntest. Zum Beispiel könntest du dich extrem zu dieser anderen Person hingezogen fühlen, sodass deine ganze Aufmerksamkeit auf sie gerichtet ist. Oder du könntest genau das Gegenteil erleben, wo du eine solche Abneigung gegen sie empfindest, dass du dieser Situation so schnell wie möglich entfliehen möchtest. Wie bereits erwähnt sind beide Reaktionen, sowohl die Anziehung als auch die Abneigung, ein Indikator für eine starke Verbindung zu dieser Person, der einzige Unterschied ist, dass eine davon positiv ist, während die andere negativ ist. Ein weiteres mögliches Gefühl, das du verspüren könntest, wenn du dieser Person gegenübersitzt, ist, dass du dich blockiert fühlst, dich so zu verhalten, wie du dich gerne verhalten würdest. In diesem Fall könntest du Dinge wahrnehmen, wie zum Beispiel nicht sagen zu können, was du wirklich willst, nicht zeigen zu können, wie du dich wirklich fühlst, und/oder dich nicht in der Lage zu fühlen, Entscheidungen frei zu treffen. Alternativ dazu könntest du dich sehr mächtig fühlen, wenn diese Person da ist, sodass du den Eindruck hast, mehr Ziele erreichen zu können, wenn die Person neben dir ist. Auf den ersten Blick mag das recht ermächtigend wirken. Wenn du jedoch den Eindruck hast, andere Menschen zu brauchen, um bestimmte Dinge zu erreichen, dann könnte diese Co-Abhängigkeit in Zukunft ungesund werden. Auch hier ist es entscheidend, zwischen abhängig sein und unterstützt werden zu unterscheiden. In beiden Fällen haben wir eine Verbindung zu der anderen Person und brauchen diese Person, um uns in bestimmten Bereichen unseres Lebens voranzubringen, aber die abhängige Verbindung kann giftig sein, während die *unterstützende* Verbindung ermächtigend wirkt.

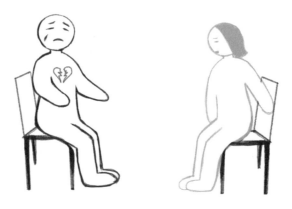

In dieser Situation waren das nur Beispiele dafür, was du erleben könntest. Es gibt viele andere mögliche Empfindungen, die du fühlen könntest. Nachdem du klar wahrgenommen hast, was sich zwischen dir und der anderen Person energetisch abspielt, wäre es ideal, herauszufinden, was hinter diesen energetischen Interaktionen steckt, denn dann ist es leichter, sie am Ursprung ihrer Verstrickung zu lösen und die Veränderung längerfristig zu gestalten, anstatt sie nur oberflächlich für kurze Zeit zu lösen. Eine mögliche Quelle einer solchen ungesunden Bindung könnte die Angst sein, die andere Person zu verlieren. Infolgedessen könnte man beginnen, sich anzupassen, um von ihr akzeptiert zu werden. In einem solchen Fall empfiehlt es sich, diese Angst mit einer der Techniken zu transformieren, die im Unterkapitel über emotionalen Schmerz und unerfüllte Bedürfnisse beschrieben wurden.

In dem Moment, in dem die Verlustangst transformiert ist und der Schmerz, der ihr zugrunde lag, geheilt werden kann, können wir beginnen, die ungesunde Bindung loszulassen und eine gesunde Beziehung aufzubauen. Ein weiterer möglicher Grund, der zu einer ungesunden Bindung führt, könnte sein, dass wir unsere Verletzlichkeit nicht zeigen wollen, weil wir Angst haben, von der anderen Person verletzt zu werden und deshalb so tun, als wären wir so stark, cool und könnten von anderen als selbstherrlich wahrgenommen werden. In diesem Fall könnten wir unsere Verletzlichkeit akzeptieren und umarmen, sodass wir sie in uns integrieren und mit ihr eins werden können. Der Vorteil davon ist, dass wir uns sicherer fühlen, wenn wir verletzlich sind, weil wir unsere eigene Verletzlichkeit akzeptiert haben. Folglich werden wir eher in der Lage sein, sie anderen gegenüber auszudrücken und müssen nicht mehr so tun, als ob wir cool wären und eine emotionale Distanz wahren. Schließlich können wir anfangen, mehr wir selbst zu sein und uns zu entspannen, wenn wir Zeit mit anderen Menschen verbringen. Auf diese Weise kann aus einer distanzierten Bindung eine enge und verbundene werden, wenn wir dies zulassen. Natürlich gibt es hunderte von anderen möglichen Quellen für eine unausgewogene Bindung. Der erste Schritt ist jedoch, sie zu erkennen, da dies bereits zu einer teilweisen Transformation führen kann.

Ein weiterer möglicher Grund, warum wir eine Person nicht loslassen können, ist, dass es unausgesprochene Worte und unbeantwortete Fragen gibt, an denen wir festhalten. Im ersten Fall können wir uns tiefer mit ihrer Seele verbinden und/oder sie uns lebhafter vorstellen, wie sie vor uns auf dem Stuhl sitzt, sodass wir ihre Präsenz und Energie tatsächlich spüren. Wir können auch ein Bild dieser Person vor uns auf den Stuhl legen, wenn es uns hilft, sie uns klarer vorzustellen. Es kann sein, dass wir uns emotionaler fühlen, weil ihre Anwesenheit (auch wenn sie nur vorgestellt ist) die gespeicherten Emotionen hervorruft, die mit ihr verbunden sind. Es kann sein, dass wir uns unwohl fühlen, da die emotionale Reaktion ziemlich stark sein kann. Es ist jedoch wichtig, die Emotionen aufkommen zu lassen, um sie zu transformieren und loszulassen und somit besser in der Lage zu sein, die andere Person loszulassen. Auch hier ist es empfehlenswert, die Emotionen einfach zu beobachten, sie fließen zu lassen, zu versuchen, sie zu verstehen und den Heilungsprozess einzuleiten. Dann müssen wir uns fragen, welche »unausgesprochenen Worte« wir dieser Person sagen möchten. Es ist wichtig zu wissen, dass alles und jedes gesagt werden kann. Während wir dies tun, ist die Voraussetzung jedoch, dass wir es aussprechen, während wir mit unserem Herzen und unseren Emotionen verbunden sind, denn nur dann können die gesprochenen Worte einen Einfluss auf die ungelöste Energie in uns selbst haben, sowie auf die energetische Inter-aktion zwischen dieser Person und uns. Wenn wir bereit sind, können wir sagen, was wir wollen. Es ist empfehlenswert, es laut auszusprechen, denn das hat mehr Wirkung und ist heilsamer, als wenn wir uns nur vorstellen, dass wir es sagen. Wir können die gleiche Technik für die unbeantworteten Fragen anwenden, damit wir sie aus unserem energetischen System loslassen können und beginnen, inneren Frieden zu finden, ohne überhaupt die Antwort zu haben.

Es ist zweitens empfehlenswert, die beschriebenen Methoden aus den vorherigen Unterkapiteln anzuwenden, um den emotionalen Schmerz und andere energetische Ungleichgewichte so tief wie möglich zu lösen. Die gute Nachricht ist, dass es viele gespeicherte Emotionen gibt, die transformiert werden können, indem wir einfach die unausgesprochenen Worte laut aussprechen; unsere Emotionen verbal ausdrücken, während wir mit ihnen verbunden sind. Eine Übung, die auch in diesem Zusammenhang verwendet werden kann, ist das Vergebungs-Ritual, das weiter oben im Unterkapitel über Vergebung erklärt wurde (zuerst die Person bitten, dir deine Seelenanteile zurückzugeben und offen zu sein, sie zu empfangen. Setze dann die Absicht, der Person ihre Seelenanteile zurückzugeben und erlaube ihnen, zurückzufließen. Bitte die Person anschließend, dir zu vergeben. Wenn du bereit bist, vergib auch du der Person und schlussendlich: vergib auch dir selbst). Das Loslassen der Emotionen ist essentiell, da gespeicherte Emotionen und unausgesprochene Worte häufig damit verbunden sind, dass wir uns selbst oder andere dafür verurteilt haben, etwas getan oder gesagt zu haben. Indem wir diese Emotionen zurückhalten und nicht aussprechen, was wir fühlen und folglich nicht zulassen, dass sie losgelassen werden, tragen wir sie weiter in uns und es wird schwieriger zu vergeben. Wie bereits erwähnt, ist der loslassende Akt des Verzeihens viel leichter zu vollziehen, nachdem wir die schmerzhaften Emotionen transformiert haben, die ursprünglich zu unserem anfänglichen Urteil über andere oder uns selbst geführt haben.

Das Ziel all dieser Methoden und Übungen ist es, die gespeicherten Emotionen und andere energetische Blockaden loszulassen, die direkt oder indirekt mit dieser Person in Verbindung stehen. Darüber hinaus geht es darum, sich von dieser ungesunden Anhaftung zu befreien und in der Lage zu sein, unabhängig von der An- oder Abwesenheit dieser Person in unserem Leben mit uns selbst verbunden zu bleiben. Nur weil die ungesunden Verbindungen transformiert werden und wir uns von ihnen befreien können, heißt das nicht, dass die Herzensverbindung mit einer bestimmten Person abgeschnitten wird. Aus spiritueller und energetischer Sicht wird die Herz- und Seelenverbindung niemals verschwinden, da diese Art der Verbindung gesund statt toxisch ist und vor allem, weil sie Teil unseres wahren Selbst ist. Wenn diese Loslassarbeit erst einmal verrichtet wurde, sind wir in der Lage, diese Person loszulassen, ohne unsicher zu werden. Stattdessen sind wir vielleicht sogar dankbar für die Erfahrung, die wir mit ihr gemacht haben, entweder weil es auch schöne Erlebnisse zusammen gab, oder weil wir durch diese herausfordernde Erfahrung viel lernen und spirituell wachsen konnten.

Zusammenfassend lässt sich sagen, dass es verschiedene Arten von ungesunden Bindungen zwischen zwei (oder mehr) Menschen gibt. Meistens merken wir es erst, wenn die andere Person verstirbt oder nicht mehr in unserem Leben ist. Das Grundprinzip hinter der Unfähigkeit, die Person loszulassen, ist, dass entweder einige emotionale Themen mit der Person noch nicht gelöst wurden oder dass wir den Eindruck haben, dass wir die andere Person brauchen und ohne sie nicht vollständig sein können, was aus energetischer Sicht absolut NICHT stimmt. Andere Gründe könnten sein, dass es unausgesprochene Worte gibt, die losgelassen werden müssen, bevor wir die andere Person vollständig loslassen können und/oder dass wir für etwas vergeben oder die Vergebung der anderen Person brauchen.

In jedem Fall ist es entscheidend, diese ungesunde Anhaftung aufzulösen, sie tief zu verstehen und bewusst zu erfahren, was emotional, mental und energetisch los war. Dank dieses tieferen Verständnisses und der bewussten Wahrnehmung dessen, was vor sich ging, sind wir in der Lage, uns selbst viel besser zu verstehen und das hilft uns, unser Bewusstsein zu erweitern. Dieser Reflexions-Erfahrungs-Prozess wirkt sich nicht nur auf unsere gegenwärtige Lebenssituation aus, sondern kann uns auch helfen, ähnliche Themen in der Zukunft zu lösen und kann sogar einen positiven Einfluss auf unser soziales Umfeld haben.

Re-Integration unserer sensiblen Teile und unserer Seelenanteile

Unsere sensiblen Teile sind ein wesentlicher Bestandteil unserer inneren Empfindungen sowie es auch unsere Emotionen und unsere intuitiven Wahrnehmungen sind. Nach meiner beruflichen Erfahrung und dem, was ich in mir selbst während der Transformation meines alten Schmerzes und alter gespeicherter Emotionen entdeckt habe, befinden sich unsere sensiblen Teile unter unseren Emotionen. Um das Wissen im Geist in Bezug auf unsere sensiblen Teile zu reaktivieren, möchte ich ein Beispiel geben: In einem Moment, in dem wir das tiefe Bedürfnis verspüren, von jemandem umarmt und gehalten zu werden, sind wir tief mit unserem verletzlichen (oder auch: sensiblen) Teil verbunden. Eine natürliche menschliche Reaktion ist es, von unserem Partner, von unseren Eltern oder von unseren vertrauten Freunden umarmt werden zu wollen. Wenn sie jedoch nicht physisch oder sogar emotional anwesend sind, um uns das Gefühl einer solchen Intimität zu geben, spüren wir die Emotionen von Einsamkeit, Traurigkeit oder gar Wertlosigkeit. Normalerweise kümmern wir uns nicht sofort um diese Emotionen, sondern unterdrücken sie oder verfallen in die Opferrolle. Wie wir bereits besprochen haben, kann dies dazu führen, dass diese Emotionen in unserem energetischen System gespeichert werden, was wiederum dazu führt, dass wir immer wieder ähnliche Situationen anziehen. Kurz gesagt, unsere sensiblen Anteile »kommunizieren uns« unsere Bedürfnisse und wollen umsorgt, umarmt und akzeptiert werden. Um sie zu heilen, dürfen sie durch unsere Akzeptanz und Präsenz integriert werden. Seit unserer Kindheit sind wir jedoch so daran gewöhnt, nach Liebe von anderen zu suchen, anstatt sie uns selbst zu geben. Wenn wir sie nicht automatisch bekommen, können wir enttäuscht werden und beginnen, Emotionen wie Traurigkeit oder Angst zu empfinden und sie zu speichern. Um in der Lage zu sein, diese sensiblen Teile wieder zu integrieren, müssen wir zunächst die Emotionen verstehen und transformieren, wie bereits in diesem und den vorherigen Kapiteln beschrieben, sodass wir unsere sensiblen Teile »darunter« klar spüren können. Sei dir bewusst, dass es wirklich überwältigend sein kann, unsere verletzlichen Teile zu fühlen. Da unsere Verletzlichkeit so unermesslich ist und von unserem rationalen Verstand nicht erfasst werden kann, kann es verwirrend sein, weil wir vielleicht nicht wissen, was wir damit tun sollen.

Ich empfehle, dich ihr zu stellen, sie wahrzunehmen und zuzulassen, dass sie da ist, während du dich gleichzeitig ruhig atmen lässt, deine Hände auf dein Herz legst und deine Füße auf dem Boden hast und dir erlaubst, verwurzelt zu sein. Dies kann bereits zu einer Integration unserer sensiblen Teile führen.

Reicht das nicht aus, können wir uns tiefer mit unseren sensiblen Teilen verbinden, um sie bewusst zu spüren und herauszufinden, was ihre Bedürfnisse sind. Es könnte das Bedürfnis sein, bedingungslos geliebt zu werden, oder das Bedürfnis, gesehen zu werden oder das Bedürfnis, zu spüren, dass man dazugehört. Sobald wir unsere Bedürfnisse bewusst wahrnehmen, können wir die exakte energetische Schwingung unserer erfüllten Bedürfnisse erschaffen, wie zum Beispiel sich gesehen oder zugehörig zu fühlen. Dadurch sind wir in der Lage, unsere verletzten sensiblen Teile zu heilen, indem wir die energetischen Schwingungen erschaffen, die sie brauchen. Indem wir präsent sind, sie annehmen und klar wahrnehmen, können wir sie integrieren und beginnen, vollständiger zu werden. Meiner Meinung nach ist dies einer der besten und einfachsten Wege, um unsere abgelehnten oder verletzten sensiblen Teile zu heilen und zu integrieren. Natürlich erfordert dies etwas Übung, um ihre Bedürfnisse klar wahrzunehmen und mit der nötigen energetischen Schwingung auf sie reagieren zu können, aber wenn wir dies regelmäßig tun, können wir viel über uns selbst lernen. Außerdem verlieren wir vielleicht sogar unsere Angst vor emotional schmerzhaften Situationen, da wir allmählich lernen, dass wir uns selbst heilen können, anstatt emotional von anderen abhängig zu sein.

Ein wichtiger Punkt ist, dass unsere sensiblen und verletzlichen Teile immer da sein werden, da unsere Verletzlichkeit zu uns gehört und uns weich und mitfühlend macht. Dank unserer verletzlichen Anteile können wir unsere eigene innere Unermesslichkeit wahrnehmen, die uns mit unserem wahren unendlichen Potential verbindet. Egal wie sehr wir an uns arbeiten, unsere verletzlichen Anteile werden immer da sein, der Hauptunterschied ist, dass wir nach einigen Transformationen besser mit ihnen umgehen können und eher in der Lage sind, sie einfach wahrzunehmen und in uns fließen zu lassen.

Wenn unsere gespeicherten Emotionen transformiert sind, wird der Schmerz, den wir in einer bestimmten Situation fühlen können, weniger intensiv. Da wir uns außerdem nicht mehr mit diesem emotionalen Schmerz identifizieren, können wir ihn leichter loslassen und so schneller in unseren natürlichen ausgeglichenen energetischen Zustand zurückkehren.

Wieder einmal können wir sehen, dass es darum geht, präsent zu sein, während wir unsere inneren Empfindungen beobachten und fühlen, ohne sie abzulehnen. Jedes Mal, wenn wir es schaffen, in diesem Zustand der Präsenz zu sein und wenn wir beginnen, unsere sensiblen Teile allmählich zu akzeptieren und zu integrieren, kommen wir einen Schritt näher, um vollständiger zu werden.

Was ist mit unseren Seelenanteilen? Sind sie dasselbe wie unsere sensiblen Teile? Warum habe ich sie unterschiedlich benannt, sie aber in dasselbe Unterkapitel gesteckt? Wie du dir vorstellen kannst, kann es ziemlich schwierig sein, »Dinge« zu beschreiben, die wir weder sehen noch objektiv messen können, dennoch werde ich mein Bestes versuchen, meine persönlichen und beruflichen Erfahrungen mit dir zu teilen. Außerdem hoffe ich, dass sie dich in deinem eigenen Transformationsprozess unterstützen können und dich zu einem besseren Verständnis deiner selbst führen. Erstens möchte ich meine Sichtweise über die Gemeinsamkeiten und Unterschiede zwischen Seelenteilen und sensiblen Teilen erklären. Zweitens möchte ich einige praktische Ideen und Methoden anbieten, wie wir unsere Seelenteile wieder integrieren können.

Wie schon mehrfach erwähnt, sind wir nach meinem Weltbild ein geistiges Wesen, das viele menschliche Erfahrungen in einem menschlichen Körper macht. Der gängige Begriff, um dieses spirituelle Wesen zu benennen, ist Seele. Wir sind eine Seele, die einen menschlichen Körper hat, wir sind also nicht unser Körper. Dies wurde bereits in dem Unterkapitel über vergangene Leben erwähnt. Nach einigen wissenschaftlichen wie auch spirituellen Theorien begann alles mit dem Urknall, was bedeutet, dass vor diesem Ereignis alles vereint war und wir alle eins waren. Das wiederum bedeutet, dass jeder von uns aus den gleichen Teilen besteht. Vielleicht hast du schon einige

Aussagen gehört, wie »Wir sind alle gleich« oder »Wir sind aus dem Gleichen gemacht«, was meiner Meinung nach Sinn ergibt. Wir alle haben einen starken und einen schwachen Teil, einen faulen und einen fleißigen, einen lieben und einen bösen Teil. Wir bestehen aus einem starken und einem machtlosen sowie einem zufriedenen Teil und einem neidischen Teil. Ansonsten hätte ein Mensch, der beispielsweise aufgrund mehrerer schmerzhafter Erfahrungen neidisch geworden ist, nie die Möglichkeit, wieder zufrieden zu werden. Oder andersherum, wenn eine Person nur aus den gesellschaftlich akzeptierten Seelenanteilen bestünde, wie etwa fleißig, stark und organisiert zu sein, wäre sie nicht in der Lage, emotionale Sensibilität zu zeigen oder an einem Sonntag faul zu sein. Wenn wir nicht alle aus den gleichen Teilen bestehen würden, gäbe es kein Gleichgewicht und keine Chance, unsere Wunden zu heilen. Abgesehen davon hätten wir weniger Möglichkeiten, Erfahrungen zu machen und zu wachsen. Denn wenn wir erfahren, wie es ist, zum Beispiel eifersüchtig oder böse zu sein, sind wir voll mit dieser Art von Energie verbunden und wir können diese besondere Art von Realität erfahren und haben diese Erfahrung auf einer physischen, mentalen und emotionalen Ebene zumindest für einen Moment verkörpert.

Außerdem ist es unsere Entscheidung, ob wir diese Art von niedrig schwingender Energie weiterhin zum Ausdruck bringen wollen oder ob wir sie heilen und akzeptieren wollen. Das Hauptproblem bei den gesellschaftlich weniger akzeptierten Seelenanteilen ist, dass viele Menschen denken, dass wir immer faul, eifersüchtig oder böse sein müssen, wenn wir sie akzeptieren und deshalb entscheiden sich die meisten, diese Seelenanteile abzulehnen. Doch genau das ist das Problem im Umgang mit Seelenanteilen: Lehnen wir sie ab, sind sie nicht integriert und wir sind unvollständig. Wenn wir unvollständig sind, müssen wir diesen Mangel füllen, indem wir einige Aktivitäten exzessiv durchführen oder auf andere Weise kompensieren. Wir könnten anfangen, uns auf ungesunde Weise an andere Menschen zu binden oder wir könnten uns niedergeschlagen fühlen und nicht in der Lage sein, uns selbst zu lieben, ob bewusst oder unbewusst.

Alles, was wir brauchen, ist bereits in uns

Wir könnten uns vollständig fühlen, aber wenn wir bestimmte Seelenanteile von uns selbst nicht akzeptieren, zeigen wir uns auf einer energetischen Ebene, dass wir uns nicht vollständig lieben. Es ist wie mit unseren Emotionen und unseren sensiblen Teilen: Lehnen wir sie ab, fühlen wir uns schlecht – akzeptieren wir sie, fühlen wir uns besser. So einfach ist das in der Theorie, ich weiß aber, dass es viel komplexer ist, es in die Praxis umzusetzen. Die entscheidende Tatsache, die wir im Hinterkopf behalten müssen, wenn wir mit unseren Seelenanteilen arbeiten, ist, dass wir keine Angst haben müssen, dass die sozial nicht akzeptierten Seelenanteile präsenter oder dominanter werden, wenn wir sie akzeptieren. Am Ende können wir selbst entscheiden, welche Seelenanteile präsenter sein werden. Es gibt eine einfache Regel, wie es funktioniert: Wenn wir die niedrig schwingenden Seelenanteile akzeptieren, wie etwa unseren ängstlichen, unseren eifersüchtigen oder unseren bösen Anteil, werden sie endlich die Möglichkeit haben zu heilen, denn durch unsere Akzeptanz und Liebe können sie ihre Schwingung erhöhen.

Als Ergebnis werden wir die Erfahrung behalten, wie sich diese Seelenteile gefühlt haben, aber wir werden sie wahrscheinlich nicht wieder erleben, da wir unsere Lektionen gelernt haben, unsere Schwingung erhöht haben und vollständiger geworden sind.

Wenn wir einen hochschwingenden Seelenanteil abgelehnt haben, wie zum Beispiel offenherzig, freudig oder großzügig zu sein, können wir ihn wieder integrieren, seine Schwingung noch mehr anheben und beginnen, seine Eigenschaften wieder auszudrücken.

Erinnere dich: Wir können wählen, was wir ausdrücken und wie wir mit ihnen umgehen, sobald sie integriert sind. Ein anderer möglicher Fall wäre, dass wir die »neutralen« Seelenteile akzeptieren, oder in energetischen Begriffen gesprochen, diejenigen mit einer mittleren Schwingung, die auch Teile von uns selbst sind. Wenn wir den Seelenanteil des Faulseins, des Chaotischen oder des Vergesslichen wieder integrieren, werden wir in der Lage sein, uns selbst mehr zu akzeptieren, wenn wir einen faulen Tag haben oder wenn es passiert, dass wir etwas vergessen, anstatt wütend auf uns selbst zu sein und uns zu verurteilen, weil wir so sind. Wir würden uns selbst mit viel mehr Liebe und Freundlichkeit behandeln und alles, weil wir diese Seelenteile wieder integriert haben. Es bedeutet nicht, dass wir vergesslicher oder chaotischer werden; im Gegenteil, es ist wahrscheinlich, dass wir eine größere mentale Kapazität haben werden, da weniger Energie benötigt wird, um diese Seelenteile abzulehnen. Das Wichtigste dabei ist, dass man sich nicht mit einem oder mehreren Seelenanteilen identifizieren sollte. Wir bestehen aus allen, weil wir alle aus demselben gemacht sind. Wir können jedoch entscheiden, welche Teile wir zum Ausdruck bringen wollen und welche nicht. Es ist jedoch entscheidend, alle unsere Teile zu akzeptieren, um vollständig zu sein und uns selbst vollständig zu lieben. Wie bereits erwähnt, wird alles, was wir in unserem Inneren ablehnen, auf die eine oder andere Weise in unserer äußeren Welt gespiegelt werden und es wird einige bewusste oder unbewusste emotionale Reaktionen in uns hervorrufen.

Beispiele von Ablehnung und Integration von Seelenanteilen

Im Folgenden möchte ich mit dir ein klassisches Beispiel dafür teilen, was zur Ablehnung unserer Seelenanteile führen kann und welche Konsequenzen sich daraus ergeben, wenn wir sie ablehnen. Ein sehr häufiges Beispiel für eine Seelenanteil-Ablehnung ist, wenn wir den Eindruck haben, dass wir alles alleine schaffen und stark sein müssen, weil es niemanden gibt, der uns wirklich helfen oder verstehen kann. In diesem Fall haben wir wahrscheinlich unseren machtlosen Teil ebenso abgelehnt wie den tiefen Wunsch, umsorgt zu werden. Dies könnte durch eine schwierige Kindheit geschehen sein, in der sich die Eltern nicht wirklich um uns gekümmert haben und wir deshalb zu früh in unserem Leben gezwungen waren, alles alleine zu bewältigen. Normalerweise erlauben wir uns in einer solchen Situation nicht, uns verletzlich zu fühlen, das Bedürfnis zu verspüren, umsorgt zu werden oder unsere machtlose Rolle zu spüren.

Höchstwahrscheinlich haben wir uns entschieden, stark zu sein und alles alleine zu machen, weil wir das Gefühl hatten, dass niemand für uns da ist. Genau in diesem Moment lehnen wir unseren Seelenanteil, machtlos zu sein, ab. Da wir in früheren Momenten der Ablehnung wahrscheinlich auch traurig, wütend oder ängstlich waren, wird dieses unterdrückte Seelenstück zusammen mit diesen anderen Emotionen gespeichert. Wenn wir also beginnen, diesen Seelenanteil zu transformieren und zu re-integrieren, müssen wir zuerst die Emotionen heilen und transformieren, bevor wir es re-integrieren können. Da dieser abgelehnte Teil nicht mehr in unserem Bewusstsein ist, weil wir ihn in unser Unterbewusstsein verdrängt haben, müssen wir uns zuerst bewusst sein, dass uns etwas fehlt, um uns wieder vollständig zu machen. Um ein energetisches Gleichgewicht in unserem bewussten Geist zu schaffen, muss dieser abgelehnte Seelenanteil irgendwo in unserer äußeren Welt auftauchen, damit wir es klar wahrnehmen können. Je mehr Seelenteile wir ablehnen, desto größer ist die energetische Ladung, die wir auf sie legen und desto mehr werden wir Menschen und Situationen anziehen, die diese abgelehnten Stücke für uns spiegeln. Sobald wir uns unserer abgelehnten Seelenteile bewusst werden und die damit verbundenen Emotionen transformieren können und diese Seelenanteile bewusst annehmen und integrieren können, werden sie wieder ein Teil von uns sein. Wenn dies geschieht, wird ihre energetische Ladung reduziert und wir werden mehr Energie zur Verfügung haben. Außerdem sind wir in dem Moment, in dem wir beginnen, diese Teile zu akzeptieren und zu integrieren, in der Regel offener dafür, uns selbst zu akzeptieren und zu lieben, und deshalb fühlen wir uns vollständiger und haben ein größeres Gefühl des inneren Friedens. Das wiederum führt zu einem größeren Gefühl des Friedens mit den ehemals abgelehnten Teilen und so können wir mehr in Frieden mit anderen Menschen und Situationen sein, in denen wir uns wohl-fühlen, wenn wir zum Beispiel unseren machtlosen Teil zeigen. Wir werden in der Lage sein, sie einfach zu akzeptieren und uns um uns selbst und andere zu kümmern, während wir tief mit unserem wahren Selbst verbunden sind.

Um dies besser zu veranschaulichen, fahre ich mit dem Beispiel der Ablehnung unseres Seelenanteils der Machtlosigkeit fort. Stell dir vor, dass wir uns entschieden haben, unseren macht-losen Teil abzulehnen, aus ähnlichen Gründen wie im vorherigen Beispiel beschrieben. Wenn dies geschieht, verschließen wir unser Herz, zumindest ein bisschen, und werden »gefühlskalt« und entscheiden uns, entweder bewusst oder unbewusst, in unserem Leben voranzukommen, indem wir alleine kämpfen. Wenn unser machtloser Teil abgelehnt wird, wird eine Menge Energie aufgewendet, um ihn zu unterdrücken.

Mit anderen Worten, es liegt eine große energetische Ladung auf diesem Seelenanteil und gleichzeitig ist er in unserem Bewusstsein nicht als ein Teil präsent, der zu uns gehört. In unserem Bewusstsein halten wir an dem Eindruck fest, dass wir nicht machtlos sind, weil wir die Entscheidung getroffen haben, diesen Teil auszuschließen, und wir haben dies getan, weil wir ihn mit schweren Emotionen und mit einer schmerzhaften Situation assoziieren. Wenn wir dies jedoch aus einer höheren Perspektive betrachten, können wir sehen, dass wir diesen Teil bewusst abgeschnitten haben und wir nicht länger ein vollständiges Wesen sind.

Wie bereits erwähnt, werden wir, um ein energetisches Gleichgewicht zu schaffen, Situationen anziehen, in denen andere Menschen mehr von ihren kraftlosen Anteilen ausdrücken. Außerdem ist es sehr wahrscheinlich, dass wir Menschen anziehen werden, die ihren machtvollen Teil irgendwann in ihrem Leben abgelehnt haben und deshalb mehr ihren machtlosen Teil leben. Da wir unseren machtlosen Teil abgelehnt haben und viele negative Assoziationen mit ihm haben, werden wir uns von diesen Menschen und vor allem von ihrem Verhalten gestört fühlen.

Dennoch werden wir solche Menschen immer wieder in unser Leben ziehen, bis wir endlich verstehen, dass sie nur unseren abgelehnten Seelenanteil spiegeln und dass ihre Anwesenheit entscheidend für den Heilungs- und Vervollständigungsprozess unserer Seele ist, bis wir sie schließlich heilen und wieder integrieren. Vielleicht hast du das schon bei Paaren erlebt oder beobachtet, wenn ein Partner extrem dominant ist, mehr Macht hat und mit allem umgehen kann, aber mehr Schwierigkeiten hat, emotionale Intimität und Sanftheit zu zeigen.

Während der andere Partner in der Lage ist, sich mit mehr emotionaler Intimität und manchmal sogar in Abhängigkeit auszudrücken, aber wahrscheinlich mehr Schwierigkeiten hat, mit seinen eigenen Lebensherausforderungen umzugehen. Das gleiche Muster kann zwischen Freunden, Arbeitskollegen, Familienmitgliedern und auch in anderen Beziehungen beobachtet werden. Natürlich gibt es Unterschiede zwischen den Individuen in Bezug auf ihr Energieniveau, ihre Entschlossenheit, Dinge zu bewältigen und ihre Fähigkeit, emotional offen zu sein und Intimität zuzulassen. Es ist jedoch nicht natürlich, dass wir ständig Menschen anziehen, die wir als machtlos, sozusagen emotional schwach oder unfähig, ihr Leben kompetent zu meistern, wahrnehmen. Wenn uns das passiert, können wir davon ausgehen, dass es etwas mit uns selbst und mit unseren abgelehnten Seelenanteilen zu tun hat, die gesehen, geheilt und re-integriert werden müssen.

Als Kind habe ich genau diese Erfahrung gemacht: Mit drei Jahren gab es ein sehr traumatisches Erlebnis in meinem Leben, bei dem ich mich weder auf meine Eltern, noch auf meine Großeltern verlassen konnte. So entschied ich mich im sehr jungen Alter von drei Jahren, es »alleine zu machen« und unterdrückte meinen »sanften Seelenanteil« sowie meinen sensiblen Teil, der den tiefen Wunsch hat, umsorgt zu werden. Natürlich begann ich, immer wieder Menschen in mein Leben zu ziehen, die ich als machtlos und unfähig, ihr Leben allein zu meistern wahrnahm. Dieses Muster konnte schließlich verändert werden, als ich es erkannte, die damit verbundenen Emotionen heilte und mich selbst akzeptierte, auch weiche Anteile zu haben und mir erlaubte, Unterstützung von anderen Menschen anzunehmen.

Ein weiteres Beispiel ist »Kontrolle vs. Abhängigkeit«

In vielen Paaren, und das kann manchmal auch in Eltern-Kind-Beziehungen vorkommen, übt ein Partner eine extreme emotionale Kontrolle über sich und sein Leben aus, während die andere Person einen extremen Mangel an Kontrolle ausübt, nämlich Sucht, sei es mit Drogen, Alkohol, Videospielen, Sexualität oder Sport. Hier kann die gleiche Erklärung angewendet werden und es gibt eine ähnliche Methode, diese Verstrickung zu lösen. Es ist entscheidend, die abgelehnten Seelenanteile zu finden, die Emotionen zu heilen und sie wieder zu integrieren, um vollständiger und ausgeglichener in uns selbst zu sein. Es kann sich manchmal sogar wie Magie anfühlen: Nach einer solchen Transformation können Menschen ihre Mitmenschen anders wahrnehmen und, was noch faszinierender daran ist, die meisten beginnen sich anders zu verhalten, da sie mehr mit ihrem inneren Selbst verbunden sind. Dieses Phänomen kann aufgrund des spirituellen Gesetzes der Polarität geschehen, das besagt, dass wenn wir einen Teil in uns ablehnen und den entgegengesetzten Teil bis zum Äußersten ausleben (zum Beispiel Macht versus Machtlosigkeit), muss unser soziales Umfeld die Energien ausgleichen, indem es explizit seinen Gegenpol zeigt. In dem Moment, in dem wir akzeptieren, beide Gegenpole zu haben, gibt es dann keine Notwendigkeit mehr für einen solchen extremen Balanceakt und die Dinge können natürlicher fließen. Sobald dies geschieht, werden wir zentrierter, sind mehr mit unserem wahren Selbst verbunden und beginnen, viel mehr inneren Frieden und Harmonie zu haben. In diesem Zustand des Gleichgewichts sind wir in der Lage, beide Pole gleichermaßen zu akzeptieren: Momente, in denen wir uns machtlos fühlen und Momente, in denen wir uns mächtig fühlen. Der Hauptunterschied besteht darin, dass es keine energetische Belastung mehr gibt und auch keine Ablehnung gegenüber einem der beiden Pole, sondern dass die energetischen Schwingungen dieser Teile einfach durch uns hindurchfließen und wir sie bewusst wahrnehmen und in unserem Zustand der inneren Harmonie bleiben. Dies kann schließlich geschehen, weil wir nun mehr Verbindung zu unserem wahren Selbst haben und uns bewusster sind, dass wir alles in uns haben, sei es nun als »angenehm« oder »unangenehm« empfunden.

Integration unserer Seelenanteile

Als letzten Teil dieses Unterkapitels möchte ich noch etwas ausführlicher erklären, wie wir unsere Seelenanteile wieder integrieren können, um wieder vollständiger zu werden. Natürlich gibt es mehrere Techniken, um dies zu tun, jedoch werde ich hier eine meiner Lieblingstechniken skizzieren, die für mich selbst und für meine Klienten am besten funktioniert hat. Ich verwende nur sehr selten andere, aber wie bereits erwähnt, hat jeder Mensch andere Bedürfnisse und diese Techniken müssen individuell an die jeweilige Person angepasst werden. Um also mit diesem Prozess beginnen zu können, müssen wir zunächst herausfinden, welcher Seelenanteil abgelehnt wurde. Dies kann durch folgende Beobachtungen geschehen: Wenn wir wahrnehmen, dass wir ständig Menschen mit ähnlichen Verhaltensmustern in unser Leben ziehen, wie zum Beispiel sehr dominant, abhängig oder emotional bedürftig zu sein und ob wir eine intensive emotionale Reaktion auf ihr Verhalten haben, dann kann man davon ausgehen, dass wir diesen Seelenanteil zurückgewiesen haben. Die Erklärung für dieses Phänomen wurde auf den vorhergehenden Seiten dargelegt.

Wenn wir nun den Teil identifiziert haben, auf den wir eine große energetische Ladung gelegt haben, dann müssen wir uns mit unseren Emotionen verbinden, um herauszufinden, wie wir uns dabei fühlen. Eine Möglichkeit ist, dass es klar ist, dass wir es abgelehnt haben und dass wir jetzt den Eindruck haben, dass wir genau das Gegenteil von denen sind, die wir anziehen, außerdem können wir uns nicht vorstellen, uns so zu verhalten wie sie. Wenn wir zum Beispiel einen Partner und vielleicht einige Freunde haben, die ziemlich abhängig von uns sind und vielleicht sogar einige Unsicherheiten haben und wir feststellen, dass wir sie immer unterstützen, könnten wir von ihrem Verhalten genervt sein und uns fragen, wie sie sich so verhalten können. Auf der anderen Seite könnten wir froh sein, immer derjenige zu sein, der sie unterstützt, dennoch ist es hier notwendig, die wahren Gründe für dieses Verhalten tiefer zu analysieren. Der oberflächliche Grund könnte sein, dass wir anderen gerne helfen und es uns ein gutes Gefühl gibt, wenn wir zu ihrem Wohlbefinden beitragen können. Der darunterliegende Grund könnte jedoch sein, dass wir froh sind, sie bei ihren Problemen zu unterstützen, denn wenn wir das tun, müssen wir uns nicht unseren eigenen Herausforderungen stellen.

Sobald wir den abgelehnten Seelenanteil identifiziert haben, auf den wir eine große energetische Ladung gelegt haben, können wir damit beginnen, die Situation zu finden, in der er ursprünglich abgelehnt wurde. Dies können wir mit den oben erwähnten Techniken tun, indem wir uns entspannen und unser Unterbewusstsein bitten, uns die bedeutsame Situation zu zeigen, die zu dieser Ablehnung geführt hat. Alternativ können wir jemanden, der auf diesem Gebiet erfahren ist, bitten, uns bei diesem Prozess zu unterstützen. Bitte beachte, dass die Re-Integration von Seelenanteilen komplex sein kann und die eigenen Reaktionen während dieses Prozesses sehr unterschiedlich zum eigenen gewohnten Verhalten sein können, daher würde ich empfehlen, es die ersten paar Male mit jemandem zu machen, der mit Energien arbeitet, wie zum Beispiel einem Schamanen oder einem Heiler. Nachdem wir einige Erfahrungen gemacht haben, wie es sich anfühlt, ein Seelenstück wieder zu integrieren und wie unser Körper, unsere Emotionen und unser Verstand während und nach der Re-Integration darauf reagieren, würde ich dann die folgende Technik empfehlen.

Verbinde dich zunächst tief mit der Situation, in der die Seelenstücke abgestoßen wurden und versuche, die Emotionen und den Denkprozess unter den gegebenen Umständen so klar wie möglich wahrzunehmen:

- Was waren die Umstände?
- Wie war deine Beziehung zu den Menschen, die in dieser Situation eine Rolle spielten?
- Was waren die vorherigen Vorgänge, die zu dieser Situation geführt haben?
- Wie hast du dich gefühlt?
- Was hast du entschieden, das dich so fühlen ließ?
- Was war dein Denkprozess?
- Was war deine frühere Sicht auf diese vergangene Situation?

All diese Details können den Prozess des Verstehens unterstützen, warum wir auf eine bestimmte Art und Weise reagiert haben, sowie das Verständnis der Glaubenssätze und Emotionen, die mit der Ablehnung unserer Seelenanteile verbunden sind. Wenn wir zum Beispiel in einer unserer früheren Beziehungen von einem bestimmten Partner zutiefst enttäuscht waren und wir beschlossen haben, nie wieder jemanden so tief zu lieben, haben wir wahrscheinlich unseren Seelenanteil unterdrückt, das in der Lage ist, offenherzig zu lieben. Natürlich haben wir während dieser Unterdrückung eine Menge emotionalen Schmerz erlebt und wahrscheinlich einige negative Glaubenssätze aufgebaut, die wiederum die Entscheidung, diesen Teil zu unterdrücken, ebenfalls gefördert haben. Und dieses Verhalten hält uns in dieser alten, schmerzhaften Realität fest. Es könnte auch in Momenten passiert sein, in denen wir von anderen abgelehnt, missverstanden oder vielleicht sogar offen kritisiert wurden, weil wir unsere kreativen Ideen präsentiert haben, weil wir »unser Potential leben« oder weil wir wirklich gut in etwas sind, worauf andere vielleicht neidisch waren. In einem solchen Moment könnten wir diese einzigartige Kreativität, unser erstaunliches einzigartiges Potential oder unsere Fähigkeit, gut in dieser spezifischen Aktivität zu sein, die von anderen noch nicht verstanden wird, abgelehnt haben. Wie du dir vorstellen kannst, ist die Ablehnung in diesem Fall mit emotionalem Schmerz verbunden und mit einigen Glaubenssätzen, dass wir nicht so sein dürfen und dass wir mehr Konformität mit »der Masse« zeigen sollten. Meiner Erfahrung nach ist dieser Prozess, Teile unseres einzigartigen Potentials abzulehnen, weil andere es nicht verstehen könnten, sehr häufig passiert. Das ist einer der Gründe, warum so viele Menschen versuchen, sich in die Gesellschaft einzufügen: Sie haben Angst davor, abgelehnt, missverstanden oder kritisiert zu werden. Auch ich habe diese Erfahrung gemacht: Viele Menschen waren mit einigen meiner Fähigkeiten und individuellen Talenten überfordert, was dazu führte, dass ich unterbewusst Angst hatte, mein wahres Potential zu zeigen, weil ich es mit dem Risiko verband, abgelehnt zu werden. Eine meiner Qualitäten ist meine Fähigkeit, komplexe Sachverhalte schnell zu analysieren und zu verstehen und zügig optimale, langfristige Lösungen zu kreieren. Außerdem bin ich in der Lage, über einen längeren Zeitraum mehrere Dinge parallel zu lernen und erfolgreich zu tun, ohne mich dabei zu erschöpfen. So lernte ich zum Beispiel über einen Zeitraum von einigen Jahren vier Sprachen auf einmal, nahm an einigen spirituellen Ausbildungen teil, hatte meine eigene Firma, gab fünf verschiedene Fitness-Kurse pro Woche, schrieb mein erstes Buch in einer Fremdsprache und hatte immer noch genug Freizeit, um Zeit mit meinen Freunden, meinem Freund und mir selbst zu verbringen. Während dieser Zeit meditierte ich jeden Tag, transformierte meine eigenen alten Blockaden und genoss das Leben, so wie es war.

Meine Freunde waren davon ziemlich beeindruckt, sie gewöhnten sich an meinen Lebensstil und akzeptierten mich so, wie ich war. Es war jedoch sehr schwierig für mich, mein wahres Selbst in einer Gruppe von unbekannten Menschen zu zeigen, wie zum Beispiel in einem neuen Kurs oder auf einer Geburtstagsfeier eines Freundes, dessen Freunde ich nicht kannte.

Um dieses Verhaltensmuster, das seinen Ursprung in der Angst vor Ablehnung hatte, zu transformieren, musste ich erstens erkennen, was der zugrundeliegende Grund war, warum ich mich in bestimmten Situationen nicht sehr wohl fühlte. Zweitens musste ich meine Angst, abgelehnt zu werden, sowie meinen Schmerz darunter, abgelehnt worden zu sein, transformieren, bevor ich diese Seelenteile wieder integrieren und mich in diesen sozialen Situationen wohlfühlen konnte.

Ich würde dir eine ähnliche Vorgehensweise empfehlen, wenn du dich in einer ähnlichen Situation befindest: Erstens, sobald du die Umstände der Ablehnung herausgefunden hast, kannst du die Emotionen transformieren, wie in den vorherigen Unterkapiteln beschrieben.

Zweitens kannst du dann deinen Seelenanteil wieder integrieren, indem du die folgende Technik anwendest, die ich früher die »schizophrene Technik« genannt habe. Bitte beachte, dass, wenn du nicht in der Lage bist, die Situation zu finden, in der du diesen bestimmten Seelenanteil abgelehnt hast, es hilfreich sein kann, dich einfach mit dem Seelenanteil selbst zu verbinden und wahrzunehmen, wie sich beispielsweise dein machtloser Teil fühlt. Das Grundprinzip dieser Technik ist, dass wir bestimmte Aspekte von uns selbst ablehnen, weil wir sie mit zu viel Schmerz assoziieren. Das kann zum Beispiel passieren, wenn wir den Eindruck haben, dass unser soziales Umfeld diese Aspekte nicht akzeptiert.

Folglich müssen wir diese abgelehnten Aspekte von uns selbst erkennen, um sie wieder integrieren zu können. Was sehr hilfreich sein kann, ist, wenn wir uns selbst so vorstellen können, wie wir gerade aussehen, aber einschließlich dieses bestimmten abgelehnten Aspekts. Wenn wir zum Beispiel den Seelenanteil, machtlos zu sein, unterdrückt haben, stellen wir uns vor, wie wir nun aussehen – aber mit dem Gefühl, machtlos zu sein. Das hilft, eine tiefere Verbindung mit diesem Teil von uns zu schaffen. Oder, als weiteres Beispiel, wenn wir den Seelenanteil des vollen Glaubens an die Liebe unterdrückt haben, könnten wir uns mit diesem Glauben vorstellen. Eine andere Möglichkeit könnte sein, dass wir den Teil von uns, der bestimmte Talente zum Ausdruck bringt, wieder integrieren müssen: Dazu können wir uns den Teil von uns vorstellen, der in der Lage ist, diese auszudrücken. Was bei diesem Prozess wirklich helfen kann, vor allem am Anfang, ist, dass wir zwei Stühle haben, die sich gegenüberstehen: Wir setzen uns auf einen davon, während wir uns auf dem anderen unseren abgelehnten Teil vorstellen. Unser abgelehnter Teil sieht genau so aus, wie wir jetzt aussehen. Wir können uns vorstellen, dass es die gleiche Kleidung hat, die wir gerade tragen, oder eine andere. Dieses Detail hat keinen

Einfluss auf den Prozess, den wir durchführen, was auch immer wir uns leichter vorstellen können. So, jetzt sitzen wir vor dem abgelehnten Teil, der an die Liebe glaubt, der machtlos ist oder bestimmte Talente zum Ausdruck bringt.

Der Grund, warum ich empfehle, unseren abgelehnten Teil vor uns zu imaginieren, ist, dass es uns helfen kann, uns energetisch mit diesem Teil zu verbinden und es dadurch einfacher fällt, ihn zu re-integrieren. Allerdings müssen wir wissen, dass wir ihm, da er schon seit einiger Zeit abgelehnt wurde, höchstwahrscheinlich zuerst Zeit geben müssen, um die Wunden zu heilen, damit er bereit ist, sich zu integrieren. Sobald wir unser zurückgewiesenes Selbst vor uns sitzen sehen, ist es entscheidend, wahrzunehmen, wie es sich fühlt, wie es denkt und was die Körpersprache sagt. Das mag seltsam klingen, dass wir wahrnehmen müssen, wie unsere Visualisierung unseres »abgelehnten Selbst« sich anfühlen oder denken könnte, aber, wie bereits erwähnt, weiß unser Unterbewusstsein dies und so sollten wir von dieser Fähigkeit profitieren. Indem wir uns etwas Zeit nehmen, unser »abgelehntes Selbst« wahrzunehmen und zu beobachten, tragen wir bereits zu seiner Heilung und Integration bei, weil wir diesem Teil erlauben, in unserem Bewusstsein präsent zu sein, anstatt in unserem Unterbewusstsein abgelehnt und unterdrückt zu werden. Da wir diesen Teil von uns schon so lange ablehnen, kann es auch sein, dass wir eine Abneigung gegen ihn empfinden.

Zusätzlich kann es sein, dass etwas in uns selbst diesen Teil nicht wieder integrieren will, weil es noch negative Assoziationen damit gibt. In einem solchen Moment ist es entscheidend, mental stark zu sein und sich des Grundprinzips bewusst zu sein: Wenn es Widerstand gegen etwas gibt, muss darunter Schmerz oder eine negative Erfahrung sein, die damit verbunden ist, sonst wären wir neutral und hätten keine negative Reaktion.

(Beachte, dass das nicht bedeutet, dass wir zwangsläufig alles mögen müssen, sondern dass wir, wenn wir alle unsere gespeicherten Emotionen transformieren, keine emotionale Reaktion gegenüber Menschen, Seelenteilen oder Situationen haben werden.)

Wenn wir in der Lage sind, präsent zu bleiben, uns unser abgelehntes Selbst vorzustellen und wahrzunehmen, obwohl wir eine Ablehnung spüren, dann haben wir einen großen Schritt in unserem Heilungsprozess gemacht. Um diese Ablehnung zu transformieren und loszulassen, könnten wir uns fragen, warum wir sie abgelehnt haben und unserem Körper und unseren Emotionen erlauben, eine Antwort zu geben, anstatt auf einer rationalen Ebene zu antworten. Wenn wir uns außerdem erlauben, uns mit dem Schmerz unter dieser Ablehnung zu verbinden, dann kann die Heilung sehr schnell geschehen. Wenn ich diese Technik mit meinen Klienten anwende, fühlen viele von ihnen eine Abneigung gegen ihren Seelenanteil. Wenn ich anfange zu fragen, warum und tiefer in ihre Emotionen gehe, fangen viele von ihnen an zu weinen und sagen Dinge wie, dass sie Angst haben, wieder zurückgewiesen zu werden oder dass sie den Schmerz nicht wieder fühlen wollen. Andere sagen zum Beispiel, dass sie aufgrund ihrer negativen Erfahrungen nicht mehr an die Liebe glauben wollen. Meine Reaktion darauf ist, dass ich sie an das spirituelle Gesetz der Anziehung erinnere und wiederhole, dass, wie sie wissen, wenn wir diesen Schmerz und die gespeicherten Emotionen, die mit diesen herausfordernden Erfahrungen verbunden sind, lösen, können wir ein neues energetisches Feld aufbauen und folglich neue, angenehmere Erfahrungen anziehen. So motiviere ich sie und unterstütze sie dabei, ihren Schmerz zu transformieren und ihre herausfordernden Emotionen in ihrem energetischen System loszulassen, damit sie in der Lage sind, Akzeptanz gegenüber ihrem Seelenanteil zu fühlen.

Meistens können wir diese Emotionen erfolgreich transformieren und daher können wir zum nächsten Schritt übergehen: diesen Seelenanteil zu akzeptieren und zu integrieren. Doch bevor wir das tun, müssen wir prüfen, wie es sich jetzt anfühlt, nachdem wir zum Beispiel den emotionalen Schmerz und die Verzweiflung losgelassen haben. Manchmal müssen wir uns ein paar Minuten geben, um uns nach der Transformation solch intensiver Emotionen wirklich zu beruhigen. Als nächstes sollten wir noch einmal überprüfen, wie wir unser Gegenüber wahrnehmen, um zu sehen, ob es ruhiger ist, da wir es nicht mehr ablehnen, oder ob es noch etwas gibt, was wir energetisch verändern könnten. Wenn es ruhig und bereit ist, sich zu integrieren, dann kannst du folgendes tun: Steh von deinem Stuhl auf und setz dich auf den Stuhl vor dir, auf dem du deinen Seelenanteil visualisiert hast. Während du zu diesem Stuhl gehst und dich auf ihn setzt, visualisiere bitte weiterhin deinen Seelenanteil. Sobald du dich auf diesen Stuhl setzt, spüre, wie du diesen Seelenanteil in deinen physischen Körper und in dein gesamtes energetisches System integrierst. Es ist von entscheidender Bedeutung, deinem Seelenanteil die Zeit zu geben, die es braucht, um sich zu integrieren. Halte deinen denkenden Verstand an und erlaube dir, wahrzunehmen, wie es sich anfühlt und mental deinem Atem zu folgen. Viele meiner Klienten empfinden eine intensive Freude, wenn sie ihren Seelenanteil integrieren, während andere eine große Hitze in ihrem Körper wahrnehmen und es gibt einige, die ein Kribbeln im ganzen Körper verspüren. Ich würde empfehlen, dass du deinen Geist leicht auf die Beobachtung deines Atems fokussierst, ohne etwas anderes zu tun, bis sich diese Empfindungen beruhigen. Auf diese Weise gibst du deinem energetischen System die Zeit und den Raum, sich an den zuvor verworfenen Seelenanteil zu »gewöhnen«. Der Hauptteil der Übung endet hier, jedoch kann es hilfreich sein, sich in den nächsten Tagen wieder mit dem integrierten Seelenanteil zu verbinden, um ihn bewusst wahrnehmen zu können

und deinem Bewusstsein »beizubringen«, dass dieser Teil wieder
da ist. Mit ›wieder verbinden‹ meine ich, diesen integrierten
und geheilten Teil einfach wahrzunehmen, wie zum Beispiel
wieder an die Liebe zu glauben. Oder mit dem kraftlosen Teil,
der sich geheilt, entspannt und zufrieden präsent fühlt, in dem
Wissen, dass es Situationen gibt, in denen nichts getan werden
muss und es reicht, präsent zu sein. Gegenwärtig zu sein ist viel
empfehlenswerter als die vorherige Emotion der Verzweiflung
wegen der Unfähigkeit, etwas zu kontrollieren. Jetzt können
wir uns bewusst dafür entscheiden, ein neues Verhaltensmuster
zu erschaffen. Oder wir können uns mit dem geheilten Teil
verbinden, der sich nicht geliebt gefühlt hatte und der sich nun
geliebt und geschätzt fühlt. Diese Rückverbindungsübung nach
dem Hauptteil der Übung kann uns wirklich helfen, uns wieder
vollständiger zu fühlen und diese neue Realität in uns selbst zu
stabilisieren.

Die Auswirkungen einer so scheinbar einfachen, aber so
extrem kraftvollen Übung, mit der man diese traumatischen
Erfahrungen sehr schnell heilen kann, beeindrucken mich
immer wieder. Das Wichtigste an dieser Übung ist, sie ernst zu
nehmen und die Emotionen, Energien und Wahrnehmungen
wirklich zuzulassen. Zusätzlich ist es entscheidend, sich das
spirituelle Gesetz der Anziehung vor Augen zu halten und sich
an die Tatsache zu erinnern, dass wir alle eins sind. Wenn wir
das wissen, sind wir vielleicht eher bereit, den Schmerz loszulassen und unseren Seelenanteil zu integrieren, anstatt uns von
der Illusion des Getrenntseins blenden zu lassen, was uns dazu
bringt, im Schmerz zu bleiben.

Wenn sich dein Seelenanteil nach der Transformation deines
Schmerzes oder deiner Ablehnung ruhig angefühlt hat und
du es wie oben beschrieben integrieren konntest, kannst du
diesen kurzen Abschnitt überspringen. Andernfalls würde ich

dir empfehlen, das Folgende zu tun, um deinen Seelenanteil vollständig zu heilen, bevor du es integrierst. Um herauszufinden, was du tun kannst, um deinen ehemals abgelehnten Seelenanteil zu heilen, musst du klar wahrnehmen, wie es sich anfühlt. Um dies zu tun, verbinden wir uns mit unserer Intuition und erlauben den Bildern des gegenwärtigen emotionalen und mentalen Zustands unseres ehemals abgelehnten Selbst, in unser Bewusstsein zu kommen. Es fühlt sich vielleicht immer noch emotional abgestumpft wegen des Schmerzes, den es erlebt hat, oder es könnte Angst davor haben, wieder abgelehnt zu werden, da es schon so lange abgelehnt wurde. Es könnte auch immer noch beleidigt und verletzt sein wegen unserer Entscheidung, es zurückzuweisen. Ich kann mir vorstellen, dass einige von euch den Eindruck haben könnten, dass das, worüber ich schreibe, so seltsam klingt und dass es so schizophren klingt, dass ein Teil von uns einen anderen Teil von uns zurückweisen kann und dass diese Teile miteinander interagieren können. Aber es ist nicht nur meine Wahrnehmung, alle meine Klienten wissen genau, wovon ich spreche, wenn ich sie frage, wie sich ihre verschiedenen Teile fühlen und verhalten möchten. Und wenn du anfängst, deine innere Welt mehr zu beobachten, wirst du vielleicht wahrnehmen, dass es, wenn du eine Entscheidung triffst, bei der du dir nicht hundertprozentig sicher bist, einige Teile von dir gibt, die eine Option wählen wollen, während andere Teile eine zweite Option präferieren.

Lass uns zurückgehen zu der Art und Weise, wie wir unseren früher abgelehnten Seelenanteil wahrnehmen. Sobald wir herausgefunden haben, wie es sich fühlt, können wir prüfen, was es braucht, um geheilt zu werden und damit beginnen, ihm diese Energie zu schicken. Wenn es zum Beispiel immer noch Angst vor Ablehnung hat, braucht es vielleicht etwas Vertrauen und dass wir ihm versprechen, dass wir unser Bestes tun werden, um es zu integrieren. Wenn es sich immer noch wütend auf uns fühlt, weil es so lange zurückgewiesen wurde, müssen wir ihm etwas Liebe und sanfte, fürsorgliche Energie schicken, um diesen Teil in seinem Heilungsprozess zu unterstützen. Oder, wenn es sich emotional abgestumpft anfühlt, könnten wir ihm etwas Stabilität und Selbstliebe schicken.

Wie? Wir haben die Fähigkeit, unsere Schwingung zu erhöhen oder zu senken, indem wir unsere Aufmerksamkeit lenken und uns entscheiden, eine bestimmte Art von »energetischer Schwingung« zu erschaffen, wie Liebe, Wertschätzung, Hass oder Traurigkeit. Eine hohe Schwingung kann genutzt werden, um eine niedrige Schwingung zu heilen. Zum Beispiel könnten wir die Schwingung des Schmerzes mit der Schwingung der Liebe heilen. Wir können hier genau das Gleiche tun und die Schwingung, die unser Gegenüber braucht, in uns erschaffen und uns vorstellen, dass wir sie ihm schicken. Nach einiger Zeit, in der wir uns nur auf die Aufrechterhaltung und das Senden dieser Energie konzentrieren, können wir wieder überprüfen, wie sich unser ehemals abgelehnter Seelenteil fühlt. Manchmal müssen wir dies vielleicht zweimal tun, um alle »niedrigen Schwingungen« vollständig zu heilen, bevor wir es schließlich integrieren können, wie oben beschrieben.

Nach meiner Erfahrung mit meiner eigenen Seelen-Anteil-Integration und auch, wenn ich diese Technik mit meinen Klienten praktiziert habe, habe ich eine massive Wirkung auf den emotionalen Zustand beobachtet. Vor allem in der Art und Weise, wie wir unser eigenes Leben wahrnehmen und wie sich dies in vielen entscheidenden Situationen positiv ausgewirkt hat. Darüber hinaus hatte ich beobachtet, dass es einen massiven Einfluss auf die »Realität« hat, die wir in unser Leben anziehen. Wenn man dieses Werkzeug zum ersten Mal anwendet, ist es empfehlenswert, dies mit jemandem zu tun, der professionell mit Energien arbeitet oder zumindest mit jemandem, der sensibel für Energien ist und unterstützen kann. In Anbetracht der Tatsache, dass wir mit diesem Werkzeug in der Lage sind, sehr tiefgreifende, lang anhaltende Wunden innerhalb einer sehr kurzen Zeit zu heilen, kann es ein wenig überwältigend und manchmal sogar ein wenig destabilisierend sein. Dies geschieht, weil das energetische System komplett neu organisiert wird und ein neues, günstigeres Gleichgewicht geschaffen wird.

Bevor ich dieses Kapitel abschließe, möchte ich noch einmal kurz den Unterschied zwischen den sensiblen Teilen und den Seelenteilen wiederholen, denn er ist entscheidend für die Entscheidung der passenden Transformationstechnik. Unsere Seelenteile sind eine Art Merkmal, eine Art Eigenschaft, die wir in einer bestimmten Situation nicht akzeptieren wollten. Zum Beispiel Ohnmacht, unser volles Potential zu leben und zu zeigen oder faul oder schwach zu sein. Wir können unsere abgelehnten Seelenanteile identifizieren, indem wir zum Beispiel erkennen, dass wir eine bestimmte Eigenschaft oder ein bestimmtes Verhalten bei anderen Menschen total ablehnen, wie etwa emotional oder faul zu sein oder wenn sie tief an ihre Wünsche glauben. Wir können es auch in uns selbst beobachten, wenn wir erkennen, dass wir uns absolut nicht erlauben, zum Beispiel »schwach« zu sein oder um Hilfe zu bitten oder Emotionen vor anderen zu zeigen.

Heilen wir hingegen einen sensiblen Teil und versuchen ihn zu integrieren, fühlt es sich wie ein tiefer Schmerz an, der verursacht wurde, weil unser tiefer Wunsch, geliebt, geschätzt und umsorgt zu werden, nicht erfüllt wurde. Natürlich ist es eine natürliche menschliche Reaktion, wenn unsere tiefen Sehnsüchte nicht erfüllt werden, Emotionen wie Wut, Traurigkeit oder sogar Resignation zu empfinden. Wenn wir also nicht tiefer gehen als die Oberfläche der Emotionen, die unsere sensiblen

Teile bedecken, werden wir nie an die Quelle unseres emotionalen Schmerzes gelangen und es wird fast unmöglich sein, ihn dauerhaft zu heilen. Deshalb würde ich empfehlen, sich etwas Zeit zu nehmen und zuerst die Emotionen zu transformieren und dann tiefer zu gehen, um die Quelle des Schmerzes herauszufinden, um ihn zu heilen. Wie du vielleicht weißt, praktiziere ich diese Techniken schon seit vielen Jahren und bin von ihren Ergebnissen sehr beeindruckt.

Abschließende Worte zu diesem Kapitel

In diesem Kapitel haben wir einige sehr kraftvolle Methoden gelernt, um Emotionen, mentale Glaubenssätze und andere energetische Blockaden, die nicht zu unserem wahren Selbst gehören, zu heilen und zu transformieren. Es ist entscheidend, dass du deinen Emotionen erlaubst, in deinem Bewusstsein aufzutauchen, um sie in deinem Körper klar wahrzunehmen. Das ist notwendig, um sich erstens ihrer bewusst zu werden und die bewusste Erfahrung zu machen, wie sie sich anfühlen. Und zweitens, nur dann können wir sie tiefgreifend transformieren und eine neue, wünschenswertere Realität erschaffen.

Ein weiterer wichtiger Punkt ist, dass du dir Zeit nimmst herauszufinden, welche Art von energetischem Ungleichgewicht du erlebst, denn das ist entscheidend, um die passende Methode zu wählen, um es tiefgreifend zu transformieren. Besonders wenn es sich um einen sehr tiefen emotionalen Schmerz handelt, der seinen Ursprung in einer traumatischen Erfahrung hat, kann es sein, dass eine Kombination aus mehreren Methoden angewendet werden muss. Wenn zum Beispiel jemand missbraucht wurde, kann es sein, dass der Transformationsprozess mit einer Transformation des emotionalen Schmerzes beginnen muss, gefolgt von einer Re-Integration einiger Seelenteile und dem Vergebungsritual. Um wirklich alle Einflüsse, die zu dieser Erfahrung geführt haben, zu »eliminieren« und ein neues energetisches Feld zu erschaffen, das diese Realität nicht mehr anziehen wird, könnte es notwendig sein, die alte Realität unserer Vorfahren zu transformieren, sowie die alten Realitäten aus unseren vergangenen Leben. Meiner Erfahrung nach kann die Kombination solcher Methoden sehr oft geschehen und die Ergebnisse sind wirklich erstaunlich.

Nachdem man einen wirklich tiefgreifenden Transformationsprozess erlebt hat, kann es sich anfühlen, als wäre dieses traumatische Ereignis nie geschehen und manchmal kann es sogar schwierig sein, sich an Details des Ereignisses zu erinnern. Es fühlt sich dann gar wie eine Art Amnesie an. Treffen wir jedoch eine andere Person, die uns erzählt, dass sie ein ähnliches traumatisches Ereignis erlebt hat, können wir sehr empathisch sein und mit ihrer Geschichte in Resonanz gehen und ihre Emotionen und Wahrnehmung ihrer Realität auf tiefer Ebene verstehen. Da wir durch diesen tiefen Heilungsprozess gegangen sind und viel gelernt haben, sind wir nun in der Lage, es aus einer höheren Perspektive wahrzunehmen und werden zum Beispiel nicht mehr über uns selbst oder andere urteilen oder anfangen, wütend zu sein. Stattdessen werden wir in der Lage sein, ihre Emotionen empathisch zu verstehen und gleichzeitig zu sehen, welche Faktoren zu dieser Situation geführt haben und in der Lage sein zu erkennen, was gelöst werden muss, um wieder ihr wahres Selbst zu werden.

Vorschau auf die letzten Kapitel

Im letzten Teil dieses Buches werde ich skizzieren, wie unsere Intuition uns in unserem Transformationsprozess helfen kann und einige Beispiele geben, wie wir sie üben und nutzen können. Im allerletzten Kapitel werde ich einige abschließende Worte dazu sagen, wie wir mehr die Schöpfer unseres Lebens sein können und wie wichtig es ist, energetische Blockaden tiefgreifend zu transformieren, um endlich unsere wahre Essenz zu leben.

Vertiefungsübungen für Kapitel 4

In diesem Kapitel ging es um praktische Techniken und darum, wie wir unsere eigenen Emotionen, mentalen Glaubenssätze und energetischen Zustände, je nach Ursprung, transformieren können. Es wurde erklärt, was energetische Transformation bedeutet und die Bedeutung einer tiefgreifenden Transformation wurde hervorgehoben. Im Hauptteil dieses Kapitels ging es um die Techniken, mit denen energetische Blockaden transformiert werden können, um endlich frei von ihnen zu werden und unser wahres Selbst mehr und mehr leben zu können. Viele wahre Geschichten wurden präsentiert, um zu zeigen, wie die Techniken angewendet werden können und welche Ergebnisse entstehen können.

Es ist entscheidend, herauszufinden, welche Technik je nach Ursprung der energetischen Blockade am besten eingesetzt werden kann. Natürlich gibt es Situationen, in denen mehrere Techniken benötigt werden, um das eigene Ungleichgewicht zu lösen, besonders wenn es sehr komplex ist und die Blockade auf mehreren Ebenen gespeichert ist. In solchen Situationen ist Erfahrung notwendig, um diese Techniken am effektivsten einsetzen zu können, sowohl für den eigenen Transformationsprozess als auch im Falle der Unterstützung anderer in ihren Prozessen. Die wichtigsten Faktoren sind der Glaube, dass unser gegenwärtiges Problem gelöst werden kann und die Willenskraft, uns mit diesen herausfordernden Emotionen und einschränkenden mentalen Glaubenssätzen zu konfrontieren.

Weiter hinten findest du eine Liste der Unterkapitel mit den Methoden, die sich auf den Ursprung der Blockade beziehen. Als nächstes gibt es einige Fragen, die dir helfen können, die passende(n) Methode(n) zu identifizieren, mit denen die aktuelle Blockade transformiert werden kann. In jedem Unterkapitel findest du die praktischen Schritte für den jeweiligen Fall. Sobald du mit Hilfe dieser Fragen die passende Methode identifiziert hast, kannst du dich der/den entsprechenden Seite(n) zuwenden und mit der Umsetzung des dort beschriebenen Prozesses beginnen.

1. Emotionaler Schmerz und unerfüllte Bedürfnisse aus unserer Kindheit (Seite 263)
2. Wiederholte vergangene Realität aus unserer Kindheit und anderen vergangenen Ereignissen (Seite 273)
3. Wiederholte vergangene Realität von unseren Vorfahren (Seite 277)
4. Nicht in der Lage sein, jemandem und/oder uns selbst zu vergeben (Seite 285)
5. Alte indoktrinierte Muster (Seite 296)
6. Wiederholte Realitäten aus vergangenen Leben (Seite 301)
7. Nicht in der Lage sein, eine Person loszulassen (Seite 330)
8. Re-Integration unserer sensiblen Teile und unserer Seelenanteile (Seite 345)

a. Kannst du dich an diesen emotionalen Zustand aus deiner Kindheit erinnern? (1 oder 2)

b. Ist es etwas, das deine Eltern und/oder Großeltern erlebt haben? Oder ist es eine Art »Realität«, in der sie gelebt haben? (3, kann auch mit 1 und 2 kombiniert werden, abhängig von deiner eigenen Wahrnehmung über diese Realität und/oder diesen emotionalen Zustand)

c. Bezieht es sich auf eine Person (nicht in der Lage sein zu vergeben, unfähig loszulassen und/oder eine intensive Emotion gegenüber dieser Person zu haben, die nicht angemessen oder erwünscht ist)? (4, 6 oder 7)

d. Beobachte dein Verhalten in der Vergangenheit: gibt es ein sich wiederholendes Muster, das dir nicht mehr dient? Gibt es etwas, das du dir selbst nicht erlaubst oder das du bei anderen ablehnst? (5 oder 8)

e. Beispiel für eine Kombination: ein unerfülltes Bedürfnis aus unserer Kindheit (1), eine wiederholte vergangene Realität von unseren Vorfahren (3), jemandem nicht vergeben zu können (4), ihn/sie nicht loslassen zu können (7) und wiederholte Realitäten aus vergangenen Leben (6).

Ein Beispiel aus dem realen Leben für diese Kombination könnte eine intensive Beziehung mit viel Liebe und gegenseitiger Anziehung sein, doch aufgrund der unerfüllten Bedürfnisse aus unserer Kindheit könnte es Elemente von Eifersucht, Misstrauen und Kontrolle geben. Wenn unsere Eltern eine ähnliche Art von Beziehung erlebt hatten, war es für uns vorbestimmt, die gleiche Art von Beziehung oder zumindest eine ähnliche Beziehungs-realität anzuziehen.

Stell dir vor, wir haben angefangen, unseren Partner zu kontrollieren und sein Handy zu überprüfen, weil wir ihm misstrauen und Angst haben, ihn zu verlieren.

Eine mögliche Reaktion auf unser Verhalten könnte sein, dass der Partner sich in der Beziehung gefangen fühlt und dies könnte ihn dazu bringen, uns zu betrügen, was wiederum dazu führt, dass wir noch mehr leiden und nicht in der Lage sind, ihm zu verzeihen. Aber gleichzeitig sind wir nicht in der Lage, die Person loszulassen, weil wir immer noch etwas Liebe für sie empfinden.

Da die Verbindung zwischen der Person und uns so intensiv ist, muss es bereits eine Verbindung aus vergangenen Leben gegeben haben, die es wert ist, in unser Bewusstsein gebracht zu werden, um vollständig gelöst und geheilt zu werden.

Kapitel 5

Wie unsere intuitiven Fähigkeiten im Transformationsprozess helfen – und wie wir sie in unserem täglichen Leben nutzen

Unsere Intuition, auch unsere »intuitiven Fähigkeiten« genannt, wurde bereits im ersten Kapitel beschrieben. Wir haben gemerkt, wie es sich anfühlt, wenn wir »eine Botschaft von unserer Intuition erhalten« und dass unsere intuitiven Fähigkeiten schrumpfen, je älter wir werden, weil unsere heutige Gesellschaft größtenteils eine »logische Erklärung« verlangt und nicht eine intuitive Wahrnehmung. Daher haben wir uns im Laufe der Zeit mehr auf rationale Erklärungen für unser Verhalten und unsere Entscheidungen konzentriert, während die Gesellschaft uns ermutigt hat, das Hören auf unsere Intuition zu verlernen.

Meiner Meinung nach werden beide Anteile gebraucht, der intuitive und der rationale, und sie sollten in einer ausgewogenen Weise genutzt werden. In diesem kurzen Kapitel werde ich mich darauf konzentrieren, wie wir unsere Intuition nutzen können, um uns in unserem Transformationsprozess zu helfen. Dies wird geschehen, indem ich erstens einige theoretische Einblicke gebe, wie sie angewendet werden kann. Zweitens werden einige Beispiele aus dem realen Leben vorgestellt und diskutiert, wie

Intuition in unserem täglichen Leben genutzt werden kann und wie sie uns in unserem Transformationsprozess helfen kann. Drittens werden einige Übungen zur Verfügung gestellt, um dir zu zeigen, wie du diese erstaunliche Fähigkeit, die wir alle haben, in deinem täglichen Leben anwenden kannst.

Wie können wir unsere Intuition anwenden?

Wie wir aus den vorangegangenen Kapiteln wissen, »weiß« unsere Intuition mehr als es unser rationaler Verstand wahrnehmen kann – und, was noch wichtiger ist, die klare intuitive Botschaft wird nicht durch andere externe oder interne verwirrende oder falsche Informationen »geblendet«. Darüber kann unsere Intuition zwischen dem unterscheiden, was wir wirklich tief in unserem Herzen fühlen und dem, was wir aufgrund alter schmerzhafter Erfahrungen fühlen, die noch nicht gelöst sind und die uns in unserem Entscheidungsprozess beeinflussen könnten.

Wie wir vielleicht wissen, können die Informationen, die wir von unserer Intuition erhalten, über verschiedene »Kanäle« empfangen werden: durch Bilder, die wir mit unserem inneren Auge sehen können (Hellsichtigkeit), durch Töne und Stimmen, die wir mit unserer außersinnlichen Wahrnehmung hören können (Hellhörigkeit).

Andere Kanäle sind: durch Gefühle, die wir über etwas haben, ohne wirklich einen kognitiven Grund dafür zu haben, dass sie da sind (»Hellfühligkeit«) sowie Dinge, die wir einfach wissen (»Hellwissen«). Es gibt noch zwei weitere Möglichkeiten, die unsere außersinnliche Wahrnehmung von Geruch und Geschmack einbeziehen, aber sie sind für unsere Transformationsarbeit nicht so relevant wie die anderen Kanäle.

Wenn wir auf das hören wollen, was unsere Intuition uns sagt, müssen wir unseren Geist zur Ruhe bringen und ihn »leeren«, um bereit zu sein, jegliche Eingebungen zu empfangen. Wie du dir vorstellen kannst, ist es ziemlich schwierig, besonders als Anfänger, die Eingebungen deiner Intuition wahrzunehmen, während der Verstand in einem ständigen Denkprozess ist oder während wir gestresst sind.

Idealerweise könnten wir unsere Intuition jeden Tag trainieren, um uns daran zu gewöhnen, unsere intuitiven Fähigkeiten natürlicher und automatisch zu nutzen. Zum Beispiel könnten wir uns morgens ein paar Minuten Zeit nehmen, um uns hinzusetzen, ruhig zu atmen und unseren Geist zu entspannen und, sobald wir uns bereit fühlen zu empfangen, könnten wir einige Fragen stellen, wie der Tag sein wird. Wie etwa das Meeting sein wird, das Abendessen mit unserem Freund, wie das neue Restaurant aussehen wird oder ob die E-Mail über meinen neuen Job angekommen ist.

Wenn du das tust, stelle eine Frage nach der anderen: Du kannst sie laut sagen oder nur innerlich, und dann lass dich einfach im Moment sein und beobachte einfach deine körperlichen Reaktionen, deine Emotionen, Bilder oder andere Empfindungen, die auftauchen. Du kannst sie entweder aufschreiben oder dich einfach an sie erinnern. Beides ist gut. Allerdings ist es vor allem am Anfang hilfreicher, sie aufzuschreiben, um zu lernen, die Art und Weise zu verstehen, wie du die Botschaften deiner Intuition empfängst. Nachdem du die Empfindungen notiert hast, die als Antwort auf die erste Frage aufgetaucht sind, ist es entscheidend, diese Bilder sowie alle anderen Empfindungen bewusst loszulassen, indem du zum Beispiel deine Arme schüttelst oder dir vorstellst, dass alles von einer energetischen Dusche weggespült wird. Sobald dies geschehen ist, können wir zur zweiten Frage übergehen und die Prozedur wiederholen.

Bitte beachte, dass es entscheidend ist, zwischen den »echten intuitiven Inputs« und unserer eigenen Einstellung bzw. unseren eigenen Gedanken zu dem Thema zu unterscheiden. Dies führt zu einer Frage: Wie können wir zwischen Inputs, die von unserem rationalen Verstand kommen, und denen, die von unserer Intuition kommen, unterscheiden?

Erstens müssen wir unsere intuitive Fähigkeit trainieren, indem wir Fragen an unsere Intuition stellen und im Idealfall die Antwort aufschreiben, wie zuvor erklärt wurde. Zweitens sollten wir eine Rückmeldung darüber erhalten bzw. suchen, was wirklich passiert ist oder was an der Antwort auf unsere Fragen wirklich wahr ist. Wenn wir zum Beispiel unsere Intuition am Morgen gefragt haben, wie unser Meeting verlaufen würde oder wie das neue Restaurant aussehen würde, können wir überprüfen, was daran wahr war oder was aus unserem rationalen Verstand kam. Während wir das überprüfen, sollten wir in Betracht ziehen, dass wir einen »richtigen Input« erhalten haben könnten, ihn aber vielleicht falsch interpretiert haben. Der wichtigste Faktor, der uns helfen kann, zu verstehen, was von unserer Intuition kam, im Vergleich zu dem, was von unserem rationalen Verstand kam, ist »wie es sich anfühlte«, als wir es empfingen. Wenn wir einen intuitiven Input erhalten, kann er sich normalerweise subtiler anfühlen, er kann plötzlich kommen und es kann manchmal schwierig sein, die Information zu behalten. Kommt er hingegen von unserem rationalen Verstand, kann er klarer wahrgenommen werden, wir können ihn länger im Gedächtnis halten und es kann mehr Zeit vergehen, bis wir ihn empfangen.

Allerdings müssen wir die Tatsache berücksichtigen, dass, wenn jemand anfängt, seine intuitiven Fähigkeiten zu üben, es auch umgekehrt sein kann: Die Gedanken können schneller kommen, während es mehr Zeit brauchen kann, die intuitiven Inputs wahrzunehmen. Ein weiterer entscheidender Faktor, den wir in Bezug auf unsere Fähigkeit, zwischen intuitiven Inputs und unseren eigenen Gedanken zu unterscheiden, betrachten müssen, ist die Art und Weise, wie wir sie empfangen.

Da jeder anders ist, ist es schwierig, eine standardisierte Antwort darauf zu geben, wie intuitive Eingaben empfangen werden. Es könnte sein, dass du die Botschaften deiner Intuition als Bilder empfängst, die mit Gefühlen verbunden sind, die du in deinem Körper wahrnimmst. Alternativ könntest du »einfach Dinge wissen«, ohne irgendwelche Gefühle dazu zu haben. Oder du könntest körperliche Empfindungen haben und Farben sehen, die interpretiert werden müssen, um ihre Bedeutung herauszufinden. Deshalb empfehle ich, unsere Intuition zu trainieren, indem wir uns Fragen stellen, auf die wir die Antwort noch nicht kennen, aber später erhalten werden.

Es ist wichtig, die Antwort sowie die Art und Weise, wie wir den Input wahrgenommen haben, aufzuschreiben, um herauszufinden, wie es sich anfühlt, wenn es ein intuitiver Input ist, und wie es sich anfühlt, wenn er von unserem rationalen Verstand kommt. Auf diese Weise können wir anfangen zu lernen, wie wir die Kraft unserer Intuition nutzen können, um unser Leben einfacher zu machen. Mehr noch, unsere Intuition kann uns sehr helfen, wenn wir alte gespeicherte Emotionen, Erfahrungen aus vergangenen Leben transformieren, alte indoktrinierte Muster loslassen oder unsere Seelenanteile integrieren. Das liegt daran, dass unsere Intuition als eine Art »Beobachter« dienen kann, wenn wir in unsere gespeicherten Emotionen oder unsere vergangenen Leben eintauchen.

Unsere Emotionen, alte Glaubenssätze und die Erfahrungen aus vergangenen Leben erzählen uns meist eine andere Geschichte über die gegenwärtige Realität und unser wahres Selbst. Wenn wir in der Lage sind, unsere Intuition zu nutzen, um zwischen der vergangenen Realität und unserem wahren Selbst zu unterscheiden, kann die Transformation leichter erfolgen und wir können uns in kürzerer Zeit von den Fesseln des emotionalen Gepäcks befreien.

Beispiele aus dem wahren Leben, die zeigen, wie uns die Intuition in unserem Leben helfen kann

Es folgen einige Beispiele aus dem wahren Leben, die zeigen, wie uns die Intuition in verschiedenen Situationen geholfen hat und wie sie bei der Transformation unserer Emotionen helfen kann.

Es kann vorkommen, dass unsere Intuition etwas anderes sagt als unser rationaler Verstand. Wenn wir uns rational fragen, ob wir unsere persönlichsten Erfahrungen mit jemandem teilen würden, den wir erst vor einer Stunde getroffen haben, wäre die Antwort wahrscheinlich »nein«. Wenn unsere Intuition jedoch spürt, dass wir einer bestimmten Person vertrauen können, würden wir es wahrscheinlich tun. Bisher habe ich viele Menschen getroffen, mit denen ich viele persönliche Dinge ausgetauscht habe, weil wir beide eine Seelenverbindung spürten und wahrgenommen haben, dass wir uns aus einem vergangenen Leben kennen. Um dies zu veranschaulichen, möchte ich dir eine besondere Geschichte erzählen, die sowohl für mich als auch für die andere Person sehr speziell war.

Im Mai 2014 nahm ich an einer Coaching-Ausbildung in Zürich, Schweiz, teil. Normalerweise sollten wir eine Gruppe von etwa acht Personen sein, aber aus irgendeinem Grund hatte sich der Kurstermin einer anderen Gruppe geändert und sie machten diesen speziellen Kurstag mit der Gruppe, in der ich war. Da ich in einer Beziehung war, war ich nicht auf der Suche nach neuen Bekanntschaften, aber ein anderer männlicher Teilnehmer erregte meine Aufmerksamkeit durch die Art, wie er die Fragen des Lehrers beantwortete. Er beantwortete sie auf eine andere Art als man es normalerweise tut, und der Lehrer sowie die anderen Teilnehmer hatten Mühe, seine Aussagen zu verstehen. Ich wusste jedoch genau, was er sagte und konnte wahrnehmen, dass er eine ganzheitlichere Perspektive auf die Welt hatte, ähnlich wie ich. In einer der Vormittagssitzungen mussten wir in einer kleinen Gruppe eine Übung machen und wir beide wollten dies gemeinsam tun. In der Pause beschlossen wir, gemeinsam zu Mittag zu essen und gingen ins »Migros-Restaurant«.

Anschließend setzten wir uns in ein weiteres (sehr volles!) Selbstbedienungsrestaurant und begannen zu reden. In den ersten fünf Minuten ging es um unsere aktuelle Situation. Danach teilten wir unsere persönlichsten Lebensgeschichten miteinander. Wir erzählten uns gegenseitig, dass wir in unserer Kindheit missbraucht worden waren, was wir durchgemacht hatten, um es zu transformieren und welche Auswirkungen es auf unsere Wahrnehmung von »der Welt« hatte. Darüber hinaus sprachen wir über einige der vergangenen Leben, die wir erlebt und transformiert hatten und über die Situationen in unserem jetzigen Leben, die das Bedürfnis hervorgerufen haben, dieses bestimmte vergangene Leben bewusst wahrzunehmen. Wie du dir vorstellen kannst, schauten uns die Leute, die neben uns saßen, an, als kämen wir »von einem anderen Planeten«, da wir so offen über so persönliche Dinge, schmerzhafte Erfahrungen und intensive Situationen aus vergangenen Leben sprachen. Doch für uns fühlte es sich sehr natürlich an und wir wussten intuitiv, dass es absolut das Richtige war, das wir taten. Jetzt, viele Jahre später, ist er immer noch mein bester Freund und wir haben uns gegenseitig in unseren Transformationsprozessen sowie durch andere herausfordernde Situationen unterstützt und wir haben viele glückliche Momente zusammen genossen. Dank unserer Intuition wussten wir, dass wir eine Seelenverbindung zueinander haben und so mussten wir nur unserer inneren Stimme folgen, um uns in diesem Leben wieder zu verbinden.

Eine weitere Möglichkeit, wie uns unsere Intuition in unserem täglichen Leben unterstützen kann, ist, wenn wir wichtige Entscheidungen treffen müssen, wie zum Beispiel für welchen Job wir uns bewerben sollen, welche Lösung uns in unserer Beziehung helfen könnte oder was wir tun sollen, wenn wir uns in einer Konfliktsituation befinden. Wenn wir ehrlich zu uns sind und auf das hören, was unsere innere Stimme in einem bestimmten Moment sagt, wissen wir genau, welche Entscheidung wir treffen müssen, auch wenn unser rationaler Verstand oder wenn unsere Emotionen uns etwas anderes sagen. Ich möchte dies mit dem folgenden Beispiel verdeutlichen: Zu Beginn meiner Arbeit als Lebens- und Persönlichkeitscoach fanden im ersten Jahr die Sitzungen mit meinen Klienten in meinem Wohnzimmer statt, das ich zu einem Coaching-Raum umfunktioniert hatte. Das war eine gute Lösung, denn am Anfang hatte ich nur zwei oder drei Klienten pro Woche, sodass es nicht wirklich nötig war, einen extra Raum zu bezahlen. Doch nach etwa einem Jahr hatte ich mehr als fünf Klienten pro Woche und ich begann darüber nachzudenken, einen Raum für meine Sitzungen zu mieten. Ich fing an, mir meinen Coaching-Raum für Einzelsitzungen und Paarsitzungen vorzustellen. Meine Intuition zeigte mir, dass ich auch einen Raum für Kurse und Seminare haben sollte, und so sah ich einige erstaunliche Bilder vor meinem inneren Auge. Es fühlte sich so gut an, dass ich mir das fast jeden Tag weiter vorstellte. Was ich sah, waren ein oder zwei kleine Räume für Sitzungen, ein großer Raum für Kurse im Erdgeschoss, ein Garten an einer Seite. Der Raum fühlte sich hell und positiv an und es gab viel Licht. Außerdem stellte ich mir vor, dass meine Praxis ganz in der Nähe meiner Wohnung war, sodass ich nur einen kurzen Fußweg zur Arbeit hatte. Einige Monate später, als ich die Straße entlangging, in der ich wohnte, sah ich plötzlich eine Werbetafel mit dem Text »Praxis zu vermieten« und einer Telefonnummer. Zuerst schenkte ich dem keine Beachtung, aber nachdem ich daran vorbeigelaufen war, hatte ich das Gefühl, dass ich zurückgehen und mir die Nummer aufschreiben musste. Später kontaktierte ich die Person und traf mich mit ihr, um den Raum zu sehen. Leider war die Energie des Raumes sehr negativ und er war ziemlich dunkel und zu klein, um ihn als meine Praxis zu nutzen. Dies war jedoch der Auslöser und führte dazu, dass ich mich auf die Suche nach Praxisräumen machte.

Wieder einmal wusste meine Intuition, was das Richtige war: Sie sagte mir, ich solle auf eine bestimmte Internetseite gehen, wo ich endlich »meinen« Raum finden würde. Auf der Internetseite sah ich eine wunderbare Praxis mit zwei kleinen Räumen und einem großen Raum. Sie befand sich im Erdgeschoss und war nur zwei Minuten von meinem Wohnort entfernt. An dem Tag, an dem ich sie besichtigen konnte, stand ich in der Mitte des großen Seminarraums und fühlte meinen ganzen Körper vibrieren.

Ich war in einem Zustand der Erfüllung. Bis heute bin ich seit fünf Jahren dort und habe den Vertrag für die nächsten fünf Jahre unterschrieben.

Wenn wir uns wirklich erlauben, unseren Geist zu beruhigen und auf unsere Intuition zu hören, kann sie uns in entscheidenden Situationen, wie zum Beispiel bei wichtigen Entscheidungen, gute Dienste leisten. Wir müssen »unsere Augen und unseren Geist offen halten« für die Zeichen, die unsere Intuition uns sendet. Wir können die Zeichen auf ähnliche Weise empfangen, wie ich es tat, als ich die Werbetafel sah, die mich auf meinem Heimweg auslöste. Oder wir können eine große Veränderung in unserem energetischen Zustand spüren, wenn wir uns in einem Raum befinden, darüber nachdenken uns für einen bestimmten Job zu bewerben oder eine bestimmte Person zu treffen. Sehr oft drückt sich unsere Intuition durch unseren Körper aus und wenn wir unsere Aufmerksamkeit auf das richten, was unser Körper uns sagt, anstatt auf das, was unser rationaler Verstand uns suggeriert, haben wir das Potential, viel bessere Entscheidungen zu treffen.

Es gibt viele andere Situationen, in denen wir unsere Intuition nutzen können, um zu wissen, was »das Richtige für uns« ist. Im Grunde können wir sie in jeder Situation nutzen. Allerdings ist es gerade am Anfang entscheidend, viel zu üben, um erstens unsere Intuition wahrzunehmen und zweitens sie von unseren eigenen Gedanken unterscheiden zu können.

Da unsere Gesellschaft versucht, uns zu konditionieren, alles rational zu erklären, wird die Stimme unserer natürlichen Intuition immer leiser, bis wir sie nicht mehr hören können. Seit Jahren trainiere ich meine Intuition und habe immer mehr auf sie gehört, so dass ich eine stabile und kontinuierliche Kommunikation mit ihr aufbauen konnte. Jetzt bin ich so sehr mit meiner Intuition im Einklang, dass ich ihr nicht einmal mehr Fragen stellen muss. Ich spüre sofort ihre Antwort darüber, was ich tun sollte, oder mit wem ich sprechen sollte und welche Entscheidung für mich die beste ist.

Wie unsere Intuition uns in unserem Transformationsprozess helfen kann

Abgesehen davon, dass uns unsere Intuition in unserem Entscheidungsprozess hilft, kann sie auch in unserem Prozess der Transformation unserer Emotionen helfen, der Integration unserer Seelenanteile und bei der Heilung unserer Wunden aus vergangenen Lebenssituationen. Es ist nicht immer einfach, die Informationen, die unsere Intuition uns mitteilen möchte, von denen zu unterscheiden, die durch unsere Emotionen aus vergangenen Erfahrungen konditioniert sind. Es bedarf Übung, um zwischen den verschiedenen Informationsquellen unterscheiden zu können.

Ebenfalls viel Übung braucht die Fähigkeit wahrzunehmen, wann wir eine energetische Transformation durchführen müssen oder wann es an der Zeit ist, unsere emotionalen Wunden zu heilen, statt uns in der Situation zu verlieren oder wütend auf jemanden oder uns selbst zu sein. Bewusst uns selbst zu beobachten, besonders unseren emotionalen Zustand, ist entscheidend, um etwas in unserem eigenen energetischen Feld zu verändern. Basierend auf unseren eigenen Beobachtungen und Analysen können wir den besten Weg wählen, um unsere energetischen Ungleichgewichte zu transformieren, und glücklicherweise kann uns unsere Intuition bei all diesen Prozessen helfen, selbst wenn unser rationaler Verstand verwirrt ist.

Im Folgenden stelle ich einige praktische Beispiele vor und diskutiere, wie wir unsere Intuition nutzen können, um uns in unserem Transformationsprozess zu helfen. Wenn wir uns etwa zu jemandem hingezogen fühlen, wollen wir in diesem Zustand nicht zu viel denken, sondern das Gefühl dieser erhebenden Energie genießen. Natürlich ist es großartig, sich in einem solchen Moment fallen zu lassen, ohne zu viel zu denken. Andererseits jedoch könnte uns unsere Intuition helfen, indem wir unterscheiden, ob wir uns zu jemandem auf eine emotional gesunde und freudvolle Weise hingezogen fühlen oder ob wir uns zu jemandem hingezogen fühlen, weil wir in Wirklichkeit etwas vermissen und unbewusst wünschen, dass diese Person unseren Verlust kompensiert.

Was meine ich mit »emotional gesunder und freudvoller Weise« – und was bedeutet es, von jemandem angezogen zu werden, um einen Mangel zu kompensieren?

Nach meiner energetischen Wahrnehmung können wir uns zu jemandem hingezogen fühlen, weil es eine *echte* Seelenverbindung gibt und das Zusammensein mit dieser Person uns ein gutes Gefühl geben kann. Es bedeutet, dass diese Person zumindest für eine kurze Zeit in unserem Leben sein und in der Regel einen beidseitigen Lernprozess anschieben könnte. Außerdem besteht die Chance, eine tiefe Seelenverbindung zu erleben. Diese Art der Anziehung muss nicht unbedingt zu einer Romanze führen; es kann eine reine Freundschaft mit einer tiefen Seelenverbindung sein. Natürlich nehmen unser energetisches System und unsere Hormone wahr, dass dies jemand ist, der für uns und unsere Seele wichtig ist, also geben sie uns ein Zeichen. Seelenverbindungen können auch zu schmerzhaften emotionalen Erfahrungen führen, meist, weil sie alte gespeicherte Emotionen hervorrufen oder Erinnerungen aus vergangenen Leben auftauchen können, um gelöst zu werden.

Im Gegensatz dazu können wir uns zu jemandem hingezogen fühlen, weil uns etwas fehlt und unser energetisches System hofft, dies durch die Aufmerksamkeit oder das Verhalten, das diese bestimmte Person uns zeigt, zu kompensieren. Ein gutes Beispiel dafür ist, wenn wir uns zu jemandem hingezogen fühlen, obwohl wir in einer stabilen Beziehung sind. Ein anderes Beispiel ist, wenn wir uns zu jemandem hingezogen fühlen, nachdem wir einige Zeit Single waren oder nachdem wir von unseren Freunden, auf der Arbeit oder von einigen Familienmitgliedern abgelehnt wurden. In beiden Beispielen ist das Grundgefühl, nicht voll akzeptiert, geliebt oder erfüllt zu sein. Natürlich können wir uns zu jemandem hingezogen fühlen, der nicht das Potenzial hat, ein zukünftiger Partner zu werden, zum Beispiel wenn wir uns von unseren Freunden abgelehnt fühlen und Gesellschaft suchen. Allerdings passiert das in der Regel häufiger mit jemandem, der das Potenzial hat, ein Partner zu werden oder zumindest romantische Momente mit ihm zu erleben, deshalb bleibe ich bei diesem Beispiel.

Wenn wir einen Mangel an Liebe oder Wertschätzung spüren, befindet sich unser energetischer Zustand in einem Zustand der Knappheit und versucht, ihn auf irgendeine Weise zu kompensieren. Viele Menschen fangen an zu essen, wenn sie sich niedergeschlagen fühlen, andere treiben exzessiv Sport, während wieder andere versuchen, diese innere Empfindung des Mangels zu vermeiden, indem sie sich in andere Aktivitäten vertiefen. Egal welche »Kompensationstechnik« wir anwenden, sie erlaubt uns nicht, wirklich zu heilen und deshalb bleibt unser energetisches Feld offen für fremde Einflüsse und hat sogenannte »Andockstellen«; diese heißen so, weil andere sich einfach in uns »einstecken« können wie ein Stromkabel und unseren energetischen Zustand verändern, auch wenn sie es unbewusst tun. Und weil in unserem energetischen Feld etwas fehlt, werden wir mit Sicherheit Menschen anziehen, die sich in uns einklinken, sodass wir den Eindruck haben, wir seien vollständig, obwohl diese Illusion nur aus der Anwesenheit der anderen Person rührt, oder deren Verhalten.

Erhalten wir beispielsweise nicht genug Wertschätzung von unserem Partner oder auch von uns selbst, haben wir einen Mangel in unserem energetischen Feld. Gehen wir dann in eine Bar und eine Person lächelt uns an, könnten wir den Eindruck bekommen, wertgeschätzt zu werden und fühlen uns dank dieser Person vollständig – und sind empfänglich für Kontakt zu ihr. Gelangen wir mit dieser Person weiter in Kontakt, weil wir den Eindruck haben, dass sie uns das gibt, was uns bei unserem Partner fehlt, und ergibt sich eine Art Partnerschaft, basiert diese vorrangig auf einem Mangel in unserem Energiefeld (und möglicherweise auch in ihrem) und könnte dazu führen, dass sie toxisch wird.

Genau in diesem Moment können wir unsere Intuition nutzen, um klar wahrzunehmen, was in uns selbst vorgeht. Ich weiß, dass es sehr schwierig und ziemlich herausfordernd sein kann, uns mit unserer Intuition zu verbinden, wenn wir uns niedergeschlagen fühlen oder wenn wir einen Mangel an etwas spüren – oder wenn wir uns dank des Verhaltens einer anderen Person, was wir normalerweise zunächst nicht erkennen, »vollständig« fühlen. Der entscheidende Punkt ist, dass wir genau in diesen Momenten unsere Intuition am meisten brauchen, denn wenn wir uns im Zustand der Angst befinden oder irgendeinen emotionalen Mangel oder Instabilität erleben, können wir leicht manipuliert werden.

Wie bereits erwähnt, kennt unsere Intuition immer die Wahrheit und kann nicht manipuliert werden. Dennoch ist eine große Schwierigkeit, die wir bei der Nutzung unserer Intuition haben könnten, wie viel Zugang wir zu ihr haben, mit anderen Worten, wie klar und »laut« wir die innere Stimme unserer Intuition hören und fühlen können. Ein weiterer wichtiger, aber herausfordernder Aspekt, der geübt werden sollte, ist unsere eigene Interpretation der Informationen, die wir dank unserer Intuition erhalten. Außerdem können die Meinungen anderer Menschen und deren Kritik an unserer intuitiven Wahrnehmung dazu führen, dass wir an der Richtigkeit der Informationen, die wir dank unserer Intuition erhalten, zweifeln.

Wenn wir zu dem Beispiel zurückkehren, dass wir uns zu jemandem hingezogen fühlen, weil er uns im gegenwärtigen Moment »das Gefühl der Vollständigkeit« geben kann; wie können wir dies mit Hilfe unserer Intuition leichter identifizieren?

Zunächst müssen wir uns unseres emotionalen Zustands bewusst sein, um wahrzunehmen, dass er sich von einem Zustand der Niedergeschlagenheit zu einem Zustand der Erhabenheit »dank einer bestimmten Person« verändert hat. Glücklicherweise nehmen viele Menschen diese Veränderung wahr, aber die meisten von uns reagieren einfach auf unseren emotionalen Zustand und bleiben in ihm, ohne sich des tieferen Grundes bewusst zu sein.

Dann müssen wir uns etwas Zeit geben, um klar wahrzunehmen, was passiert ist und was der tiefere »energetische Grund« dafür sein könnte. Hier brauchen wir unsere Intuition, um uns zu führen und ehrlich zu uns selbst zu sein. Dies kann eine Herausforderung sein, da unser natürlicher menschlicher Wunsch ist, sich gut zu fühlen. Meiner Meinung nach ist es jedoch für unser langfristiges Wohlbefinden förderlicher, das eigene energetische Feld zu verstehen und es dann zu heilen, um vollständig zu werden, statt nur den Eindruck zu haben, wegen einer anderen Person vollständig zu sein. Die Intuition funktioniert sehr gut, indem man ihr Fragen stellt: »Wie habe ich mich gefühlt, bevor ich diese Person getroffen habe?«, »Was genau ruft diese Person in mir hervor oder ›gibt‹ sie mir?« Wenn du in einer Beziehung bist, könntest du deine Intuition fragen: »Was ›gibt‹ mir diese Person, was mein Partner mir nicht gibt?« Eine weitere entscheidende Frage könnte sein: »Soll ich mich weiter mit dieser Person treffen, weil es einen höheren Grund (Seelenverbindung, Lernprozesse) dafür gibt, oder reagiere ich nur auf diese Person wegen meiner unerfüllten Bedürfnisse?« Manchmal müssen wir uns diese Fragen häufiger stellen, um eine ehrliche Antwort zu erhalten. Es kann auch sein, dass wir erst einmal unsere Emotionen beruhigen müssen, bevor wir uns diese Fragen stellen, damit die Antworten klarer werden können. Natürlich wird es Momente geben, in denen wir jemandem begegnen und wir wissen ganz klar in uns, dass wir diese Person wieder treffen müssen. Glücklicherweise ist in diesen Momenten unsere Intuition ›so laut‹, dass wir sie nicht ignorieren können. Hier gilt es jedoch unsere ›Augen‹ offen halten für den Unterschied, ob wir eine starke Energie spüren, die von unserer Intuition kommt, oder ob wir die starke Energie spüren, die von einem unerfüllten Bedürfnis kommen kann. Sobald wir erkannt haben, welches fehlende Stück diese Person kompensiert und welche unerfüllten Bedürfnisse zu dieser Anziehung geführt haben, können wir beginnen, uns um uns selbst zu kümmern, unseren inneren Mangel zu heilen, indem wir uns selbst geben, was wir brauchen und vielleicht wieder eine tiefere Verbindung zu uns selbst und zu unserem Partner erschaffen.

Eine ähnliche Situation kann mit unserem Chef oder mit unseren Freunden oder mit jeder anderen Person passieren, die wir schon länger kennen oder die wir zum ersten Mal getroffen haben, und das muss nicht unbedingt in einem romantischen Kontext sein. Auf der Arbeit könnten wir Überstunden machen, oder uns immer für die schwierigen und komplexen Projekte entscheiden oder akzeptieren, einige Arbeiten für andere Leute zu erledigen, weil es bewusst oder unbewusst einen Teil von uns gibt, dem die Wertschätzung von unserem Chef und manchmal auch von unseren Kollegen fehlt.

Meist sind wir uns dieses Verhaltensmusters nicht bewusst. Es kann durchaus vorkommen, dass wir müde sind und nicht genug Schlaf bekommen, aber trotzdem den Eindruck haben, dass wir diese Arbeit machen müssen und denken, dass wir uns dabei gut fühlen. Auch hier können wir uns die Frage stellen: »Warum verhalten wir uns so?« – die erste Antwort wird wahrscheinlich sein, dass es uns gefällt oder dass es nicht genug Leute gibt, die diese Art von Arbeit machen können oder dass es so viel Arbeit gibt, dass es offensichtlich ist, dass wir mehr tun müssen.

Diese Antworten kommen sehr wahrscheinlich aus unserem rationalen Verstand und sind daher ziemlich oberflächlich, denn wir verbinden uns nicht wirklich mit unserem wahren Selbst oder mit unserem Herzen, wenn wir darauf antworten. Wenn wir solche Antworten geben, gehen wir davon aus, dass unser gegenwärtiges Verhalten von unserem wahren Selbst kommt und wir nicht über einen tieferen Grund nachdenken müssen, der unser Verhalten, unsere Gedanken oder unseren emotionalen Zustand beeinflussen könnte. Wenn wir uns jedoch erlauben tiefer zu gehen und uns mit unserem Herzen zu verbinden, haben wir dadurch mehr Zugang zu unserer Intuition und können uns die Frage wieder stellen: »Was empfange ich, wenn ich mich auf diese Weise verhalte?«, »Wie fühle ich mich, wenn ich weder Überstunden machen muss noch die komplexen Projekte annehme, noch akzeptiere, dass ich zusätzliche Arbeit für meine Kollegen mache?«.

Die Antwort auf die erste Frage könnte sein: Wertschätzung; das Gefühl, integriert zu sein und/oder das Gefühl, gut genug zu sein. Daran ist nichts falsch. Allerdings müssen wir uns bewusst sein, dass wir nicht von dieser äußeren Ebene der Kompensation für unseren inneren Mangel abhängig sind.

Die zweite Frage kann uns einige Antworten über die wahre Quelle dieses Verhaltens geben.

Wenn wir uns immer noch gut fühlen können, auch ohne all diese Dinge zu tun, sind wir in der Lage, uns vollständig zu fühlen und frei zu wählen, ob wir uns auf diese Weise verhalten wollen oder nicht. Wenn wir uns jedoch nicht gut fühlen, ist das ein Indikator dafür, dass uns etwas in uns selbst fehlt, das wir durch das Empfangen von der äußeren Welt kompensieren wollen.

Hier können wir wieder unsere Intuition nutzen, um uns tiefgreifende Antworten auf die Frage zu geben, woher der Mangel an Wertschätzung oder das fehlende Gefühl der Integration kommt. Zweitens, nachdem wir den Ursprung dieser Situationen herausgefunden haben, nutzen wir unsere Intuition als eine Art Beobachter, der uns dazu führt, unser inneres Kind zu umarmen, die alte Realität noch einmal wahrzunehmen und uns gleichzeitig bewusst zu sein, dass diese alte Realität nicht unser wahres Selbst ist.

Als nächstes können wir unsere Intuition fragen, was wir uns selbst geben können, um wieder ganz zu werden und die beschriebenen Methoden zu nutzen, um unseren emotionalen Schmerz zu heilen. Zum Beispiel unser inneres Kind zu halten und ihm das Gefühl zu geben, dass es geschätzt und geliebt wird, so wie es ist, ohne dass wir Überstunden machen oder irgendwelche besonderen Dinge für andere Menschen tun müssen.

Unsere Intuition kann auch als Beobachter in jedem Transformationsprozess eingesetzt werden, in dem wir eine intensive Emotion spüren, die uns in eine alte Realität zurückziehen kann, in der wir den Eindruck haben, nicht wertvoll genug zu sein, um geliebt zu werden oder in der wir den Eindruck haben, dass wir hart kämpfen müssen, um unsere Ziele zu erreichen. Ich empfehle, dass du deine Intuition nutzt, um zu hinterfragen, ob deine gegenwärtige Realität tatsächlich die ultimative Realität ist oder ob sie nur eine Wiederholung einer vergangenen Erfahrung ist. Wie bereits besprochen, sind wir diejenigen, die unsere gegenwärtige Realität erschaffen. Wir können jedoch wählen, ob wir uns entscheiden, in einer vergangenen, schmerzhaften Realität zu bleiben, oder ob wir uns mit unserem wahren Selbst verbinden und unser volles Potenzial leben. Wenn wir dies tun möchten, müssen wir zwischen unseren Emotionen, die uns eine alte Realität wahrnehmen lassen, und unserem wahren Selbst unterscheiden. In dem Moment, in dem wir es schaffen, präsent zu sein und unsere Emotionen zu beobachten, und in der Lage sind, die Realität zu beobachten, die unser Verstand uns als wahr suggeriert, ohne zu glauben, dass sie die ultimative Realität ist, haben wir einen großen Schritt in Richtung unseres wahren Selbst gemacht. Ich sage nicht, dass es einfach ist, aber ich weiß, dass jeder es tun kann, wenn er es wirklich will, und unsere Intuition ist unser kleiner Helfer in diesem Prozess. Sie kann uns helfen, unseren emotionalen Zustand wahrzunehmen und uns dabei unterstützen, seine Quelle zu finden, wie zum Beispiel in einer Situation in unserer Kindheit oder in einem vergangenen Leben. Außerdem kann sie uns anzeigen, ob es um die Heilung alter Wunden, um Vergebung oder um die Integration unserer Seelenanteile geht.

Der Hauptgrund, warum unsere Intuition so kraftvoll ist, liegt darin, dass wir, wenn wir uns wirklich mit ihr verbinden können, in der Lage sind, ihre klaren Botschaften zu hören, zu fühlen oder zu sehen, die weder von unseren Emotionen noch von unserem rationalen, konditionierten Verstand in irgendeiner Weise beeinflusst werden. Auf einer tieferen Ebene wissen wir alle, dass die Wahrheit im Inneren liegt und wir nur zur Ruhe kommen müssen, um uns mit unserem Herzen zu verbinden und auf sie zu hören.

Übungen: Wie können wir unsere Intuition in unserem täglichen Leben nutzen?

Kommen wir zum letzten Teil dieses Kapitels, in dem wir sehen, wie wir unsere Intuition in unserem täglichen Leben nutzen können.

Die folgende Übung kann uns helfen, eine wichtige Entscheidung zu treffen, bei der wir uns weder von unserem rationalen Verstand noch von unserer Voreingenommenheit über den Inhalt oder das Ergebnis der Entscheidung beeinflussen lassen wollen. Sie kann für Entscheidungen mit zwei oder mehr Optionen verwendet werden, wie zum Beispiel einen Arbeitsplatz aus drei oder vier anderen auswählen zu müssen oder ein Reiseziel aus zwei oder drei bevorzugten auszuwählen. Es kann auch für Ja/Nein-Entscheidungen verwendet werden, zum Beispiel ob man ein neues Auto kaufen oder ob man sich mit einer bestimmten Person verabreden soll oder nicht. Es funktioniert wie folgt: Zuerst musst du entscheiden, welche Optionen du hast und diese klar formulieren. Wenn es zum Beispiel um ein Urlaubsziel geht, kannst du die Namen der Städte oder der Länder aufschreiben. Oder, wenn es um die Optionen für einen neuen Arbeitsplatz geht, dann kannst du aufschreiben, wie sie heißen. Wenn es bei der Entscheidung um eine Ja-Nein-Frage geht, ist es empfehlenswert, die beiden Optionen aufzuschreiben, ohne das Wort »nicht« zu verwenden. Zum Beispiel: »mit der Person ausgehen« vs. »aufhören mit dieser Person zu schreiben«. Eine andere Möglichkeit wäre: »mit dieser Person ausgehen« vs. »nur mit dieser Person chatten«. Der Grund, warum dies empfohlen wird, ist, dass, wenn wir mit unserer Intuition oder mit unserem Unterbewusstsein arbeiten, das »Nein«/«Nicht« nicht wirklich verstanden wird.

Um zu erklären, was ich damit meine, ein Beispiel: Wenn du etwa nach New York fahren willst, weißt du genau, was du tun musst und wohin du fahren musst (dank Diensten wie Google Maps). Wenn du aber nicht nach New York fahren willst und du keine andere Idee hast, wohin du fahren willst, ist die einzige Information, die dein Gehirn hat, New York. Das kann zu einer Verwirrung führen und dein Gehirn wird die einzige Information ausführen, die es hat: New York!

Ein anderes Beispiel: Wenn du sitzt und jemand sagt dir, dass du dich nicht sitzen sollst. Was solltest du stattdessen tun? Aufstehen, springen, gehen, rennen oder dich hinlegen? Auch hier ist die einzige Information, die wir haben, »sitzen«, auch wenn sie mit einem nicht verbunden ist. Daher empfehle ich dir, die andere Alternative ohne ein »nicht« zu formulieren, um klarere Ergebnisse zu erhalten. Wenn du die andere Alternative nicht wirklich kennst, kannst du dich selbst herausfordern, indem du einfach »andere Option« aufschreibst und sie offen lässt. Dank deiner Intuition kannst du vielleicht intuitiv wahrnehmen, welche andere Option gewählt werden könnte, eine, die du vorher nicht in Betracht gezogen hast.

Schreibe dann die identifizierten Optionen auf ähnliche Stücke Papier. Nimm so viele Stühle, wie es Optionen gibt, und lege die Zettel umgekehrt auf die Stühle, ohne zu wissen, was darauf geschrieben steht. Als nächstes setzt du dich auf einen der Stühle, schließt deine Augen und atmest, während du die Empfindungen in deinem Körper beobachtest und welche Bilder oder Worte vor deinem inneren Auge erscheinen könnten. Wenn dir jemand assistiert, bitte ihn, diese aufzuschreiben, ansonsten kannst du sie selbst aufschreiben. Beachte, dass unser Körper manchmal etwas Zeit braucht, um die Energien der Option wahrzunehmen und sie in wahrnehmbare Empfindungen zu »übersetzen«; wenn du auf dem Stuhl sitzt, entspanne dich, atme und beruhige deinen Geist, damit er offener sein kann, um alle Botschaften zu empfangen, die von deiner Intuition kommen.

Nachdem du das mit allen »Stühlen« gemacht hast, kannst du die Zettel umdrehen, um die Optionen zu lesen und dem Wahrgenommenen zuzuordnen. Nun kannst du auf der Basis deiner Intuition entscheiden, ohne von deinem rationalen Verstand befangen zu sein.

Es gibt noch eine weitere nützliche Übung, die dir helfen kann, deine Intuition zu nutzen, um klarer wahrzunehmen, wie sich andere Menschen fühlen. Da unsere Intuition in der Lage ist, den emotionalen Zustand anderer Menschen genau wahrzunehmen, könnte sie auch in diesem Bereich unser kleiner Helfer sein. Es gibt viele mögliche Übungen, mit denen wir unsere Intuition trainieren können und diese können je nach Art der sozialen Interaktionen, die wir haben, ausgewählt werden.

Ein Beispiel ist, sich morgens etwas Zeit zu nehmen, um den energetischen und emotionalen Zustand der Menschen, die wir im Laufe des Tages sehen werden, wahrzunehmen. Wenn du in einem Büro arbeitest und weißt, dass du deine vier Kollegen und deinen Chef sehen wirst, könntest du dich mit allen oder zumindest einigen von ihnen intuitiv verbinden, wahrnehmen, wie sie sich fühlen und es aufschreiben. Im Laufe des Tages wirst du deine Antworten erhalten und du kannst überprüfen, ob deine Intuition richtig war oder nicht und wo deine Interpretation deiner Intuition nicht ganz richtig war oder sogar wo dein rationaler Verstand dich zu einer voreingenommenen Interpretation geführt hat. Auch hier ist es entscheidend, dass du dich hinsetzt, langsam und tief atmest, deinen Geist beruhigst und dir Fragen stellst, wie zum Beispiel »Wie fühlt sich ›Martin‹ heute?« Dann erlaube deinem Körper und deinen übersinnlichen Sinnen, sich mit seinem energetischen Feld zu verbinden und dich wahrnehmen zu lassen, wie er sich heute fühlt. Vielleicht empfängst du nur ein Bild eines Tieres oder sogar einer Pflanze. Das kann anfangs verwirrend anmuten; notiere es trotzdem, auch wenn du noch nicht weißt, wie du es interpretieren sollst – im Laufe des Tages wird die Antwort zu dir kommen.

Wenn du eine Empfindung in deinem Körper empfängst: Schreibe sie auf und überprüfe sie im Laufe des Tages sowie am Abend. Am Anfang ist es wichtig, sich auf das Empfangen der intuitiven Inputs und auf deren Interpretation zu konzentrieren. Mit der Zeit wird es leichter werden, sie zu empfangen und zu interpretieren. Nach einiger Zeit wirst du natürlich Inputs erhalten, ohne um sie zu bitten. Außerdem wird es leichter sein, Inputs zu empfangen, wenn du um sie bittest, und sie werden viel präziser und klar sein.

Eine weitere Übung, die dir hilft, deine Wahrnehmung für den energetischen Zustand anderer Menschen zu entwickeln, kann mit der Unterstützung eines Freundes oder einer Gruppe von Freunden durchgeführt werden. Mache zu Beginn klar, dass du, nachdem du »Hallo« gesagt hast, ein paar Minuten in Stille verbringen wirst. Wenn du dies nur mit einem Freund machst: setzt euch einfach gegenüber, schließt vielleicht sogar die Augen und frage deine Intuition, wie sich dein Freund fühlt und wie sein Tag war. Gib dir selbst etwas Zeit, damit deine Intuition sich verbinden und wahrnehmen kann und versuche, deinen rationalen Verstand nicht dazwischen zu lassen. Bleibe stattdessen mit deinem Herzen verbunden. Bevor du teilst, was du wahrgenommen hast, schreibe es auf. Wichtig dabei ist, dass du zuerst genau die Empfindung oder das Bild aufschreibst, das du empfangen hast, ohne jegliche Interpretation. Und dann, zweitens, dich wieder mit jeder Empfindung zu verbinden, eine nach der anderen, und zu beginnen, sie auch mit Hilfe deiner Intuition zu interpretieren.

Am Anfang könnte es seltsam erscheinen, diese Übungen zu machen, weil du vielleicht nicht so viele Inputs erhältst, oder dein rationaler Verstand könnte sich einmischen, oder du wirst dich fragen, ob sie dir wirklich helfen kann, die Dinge in deinem Leben klarer wahrzunehmen. Nach einiger Zeit wirst du jedoch merken, wie deine Wahrnehmung sensibler geworden ist und dass du in kritischen Situationen mehr Ruhe bewahren kannst, weil du einfach weißt, dass es sich zum Besten wenden wird.

Abschließende Worte zu diesem Kapitel

In diesem Kapitel ging es darum, wie wir unsere Intuition in unserem Transformationsprozess nutzen können und wie wir sie in unserem täglichen Leben anwenden können. Unsere Intuition ist eine natürliche Gabe, die jeder von uns hat. Doch durch die Anforderungen und Indoktrinationen unserer Gesellschaft haben wir mehr und mehr die Verbindung zu ihr verloren. In diesem Kapitel haben wir uns einige Möglichkeiten angeschaut, wie sie uns in grundsätzlich jeder Lebenssituation helfen kann, da unsere Intuition viel mehr »weiß« als unser rationaler Verstand.

Abgesehen davon, dass wir sie regelmäßig trainieren und unseren rationalen Verstand zur Ruhe bringen, um unserer intuitiven Stimme mehr Raum zu geben, braucht es noch eine weitere wesentliche Komponente: Vertrauen. Leider haben viele Menschen die Fähigkeit zu vertrauen verloren oder sie wurden so tief verletzt, dass sie begonnen haben zu misstrauen und Angst haben, wieder zu vertrauen.

Wie bereits erwähnt, ziehen wir äußere Situationen an, die unsere innere Welt widerspiegeln. Mit anderen Worten: Es wird viele Situationen geben, in denen unser inneres Misstrauen bestätigt wird. Um unsere intuitiven Fähigkeiten entwickeln zu können, empfiehlt es sich, die vergangenen Wunden, die zu einem solchen

Misstrauen geführt haben, zu heilen und unser inneres Vertrauen wieder aufzubauen. Da alles miteinander verbunden ist: unser Denkprozess, unsere Glaubenssätze, unsere gespeicherten Emotionen und unsere intuitiven Fähigkeiten, stehen sie alle bis zu einem gewissen Grad in Wechselwirkung zueinander. Je mehr gespeicherte Emotionen geheilt werden können, je mehr alte indoktrinierte Glaubenssätze transformiert werden können und unser Denkprozess sich positiv verändern kann, desto mehr können wir unsere intuitiven Fähigkeiten zu unserem eigenen Nutzen und sogar zum Nutzen anderer einsetzen.

Vorschau auf das letzte Kapitel

Das letzte Kapitel in diesem Buch wird alles, was wir in diesem Buch gelesen haben, zusammenführen. Außerdem werden einige Gedanken und Erfahrungen darüber geteilt, wie wichtig es ist, die alten Wunden zu heilen und die gespeicherte Energie loszulassen, um ein völlig anderes Leben zu erschaffen, sowohl innerlich als auch äußerlich. Einmal mehr wird betont, dass es entscheidend ist, sich mit unseren tief gespeicherten Emotionen zu verbinden, damit wir unser Potential nutzen, sie zu heilen. Anstatt nur an der Oberfläche zu kratzen und die Dinge zu transformieren, indem wir nur unsere Denkweise ändern oder ein paar Affirmationen sagen. Außerdem wird skizziert, was unsere wahre Essenz ist und wie wir sie mehr und mehr zum Ausdruck bringen können.

Vertiefungsübungen für Kapitel 5

In diesem fünften Kapitel geht es darum, wie wir unsere intuitiven Fähigkeiten nutzen können, um uns im Transformationsprozess zu unterstützen, und wie wir sie in unseren alltäglichen Lebenssituationen anwenden können. Es wurde beschrieben, wie wir uns mit unserer Intuition verbinden können, es wurden einige Beispiele aus dem wirklichen Leben besprochen, bei denen die Intuition ein »innerer Führer« war und es wurden einige Übungen bereitgestellt, mit denen wir unsere Intuition trainieren können.

Die wichtigsten Punkte zur praktischen Anwendung:

- Nimm dir während deines Tages Zeit, um einfach zu *sein*, ohne etwas zu tun. Lass deine Gedanken los und beruhige deinen Geist, indem du deine Aufmerksamkeit auf deinen Atem richtest und einfach wahrnimmst, wie er ein- und ausströmt.

- Nach ein paar Tagen, in denen du dies tust, fange an, dir Fragen über Dinge zu stellen, die du noch nicht kennst bzw. nicht weisst. Es könnte darum gehen, wie es einigen Freunden oder Familienmitgliedern geht, die du schon eine Weile nicht mehr gesehen hast oder die du später an diesem Tag sehen würdest. Oder es könnte darum gehen, wie ein bestimmter Tagungsraum oder ein Restaurant aussehen würde.

- Eine weitere Übung, die dir helfen kann, deine intuitiven Fähigkeiten zu entwickeln, ist es, einen Partner zu bitten, dir einen ihrer Besitztümer zu leihen, der eine tiefe Bedeutung für sie hat. Natürlich ist es wichtig, dass du so wenig wie möglich über diesen Gegenstand weißt. Nun wäre es ideal, wenn du alleine in einem ruhigen Raum sitzen würdest. Beobachte das Objekt: Gibt es einen Aspekt, der deine Aufmerksamkeit *mehr* anzieht als andere

Aspekte davon? Wie fühlt es sich für dich an? Wenn du es in den Händen hältst und deine Augen schließt: welche Bilder kommen dir in den Sinn? Schreibe diese Dinge auf. Nachdem du die ersten Wahrnehmungen gemacht hast, beginne damit, deiner Intuition Fragen zu stellen, wie zum Beispiel: »War es ein Geschenk oder hat die Person es für sich selbst gekauft?«, »Was war der Anlass, als die Person es gekauft/erhalten hat?«, »Warum ist es so wichtig für diese Person?« Ich würde empfehlen, dass du all diese Details aufschreibst, damit du sie mit dieser Person klären kannst.

- Versuche während deines Tages im »Beobachter-Modus« zu sein. Wenn Emotionen auftauchen, gib ihnen den Raum, da zu sein und lass sie dich klar als das wahrnehmen, was sie sind. Versuche außerdem, ihre »Realität« wahrzunehmen und diese einfach anzuerkennen, ohne daran zu glauben. Manchmal brauchst du vielleicht etwas Zeit, um die Emotionen zur Ruhe kommen zu lassen, bevor du in der Lage bist, ihre »alte Realität« zu hinterfragen. Sei dir jedoch bewusst, dass unsere reine Intuition weder von alten indoktrinierten Mustern noch von Emotionen oder alten Glaubenssätzen beeinflusst wird. Deshalb ist es wichtig, so oft wie möglich mit unserer Intuition verbunden zu sein, um die Grundlage zu schaffen, aus der heraus wir wirklich gute Entscheidungen treffen können und um offenherziger und echter mit uns selbst und anderen zu interagieren.

- Ich empfehle dir wärmstens, dich jeden Tag bewusst mit deiner Intuition zu verbinden. Bald wirst du erkennen, wie viel positiven Einfluss sie auf deinen inneren Zustand und auf die Situationen, die du in dein Leben ziehst, haben kann. Versuche auch, sie mehr zu nutzen, wenn du deine Emotionen transformierst, deine Seelenanteile integrierst oder deine sensiblen Anteile akzeptierst. Da unsere Intuition als weise angesehen wird, kann sie uns interessante Aspekte über uns selbst zeigen, die wir vorher vielleicht nicht bedacht haben.

Kapitel 6

Lass das Gestern nicht dein Heute bestimmen – transformiere deine Emotionen, akzeptiere deine Verletzlichkeit und lebe deine wahre Essenz ...

Jeder von uns hat in seiner Vergangenheit mindestens einige herausfordernde Momente erlebt, die zu energetischen Blockaden, gespeicherten Emotionen, abgelehnten Seelenanteilen oder alten begrenzenden Glaubenssätzen geführt haben.

Ein Sprichwort drückt das gut aus: »Wir riskieren, als ›Original‹ geboren zu werden, jedoch als Kopie zu sterben.« Das ist, was passiert, wenn wir unsere emotionalen Wunden nicht heilen und hinterfragen, ob unsere Wahrnehmung der Welt von uns selbst stammt oder von anderen beeinflusst wurde. Wir alle tragen die Fähigkeit in uns, Emotionen zu transformieren und unsere Verletzlichkeit zu akzeptieren. Wir alle können die Meister unseres eigenen energetischen Zustands sein und somit unseres eigenen Lebens und unserer eigenen Realität. Dies erfordert jedoch ein kontinuierliches Dranbleiben, die zu uns passenden Methoden und die Fähigkeit, der Beobachter zu sein und gleichzeitig die Emotionen zu fühlen. Außerdem erfordert dies die klare Entscheidung, dass wir es ändern wollen.

Und natürlich brauchen wir Willenskraft, denn es kann ziemlich schmerzhaft sein, mit unseren Emotionen konfrontiert zu werden; unsere erste natürliche Reaktion wäre wahrscheinlich, sie auf irgendeine Weise zu vermeiden.

Unser Leben verändern, indem wir unsere Vergangenheit heilen

Unser jetziges Leben ist das Ergebnis unserer Vergangenheit und dessen, was wir daraus gemacht haben. In jedem einzelnen Moment treffen wir Entscheidungen darüber, wie wir eine Situation interpretieren, wie wir mit unseren inneren Empfindungen umgehen und welche Schlüsse wir ziehen, entweder bewusst oder unbewusst. Wenn unsere Eltern hart gearbeitet und uns alleine oder mit einem Kindermädchen zu Hause gelassen haben, gibt es mehrere Schlussfolgerungen, die wir daraus ziehen können.

Einerseits können wir anfangen zu denken, dass wir nicht liebenswert genug für sie waren und dass sie deshalb kaum Zeit mit uns zu verbringen wollten. Oder aber, wir glauben, dass sie nicht in der Lage waren, sich um uns zu kümmern, vielleicht auch aus finanziellen Gründen.

All diese gedanklichen Irrwege könnten betreten werden, wenn wir die Fragestellung rein von der mentalen Ebene aus betrachten. Es gibt jedoch auch eine emotionale Ebene – und diese kann einen massiven Einfluss auf unsere mentale Interpretation haben, wenn wir uns nicht selbst darum kümmern.

Als Kind hätten wir uns wahrscheinlich sehr traurig gefühlt, wenn wir allein gelassen worden wären, ebenso wie wir uns ungeliebt gefühlt haben und vielleicht haben wir sogar Angst gehabt, verlassen zu werden. In dem Moment, in dem wir einige dieser Emotionen fühlten, waren wir nicht dazu in der Lage, die

Schlussfolgerung zu ziehen, dass wir von ihnen geliebt wurden, sie aber ihr Bestes für uns taten. Und selbst wenn wir es auf einer mentalen Ebene hätten tun können, weil sie uns gesagt hatten, dass dies die Wahrheit sei: die Emotion, nicht wertvoll genug zu sein oder allein gelassen zu werden, könnte in unserem energetischen System gespeichert geblieben sein.

Wir werden immer ähnliche Situationen anziehen, wenn wir gespeicherte Emotionen haben, um die Möglichkeit zu haben, uns ihrer bewusst zu werden und sie zu transformieren. Manchmal können die Situationen, die wir anziehen, sogar weniger »schmerzhaft« sein und weniger von diesen gespeicherten Emotionen »hervorrufen«, aber aufgrund unserer vergangenen, ungeheilten Erfahrung ist die Wahrscheinlichkeit, dass wir die gegenwärtige Situation auf ähnliche Weise interpretieren, sehr hoch. Deshalb ist es essentiell, mit unseren inneren Empfindungen verbunden zu sein und in jedem einzelnen Moment eine bewusste Entscheidung zu treffen, wie wir mit ihnen umgehen wollen; sei es, sie zu ignorieren, zu unterdrücken oder zu dramatisieren, oder sich dafür zu entscheiden, sich um sie zu kümmern, sodass wir Schritt für Schritt ein neues Leben für uns erschaffen können.

Woran wir uns erinnern müssen, ist, dass das Verhalten von jemandem mit ihm zu tun hat und nicht unbedingt etwas mit uns zu tun haben muss. Doch wie wir auf dieses Verhalten reagieren und wie wir es interpretieren kann viel über uns selbst aussagen, und darüber, wie wir uns selbst wahrnehmen und über unsere Beziehung zu uns selbst. Als wir geboren wurden, waren wir uns unserer selbst nicht bewusst und wir brauchten unbedingt die Interaktion mit anderen und Beziehungen zu anderen, um eine Vorstellung davon zu bekommen, »wer wir sind«.

Das Problem an dieser Tatsache ist, dass wir in diesem Moment zu 100 % anfällig für äußere Einflüsse waren und diese meist unhinterfragt akzeptierten. Als Konsequenz daraus begannen wir, unsere Wahrnehmung von uns selbst und die Vorstellung davon, »wer wir sind« und »wie wertvoll wir sind«, auf der Basis dieser Erfahrungen aufzubauen. Darüber hinaus speichern wir sie alle in unserem energetischen System und leben unser Leben basierend auf diesen Interpretationen, auch wenn sie nichts mit unserem wirklichen inneren Wert oder Potenzial zu tun haben.

Wenn du zum Beispiel in deiner Kindheit von deiner Mutter zurückgewiesen wurdest, bedeutet das nicht, dass du nicht liebenswert warst. Es bedeutet, dass sie damit zu kämpfen hatte, ihre Liebe dir gegenüber auszudrücken, weil sie wahrscheinlich als Kind nicht die Liebe bekommen hat, die sie brauchte und deshalb nicht gelernt hat, sich selbst zu lieben. Wenn du zum Beispiel den Eindruck hattest, dass deine Mutter mehr Liebe zu deinen Geschwistern als zu dir ausgedrückt hat, war das auch ihre Interpretation von »wen sie für liebenswerter hält«. Aber es bedeutete nicht, dass du es nicht wert warst, geliebt zu werden. Als Kind haben wir alles persönlich genommen, das ist völlig normal. Doch wenn wir uns unserer selbst, unserer Emotionen und unserer eigenen Interpretation dessen, wer wir sind, bewusster werden, können wir die alten Wunden heilen und unseren eigenen inneren Wert und unser Potenzial wahrnehmen.

Das Erstaunliche an der Heilung der alten Wunden und der Erschaffung einer neuen Beziehung zu uns selbst, die auf Selbstliebe, Akzeptanz und tiefer innerer Verbundenheit basiert, ist, dass sich unsere Lebensumstände an diesen inneren erfüllten Zustand anpassen werden.

Dies basiert wiederum auf dem energetischen Gesetz der Resonanz, mit dessen Hilfe wir klarer erkennen können, was noch nicht geheilt und was bereits ausgeglichen ist.

Wenn du auf mein früheres Leben vor meiner Transformation zurückblickst und es mit meinem jetzigen Leben vergleichst, könntest du denken, dass es nicht das Leben derselben Person sein kann. In meiner Vergangenheit fühlte ich viel Wut, ich weinte viel wegen der alten gespeicherten Emotionen und hatte den Eindruck, dass ich nur gut genug war, wenn ich gute Noten hatte oder die beste Leistung bei irgendeiner Aufgabe zeigte. Außerdem waren meine vergangenen Beziehungen ein einziges Chaos: Ich schwankte zwischen den Extremen, emotional abhängig zu sein und mein Herz zu verschließen, um den Schmerz der Zurückweisung nicht zu spüren. So war es mir unmöglich, alte Wunden zu heilen und eine tiefe Verbindung zu erleben.

Im Bereich der Arbeit und in der Hochschule war ich ein »Workaholic«, der sich nicht um sich selbst kümmerte, weil meine Leistung bei der Arbeit und meine Noten in der Schule unbewusst als wesentlich zum Überleben wahrgenommen wurden. Darüber hinaus hatte ich die tiefe Überzeugung, dass ich alles selbst machen muss und mich auf niemanden verlassen kann. Trotzdem habe ich anderen immer sehr geholfen. Also gab es wieder einmal ein großes Ungleichgewicht. Mein jetziges Leben und mein jetziges Ich sind ganz anders: Ich erlebe jeden Tag Freude, Empathie, Miteinander und Dankbarkeit. Ich habe auch eine so gute Verbindung zu meiner Mutter aufgebaut, dass ich sie kürzlich, im Alter von 33 Jahren, zum ersten Mal in meinem ganzen Leben vermisst habe, als sie für einen Monat in Polen unterwegs war.

Und was meine Beziehungen angeht, so basiert die mit meinem jetzigen Freund auf Liebe, Vertrauen, einer tiefen Seelenverbindung und darauf, füreinander da zu sein. Bei der Arbeit fühle ich mich sehr ruhig, präsent und ich tue, was ich tue, aus einem tiefen Gefühl des Mitgefühls heraus. Außerdem ist meine Interaktion mit Menschen von Herzen und die Menschen in meinem Leben, seien es meine Freunde, Klienten, Familienmitglieder oder andere, schätzen mich für das, was ich bin und es herrscht gegenseitiger Respekt.

Da ich selbst solche tiefgreifenden Erfahrungen gemacht habe, bin ich zutiefst davon überzeugt, dass es möglich ist, alles zu transformieren und die Vergangenheit zu heilen, um eine neue Gegenwart und damit Zukunft aufzubauen, auch wenn dies Schritt für Schritt geschehen muss.

Was ist deine wahre Essenz?
Wie kannst du sie ausdrücken?

Vielleicht hast du auch schon beobachtet, dass viele Menschen davon sprechen, »ihre wahre Essenz zu leben«. Wie können die Aussagen »wir sind alle gleich« und »jeder sollte seine wahre Essenz leben« gleichzeitig wahr sein?

Wir bestehen aus den gleichen Teilen, da wir alle aus der gleichen Quelle kommen. Dennoch hat jeder von uns etwas Einzigartiges, sei es eine Fähigkeit, ein Talent oder eine besondere Art, die Welt wahrzunehmen (und diese könnten andere inspirieren). Leider versucht die Gesellschaft seit Jahrhunderten, die Fähigkeiten und Verhaltensweisen der Menschen zu »standardisieren«, damit es weniger Unterschiede zwischen ihnen gibt. Das beste Beispiel dafür ist das Schulsystem. Auch wenn manche Kinder in Mathematik und Physik mehr können als in Sprachen, werden sie dazu gedrängt, auch in Sprachen gute Noten zu haben. Natürlich ist es gut, einige Sprachkenntnisse zu haben, aber meiner Meinung nach wird zu viel Druck auf sie ausgeübt, die Fächer zu machen, für die sie nicht gemacht sind und es gibt nicht genug Förderung und Unterstützung für sie, die Fächer zu machen, in denen sie wirklich gut sind. Es wird immer Kinder geben, die sowohl in Mathematik als auch in Sprachen gut sind, was wirklich wunderbar ist, aber es gibt meist mehr Kinder, die nur in einer bestimmten Richtung Talente haben. Und das Schulsystem ist nur der Anfang. Im Laufe unseres Lebens begegnen wir vielen Orten, Gruppen und »Systemen«, bei denen wir feststellen, dass wir nicht in das System passen, weil unser Potenzial und unsere Essenz woanders liegt. Das Problem bei den Erfahrungen von »nicht akzeptiert werden« oder »nicht gut genug sein« ist, dass wir anfangen zu hinterfragen, ob wir grundsätzlich »gut« sind, so wie wir sind.

Sehr oft ist die Konsequenz dieser Erfahrungen, dass wir unser Verhalten ändern und uns an unser soziales Umfeld anpassen, was auf Kosten unserer wahren Essenz geht. Das Schlimme an diesem Prozess ist, dass viele von uns vergessen haben, was unsere wahre Essenz war und wir begonnen haben, den Eindruck zu haben, dass wir dieses Leben bewusst gewählt haben.

Je mehr wir unsere Wunden, unseren emotionalen Schmerz und unsere begrenzenden Glaubenssätze heilen und transformieren können, desto mehr kann unsere wahre Essenz durchscheinen. Es ist wie das Abschälen der Schichten einer Zwiebel: du schälst eine Schicht nach der anderen ab und kommst mit jeder Schicht dem Zentrum näher. Ich habe das Gleiche mit meiner eigenen Transformation erlebt: als ich eine Schicht nach der anderen transformierte, begann meine wahre Essenz mehr und mehr durchzuscheinen. Das ist auch das, was ich in der Arbeit mit meinen Klienten beobachte: je mehr Schichten transformiert werden, desto mehr wissen sie, wer sie wirklich sind und was ihre wahre Essenz ist.

Das Erstaunliche daran ist, dass, egal, was ihnen widerfahren ist, ihre Essenz immer noch unbeschädigt und rein ist. Aus irgendeinem Grund wurde mir das im Alter von 15 Jahren klar: Ich traf jemanden in den Sommerferien in Polen und wir verbrachten die Nächte damit, über das Leben zu reden. Ich erinnere mich genau an den Moment und den Ort: es war in einer Art Open-Air-Bar in Strandnähe gegen 2 Uhr morgens, als ich ihm sagte, dass mein »Kern« tief in mir selbst in der Lage gewesen war, *rein* zu bleiben, obwohl ich in meiner Kindheit und Jugend durch die Hölle gegangen war und teilweise immer noch durch sie gehe. In dem Moment, in dem ich dies erkannte, teilte ich es mit dieser Person und fühlte mich gesegnet und erfüllt. Es war, als würde meine Seele lächeln und mein Gesicht drückte das Lächeln aus, das tief aus meinem wahren Selbst kam.

Wenn ich heute, knapp 20 Jahre später, auf diese besondere Erkenntnis zurückblicke, verstehe ich noch besser, dass der tiefe Wunsch und meine Willenskraft, meine wahre Essenz wieder zu leben, meine Wegweiser durch meinen Haupttransformationsprozess waren. Ein weiterer entscheidender Moment, an den ich mich erinnere, ist, dass ich 2012, als ich durch die härteste Phase meiner Depression ging, meiner ersten Therapeutin oft sagte, dass mein Wunsch sei, »meine Freude zurückzuhaben«. Jedes Mal, wenn ich das sagte und darüber nachdachte, verband ich mich mit diesem energetischen Zustand, die intensive Freude in meinem ganzen Körper zu spüren. Natürlich musste ich erst die alten gespeicherten Emotionen transformieren und meine Seelenanteile integrieren, aber ich bin mir sicher, dass mir dieser Wegweiser enorm geholfen hat, weiterzukommen. Ich weiß, dass viele Menschen gar nicht wissen, was ihre wahre Essenz ist oder wie sie sich anstelle des gegenwärtigen emotionalen Zustands fühlen möchten, besonders in schwierigen Momenten oder in Zeiten einer »Lebenskrise«. Jedoch wissen unser Unterbewusstsein und unsere Intuition, welche Schritte wir gehen müssen, um unserem wahren Selbst näher zu kommen und unsere wahre Essenz zu leben.

Unsere wahre Essenz ist unser wahres Selbst, das leuchten möchte, das sein »Licht« mit anderen teilen und dazu beitragen möchte, etwas zu erschaffen, das viel größer ist als wir selbst. Da ich nicht jeden von euch persönlich kenne, kann ich euch nicht sagen, was eure Essenz ist, aber ich kann euch einige Beispiele und mögliche Methoden geben, die euch zeigen, wie ihr sie in euch selbst finden könnt. Es ist wichtig zu wissen, dass dies ein lebenslanger Lernprozess ist. Sobald du einen Teil deiner Essenz entdeckt hast und begonnen hast, diesen in vollen Zügen zu leben, kann es dir die Tür öffnen, um einen anderen Teil davon zu entdecken.

Dieser neue Teil kann die Ausdrucksform, die du bisher benutzt hast, bereichern, oder du kannst eine zusätzliche Ausdrucksform hinzufügen. Zum Beispiel ist eine meiner Klientinnen, die ich dabei unterstützt habe, all ihre Kindheitstraumata, alten begrenzenden Glaubenssätze und gespeicherten Emotionen zu transformieren, seit ihrer Kindheit Tänzerin. Durch eine lange und schwierige Periode in ihrem Leben war sie nicht in der Lage, diesen Teil ihrer Essenz so auszudrücken, wie sie es gerne getan hätte, obwohl sie es liebte. Außerdem musste sie viel arbeiten und absolvierte ihren Master in Naturwissenschaften, in denen sie ebenfalls gut war. Nach einiger Zeit konnte ihre neue Leidenschaft und der neue Teil ihrer Essenz endlich durchscheinen: sie wurde Yogalehrerin und unterstützte ihre Teilnehmer sowohl emotional als auch mental, indem sie die Weisheit, die sie durch ihren Transformationsprozess gewonnen hatte, weitergab. In diesem neuen Bereich drückt sie viel von ihrer wahren Essenz aus, was eine individuelle Art sein kann, etwas zu tun, eine Fähigkeit oder ein Talent. Sie drückt sich selbst aus, indem sie ihren Körper bewegt und ihre Energien fließen lässt, sie inspiriert Menschen damit (was sie mit ihrem Tanzen immer gerne getan hat) und kann die Weisheit teilen, die sie durch ihren Prozess gewonnen hat (was auch eine Art des individuellen Ausdrucks ist).

Ein möglicher nächster Schritt für sie könnte sein, dass sie anfängt, Lebensberatungen zu geben oder Heilungsarbeit macht; wie eine Zwiebel, eine Schicht nach der anderen. In jeder Schicht können wir »altes Zeug« finden, das transformiert werden muss, aber wir können auch eine Menge neuer Aspekte von uns selbst, neue Talente und unentdeckte Fähigkeiten finden. Mehr noch, unsere transformierten Erfahrungen können zu unserer Weisheit werden und wir können sie nun nutzen, um andere in ihrem Prozess zu unterstützen und so helfen, eine bessere Welt zu schaffen.

Eine Person könnte erstaunlich gut mit Technologie umgehen können und die Fähigkeit haben, technologische Methoden zu entwickeln, die helfen, die Umwelt zu retten. Allerdings muss sie vielleicht zuerst durch einige Erfahrungen von geringem Selbstwert, von Ablehnung oder von Herausforderungen, von anderen heruntergedrückt zu werden, gehen. Diese Erfahrungen könnten notwendig sein, um ein hohes Selbstwertgefühl zu entwickeln, oder um in der Lage zu sein, »für ihre eigenen Ideen einzustehen«, auch wenn sie von anderen weggestoßen werden oder um eine gewisse Ausdauer zu entwickeln, anstatt schnell aufzugeben. Das wiederum könnte wichtig sein, wenn einige völlig neue technologische Errungenschaften entwickelt werden, die noch nicht in der gesamten Gesellschaft akzeptiert sind. In solchen Momenten ist es entscheidend, weiterzumachen und keine Angst zu haben, abgelehnt zu werden, weil man ein unbekanntes und völlig ausgeklügeltes Projekt oder eine Maschine präsentiert. Deshalb ist dieser Transformationsprozess notwendig, um die wahre Essenz durchscheinen zu lassen und sie auf die geeignetste Weise zum Ausdruck kommen zu lassen.

Das Gleiche gilt für uns alle, auch für mich. Da meine wahre Essenz, oder zumindest der Teil davon, den ich bisher entdeckt habe, darin besteht, Menschen in ihrem Transformationsprozess zu unterstützen, musste ich all diese Herausforderungen erst einmal selbst durchlaufen. Schon als Kind war ich in der Lage, die Energien anderer Menschen zu spüren, ich konnte hinter das schauen, was sie vorzutäuschen versuchten und ich konnte deutlich spüren, wenn jemand lügt oder Angst hat, die Wahrheit zu sagen. Im Alter von vier Jahren hinterfragte ich bereits, ob die Menschen in meinem sozialen Umfeld Dinge tun, weil sie es wirklich wollen oder weil sie einfach nur anfällig für soziale Einflüsse sind. Mein »Seelenplan« war es jedoch, all meine herausfordernden und schmerzhaften Erfahrungen in diesem Leben zu durchlaufen.

Das lag zum einen daran, dass sie die gespeicherten Emotionen aus meinen vergangenen Leben transformieren wollte, denn meine Seele wollte die Wunden meiner Vergangenheit heilen, meine Seelenanteile und sensiblen Teile integrieren und wieder ganz werden.

Auf der anderen Seite, was die Konsequenz aus diesen vorangegangenen Schritten ist, wollte meine Seele bereit sein, ihre wahre Essenz zu leben, damit ich Menschen in ihrem Transformationsprozess auf meine einzigartige Weise unterstützen kann. Ich musste durch Situationen gehen, wie im Alter von drei Jahren verlassen zu werden, einen drogen- und alkoholabhängigen Vater zu haben, eine ambivalente Beziehung zu meiner Mutter zu führen, mehrmals missbraucht zu werden und mich um meine jüngere Schwester zu kümmern, während sich niemand um mich kümmerte. Außerdem erlebte ich Mobbing in der Schule, alle Arten von Beziehungsproblemen, finanzielle Instabilität und viele Schwierigkeiten im beruflichen Bereich. Diese Lebensumstände und Situationen sind der äußere Ausdruck der inneren Ungleichgewichte, durch die ich gehen musste.

Um die äußeren Lebenssituationen zu transformieren und ein neues Leben zu erschaffen, musste ich meine inneren Ungleichgewichte heilen. Ich musste anderen verzeihen und sie loslassen. Es war notwendig für mich, meine sensiblen Anteile zu fühlen und zu integrieren. Auch musste ich meinen Emotionen erlauben, da zu sein, damit ich sie klar wahrnehmen konnte und natürlich musste ich meine fehlenden Seelenanteile heilen und integrieren. Ich bin mir absolut sicher, dass ich durch so viele schmerzhafte Erfahrungen gehen musste, weil es mein Seelenplan war, die Arbeit zu tun, die ich tue und weil es ein Teil meiner wahren Essenz ist, Menschen in allen Arten von Lebensherausforderungen zu unterstützen. Das mag im ersten Moment ein bisschen schwer klingen. Wenn du jedoch genauer hinsiehst, kannst du feststellen, dass ich so herausgefordert wurde, um Methoden zu entwickeln und vor allem meine Willenskraft zu testen, um all das zu transformieren. Durch diese Herausforderungen war ich in der Lage, einen Teil meiner wahren Essenz zu entdecken: die Fähigkeit, eine Menge Energie von einem Zustand in einen anderen zu transformieren. Außerdem entdeckte ich meine tiefgreifenden intuitiven Fähigkeiten sowie die Fähigkeit, Energiefelder zu sehen. Auch konnte ich ein sehr tiefes Verständnis dafür entwickeln, wie Energien funktionieren, wie sie mit vergangenen Leben, gespeicherten Emotionen und der Realität, die wir anziehen, verbunden sind. Und für mich ist das Beste an all dem, dass ich es liebe, diese Fähigkeiten zu nutzen. Wenn ich mit meinen Klienten arbeite oder wenn ich diese Fähigkeiten nutze, um meine persönlichen Lebensherausforderungen zu überwinden, fühle ich mich vollkommen »im Fluss« und fühle mich ermächtigt, während ich sie nutze. Das ist auch ein Zeichen dafür, dass man seine wahre Essenz gefunden hat: wir fühlen uns so großartig, wenn wir sie leben. Es ist eine Art »Flow«-Zustand, in dem man sich völlig verbunden fühlt und alles andere vergisst.

Zusammengefasst ist deine wahre Essenz eine Art Talent, deine individuelle Art, etwas zu tun oder eine einzigartige Fähigkeit. Jeder hat so eine, und wenn du dein Leben beobachtest, kannst du eine Menge Indikatoren dafür finden, was deine wahre Essenz sein könnte. Normalerweise kann mehr und mehr von deiner wahren Essenz durchscheinen, wenn du alte Blockaden transformierst und so in der Lage bist, dich tiefer mit deinem wahren Selbst zu verbinden. Wie bereits erwähnt, geschieht dies normalerweise »in Schichten«, sodass du im Laufe deines Lebens kontinuierlich mehr und mehr Teile deiner wahren Essenz entdecken wirst.

Während du deine wahre Essenz auf deine eigene individuelle Art und Weise zum Ausdruck bringst, befindest du dich in
einem erstaunlichen Zustand, in dem du alles andere vergessen
kannst. Außerdem hast du nicht mehr das Gefühl, ein von allem
getrenntes Individuum zu sein, sondern du fühlst dich mit allem,
was existiert, verbunden und kannst diese erstaunlichen Fähigkeiten mit allem, was existiert, teilen, sogar unbewusst.

Du bist der Meister deiner eigenen Energie

Alles, was existiert, besteht aus Energie, egal, ob es unser menschlicher Körper ist, ein Stuhl oder ein Auto, alles besteht aus Mole-
külen. Moleküle bestehen aus Atomen und Atome bestehen aus
Quanten. Quanten sind, nach bisherigem Forschungsstand, die
kleinstmöglichen Elemente, die es gibt. Sogar unsere Gedanken
und Emotionen sind aus Quanten gemacht. Allerdings ist die
»Schwingung« und »Dichte« der Quanten anders als die eines
physischen Objekts. Wie wir wissen, folgt die Energie unserer
Aufmerksamkeit. Das bedeutet, dass wir in der Lage sind,
unsere Energie dorthin zu lenken, wohin wir uns entscheiden.
Ein weiteres entscheidendes Element, das unsere Energie lenkt,
ist unsere Absicht, die viel stärker sein kann als die »bewusste
Aufmerksamkeit« und sogar noch stärker als unsere bewusste
Absicht.

Dies klingt zunächst widersprüchlich, lass es mich erklären:
Unsere Aufmerksamkeit kann sowohl bewusst als auch
unbewusst gelenkt werden, das Gleiche gilt für unsere Absicht.
Manchmal richten wir unsere Aufmerksamkeit bewusst auf etwa
eine Stellenanzeige, die wir in der Zeitung sehen und vielleicht
ist unsere bewusste Absicht, uns auf diese Stelle zu bewerben
und sie zu bekommen. Dennoch könnte die unterbewusste
Absicht und damit auch die unterbewusste Aufmerksamkeit in
die entgegengesetzte Richtung gehen. Eine Möglichkeit dafür

könnte sein, dass es eine unterbewusste Angst gibt, nicht gut genug für diesen Job zu sein.

Alternativ könnte es eine unterbewusste Überzeugung geben, dass unsere Talente in diesem Job nicht zum Ausdruck kommen könnten, weshalb es unsere unterbewusste Absicht ist, ein besseres Jobangebot zu finden.

Ein weiteres Beispiel für divergierende Richtungen unserer bewussten und unbewussten Aufmerksamkeit und Absicht kann in romantischen Beziehungen beobachtet werden. Stell dir vor, du triffst eine wunderbare Person, in die du dich ziemlich schnell verliebst. Deine bewusste Absicht ist es wahrscheinlich, in einer Beziehung mit dieser Person zu sein und so richtest du deine Aufmerksamkeit darauf, Zeit mit ihr zu verbringen und ihr zu zeigen, dass du in sie verliebt bist. Unterbewusst hast du jedoch die Wunden deiner vergangenen Beziehung noch nicht vollständig geheilt und hältst teilweise noch an deinem ehemaligen Partner fest. Natürlich können unsere bewusste Aufmerksamkeit und Absicht sehr mächtig sein, aber unsere unterbewusste »Welt« ist oft viel stärker, es sei denn, wir können dies erkennen und die notwendigen Elemente transformieren, die von dem abweichen, was wir im gegenwärtigen Moment wollen. Was wir wissen müssen, ist, dass wir unsere unterbewusste »Welt« erschaffen haben. Wenn wir in der Vergangenheit die Emotion des Schmerzes oder der Wut gespürt haben, könnten wir uns bewusst dafür entschieden haben, unsere Aufmerksamkeit auf diese Emotionen zu richten und die Geschichte zu glauben, die sie uns erzählen. Oder wir haben uns bewusst dafür entschieden, sie zu ignorieren und weiterzumachen, was wir taten, was bedeutet, dass das Bewusstsein für diese »emotionale Realität« fehlte und wir weder die Chance nutzten, sie zu hinterfragen, noch sie zu heilen.

Das Ergebnis war, dass diese zuvor bewussten Emotionen und Realitäten unbewusst geworden sind und sie nun unsere Aufmerksamkeit und Absicht von unserem Unterbewusstsein lenken, das viel mächtiger sein kann als unser Bewusstsein, einfach weil es viel größer ist. Psychologen behaupten, dass der bewusste Teil von uns etwa fünf Prozent beträgt, während der unterbewusste Teil etwa 95 Prozent ausmacht.

Folglich reicht es nicht aus, unsere Denkweise zu ändern und ein paar neue Affirmationen zu wiederholen, denn dies umfasst lediglich die mentale Ebene und transformiert zum größten Teil nur den bewussten Teil von uns. Deshalb ist es so wichtig, dass wir uns mit unseren gespeicherten Emotionen und einschränkenden Glaubenssätzen verbinden, die tief in unserem Unterbewusstsein sitzen, um sie zu transformieren und uns von ihnen zu befreien.

Auf diese Weise können wir im gegenwärtigen Moment entscheiden, was wir wirklich wollen, statt uns von unserer vergangenen emotionalen Realität leiten zu lassen. Hier müssen wir auch bedenken, dass es nicht nur unsere innere Welt ist, die uns glauben lässt, dass unsere vergangene emotionale Realität wahr ist, es ist auch die äußere Realität, die wir anziehen. Wir ziehen immer wieder Menschen und Situationen an, die unsere inneren Überzeugungen und gespeicherten inneren Realitäten widerspiegeln, wie zum Beispiel Beziehungspartner, Umstände bei der Arbeit, Situationen mit Menschen, Krankheiten und sogar unsere finanzielle Lage und Lebenssituation. Wenn jemand ständig in einer schwierigen finanziellen Lage oder in einer herausfordernden und anstrengenden Beziehung ist, sagt er oft, dass er daran nichts ändern könne, weil es schon seit Jahren so sei; wir dürfen uns jedoch vor Augen halten, dass Realitäten transformiert werden können, auch wenn man sich an seine inneren oder äußeren Realitäten und Umstände gewöhnt hat.

Wir müssen zum Beobachter werden, um zu erkennen, dass wir der Schöpfer dieser besonderen Realitäten sind.

In dem Moment, in dem wir zum Beobachter werden und uns in der Lage sehen, unsere Emotionen wahrzunehmen, die alte Realität, die sie uns zu sagen versuchen und vielleicht, wenn wir es schaffen, auch unsere alten Glaubenssätze auf der mentalen Ebene wahrzunehmen, haben wir einen großen Schritt nach vorne gemacht.

Und wenn wir es schaffen, in diesem Beobachter-Modus zu bleiben, können wir »der Meister unserer eigenen Energie« sein und unsere Aufmerksamkeit und Absicht in eine andere Richtung lenken, selbst wenn unsere alte Realität in unser Bewusstsein aufsteigt und uns täuschen möchte. Diese neue Richtung kann unsere neue gewünschte Realität sein oder einfach der energetische Zustand des Verbundenseins.

Ja – es wird herausfordernde Momente geben, besonders in Bezug auf einige der Realitäten mit unseren Lieben oder in Situationen, die mit unserer Seelenaufgabe verbunden sind. Aber wenn wir unsere Aufmerksamkeit klar auf das fokussieren können, was wir wollen und eine starke Absicht setzen, unser Leben zu transformieren, dann sind wir in der Lage, diese Herausforderungen zu überwinden.

Um besser zu veranschaulichen, wie das in unserem realen Leben aussehen kann, möchte ich dir ein Beispiel geben, das beweist, dass es möglich ist, diese alten Blockaden zu überwinden, auch wenn sie sich wie riesige Abdrücke auf meinem energetischen System angefühlt haben.

Die persönliche Geschichte, die ich mit dir teilen möchte, handelt davon, wie ich endlich in der Lage war, meine alten indoktrinierten Muster zu überwinden und zu transformieren, die meine vergangenen Beziehungen auf eine sehr negative Weise beeinflusst hatten.

Erstens hinderten sie mich daran, glücklich zu sein, weil ich diese inneren unerfüllten Bedürfnisse in mir trug, die ich auf meine Partner projizierte. Und zweitens wiederholte ich ständig das alte indoktrinierte Muster, mein Herz gegenüber meinen Partnern zu verschließen, was zu mehr Distanz zwischen uns führte und meist darin endete, dass ich oder er eine Affäre hatte. Die weibliche Linie meiner Vorfahren hatte bereits schwierige Ehen: Meine Urgroßmutter war in einer unglücklichen Beziehung, meine Großmutter und meine Mutter waren jeweils dreimal in ihrem Leben verheiratet und alle hatten das indoktrinierte Muster, ihr Herz zu verschließen, um ihren eigenen emotionalen Schmerz oder unerfüllte Bedürfnisse nicht zu spüren. Natürlich verstehe ich vollkommen, dass in früheren Zeiten das Bewusstsein für die eigene Gefühlswelt weniger »entwickelt« war als heute und es daher viel schwieriger und »nicht so üblich« war, die eigene »innere Welt« zu beobachten. An dieser Stelle möchte ich betonen, dass ich meine Vorfahren weder verurteile noch für ihre Muster verantwortlich mache. Ich versuche lediglich zu verstehen, warum sie ihre Reaktionen gewählt haben, damit ich für mich einen Weg finden kann, diese vererbten Wunden zu heilen und mir selbst aus diesen Mustern herauszuhelfen.

Wie du dir vorstellen kannst, gab es mehr als ein Muster und es gab noch andere Faktoren, die zu diesen Mustern führten, aber ich versuche hier, es einfach zu halten. Die weibliche Ahnenreihe väterlicherseits hatte auch ähnliche Muster.

Wegen des Zweiten Weltkriegs wurden die Familien getrennt: einer der Ehemänner starb und der Ehemann der Schwester meiner Großmutter wurde sechs Monate nach ihrer Hochzeit ins Konzentrationslager gebracht. Mein Großvater, der Vater meines Vaters, war neun Jahre alt, als der Zweite Weltkrieg begann: Er wurde mit seinen jüngeren Geschwistern nach Sibirien gebracht und so von seinen Eltern getrennt. Seine Mutter wurde in ein Konzentrationslager gebracht und sein Vater konnte fliehen und in der englischen Armee kämpfen. Kannst du dir die Tiefe des emotionalen Schmerzes vorstellen, den sie in diesen Momenten empfunden haben müssen? Es muss unerträglich gewesen sein. Es ist daher kaum verwunderlich, dass sie diesen Schmerz nicht fühlen wollten und ihr Herz verschlossen.

Abgesehen von dem emotionalen Aspekt, gab es auch den Aspekt, dass sie »kämpfen« mussten, um zu überleben, was dazu führte, dass sie weder die Zeit noch den Raum hatten, sich um ihre Emotionen zu kümmern. Da wir von unseren Vorfahren all ihre Energien, gespeicherten Emotionen, ungelösten Realitäten, unerfüllten Bedürfnisse und indoktrinierten Muster erben, kannst du dir vorstellen, wie viele Herausforderungen ich überwinden musste, um mich davon zu befreien und mit meinem wahren Selbst zu verbinden.

In meinen früheren Beziehungen habe ich mein Herz ziemlich schnell verschlossen. Selbst wenn ich »physisch« in der Beziehung blieb, meinen Partner unterstützte und mit ihm Urlaube verbrachte, war der wichtigste Teil von mir nicht da: mein Herz und damit meine Seele. Dieses Muster war so automatisch, dass ich nicht immer merkte, wenn ich es tat, was sich natürlich sehr negativ auf uns beide auswirkte. Obwohl ich 2012 begann, an mir zu arbeiten und diese emotionalen Wunden zu heilen, brauchte dieses Muster eine »Extrabehandlung«, weil es so tief eingeprägt war.

Nach der Trennung von meinem vorherigen Partner, der vor meinem jetzigen Freund war, traf ich die Entscheidung, viele Elemente in der Art und Weise, wie ich mit meinem Partner zusammen war, zu verändern.

Im Dezember 2017 kamen mein jetziger Freund und ich zusammen und ich fühlte zutiefst, dass er mein Seelenverwandter war. Wir hatten eine so tiefe Verbindung und beide den Eindruck, dass wir uns schon sehr lange kannten. In kleinen Situationen, wenn etwas auftauchte, bei dem ich mich nicht gut fühlte, kam mein altes Muster durch und ich begann, mein Herz wieder zu verschließen. Zum Glück war ich nun in der Lage, dies zu erkennen und konnte es sofort wieder öffnen.

Ende Dezember 2017, als ich meditierte, gab ich mir ein entscheidendes Versprechen. Ich versprach, dass ich mein Herz offen halten würde, unabhängig davon, wie sehr es schmerzen würde. Und wenn es passierte, dass ich es wegen dieses automatischen Musters schloss, würde ich es so schnell wie möglich wieder öffnen. Außerdem versprach ich mir, dass ich den emotionalen Schmerz und die alten Realitäten zulassen würde, um sie klar wahrzunehmen und zu transformieren. Und das tat ich! Glaube mir, es gab Momente, in denen mein Herz zu öffnen, den Schmerz zuzulassen und ihm zu vergeben, das Letzte war, was ich tun wollte. Doch ich erinnerte mich an mein Versprechen und beharrte darauf, mein Herz offen zu halten oder öffnete es wieder, falls mein automatisches Verhalten schneller gewesen war als meine bewusste Entscheidung. Natürlich kam dabei eine Menge Schmerz auf, der nicht so angenehm war. In solchen Momenten übernahm meine Willenskraft die Führung: Ich spürte den Schmerz, ich fand seinen Ursprung heraus und ich transformierte ihn, egal wie schmerzhaft er war.

Eine meiner großen Leitfragen war: Was ist auf Dauer wichtiger, diese kleine unharmonische Situation oder in Zukunft glücklich zusammen zu sein? Diese Frage half mir, sie aus einer anderen Perspektive zu betrachten und so leitete mein tiefer Wunsch, in einer langfristigen Beziehung glücklich zu sein, mein Verhalten. Offensichtlich wäre es in diesen Momenten, in denen etwas passierte, das mein »Herz-Verschließen-Muster« aktivierte, das Einfachste gewesen, mein Herz wieder zu verschließen und einfach mit diesem selbstzerstörerischen Muster weiterzumachen. Aber ich habe mich bewusst dafür entschieden, ihm nicht zu erliegen und es zu ändern. Jetzt sind wir seit mehr als drei Jahren zusammen und ich habe dieses Muster nicht mehr. Weil ich immer gewählt habe, anders auf das zu reagieren, was aufkam, hat sich mein energetisches System an mein neues Verhalten gewöhnt, präsent zu bleiben und sofort zu spüren, was in mir vorgeht. Manchmal kann ich mich verletzt fühlen, manchmal fühle ich Wut oder Angst, aber wenn ich einfach präsent bin, wenn diese Emotionen auftauchen, fließen sie nur für einen kurzen Moment durch mich hindurch, und ich bin klar in der Lage, sie als das wahrzunehmen, was sie sind und sie loszulassen. Natürlich gibt es Zeiten, in denen ich meine Emotionen beobachte und sie frage, warum sie hier sind und was sie brauchen, um geheilt zu werden. Zu anderen Zeiten muss ich mir einfach Selbstliebe, Wertschätzung oder Verständnis schicken. In anderen Momenten können alte Wunden auftauchen und ich erkenne zum Beispiel wieder, dass ich einer bestimmten Person aus meiner Vergangenheit noch nicht vergeben habe.

Indem ich beobachte, wahrnehme und verstehe, was in mir vor sich geht, anstatt mein Herz zu verschließen, konnte und kann ich mich mehr und mehr heilen. Dieses Verhalten ist eigentlich viel einfacher als das Muster, sein Herz zu verschließen, und die langfristigen Vorteile sind erstaunlich.

Manchmal war dieser Prozess herausfordernd für mich und es gab Momente, in denen ich zu kämpfen hatte, aber ich bin so froh, dass ich es getan habe. Es hat sich wirklich gelohnt. Am Anfang waren die »unbewusste Absicht und Aufmerksamkeit« beide darauf fokussiert, mein Herz zu schließen, da ich von meinen Vorfahren keinen anderen Weg gelernt hatte. Doch durch die bewusste Absicht und Aufmerksamkeit, mein Herz offen zu halten, und durch den kontinuierlichen Übungs- und Heilungsprozess, war ich schließlich in der Lage, eine neue innere Absicht und Aufmerksamkeit zu erschaffen.

Dies ist ein klassisches Beispiel aus dem wirklichen Leben, das veranschaulicht, was ich mit »Meister über die eigene Energie sein« meine. Diese Methode kann auch auf arbeitsbezogene Situationen angewandt werden, sowie in anderen Lebenssituationen, in denen wir uns weiterhin aus unseren selbstzerstörerischen Mustern heraus verhalten. Auch in diesen Momenten kann ich dir wärmstens empfehlen, deine automatischen Reaktionen zu identifizieren, um sie sofort zu ändern, damit du dich langfristig auf das konzentrieren kannst, was du willst. Du bist der Meister über deine eigene Energie. Erlaube deinen alten indoktrinierten Mustern oder Realitäten nicht, die Kontrolle zu übernehmen.

Dein volles Potential leben

Je mehr wir uns innerlich transformieren und je mehr wir zu unserem wahren Selbst werden, desto mehr werden wir erkennen, dass es nicht um unsere Geschichte geht, sondern darum, wie wir mit ihr umgehen. Wir sind weder unsere Geschichte noch unsere Vergangenheit oder unsere Zukunft. Wir sind eine Seele, die eine Geschichte hat. In dem Moment, in dem wir das erkennen und unseren emotionalen Schmerz heilen und loslassen, wird mehr Raum geschaffen, damit wir unser volles Potential leben können. Dank unserer Geschichte und all den Herausforderungen, die damit einhergehen, haben wir die Möglichkeit zu wachsen und den Schmerz und die Erfahrung in Weisheit und in verfügbare Energie zu verwandeln. Wie bereits erwähnt, je mehr »altes Zeug« wir transformieren, desto mehr beginnt unsere wahre Essenz durchzuscheinen und desto mehr sind wir in der Lage zu wachsen. Ein weiterer Aspekt, den ich während meines Prozesses und des Transformationsprozesses meiner Klienten beobachtet habe, ist, dass viel mehr Energie zur Verfügung steht, sobald sie »entblockiert« wurde. In Anbetracht dessen, dass wir die Meister unserer Lebensenergie sind, gibt es mehr Energie, die wir nutzen können, um unser eigenes Leben zu erschaffen, von dem aus wir andere in ihren Prozessen unterstützen können.

Dadurch, dass wir mehr unser wahres Selbst werden, erhalten wir mehr Zugang zu unseren energetischen Fähigkeiten. Was bedeutet das?

Nach meiner Erfahrung hat jeder von uns einige energetische Fähigkeiten, wie zum Beispiel Dinge im Voraus zu wissen, klare Antworten in seinen Träumen zu erhalten, mit Tieren sprechen zu können und die Fähigkeit, die energetischen Felder anderer zu sehen. Wie du dir vorstellen kannst, können diese Fähigkeiten sehr unterstützend sein, nicht nur für uns selbst, sondern auch wenn wir für andere da sind. Allerdings können sie missbraucht werden. Meiner Meinung nach ist das der Grund, warum wir nur umso mehr Zugang zu diesen Qualitäten bekommen, je mehr wir unseren alten Schmerz transformieren. Stell dir eine Person vor, die sich noch nicht transformiert hat und sie lebte ihr Leben aus ihren alten indoktrinierten Mustern und Realitäten heraus, völlig gefangen in ihrem Egoismus, ihrer Wut oder ihrem Hass.

Wenn sie sich ihrer Fähigkeit bewusst wären, die energetischen Felder anderer zu lesen und die Fähigkeit hätten, die Energien anderer Menschen zu beeinflussen, was denkst du, wie sie sich wahrscheinlich verhalten würden? Die Möglichkeit, dass wir unsere »Macht« missbrauchen, wenn wir noch nicht in der Lage sind, weise mit unserem eigenen emotionalen Schmerz umzugehen, ist riesig. Deshalb ist dieser »Schutzmechanismus« wichtig für andere, für unser Karma und für uns selbst.

Ich erinnere mich, dass ich als Kind schon die Fähigkeit hatte, energetische Felder anderer zu sehen und ich konnte mit Geistern (ich war also damals schon sehr medial) kommunizieren. Außerdem stellte ich fest, dass ich viele Dinge im Voraus wusste, was ich sehr genoss. Doch während der schwierigen Zeit in meinem Leben und später während meiner Haupt-»Depressionszeit« verlor ich den Zugang zu diesen Fähigkeiten. Denn einerseits gab es so viel schwere Energie in Form von Traurigkeit, Wut, Angst und so weiter, dass kein Platz für die hoch schwingenden Frequenzen dieser Fähigkeiten meiner wahren Essenz war. Andererseits wegen des Schutzmechanismus, der mich davon abhielt, meine Fähigkeiten in einem Moment der Wut oder emotionalen Bedürftigkeit zu missbrauchen.

Der Wendepunkt war, als ich diesen Mann aus Indien auf der Straße traf, der mir half, meinen Weg zu finden und mich an meine spirituellen Fähigkeiten erinnerte. Es gab Momente, in denen er mich ansah und sagte, dass ich eine sehr spirituelle Dame sei und dass ich eine große Aufgabe in diesem Leben zu erfüllen habe. Er erwähnte, dass ich ein großes Unternehmen haben würde und Menschen in ihrem Heilungsprozess auf eine sehr spirituelle Weise unterstützen würde.

Jetzt, fast zehn Jahre später, kann ich alles, was er sagte, bestätigen, auch wenn es mir in dem Moment, als er es sagte, schwerfiel, ihm zu glauben, da mein emotionaler Zustand wirklich schrecklich war.

Eine wichtige Schlussfolgerung aus dieser Geschichte ist, dass die Samen unseres vollen Potentials bereits in uns sind, wir müssen nicht darum kämpfen, sie zu erlangen. Doch um unser Potenzial entstehen zu lassen oder um Zugang dazu zu bekommen, müssen wir unsere Lebenslektionen überwinden, eine nach der anderen. Es ist wie das Abschälen der Schichten einer Zwiebel, eine Schicht nach der anderen. Und jedes Mal, wenn wir eine Schicht abziehen, werden wir Zugang zu weiteren Aspekten unseres wahren Selbst haben, und wir werden weiser werden und die Möglichkeit haben, unsere Fähigkeiten mehr und mehr zu nutzen.

Eine weitere Beobachtung, die ich gemacht habe, ist, dass manche Menschen mehr Ballast zu transformieren haben, bevor sie ihr Potenzial entdecken, während andere weniger haben. Das liegt daran, dass sie bereits viele Lektionen in ihren vergangenen Leben gelernt haben. Es kann auch sein, dass ihre Seele vor der Inkarnation beschlossen hat, »nur« ein paar Dinge in diesem Leben zu transformieren und andere für ein zukünftiges Leben aufzusparen. Es gibt so viele Möglichkeiten, aber das Wichtigste ist, dass du deinen eigenen Weg findest, um dein volles Potenzial zu leben und es zu genießen, deine Lebensaufgabe auszudrücken. Wir sind alle aus einem bestimmten Grund hier. Und dieser Grund ist definitiv nicht, an unserer Vergangenheit und an den vergangenen Realitäten festzuhalten. Es geht darum, unsere wahre Essenz zum Ausdruck zu bringen, unser volles Potenzial zu leben und diese erstaunlichen Fähigkeiten mit anderen zu teilen.

Da die äußere Welt ein Spiegel unserer inneren Welt ist, können wir sie als Indikator dafür nehmen, wie es in uns drinnen aussieht. Sie kann uns zeigen, wo es Ungleichgewichte gibt und wann wir im Fluss sind. Wir können unser wahres Selbst jedoch nur im Inneren finden.

Lebe dein eigenes Leben, sei dein wahres Selbst und genieße es, deine wahre Essenz auszudrücken.

Lass deine Vergangenheit nicht deine Zukunft zerstören, das ist es nicht wert.

Wenn ich es geschafft habe, kannst du es auch schaffen.

Mach dich auf den Weg!